D1083559

HOMENAJE
A
ANDRES IDUARTE

ANDRES IDUARTE

HOMENAJE
A
ANDRES IDUARTE

OFRECIDO POR SUS AMIGOS Y DISCIPULOS

AL CUIDADO DE

Jaime Alazraki
Roland Grass
Russell O. Salmon

The American Hispanist, Inc.
Clear Creek, Indiana 47426 U.S.A.

Composed and printed in the United States of America

ISBN 0-89217-000-X

Tiene el conde su abolengo:
Tiene la aurora el mendigo:
Tiene ala el ave: ¡yo tengo
Allá en México un amigo!

José Martí, *Versos sencillos*, XLIV

ANDRES IDUARTE

Nació en San Juan Bautista, hoy Villahermosa, Tabasco, el primero de mayo de 1907. Allí, en Ciudad del Carmen, Campeche, y en la capital de la República cursó la primaria (1914 a 1920). En ésta, también, hizo sus estudios de preparatoria (1921 a 1925) y derecho (1926 y 1927, y 1930 a 1932). Los continuó, al mismo tiempo que los de letras, en París (1928 y 1929), en Madrid (1933 a 1936) y en Nueva York (1938 a 1944). Es Licenciado en Derecho de la Universidad Nacional Autónoma de México, de la Central de Madrid, en la que, además, terminó su doctorado, y Doctor en Filosofía de la Universidad de Columbia en Nueva York.

Fue profesor de Historia de México e Historia General en la Escuela Nacional Preparatoria, Director de la revista *Universidad de México* y miembro del Consejo Universitario (1930 a 1932). Fue catedrático de Literatura Hispanoamericana en la Universidad de Columbia desde 1939 hasta 1975, con breves ausencias en que fue Director del Instituto Nacional de Bellas Artes de México (1952 a 1954) y conferenciante en otras universidades norteamericanas, y en las de México, Cuba y Venezuela. Desde el primer día de julio de 1975 es Profesor Emérito de Literatura Hispanoamericana de la Universidad de Columbia en Nueva York.

Ha representado a México en puestos y comisiones de Gobernación, Educación, Trabajo y Relaciones Exteriores. Fue miembro del Ateneo de Madrid (1933 a 1938), y lo es del Instituto Hispánico de Nueva York, de la Academia de la Historia de Cuba, del Instituto Internacional de Literatura Iberoamericana, del que fue Presidente (1957 a 1959), y de la Société Europée̊ne de Culture.

Es autor de varios relatos, entre los cuales se destacan *Un niño en la Revolución Mexicana* (México, 1951, 1954 y 1974; traducción al inglés por James F. Shearer, Nueva York, 1971) y *El mundo sonriente* (México, 1968) y numerosos estudios y libros de ensayo, entre los más importantes: *Martí escritor* (México, 1945 y La Habana, 1951), *Pláticas hispanoamericanas* (México, 1951), *Veinte años con Rómulo Gallegos* (México, 1954), *Sarmiento, Martí y Rodó* (La Habana, 1955), *Alfonso Reyes: el hombre y su mundo* (Nueva York, 1956) y *Don Pedro de Alba y su tiempo* (México, 1962).

Para datos más extensos sobre la vida y obra de Andrés Iduarte, véase el primer volumen de este homenaje: *Andrés Iduarte: un homenaje ofrecido al escritor y maestro por amigos y discípulos*, al cuidado de Roland Grass (Macomb: Western Illinois University, 1975).

PARA UNA REVALIDACION DEL CONCEPTO *REALISMO MAGICO* EN LA LITERATURA HISPANOAMERICANA

por Jaime Alazraki
University of California, San Diego

El término "realismo mágico" fue acuñado, como se sabe, por Franz Roh en 1925. Su libro que examinaba las tendencias de la pintura post-impresionista europea llevaba por título *Nach-Expressionismus (Magischer Realismus)*. Roh estudia e intenta comprender la pintura europea posterior al impresionismo y al expresionismo. El rasgo dominante de esa pintura parece ser, según Roh, un retorno a la visibilidad de las cosas. Frente al deleite que los impresionistas encontraban en la exaltación de imágenes sensoriales y el espiritualismo en cuya búsqueda se esforzaron los expresionistas, la pintura post-expresionista retorna a ese mundo exterior de los fenómenos y las cosas concretas que la pintura anterior había terminado atomizando o internalizando entre impresiones sensorias y la expresión de la subjetividad del artista. En cambio, en las palabras de Roh, "el post expresionismo pretende reintegrar la realidad en el nexo de la visibilidad. La alegría elemental de volver a ver, de reconocer las cosas, entra nuevamente en juego. La pintura vuelve a ser el espejo de la exterioridad palpable. Por eso se ha hablado de un nuevo realismo"..."En el post expresionismo"—continúa Roh—"se nos ofrece el milagro de la *existencia en su imperturbada duración*: el inagotable milagro de que las vibraciones de las moléculas—eterna movilidad—, de que el constante aparecer y desaparecer de lo existente, segregue, sin embargo, objetos permanentes; en suma, la maravilla de que el tumulto de lo variable cristalice en determinadas constantes. Este milagro de una aparente persistencia y duración, en medio del fluir demoniaco; este enigma de toda quietud en medio del general devenir, de la universal disolución, es lo que el post expresionismo quiere admirar y destacar."[1] A este milagro aludirá Roh bajo la noción de "realismo mágico."

Puede verse que hay muy poco en la idea de Roh aplicable a la narrativa hispanoamericana y en esta inadecuación entre lo que el concepto originalmente vino a significar y su uso posterior en la literatura hispanoamericana se apoyan los que rechazan la felicidad y validez del término acuñado por Roh.[2] Según sus impugnadores, y no son pocos los que descartan el concepto de cabo a rabo, una noción que se apoya en un equívoco conduce inevitablemente a equívocos subsiguientes. El solo hecho de que el término defina un momento del arte post-expresionista europeo bastaría, según ellos, para tornarlo inútil en relación a Hispanoamérica. Y sin embargo el concepto se ha venido empleando, con mayor o menor suerte, en los últimos veinticinco años por críticos y escritores. Ya en 1948 Uslar Pietri se refería a la irrupción "del hombre como misterio" en la textura realista de ciertos cuentos hispanoamericanos y concluía que a "falta de otra palabra podría llamarse *realismo mágico*" a esa dirección.[3] En 1949 aparece *El reino de este mundo* de Alejo Carpentier con un prólogo que intentaba definir algunos de los supuestos de lo que debía ser la novela hispanoamericana y proponía la fórmula "lo real maravilloso" para ese mundo mágico que, en oposición al surrealismo europeo, se encontraba en la realidad y en la historia de América.[4] Finalmente, en 1955 Angel Flores publicó su conocido artículo "Magical Realism in Spanish American Fiction"[5] en el cual se propuso describir con ayuda del concepto de Roh algunas de las características más salientes de la narrativa hispanoamericana contemporánea. Desde entonces el término creció en popularidad. Ha sido traído y llevado para explicar direcciones de la ficción hispanoamericana muy dispares y, a veces, hasta opuestas. Dentro del saco entran por igual Borges y Asturias, Carpentier y Cortázar, Rulfo y Mallea. Hasta la chaqueta más adaptable termina por deformarse si la visten por igual escritores tan diferentes. Es un viejo problema de terminología literaria: un concepto troquelado para definir ciertos rasgos afines de un grupo de obras, ciertas tendencias peculiares de una literatura, pierde su eficacia cuando se aplica indiscriminadamente, cuando se estira con exceso hasta romperse, cuando se le pide peras al olmo. Ejemplos no faltan: para un Cernuda el término *modernismo* indicaba el momento más rubenista de esa poesía; en cambio para Juan Ramón Jiménez el modernismo se extendía a toda la poesía contemporánea en lengua española. Hoy tenemos una comprensión mucho más amplia y precisa a la vez de la designación modernismo y la dificultad ha sido superada.[6] En cuanto a la comprensión y alcance del concepto realismo mágico en relación a Hispanoamérica la confusión es total. Nos proponemos aquí dilucidar algunas de esas dificultades y sugerir algunos criterios que permitan restaurar la fisonomía del concepto y su subsecuente función y validez en el estudio de un segmento de la narrativa hispanoamericana.

La primera dificultad reside en la diferencia entre el sentido que le atribuyó Roh al proponer su fórmula *realismo mágico* para estudiar una dirección de la pintura europea post-expresionista y el uso que se ha hecho de ella en la narrativa hispanoamericana. Hemos dicho que para algunos esa sola diferencia la invalidaría como instrumento de trabajo. Se razona: ¿por qué emplear una idea que quiere decir algo muy diferente a lo cual se aplica? En rigor lo que aquí se aduce es un purismo semejante al defendido por las academias respecto al empleo de la lengua. Hoy aceptamos como axiomático que la acepción de cualquier palabra no está fijada por reglas a priori sino por el uso, no por canones académicos sino por las necesidades expresivas de los hablantes. Un idioma crece y se enriquece no por las academias sino a pesar de ellas: la lengua de vocabulario más rico, el inglés, ha prescindido de esa institución. Además, la semántica de todos los idiomas registra ejemplos de palabras cuyo significado ha sido fijado por el error. Más aún: el error constituye una de las fuentes, entre muchas otras, del enriquecimiento de cualquier lengua. ¿Qué ha quedado del origen eclesiástico de las apologías en el verbo inglés *to apologize*?, y ¿qué relación hay entre el uso hispánico de *cábala* y los orígenes místico-religiosos de esa palabra en su original hebreo? Pero el uso ha conferido a esas palabras el significado con el cual las conocemos y empleamos. Las intenciones de Franz Roh tienen muy poco que ver con el sentido con que se emplea el término *realismo mágico* en la literatura hispanoamericana, pero si el concepto puede contribuir a explicar y comprender mejor una de las direcciones de la ficción latinoamericana contemporánea, no hay ninguna razón para que las intenciones primeras de Roh nos inhiban o impidan emplearlo con un sentido muy diferente del originalmente propuesto. Como cualquier palabra que propone una significación nueva, también respecto a *realismo mágico* la condición de su supervivencia reside no en su mayor o menor purismo etimológico sino en su capacidad de definir una representación, idea o fenómeno innominado.

Cuando Carpentier propuso su tesis de "lo real maravilloso" en 1949, intentaba no tanto definir un grupo de obras como fijar una dirección para la narrativa de Hispanoamérica. Su novela *El reino de este mundo* constituía, así, un ejemplo de esa dirección. El escritor hispanoamericano, razonaba Carpentier, no necesita recurrir a mundos artificiales, a los viejos clisés de la selva de Brocelianda, a los caballeros de la mesa redonda, al encantador Merlín, al ciclo de Arturo, a los trucos de prestidigitación surrealista, a los fantasmas, sacerdotes emparedados, licantropías, manos clavadas sobre la puerta de un castillo, para encontrar lo maravilloso. En América, lo maravilloso existe en estado natural y la tarea del escritor consiste en rescatarlo: hay que recorrer la historia y penetrar en la vida de los pueblos americanos para toparse con lo maravilloso como realidad viviente. Es indudable de que el concepto que propuso Carpentier respondió a circunstancias polémicas: a la ruptura en París de su amigo y protector Robert Desnos con Breton y el grupo surrealista.[7] Sólo así se explica que Carpentier propusiera buscar *lo maravilloso* (palabra clave a lo largo de los manifiestos del surrealismo) en la realidad de América. Lo *maravilloso* es un concepto europeo y para el autor de *Les Pas perdues* y el grupo surrealista lo surreal y lo maravilloso eran sinónimos. Lo maravilloso constituye además un género literario de fuerte raigambre en la literatura francesa. Marcel Schneider lo define así: "Desde la segunda mitad del siglo XII toda la literatura francesa se aboca a la búsqueda del bosque encantado. Lo maravilloso no fue solamente un gusto, una moda, sino una necesidad profunda, un deseo de alma." Y continúa: "Pero, ¿dónde situar las hadas y los genios, que pertenecen a otra raza y que no son ni ángeles ni demonios? Vienen de *otro lado*, y este *otro lado*, donde cristalizan la nostalgia, el deseo, el sueño, va durante siglos a alimentar lo fantástico."[8] También los surrealistas buscarán ese *otro lado*, residencia de lo maravilloso. Carpentier viene a decirnos, en esencia, que en América ese *otro lado* está de *este lado* y que lo maravilloso es allí un mundo real. Pero lo maravilloso ya tenía en Francia todos los rasgos y condiciones de un género literario definido y codificado. Roger Caillois ofrece su definición en los siguientes términos:

> [Lo maravilloso] no viola ninguna regularidad: forma parte de las cosas, es el orden o mejor dicho la ausencia de orden de las cosas. El universo de lo maravilloso está naturalmente poblado de dragones, de unicornios y de hadas; los milagros y las metamorfosis son allí continuos; la varita mágica, de uso corriente; los talismanes, los genios, los elfos y los animales agradecidos abundan; las madrinas, en el acto, colman los deseos de las huérfanas meritorias. Además, este mundo encantado es armonioso, sin contradicción, no obstante fértil en peripecias, ya que conoce, él también, la lucha del bien y del mal: existen los genios malos y las hadas malas. Pero una vez aceptadas las propiedades singulares de esta sobrenaturaleza, todo permanece notablemente homogéneo.[9]

Pero lo maravilloso rebasa los límites del país de las hadas y puebla una buena parte de la literatura contemporánea. René Mesnil alude a ese momento de lo maravilloso: "Por una suerte de encantación mágica, los cuentos y los poemas nos transportan a un mundo inaudito: el país de lo maravilloso, el país que responde, contrariamente del mundo de la vida real, a nuestros deseos fundamentales y que ha sido construido a su medida."[10] La definición de lo maravilloso de Tzvetan Todorov es una reiteración de las anteriores pero introduce y relaciona géneros afines, lo fantástico y lo extraño: "Si el lector decide que las leyes de la realidad quedan intactas y permiten explicar los fenómenos descritos, decimos que la obra pertenece a lo extraño; si, por el contrario, decide que es necesario admitir nuevas leyes de la naturaleza mediante las cuales el fenómeno puede ser explicado, entramos en el género de lo maravilloso."[11]

Esta digresión nos permite constatar hasta qué punto lo maravilloso posee una preceptiva que lo delinea con todas las características de un género literario aunque su contorno sea más bien borroso. Carpentier aludía, en realidad, más que a lo maravilloso a mitos, leyendas y creencias que en la vida del hombre americano tienen todavía la vigencia de un mundo real: para los esclavos de *El reino de este mundo*, Mackandal no muere en la hoguera—espigándose en el aire vuela por sobre las cabezas de la multitud que grita convencida "Mackandal suavé." Tal vez esta imprecisión, en cuanto al uso de un concepto que alude a un género literario de larga tradición europea, y las circunstancias polémicas que motivaron a Carpentier emplear la idea de lo maravilloso en un contexto americano, expliquen parcialmente la difusión y aceptación que alcanzó, unos años más tarde, el concepto *realismo mágico* como alternativa a la denominación propuesta por Carpentier.

Descontando la ligera alusión de Uslar Pietri, el primero en aplicar la noción de realismo mágico a la literatura hispanoamericana fue Angel Flores. En su mencionado artículo de 1955 Flores buscó caracterizar la narrativa hispanoamericana de los últimos veinte años. Para distinguirla de la producción literaria anterior que en mayor o menor grado se inclinaba hacia el realismo y el costumbrismo del siglo pasado, Flores vio en la nueva literatura una tendencia unificante que llamó realismo mágico. La lista de Flores incluía, entre otros, a autores como Borges, Mallea, Bianco, Silvina Ocampo, Bioy Casares, Novas Calvo, Arreola, Rulfo, Filisberto Hernández, Amorim, Onetti, Manuel Peyrou, Anderson Imbert, Estela Canto y Cortázar. Bajo el rótulo de realismo mágico Flores aludía, en realidad, a una conciencia de la forma y una libertad imaginativa nuevas en la narrativa hispanoamericana: "La novedad" —dice— "consistió en la amalgama del realismo y la fantasía"; y más adelante agrega:

> Their plots are logically conceived, either well-rounded or projected against an infinite perspective... This concern for the well-knit plot probably stems from their familiarity with detective stories, which Borges, Bioy Casares, Peyrou, and other magical realists have written, translated or anthologized. Their mathematical precision and perspicacity may account for their strong aversion to all flabbiness, either stylistic or emotional.[12]

Ya puede verse que Flores definió, muy tempranamente, algunos de los rasgos más distintivos de la narración hispanoamericana contemporánea, y que escogió para describir su madurez un rótulo equivocado. Cuando se puede pasar de Mallea a Borges, o de Rulfo a Arreola, o de Felisberto Hernández a Amorim u Onetti con la libertad con que lo hace Angel Flores, el concepto de realismo mágico que él propone para describir esa literatura pierde toda validez y utilidad. El mérito de su pionero ensayo reside más bien en haber llamado la atención sobre la adultez que la literatura hispanoamericana había alcanzado ya desde 1935 en adelante.

Otro estudioso del realismo mágico, Angel Valbuena Briones, con una diferencia de casi quince años, sigue la línea establecida por el profesor Flores. En su artículo de 1969, "Una cala en el realismo mágico," intenta aplicar a la literatura algunas de las nociones delineadas por Roh en relación a la pintura post-expresionista. Para demostrar que "el realismo mágico es una corriente universal e inherente al ser humano en general,"[13] Valbuena Briones absorbe en el concepto realismo mágico la literatura fantástica: "Julio Cortázar"—dice—"es un escritor representativo de lo que ha venido llamándose literatura fantástica de la Argentina, y por ello ha sido apropiadamente catalogado bajo el epígrafe de realismo mágico."[14] Las últimas cuatro páginas de su artículo están dedicadas a demostrar que *Los premios* es un ejemplo patente de realismo mágico. Que en 1955 Angel Flores viera en la literatura fantástica ejemplos contundentes de realismo mágico se comprende en parte. Solamente en los últimos años la literatura fantástica ha sido objeto de un estudio más sistemático. Los libros de Roger Caillois (*Images, Images...*, 1966), Marcel Schneider (*La littérature fantastique en France*, 1964), Louis Vax (*L'art et la littérature fantastiques*, 1960) y Todorov (*Introduction à la littérature fantastique*, 1970) datan de los últimos diez años. Estos estudios han contribuido considerablemente a fijar los límites y alcances de una literatura que posee todos los rasgos y singularidad de un género literario. Han ayudado también a deslindar el género fantástico de géneros adyacentes pero diferenciados: lo maravilloso, lo extraño y la ciencia ficción. Lo que Valbuena Briones propone es una regresión: renunciar a precisos instrumentos de trabajo para caer en una categoría que de tan amplia y ambigua resulta totalmente inservible. Un curso más provechoso consistiría en dejar a esas obras que de manera general llamamos literatura fantástica dentro de la órbita de ese género y reducir el campo focal de realismo mágico a obras que respondan a un concepto más especializado, a una noción desde la cual arribemos a una comprensión más honda de esas obras.

Luis Leal, en su nota sobre el realismo mágico—"El realismo mágico en la literatura hispanoamericana"—de 1967, ha buscado deslindar obras que se ajustarían a una visión mágica de la realidad de obras que encuentran en géneros o categorías más establecidas y precisas su mejor contexto de estudio. En cuanto a criterios de definición y estudio, nos dice: "En el realismo mágico el escritor se enfrenta a la realidad y trata de desentrañarla, de descubrir lo que hay de misterioso en las cosas, en la vida, en las acciones humanas."[15] Ya puede verse que también el profesor Leal, aun habiendo dado un paso adelante en relación a Angel Flores y Valbuena Briones, nos propone una definición de vaguedad semejante a la de sus predecesores, ya que "desentrañar la realidad y descubrirle su misterio" ha sido preocupación constante de la literatura de todos los tiempos. Sólo así se entiende que para apoyar su definición de realismo mágico, Luis Leal traiga a colación una cita de "Las armas secretas" de Cortázar.

A nuestro criterio, quien mejor acierta en una caracterización y definición de realismo mágico es el propio Carpentier, el primero en sugerir esta noción aunque bajo la denominación de "lo real maravilloso." Carpentier distingue dos rasgos distintivos que hacen posible este tipo de literatura: primero, sus temas; segundo, el tratamiento de esos temas. Los temas emergen de la realidad americana y por eso, para Carpentier, Bernal Díaz había "superado, sin sospecharlo, las hazañas de Amadís de Gaula, Belianis de Grecia y Florismarte de Hircania,"[16] y había descubierto para la literatura del nuevo continente un mundo en donde la maravilla es la norma. ¿Cómo funciona esta realidad maravillosa americana? La respuesta de Carpentier:

> Lo maravilloso comienza a serlo de manera inequívoca cuando surge de una inesperada alteración de la realidad (el milagro), de una revelación privilegiada de la realidad, de una iluminación inhabitual o singu-

> larmente favorecedora de las inadvertidas riquezas de la realidad, de una ampliación de las escalas y categorías de la realidad, percibidas con particular intensidad en virtud de una exaltación del espíritu que lo conduce a un modo de "estado límite." Para empezar, la sensación de lo maravilloso presupone una fe. Los que no creen en santos no pueden curarse con milagros de santos...[17]

A sabiendas o no, Carpentier coincide aquí con una idea básica de la antropología estructural. En su ensayo clásico, "El brujo y su magia," Lévi-Strauss ha demostrado que la eficacia de la magia implica la fe en la magia, y para explicarlo distingue tres aspectos complementarios de la fe: "Primero"—dice—"la fe del brujo en la eficacia de sus técnicas; segundo, la fe del paciente o víctima en los poderes del brujo; y, finalmente, la fe y esperanzas del grupo, que constantemente actúa como una suerte de campo gravitacional dentro del cual se sitúa y define la relación entre el hechicero y el embrujado."[18] También para Carpentier la fe es condición sine qua non para que lo maravilloso se produzca. La otra, igualmente indispensable, es el escenario americano. Si consideramos estas dos condiciones—la fe y el milagro y el escenario americano—a manera de ordenada y abscisa de una visión de mundo que gobierna la narración mágico-realista, comprobaremos que solamente un número muy definido y reducido de obras responden a este tipo de relato: el primer Carpentier, el Asturias de *Hombres de maíz*, *Mulata de Tal* y *El espejo de Lida Sal*, Juan Rulfo, García Márquez y algún otro. En esas novelas y cuentos la realidad configurada racional y causalmente cede a una realidad gobernada por la leyenda, el mito y la magia. Rulfo ha contado que en esos pueblos de Jalisco desolados por la sequía y la destrucción de los bosques, la gente abandona el lugar y los pocos que se quedan, se quedan para no dejar solos a sus muertos. Y agrega: "Los antepasados son algo que los liga al lugar, al pueblo. Ellos no quieren abandonar a sus muertos. A veces cuando se van cargan con ellos. Llevan sus muertos a cuestas. Y hasta cuando los abandonan, de alguna manera siguen acarreándolos."[19] Ese vivísimo mundo de muertos que puebla la ficción de Rulfo no es una invención fantástica suya o un artificio maravilloso. Sus textos están sostenidos, qué duda cabe, por esos artificios que hacen funcionar toda obra de arte, pero su visión de mundo responde a una conciencia muy jalicense y muy latinoamericana, a un modo de percibir la realidad más próximo al mito que a la lógica cartesiana.

También Asturias ha buscado recrear en sus obras el poder de brujería y encantamiento que las palabras tienen para el indio, su milagroso poder curativo y exorcista, su condición de fetiches que penetran los fundamentos de las cosas: "El indio"—dice—"es muy lacónico. Para él las palabras son sagradas. Tienen una dimensión completamente distinta a la que tienen en el idioma español. En el *Popol Vuh* y los antiguos textos indígenas, las palabras no sólo poseen un valor ritual, sino que constituyen la sustancia misma del culto. Son el alimento de los dioses, que se nutren sólo de ellas. Los dioses mayas crearon al hombre expresamente con ese propósito: para que los alabara. Las palabras humanas eran el sustento divino.... De modo que para los indios las palabras son elementos fundamentales y mágicos dotados no sólo de poderes de hechicería y encantamiento, sino también de milagrosos poderes de curación."[20] Asturias postula una realidad mítica, un mundo donde la magia es la norma y que, como en el caso de Rulfo, emerge de una sensibilidad y percepción nativas y de una fe primordial no más vulnerable que nuestra fe en las ciencias. Visto desde afuera ese mundo se nos presenta como una brujería. Asturias lo presenta desde adentro, desde la perspectiva del indio para quien la brujería tiene tanta vigencia y poder como para nosotros las ciencias. Su visión mágica no es más falaz que nuestra visión científica, tal como lo ha demostrado la antropología estructural. Refiriéndose al *Mu-Igala* (canto medicinal de los Cunas de Panamá), escribe Lévi-Strauss: "Que la mitología del shamán no corresponda a una realidad objetiva no importa. La mujer enferma cree en el mito y pertenece a una sociedad que cree en él. Los espíritus tutelares y los espíritus malignos, los monstruos sobrenaturales y los animales mágicos, son todos parte de un sistema coherente en el cual se funda la concepción nativa del universo. La mujer enferma acepta estos seres míticos o, más exactamente, nunca ha puesto en duda su existencia."[21]

Finalmente, García Márquez ha explicado que algunos de los episodios "fantásticos" de su novela *Cien años de soledad* responden a una manera latinoamericana de sentir y percibir la realidad, y agrega:

> Yo creo que tenemos que trabajar a fin de que toda la realidad latinoamericana forme parte de nuestros libros y que la literatura latinoamericana corresponda en realidad a la vida latinoamericana donde suceden las cosas más extraordinarias todos los días, como los coroneles que hicieron treintaicuatro guerras civiles y las perdieron todas, o como por ejemplo, ese dictador de El Salvador que inventó un péndulo para descubrir si los alimentos estaban envenenados, y que ponía sobre la mesa, sobre la carne, sobre el pescado. Si el péndulo se inclinaba hacia la izquierda, él no comía, y si se inclinaba hacia la derecha sí comía.... Estas cosas suceden todos los días en América Latina y

> nosotros los escritores latinoamericanos a la hora de sentarnos a escribirlas, en vez de aceptarlas como realidades, entramos a polemizar, a racionalizar diciendo: "Esto no es posible, lo que pasa es que éste era un loco," etc. Todos empezamos a dar una serie de explicaciones racionales que falsean la realidad latinoamericana. Yo creo que lo que hay que hacer es asumirla de frente, que es una forma de realidad que puede dar algo nuevo a la literatura universal.[22]

En los cuatro escritores que hemos citado hay un común denominador, una ecuación cuyo producto se define en el concepto *realismo mágico*. Su radio semántico se reduciría a obras cuyo tema emerge de la realidad latinoamericana como una cultura diferenciada, resultado de una historia y de un substrato histórico también diferenciados. Su sintaxis, en cambio, funcionaría según una gramática en la cual las normas del uso se trastrocan. El escritor mágico-realista no busca reestablecer en sus relatos el orden racional con cuyo sistema el hombre occidental aprehende y organiza sus versiones de la realidad. Su esfuerzo—como en el caso de la etnología estructural—está encaminado a comprender los temas de sus ficciones desde una gramática que abandona la lógica para reformularse desde la magia, el mito o la leyenda. Confrontado con varias imágenes de la realidad y coexistiendo con dos sistemas de referencia, el escritor mágico-realista evita explicar el uno con el otro, lo cual representaría absorber un sistema en el otro aboliendo así el primero. En su lugar, acepta la imagen mágica de la realidad e intenta reconstruirla o sublimarla literariamente desde su propio sistema de referencia: desde la lógica del mito, la veracidad de la leyenda, desde una historia cuyo motor es la maravilla, la magia, la fe en fuerzas irracionales.

Los etnólogos han enseñado que así como desde el psicoanálisis el chamán es un brujo y el chamanismo, su brujería, desde el punto de vista del chamán el psicoanálisis sería nuestra brujería. Más aún: Lévi-Strauss llama al psicoanálisis "la versión moderna de la técnica shamanística," y agrega: "El psicoanálisis puede encontrar confirmación de su validez, al igual que una posibilidad de fortalecer sus fundamentos teóricos y de una mejor comprensión de las razones de su eficacia, comparando sus métodos y objetivos con los de sus precursores, los shamanes y hechiceros."[23] De manera semejante, el escritor latinoamericano ha mostrado y demostrado que su visión mágico-realista es su respuesta, desde la literatura, a la mutilación y negación cultural de la sociedad latinoamericana. No hay un solo sistema de referencias, no hay una sola óptica para percibir el mundo, parece decirnos el escritor hispanoamericano: tan real es esa imagen mágica del mundo para quien la magia constituye un sistema de referencia, como la imagen racional del mundo del homo sapiens. Si la noción de *realismo mágico* sirviera tan sólo para definir esa óptica diferente, la necesidad de ese concepto se justificaría con creces. Reconocida su necesidad, se plantea ahora la tarea más difícil: el estudio y la formulación de las leyes a las cuales se debe y según las cuales se produce esa visión cuya óptica hemos dado en llamar *realismo mágico*.

NOTAS

[1]Franz Roh, *Realismo mágico. Post expresionismo; problemas de la pintura europea más reciente* (Traducción del alemán de Fernando Vela). Madrid, Revista de Occidente, 1927, pp. 39, 45-46.

[2]Aludo a algunos puntos de vista expresados durante el XVI Congreso del Instituto Internacional de Literatura Iberoamericana realizado en East Lansing, Michigan, durante el 26-31 de agosto de 1973 y dedicado al realismo mágico en la literatura iberoamericana. De alguna manera el presente trabajo es un intento de respuesta a los muchos interrogantes que en mi opinión quedaron sin contestación pero que tuvieron el mérito de indicar hasta qué punto el tema planteaba estudio y dilucidación.

[3]Arturo Uslar Pietri, *Letras y hombres de Venezuela*, México, 1948, p. 161.

[4]El prólogo fue después ampliado y recogido en su colección de ensayos *Tientos y diferencias* bajo el título "De lo real maravilloso americano" (México, U.N.A.M., 1964), pp. 115-135.

[5]Angel Flores, "Magical Realism in Spanish American Fiction", *Hispania*, vol. 38, 1955, pp. 187-192.

[6]Aunque sobre este tema la bibliografía es muy extensa, recomendamos en especial el ensayo de Octavio Paz, "El caracol y la sirena" incluido en *Cuadrivio* (Darío, López Velarde, Pessoa y Cernuda), México, Joaquín Mortiz, 1965, pp. 11-65.

[7]Véase el ensayo de Carpentier, "Robert Desnos, el hombre poeta" en la colección citada, pp. 101-111. "Surrealista por temperamento"—escribe Carpentier refiriéndose a Desnos—, "por vocación—porque todo en el surrealismo coincidía con su modo de entender la poesía—Roberto se apartó tempranamente, sin embargo, de André Breton. En 1928, las relaciones entre ambos escritores eran muy tensas. Desnos no admitía que un movimiento nacido de la magnífica iconoclasia de Dadá se fuese transformando en una suerte de 'carbonarismo' poético, sociedad secreta y exclusiva, dotada de consignas y santos y señas, donde un investido de poderes tuviese facultad plena para dictar exclusiones y usar de un permanente derecho de excomunión... [Desnos] no aceptaba que el surrealismo se poblara de retóricas de nuevo cuño, dando un carácter de preceptiva a *Los cantos de Maldoror*. '¡Lautremont ha muerto: malhaya de su cadáver!' clamaba Desnos en un artículo publicado en 1931, denunciando la explotación cazurra de un *academismo de lo maravilloso*", o.c., pp. 104-105.

[8]Marcel Schneider, *La littérature fantastique en France*, Paris, Fayard, 1964, p. 20.

[9]Roger Caillois, *Images, images...*, Paris, José Corti, 1966. (Traducción española de D. Sierra y Néstor Sánchez: *Imágenes, imágenes...*, Buenos Aires, Sudamericana, 1970, p. 11.)

[10]René Mesnil, "Introduction au marveilluex", *Tropiques*, No. 3, oct. 1941, p. 10.

[11]Tzvetan Todorov, *Introduction à la littérature fantastique*, Paris, Seuil, 1970. (Traducción española: *Introducción a la literatura fantástica*, Buenos Aires, Editorial Tiempo Contemporáneo, 1972. Véase en especial el capítulo III, "Lo extraño y lo maravilloso", pp. 53-72.)

[12]Angel Flores, o.c., pp. 191-192: "Sus argumentos están lógicamente concebidos, o bien terminados o proyectados contra una perspectiva infinita.... Esta preocupación por el argumento minuciosamente tramado proviene probablemente de la familiaridad de los autores con narraciones detectivescas que Borges, Bioy Casares, Peyrou y otros mágico-realistas han escrito, traducido o antologizado. Su precisión matemática y perspicacia son un testimonio de su fuerte aversión hacia toda chapucería, estilística o emocional".

[13]Angel Valbuena Briones, "Una cala en el realismo mágico", *Cuadernos americanos*, México, vol. 166, No. 5, sept-oct. 1969, p. 236.

[14]*Ibid.*, p. 237.

[15]Luis Leal, "El realismo mágico en la literatura hispanoamericana", *Cuadernos americanos*, México, vol. 153, No. 4, julio-agosto 1967, pp. 232-233.

[16]Alejo Carpentier, *Tientos y diferencias*, p. 127.

[17]*Ibid.*, p. 132.

[18]Claude Lévi-Strauss, "The Sorcerer and His Magic", capítulo IX de su libro *Structural Anthropology*, New York, Doubleday, 1967, p. 162.

[19]En Luis Harss, *Los nuestros*, Buenos Aires, Sudamericana, 1966, pp. 305-306.

[20]*Ibid.*, p. 105.

[21]Claude Lévi-Strauss, o.c., capítulo X, "The Effectiveness of Symbols", p. 192.

[22]Gabriel García Márquez y Mario Vargas Llosa, *La novela en América Latina: diálogo*, Lima, Universidad Nacional de Ingeniería, 1967, pp. 20-21.

[23]Claude Lévi-Strauss, o.c., p. 200.

LA COMUNIDAD SEFARDITA DE BAYONA EN 1801

por David F. Altabé
Queensborough Community College of The City University of New York

Uno de los cuadros más vivos y curiosos que nos pintó Fray Servando Teresa de Mier en sus *Memorias* es la relación de su estancia entre los sefardíes de Bayona al escaparse de España después de cruzar los Pirineos. Una indicación del valor estético de esta narración y su interés histórico es el hecho de que esta misma selección del libro fue incluida por Anderson Imbert en su antología.[1]

El estilo de Fray Servando sugiere la prisa de la fuga, pero no por eso deja de presentar minuciosos detalles sobre las costumbres sociales y religiosas de las comunidades visitadas por él. Con su penetración aguda, Fr. Servando parece ver todo, y aún más, logra darnos una explicación de los fenómenos que ve, indicando sus causas y consecuencias.

Llegó a Bayona, según su relación, el Viernes de Dolores del año 1801, y un guardia extrañándose de su apariencia lo condujo a la Municipalidad. Como no entendieron su pasaporte mejicano, le dieron carta de seguridad. Su mayor apuro luego era encontrar una manera de sostenerse. Podemos imaginarlo vagando por las calles de la ciudad perdido en sus pensamientos como él mismo nos cuenta:

> Aquel día era Viernes de Dolores del año de 1801. ¿Qué hacer para vivir, especialmente siendo yo muy pundonoroso, conforme a mi nacimiento, e incapaz no sólo de pordiosear, sino de manifestar mi miseria? Sufría tragos de muerte, y no los hubiera pasado si fuese libertino. Una casualidad me hizo entrar, sin saberlo, en la sinagoga de los judíos del barrio de Sancti-Spiritus. Se estaban cantando los Salmos en castellano, y se predicó en castellano. Todos los judíos de Francia y casi toda Europa, excepto Alema-

nia, son españoles de origen, y muchos de naturaleza; porque yo los veía llegar a Bayona a circuncidarse; todos hablan español, hombres y mujeres; en español están sus Biblias, en español todos sus rezos, y tienen sobre esto tal etiqueta, que habiéndose casado en Bayona un judío alemán que no entendía español, aunque el contrato matrimonial se le puso también en hebreo para que lo entendiera, se le leyó primero en castellano, y éste fue el que firmó. Y aún conservan en todo las costumbres españolas, como también son los que principalmente comercian con España, por la cual todos han paseado. La causa de tanto empeño en conservar todo lo español es porque dicen que los que vinieron a España enviados por el emperador Adriano son de la tribu de Judá.

Entré yo puntualmente a la sinagoga, a otro día de haber llegado, y era puntualmente la Pascua de los ázimos y el cordero. El rabino predicó probando, como siempre se hace en esa Pascua, que el Mesías aún no había venido, porque lo detienen los pecados de Israel. En saliendo de la sinagoga todos me rodearon para saber qué me había parecido el sermón. Ya me habían extrañado, porque yo llevaba cuello eclesiástico, y porque me quité el sombrero, cuando al contrario todos ellos lo tienen puesto en la sinagoga, y los rabinos que eran de oficio, un almaizal además sobre la cabeza. El mayor respeto en el Oriente es cubrirse la cabeza. Sólo en el cadí o conmemoración de los difuntos, que entona siempre un huérfano, se suelen descubrir las cabezas en la sinagoga. Y el modo que tienen para conocer si uno es judío es preguntarle en hebreo: ¿Cómo te llamas? Yo deshice en un momento todos los argumentos del rabino predicador, y me desafiaron a una disputa pública. La admití, y como tenía en las uñas la demostración evangélica del obispo Huet, me lucí tanto en la disputa, que me ofrecieron en matrimonio una jovencita bella y rica llamada Raquel, y en francés *Fineta*, porque todos usan de dos nombres, uno para entre ellos, y otro para el público; y aún me ofrecían costearme el viaje a Holanda, para casarme allí, si no quería hacerlo en Francia.

Rehusé, ya se supone, su oferta; pero quedé desde aquel día con tanto crédito entre ellos, que me llamaban *Jajá*, es decir, sabio; era el primer convidado para todas sus funciones; los rabinos iban a consultar conmigo sus sermones, para que les corrigiese el castellano, y me hicieron un vestido nuevo. Cuando yo

> iba por curiosidad a la sinagoga como otros españoles, los rabinos me hacían tomar asiento en su tribuna o púlpito. Y acabada por la noche la función, yo me quedaba solo con el rabino que estaba de oficio, para verle estudiar lo que se había de leer a otro día. Sacaba entonces la ley de Moisés, que cuando está el pueblo se saca con gran ceremonia y acatamiento, inclinándose todos hacia ella. Está en rollos, y sin puntos, con solas las letras consonantes, y la estudiaba el rabino, leyéndole yo en la Biblia con puntos. Y luego apagaba yo las velas de las lámparas, porque ellos no pueden hacerlo, ni encender fuego para hacer de comer o calentarse los sábados. Se sirven para todo esto de criadas cristianas, y yo les decía por lo mismo que su religión no podía ser universal.
>
> (II, 18-20)[2]

Las observaciones de Fr. Servando revelan lo siguiente con respecto a la comunidad sefardita de Bayona en el año 1801:

a) Los judíos tenían la libertad de practicar su religión y mantenían una sinagoga en la cual celebraron la fiesta pascual.
b) Se empleaba el castellano como lengua de comunicación y, en la sinagoga, como lengua litúrgica además del hebreo. Los libros de oración y la Biblia contenían la traducción al español.
c) La franca simpatía con que recibieron a Fr. Servando indica cierta identificación con él, sea porque era de habla española o por ser refugiado.
d) Existía contacto entre los sefardíes de Bayona y sus correligionarios establecidos en Holanda, e incluso con familias de marranos que todavía residían en España.
e) La comunidad gozaba de cierto nivel de prosperidad ya que se mostró bastante generosa para ofrecer a pagarle los costos de un viaje a Holanda, y a proveerle un traje nuevo.

Sabemos también por esta narración que Fr. Servando dominaba el hebreo bastante bien para ayudarle al rabino a preparar su lectura de la Torá. En otra parte de sus *Memorias*[3] propone, como argumento filológico en apoyo de su hipótesis sobre la existencia precolombiana del conocimiento de Cristo, que la diosa azteca Tonantzín era la madre de "Méxi," nombre derivado del hebreo "mešiaḥ," es decir Mesías. Agrega luego (*Memorias,* p. 38) "que mexicanos significa lo mismo que cristianos, y a consecuencia México significa *donde es adorado Cristo*."

La mayor parte de las costumbres religiosas notadas quedan en vigor entre los judíos sefardíes menos la de descubrir la cabeza en la recitación del "cadí," la conmemoración de los difuntos. Para asegurarnos de la fidelidad de su retrato, sería interesante investigar lo que han dicho los historiadores[4] acerca de la comunidad judía de Bayona.

Estudiemos primero la cuestión de la libertad del culto religioso. Aunque es generalmente concedido que los sefardíes de Bordeaux y de Bayona gozaban de ciertos privilegios, los cuales eran considerables cuando se comparan con el mísero estado social de otras comunidades de judíos en Europa de la misma época, vemos al examinar su situación con más cuidado que no eran invulnerables a la intolerancia religiosa. El derecho de residir en esas ciudades o en sus alrededores les costó caro o les resultó de circunstancias externas. Los judíos habían sido expulsados definitivamente de Francia en 1394. Casi un siglo más tarde, para repoblar la región de Bordeaux decimada por la Guerra de Cien Años, Luis XI en 1474 dio permiso para la residencia de extranjeros con la excepción de ingleses. Se cree que varias familias de marranos se establecieron allí como resultado de este decreto. Sin embargo no fue hasta el año 1550 que se hace mención de marrones en Bordeaux. En las "lettres patentes" firmadas por Henri II en esa fecha se permite que "marchands et autres Portuguais" vivan en su reino, posean bienes raíces, dejen testamentos, y en general gocen de todos los derechos acordados a súbditos franceses. Estos derechos fueron extendidos a los "portugueses" habitantes de Saint-Esprit, suburbio de Bayona en 1574 por Henri III. En 1597 los portugueses que habían vivido en Bordeaux por menos de diez años fueron expulsados, de Bayona en 1602. Se les permitió quedarse en Saint-Esprit, pero no en Bayona hasta la revolución de 1789.

Pasaban por nuevos cristianos, pero hacia el año 1706 se sintieron bastante seguros entre sus vecinos para comenzar la construcción de una sinagoga en Bordeaux. Una contrariedad, el "Arret du Conseil" del 21 de febrero de 1722 que les mandaba abandonar sus posesiones, les hizo apelar al rey y resultó en las letras patentes de 1723, las cuales son las primeras que hacen mención de ellos específicamente como judíos. Fueron obligados a pagar 110,000 Livres para retener sus privilegios. La hacienda de Francia necesitaba los fondos después de las guerras ruinosas de Luis XIV. Medio siglo más tarde en 1784, Luis XVI exceptuó a todos los judíos de Francia del pago del "doit de péage corporel" facilitando su establecimiento en las comarcas donde vivían. La ciudadanía francesa fue acordada a todos los judíos de Francia por la Asamblea Nacional en 1791.

Durante el Reino del Terror, cuando las iglesias fueron convertidas en Templos de Razón, los servicios religiosos fueron suspendidos en Saint-

Esprit y los rollos de la Torá fueron escondidos. Muchos judíos participaron en el "Comité de Surveillance" de la región temerosos de las consecuencias para los judíos si no lo hicieran. El secretario del Comité fue un joven rabino, Abraham Andrade. Algunos miembros adinerados de la comunidad fueron acusados de atesorar oro o comestibles y fueron encarcelados hasta que pagaron una multa. Otros fueron acusados de fanatismo, es decir, de no abandonar su religión.

La población de Saint-Esprit en el siglo diez y ocho llegaba a aproximadamente 2,000 almas, 1,200 de ellas judías. Originalmente su ocupación principal era el comercio internacional, pero más tarde traficaban en joyas y telas al por menor. Sus relaciones comerciales se extendían a España, Holanda y las Américas. Los menos afortunados eran sastres, zapateros y artesanos. Habían introducido la industria del chocolate a Francia, pero eventualmente fueron prohibidos de continuarla una vez que los cristianos aprendieron el oficio.

Se supone que existió una sinagoga en Saint-Esprit a principios del siglo diez y siete, pero hasta la construcción de la "Yeshivá" a fines del siglo diez y ocho, se conducían los rezos en casas privadas.[5]

Como dice Fr. Servando, gran parte de las oraciones se cantaban en español y se empleaba la traducción al español de la Biblia hecha en Ferrara en 1552. Así lo confirma el investigador Hermán Salomón,[6] agregando que el rabino Isaac Nieto en el siglo diez y ocho hizo en Londres una nueva traducción de la liturgia porque encontraba demasiado arcaicas las versiones de Ferrara. El Prof. Salomón duda que el español fuera lengua de familia entre los sefardíes de Bayona en el siglo diez y ocho aunque es cierto que se conservaban muchas de las tradiciones traídas de España y las palabras asociadas con ellas. Ya en el relato de Fr. Servando, el rabino manifiesta cierta desconfianza en su conocimiento del español cuando le pide su ayuda al redactar un sermón en castellano. Es de suponer, sin embargo, que aun si el español no fue lengua de familia, muchos sefardíes de Bayona lo comprendían dado su comercio con España y su proximidad a la frontera.

En cuanto a la forma en que Fr. Servando fue recibido existe un paralelo entre su relato y lo que cuenta Henri León en su *Historia des Juifs de Bayonne* acerca de la visita anual de un mensajero que venía de la Tierra Santa. Su misión era recoger fondos para la comunidad menesterosa de judíos que vivían allí. León describe al mensajero como sefardí de origen oriental; alto, moreno y robusto; que hablaba español y portugués. Su llegada era un gran evento en Bayona y los niños le seguían por las calles cuchicheando: "Es un jajám."[7] Así lo llamaron también a Fr. Servando. ¿Es posible que lo tomaron por un "šeliah," un mensajero de Israel? Recuérdese que le ofrecieron la posibilidad de casarse con la joven rica y atractiva, Raquel. Sin duda, este detalle habrá llamado la atención del lector. Sólo podemos conjeturar una explicación, sobre todo si la comunidad sabía que no era judío.[8] La cuestión de casamientos entre judíos y cristianos se discutía entonces con gran interés. Una de las preguntas hechas por Napoleón a la Asamblea de Notables Judíos convocada por él en 1806 fue: "Une Juive peut-elle se marier avec un chrétien et une chrétienne avec un Juif, ou la Loi veut-elle que les Juifs ne se marient qu'entre eux?"[9]

La conclusión que hace Fr. Servando acerca de la religión judía pronostica una de las dificultades que ha experimentado el estado moderno de Israel.[10] Aunque la Ley permite cocinar y calentar la casa si el fuego empleado para tales propósitos fue encendido antes de la entrada del sábado, las exigencias de la sociedad moderna impiden la completa observancia del cuarto mandamiento fuera de una comunidad puramente ortodoxa.

Así pues vemos entre las memorias de un teólogo mexicano el reflejo de una comunidad sefardita que le hospedó por un corto plazo. Por ser de la misma lengua y procedencia nacional, Fr. Servando se entendió con ellos y ellos le protegieron y le prestaron su auxilio. El les ha recompensado su bondad dejándonos un retrato de ellos.

NOTAS

[1]Enrique Anderson Imbert y Eugenio Florit, *Literatura Hispanoamericana: Antología e introducción histórica* (New York: Holt, Rinehart and Winston, 1960), pp. 180-181.

[2]La edición de las *Memorias* de Fr. Servando a que se refieren las citas es la siguiente: Fray Servando Teresa de Mier, *Memorias* (México: Editorial Porrúa, 1971), 2 v.

[3]En alusión al sermón que fue causa de su exilio a España, dice Fr. Servando que Tonantzín, según la leyenda, fue dada a conocer por Quetzalcohuatl. Era una Virgen consagrada a Dios que "por obra del cielo concibió y parió sin lesión de su virginidad al Señor de la Corona de espinas o Teohuitzahuac.... Este Señor de la Corona de espinas pintaban también desnudo y con una cruz en la mano,... se llamaba por otro nombre Méxi" (I, 37-38).

[4]Para la información sobre la situación social y legal de los judíos de Francia hasta el siglo diez y nueve, he encontrado los siguientes estudios entre los más valiosos:

Jean Cohen, "Notice sur l'état des Juifs en France depuis l'origine de la monarchie jusqu'au siècle dernier," Leber, J. M. C., *Collection des Meilleurs Dissertations a L'Histoire de France*, III (Paris, 1838), pp. 393-417.

A. Detcheverry, *Histoire des Israélites de Bordeaux*, (Bordeaux, 1850), pp. 49-103.

Edouard Ducère, *Dictionnaire Historique de Bayonne,* (Bayonne: Commission des Archives Municipales, 1915), 2 v. (vea "Juifs" y "Saint-Esprit").

Heinrich Graetz, *History of the Jews*, V (Philadelphia: Jewish Publication Society of America, 1941), 429-509.

Joseph Léman, *L'Entrée des Israélites dans la Societé Française et les États Chrétiens*, 6th ed. (Paris, 1886).

Henri Léon, *Histoire des Juifs de Bayonne* (Paris, 1893).

[5]Ducère, II, 304.

[6]Herman P. Salomon, "Hispanic Liturgy Among Western Sephardim," *The American Sephardi*, 2, Nos. 1-2 (1968), 49-59.

[7]Léon, pp. 325-326.

[8]Fr. Servando recibía también ofertas de matrimonio con jóvenes cristianas porque el terror de la revolución había obligado a muchos sacerdotes a casarse para esconder su profesión (II, 20-21).

[9]Théophile Hallez, *Des Juifs en France· de leur État Moral et Politique depuis les premiers temps de la Monarchie jusqu'au nos jours* (Paris, 1845), p. 303.

La Asamblea de Notables fue convocada por Napoleón en 1806 para investigar la causa por la resistencia de algunas comunidades judías a asimilarse a las costumbres francesas ya que eran ahora ciudadanos. Los judíos tenían que contestar doce preguntas acerca de la compatibilidad de las leyes de Francia con la Ley de Moisés. A la pregunta referida los notables contestaron que la Biblia sólo prohibía casamientos entre hebreos e idólatras, mas sin embargo ni los curas ni los rabinos sancionarían casamientos entre las dos fes.

[10]"One of the thorniest problems the modern state of Israel has had to face has

been the compromise between the secularists and their views regarding a day of rest in keeping with the needs of the nation and the demands of the religious parties that the Sabbath be kept according to Halaha, religious law." Joseph Badi, *Religion in Israel Today: The Relationship between State and Religion* (New York: Bookman Assoc., 1959), p. 60.

EL DESEQUILIBRIO EN LAS AMERICAS

por Germán Arciniegas

Hace años que dejó de decirse "América" en singular, para hablar de "Las Américas." La nueva expresión es más exacta y debe movernos a indagar por qué carecemos de esa unidad de concepto que parece válida cuando hablamos de Europa, Asia o Africa. En realidad, siempre hemos partido del supuesto de varias Américas. Primero se decía América del Norte, América Central y América del Sur. He sostenido alguna vez la existencia de cuatro Américas: Indoespañola, Portuguesa, Anglosajona y Anglofrancesa, cada una con un proceso histórico diferente. También he pensado en una América del Atlántico y otra del Pacífico. Dentro del lenguaje corriente, hoy se considera una América Latina y otra de Estados Unidos. Para hacer más notorio el enfrentamiento, el nombre de "americanos" se da universalmente a los estadounidenses, y a los del sur comienza a llamárseles latinos. La arbitrariedad, así sea patente, es utilísima. Aclara muchas situaciones, y nos sirve para considerar la exactitud de la expresión "Las Américas."

Si se me permite formular una idea filosófica, sacada de mi tendencia a explorar el pasado, diré que en el mundo de la historia universal, y más directamente en América Latina, hay lo que podría describirse como una frustración del destino. Si todo fuera lógico, determinadas leyes conducirían a determinados resultados. Y no es así. Nunca falta un caudillo que mueva a los pueblos, o los arrastre, en una dirección contraria a las que señalarían o el destino natural, o las interpretaciones materialistas o idealistas de la historia.

América, en singular, como Nuevo Mundo, es una abstracción válida que podría contraponerse a la imagen del Viejo Mundo. Esa América ha existido e introdujo en la filosofía universal ciertas invenciones sacadas de experiencias populares sin antecedentes. En el continente geográfico que va de Alaska a Tierra del Fuego se ha refugiado la mayor suma de personas salidas de Europa, de que se tenga noticia. Ha sido el desplazamiento más notable de todos los tiempos, infinitamente más caudaloso que el de los judíos del Exodo, en el Antiguo Testamento, o de los bárbaros de Asia cuando cayeron sobre Europa. En América se inventó una Nueva Europa. La geografía se ilustró con Nueva España, Nueva Inglaterra, Nueva Francia, o Nueva Granada, Nueva Orleans, Nueva Andalucía, Nueva Escocia, Nueva York, Nueva Amsterdam... ¿Por qué salieron millones de europeos para el Nuevo Mundo? Porque en el viejo no tenían libertades. Porque la Inquisición perseguía a los judíos, los protestantes a los católicos, los católicos a los hugonotes, los anglicanos a los puritanos... Salieron también porque había en Europa una capa opresora de ricos, nobles, primogénitos... que oprimía a los pobres, a los del común, a los segundones. En el Nuevo Mundo surgía la democracia ideal, nunca antes conocida en la Europa Moderna. América, por definición, fue para los europeos la Utopía. Tomás Moro situó esta sociedad platónica en el Brasil, siguiendo un texto de Américo Vespucci. El moralista inglés descubrió allá la existencia de una sociedad donde no había tuyo ni mío, y la justicia brillaba para todos en contraposición a la injusticia reinante en Europa. Detrás de esa Utopía se vinieron millones y millones de españoles, portugueses, ingleses, franceses, polacos, rusos, alemanes, judíos, protestantes, católicos... que después de cuatro siglos forman el mayor número de gentes que han pasado de un continente a otro desde que el mundo es mundo. Una película reciente, filmada en Suecia—*Los Emigrantes* y *El Nuevo Mundo*—da una versión verídica de lo que ha sido y sigue siendo para el europeo la tentación de establecerse al otro lado del Atlántico.

Todo esto explica cómo en América nacieron la democracia de los tiempos modernos, la república, la tabla de los derechos del hombre, la idea de independencia, un concepto más radical de la libertad. Esto ha ocurrido lo mismo en el norte que en el sur. La primera independencia política en grande que la historia ha registrado en muchos siglos ha sido la de todo un continente: el americano. Esa idea de libertad sigue vigente hoy, como hace ciento cincuenta años, y ha servido de modelo para Asia y Africa en nuestro tiempo. Tales ingredientes podrían conducirnos a buscar su defensa común, a concebir y poner en marcha una política continental. A crear en el otro lado del Atlántico, frente a Europa, instrumentos de resistencia suficientes para salvar herencia tan importante y propia, un concepto tan diferente de la justicia social. No ha sido así. Frente a la idea de América se ha impuesto la de las Américas.

-2-

Hablando sólo de dos Américas, surge una oposición que salta a la vista. En los Estados Unidos del Norte se ha concentrado una nación formidable, fundada sobre el mercado común más original y antiguo de los últimos siglos. En los Estados Desunidos del Sur todo se ha movido en el sentido de la dispersión y la anarquía. A los del Norte les favoreció la ausencia de verdaderas civilizaciones precolumbinas. En una tierra de nadie, de naciones errantes y semisalvajes, al irse moviendo la frontera de los blancos del este hacia el oeste, no dejaban los fugitivos indios sino cueros y cenizas. Ni una lengua, ni una ciudad, ni un calendario de piedra. Ni un templo que sobreviviera como ruina y testimonio de pasadas grandezas. Las lenguas, los dioses, las biblias traídas de Europa podían extender su imperio desde Nueva Inglaterra hasta California sin encontrar seria resistencia indígena. La tierra pudo conquistarse a la velocidad de los caballos desenfrenados, las carretas, los ferrocarriles, las balas. El único elemento extraño fue el negro importado del Africa, destinado a ser una roca más sobre la cual podía levantarse el imperio de los blancos. Roca, en Alabama o Georgia, tan sólida como la de Manhattan para levantar a Nueva York.

En contraposición a esta tierra de infinitas soledades del Norte, en el Sur había imperios grandiosos y diversos. Una ciudad como Tenochtitlán, asiento hoy de México, fue en tiempos de los aztecas la tercera del mundo por su población y tamaño, después de Pekín y Londres. Templos como los de Tikal, Saxahuamán o Tiahuanacu no hubo en toda Europa contemporáneos que pudieran igualarlos, si no fueran los de la Grecia y la Roma ya muertas. Después del Imperio Romano ni se hicieron en el Viejo Mundo ciudades como Monte Albán en el imperio Maya, como Cuzco en el de los Incas, ni esculturas tan grandiosas y bellas como las de los olmecas. Los pueblos que dejaron esos testimonios no han muerto, sus lenguas siguen hablándose, su espíritu ha sobrevivido a cuatro siglos de dominaciones blancas... Y este laberinto todavía vigente en el fondo latinoamericano, está lleno de subterráneos y pasadizos infinitos. No son sólo los aztecas, mayas, aimaras, quechuas, guaraníes... los sobrevivientes. Hay miles de naciones diversas cuyas sombras se cruzan con las de los blancos en la vida diaria y llenan con sus voces el coro polifónico latinoamericano.

Luego, el problema se ahonda. La historia que sigue se hace al revés en las dos Américas. Si se toma un texto de enseñanza escolar en la historia del sur se encontrará siempre esta división elemental: descubrimiento, conquista, colonia, independencia. El *descubrimiento* original de Colón se amplió en cuarenta años yendo del Atlántico al Pacífico, de las Antillas a la cumbre de los Andes, de California al estrecho de Magallanes, se exploraron los grandes ríos: Mississippi, Orinoco, Amazonas, el Plata... A este período de descubrimiento, siguió la *conquista* en toda esa extensión peleando contra aztecas, chibchas, caribes, incas, araucanos, guaraníes... Hasta que llega la *colonia*: las fatigas obligan a los conquistadores a sentar el pie y fundar ciudades que se mantuvieron en relativo reposo por doscientos o trescientos años. Entonces llegó la *independencia*. Descubrimiento, conquista, colonia, independencia...

El proceso en el norte fue exactamente el contrario: independencia, colonia, conquista, descubrimiento... Los peregrinos, y cuantos les siguieron, salieron emancipándose, *independizándose*, del estado y de la iglesia. No fueron a la aventura por la aventura, sino por libertarse. Cruzaron el océano no para empeñarse en desafíos quijotescos, sino para conseguir su libertad religiosa y gobernarse por sí mismos en santa paz. La fórmula que certificaba el acatamiento de la corona inglesa era insignificante al lado de lo que fue la del español que salía para las Indias bajo la dependencia absoluta de la corona y, además, de la iglesia de Roma y de España. El rey enviaba desde el gobernador y el oidor hasta el virrey y el arzobispo. Puritanos y demás fieles de otras sectas en el norte, después de independizarse fijaron sus *colonias* en las orillas del mar, sin preocuparse por ir a la conquista del Oeste. Washington en sus guerras, no llegó al Mississippi. Fortalecida la colonia dentro de la república—ya no eran colonias puestas bajo ninguna bandera extraña, sino colonias de refugiados que se declaraban libres—vino la *conquista*, en el siglo XIX. Así se conquistó California, así se llegó hasta los estados de Washington o Montana, que acabaron por ser *descubiertos* cuando ya se habían incorporado a la Unión. En suma: independencia, colonia, conquista, descubrimiento...

-3-

Estos contrastes explican, como muchas otras circunstancias, la diversidad de las Américas. Pero la comprobación nos sorprende ahora, cuando el mundo se reagrupa en continentes. Hoy sólo puede asegurarse un cierto grado de independencia y libertad dentro de bloques multinacionales. Los europeos, como los africanos, tratan de hacer su propio continente, para que no los anulen los dos continentes más poderosos: Estados Unidos y Rusia. Conviene precisar que estos continentes han sido invención del hombre, y no obra de accidentes geográficos. Cada uno de los dos ha formado su mercado común, un superejército y una filosofía que ponen en peligro la autonomía del resto del planeta. La continentalización de otros grupos es la única respuesta para asegurar la supervivencia de las demás naciones. El caso más dramático es el de Europa. Ya no puede pensarse en la Europa única de comienzos de este siglo. Está americanizada en el sentido de que ya hay que hablar de las Europas, como de las Américas. Europa occidental, y Europa oriental. Por estar la oriental vecina a uno de los dos grandes imperios, perdió su autonomía. Es una Europa triste, ocupada y sometida... Naciones que fueron espléndidas como Alemania Oriental o Checoslovaquia, al entrar como satélites de Moscú han perdido su brillo propio. La otra Europa, la de Occidente, tiene el flamante empuje que imprime el capitalismo, pero sabe que la única forma de subsistir está en adoptar la fórmula de los grandes: el mercado común. Con ella se hicieron poderosos Estados Unidos y Rusia. Si Europa no consolida su mercado, ocurrirá en ella el proceso histórico de la frustración del destino.

Si para Europa no es fácil formar sus propios Estados Unidos, ¡qué va a serlo para América Latina! Sobre las diferencias históricas anotadas, vino la anarquía. Los Estados Unidos del Norte se federaron para hacer dos negocios—el comercio y la vida política—. Nada se oponía a esta concepción elemental de su vida nacional. Los latinoamericanos no. Ellos venían de sufrir el centralismo asfixiante impuesto por España y al sacudir ese yugo explotaron en diez y ocho repúblicas. En Panamá, en 1825, en el Congreso convocado por Bolívar, se firmó un tratado de Unión, Liga y Confederación Perpetua entre Colombia, Centro América, Perú y los Estados Unidos Mexicanos. El territorio que abarcaba la Liga era más rico, poblado, extenso y prometedor que el formado por los Estados Unidos de ese momento. México comprendía Texas, Nuevo México y California. A los Estados Unidos les faltaban muchas estrellas: Arizona, Arkansas, California, Colorado, Florida, Idaho, Iowa, Oklahoma, Oregon, Texas, Utah, Washington, West Virginia, Wisconsin, Wyoming. Si la Liga de Panamá hubiera tenido efecto, ni los Estados Unidos del Norte hubieran crecido como crecieron, ni los del Sur perdido los territorios que perdieron. Fue la primera frustración del destino latinoamericano.

América Latina es un continente resentido. La desunión ha sido la causa de sus desventuras en la era republicana. De la invasión francesa tuvo que defenderse México solo. Nadie le dio la mano. Cuando la separación de Panamá, Colombia no tuvo la defensa solidaria que le permitiera hacer frente a la agresión yanqui. Los Estados Unidos golpearon decenas de veces a las islas del Caribe y a la América Central, solitarias en su vida internacional. Ayer mismo la intervención en Santo Domingo se produjo cuando ya existía la Organización de los Estados Americanos, y la Organización no hizo nada. Era una fórmula inoperante.

Ni Europa ni Estados Unidos han tenido a la America Latina como reserva ideal para consolidar la democracia libre. Los Estados Unidos gastaron en Viet Nam lo que, puesto al servicio de la construcción latinoamericana, habría bastado para crear la más fuerte defensa para un sistema liberal en el mundo. Esa sí hubiera sido una barrera efectiva contra la dictadura de un comunismo a la rusa. Pero los americanos que con recursos del Nuevo Mundo contribuyeron decisivamente a la construcción de la Rusia Soviética, a la reconstrucción de Europa y del Japón, o a la guerra en el Asia, mirando hacia la América Latina sólo concibieron fórmulas de ayuda paternal, muy relativas.

La actitud de Europa no ha sido distinta. El europeo no se detiene a pensar que sea parte de su cuerpo, de su alma, el continente que más sangre europea ha absorbido después de Estados Unidos. Cuando ayuda al Africa lo hace con no disimulado empeño de revivir su negocio colonial, y, por los términos en que lo propone, golpea mortalmente a América Latina. Francia es ejemplo patente de esta actitud. Cuanto sale de América, Europa lo disminuye o lo repudia. Y en esto no hay fronteras. Se aplica en términos semejantes a los del norte o a los del sur. Hoy las ironías amargas son para fastidiar a los Estados Unidos y los brazos abiertos para los árabes. Es una escogencia en que no se vacila, así resulte incierta la aventura. Sobra decir que nadie piensa en lo que podría salir de una América Latina fuerte, como contrapeso para un mundo sobre el cual pesan tan tremendas amenazas.

-4-

El crecimiento de Estados Unidos y de Rusia ha dado tal seguridad a estas potencias en sus doctrinas, en las doctrinas que les sirvieron para llegar a donde hoy se encuentran, que es común en los dos países pensar que sin el catecismo de que ellos se han servido, no puede hacerse nada que valga. Durante muchos años los Estados Unidos han tratado de imponer las fórmulas de su filosofía política y aun su manera de vivir, a todo pueblo, a lo ancho del planeta. Piensan que no hay sino una fórmula de trabajar la tierra: la que a ellos ha dado tan buenos resultados. Por suerte, su apostolado no tuvo nunca los instrumentos de que ahora se sirven los partidos totalitaristas. Ya en su tiempo Bolívar explicó, con muy buen juicio, cómo lo que era tan excelente en el norte no podía ni introducirse ni aplicarse en el sur. Lo impedían las circunstancias de la formación histórica, la índole de los pueblos.

La ingenuidad rusa ha producido en Moscú una filosofía paralela a la que tuvo Washington. Creen los dictadores del Soviet que no hay sino una manera de progresar: la suya. Y para imponerla han montado la maquinaria de los partidos internacionales. Para darnos cuenta de la monstruosidad que resultaría del triunfo de esta ambición bastaría pensar en todo un mundo dirigido y gobernado por un solo partido que no permitiera a nadie disentir de lo que se piensa en Moscú.

La defensa del hombre está en inventar fórmulas distintas que se acomoden a la naturaleza de cada nación. No tratar de meter la imaginación humana dentro de un zapato chino. Esta imagen del zapato chino me parece muy pertinente. La proyección de América Latina en el futuro ha de entenderse como un progreso paralelo al de América del Norte: no convergente. Las dos Américas han de complementarse: no confundirse. Pero hay una meta en donde es posible que se encuentren y sea posible hablar de unidad americana, basada en el respeto mutuo. Esa meta brota de antecedentes históricos comunes. Se trata de dos, o mejor: de muchos pueblos, con la mayor variedad de colores del planeta, que reunidos en un mundo llamado Nuevo, tienden naturalmente a preservar la libertad como la expresión más profunda del hombre, a realizar una justicia que originalmente tuvo en América la cuna de la Utopía, a sostener una democracia que en nada se parece a la que trata de imponerse bajo la bota de gobiernos militares o militarizados. La democracia en América tuvo origen popular, y como ideal ha movido a blancos, negros e indios, y ha madurado en cuatro siglos.

Todo continente que sea obra del hombre nace de un ideal común. Se puede llegar a un manipuleo administrativo, si hay una política que pueda esclarecer un ideal común. Así se llegaría a formar un continente. Si América Latina logra robustecerse hasta ser gran potencia, en el futuro será el tercer mundo de verdad, donde puedan salvarse muchas cosas gratas a los de Occidente, y necesarias para los de Oriente, que en el fondo del alma las desean. Por lo menos, yo estimo llegada la hora de plantear la formación del continente latinoamericano como el tema fundamental de nuestro tiempo. Sería la única manera de pensar en la grande América en singular, como una vez se llamó al Nuevo Mundo.

-5-

Con la crisis del petróleo se ha impuesto algo que ya desde hace años se venía denunciando inútilmente en las grandes conferencias de comercio y desarrollo: el desequilibrio entre los países industrializados y los de un llamado tercer mundo que suministra materias primas sin recompensa. Este desequilibrio se ha traducido en algo que claramente se veía venir: la fuerza explosiva del hemisferio sur. En escala menor y en un caso muy concreto, las dos Américas resumen este drama. Un escritor venezolano, Ramón Escovar Salom, ha explorado las posibles soluciones que América Latina podría ofrecer para afrontar su problema—que no es el de Asia, ni el de Africa—y estudia un esquema de empresas multinacionales lo suficientemente defendidas para que no sean nuevo camino al neocolonialismo. En las palabras de introducción a su estudio, Escovar Salom dice: "El desarrollo se mide ahora con estas palabras: el desafío, la apuesta, el reto. América Latina está ante el suyo. Y éste no es otro que aprender a jugar por encima de las fronteras." Las nuevas generaciones hablan un lenguaje distinto. Se dan cuenta de que deben proponerse soluciones nunca antes consideradas ni posibles. Proyectan, en términos de nuestro tiempo, la manera de volver por la existencia continental de nuestras repúblicas haciendo cara a la frustración del destino en América Latina. Es la misma expresión que en un instante de la guerra de Independencia decidió una batalla cuando dijo el jefe: "¡Vuelvan Caras!" Un ejemplo elocuente—que ya está resonando en el mundo árabe—lo dio el nuevo presidente de Venezuela cuando anunció ante el Congreso de su país la política que inauguraba: "Nuestro petróleo también tiene que concurrir en la elaboración de la política nacional latinoamericana. América Latina es nuestro compromiso. De los recursos excedentes del petróleo, colocaremos en el Banco Internacional de Desarrollo un fondo fiduciario, sin vetos humillantes, con la sola condición de que se use para desarrollar aquellas actividades económicas que hoy no encuentran financiamiento por estar comprendidas en la esfera de intereses de las empresas multinacionales que, con su influencia, logran paralizar las líneas de crédito a la América Latina."

Como lo dijo el presidente venezolano, lo ha aceptado el banco, y así se ha definido cómo podrían hacerse las cosas en el camino de hacer válida, para nosotros los latinoamericanos, esta nueva y feliz expresión: "América Latina es nuestra patria."

LA GLORIA DE "MILIANO"

por Lola E. Boyd
York College of The City University of New York

Son legión los escritores de la Revolución Mexicana que se han ocupado de Pancho Villa, seducidos por su compleja y contradictoria personalidad. Genialmente intuitivo, a la vez que ignorante; extremadamente sensible y sentimental, a la vez que cruel y despótico; leal y generoso, a la vez que egocéntrico y amoral, el volcánico jefe de la División del Norte ejerce sobre ellos un innegable poder de fascinación. A los bruscos cambios de carácter que lo caracterizaban, agréguese, por un lado, lo pintoresco de su lenguaje y, por otro, el colorido de los tenientes terroríficos que lo rodeaban, autómatas al servicio de su voluntad omnipresente y temible, y se comprende sin dificultad alguna su popularidad como héroe literario.

No así el caso del jefe del Ejército Libertador del Sur. Emiliano Zapata y los suyos son considerados—y se consideraban ellos mismos—muy por abajo del movimiento al que servían, movimiento humano y universal que acaba siendo el movimiento nacional por excelencia. Altísima personificación de las ansias del pueblo mexicano, Zapata encabezaba el movimiento menos personalista de la Revolución. Obsesionado desde muy joven por un gran ideal, el de la restitución de la tierra a sus primitivos poseedores, por alcanzarlo luchó tenazmente, y guiado por una agudísima sensibilidad, contra todos y contra todo.

De los pocos autores que se ocupan directamente de Zapata como figura literaria, unos lo pintan como bandido y criminal, causa de verdadero pavor, y otros, como figura épica de proporciones sobrehumanos. El no haber comprendido a Zapata tiene la culpa de que no se haya comprendido la Revolución:

> Nadie representa mejor a lo que tiene de más auténtico la Revolución mexicana. Madero es aristócrata;

> Carranza, terrateniente viejo; Obregón, pequeño agricultor, notable general y político inteligentísimo; Calles, maestro de escuela primaria que se revela estadista revolucionario y constructivo. Pero sólo Zapata encarna, genuinamente, al pueblo desdichado, al indígena desfalleciente, a la "casta" siempre oprimida y despreciada. Villa es, también, pueblo. Encarna el mestizaje bárbaro y guerrillero. Su valentía y su fuerza bélica son las del bandolero de caminos.... Zapata, en cambio, es el "charro" nacido y afincado a la tierra; es el peón, el siervo de la gleba, carne inmemorial de opresión y de ignominia.[1]

Para comprender la acción revolucionaria de Emiliano Zapata, consecuencia de la naturaleza y alcance de su misión, hemos de buscar en él al *calpuleque*. En septiembre de 1909, teniendo él apenas treinta y seis años de edad, fue elegido por su comarca natal de Anenecuilco, en reconocimiento de sus altas cualidades morales y valores humanos, para desempeñar las funciones de jefe del clan. Como tal, debía vigilar y guiar, defender y gobernar, corregir y amonestar, y preservar y luchar continuamente por los intereses y derechos de su comunidad.

> El cuadro de calpuleques de Anenecuilco, es el de su estirpe espiritual, institucional y tradicional. Zapata no es más que un vástago de ese árbol genealógico que podría honrar a cualquier hombre. Un árbol opulento y humilde, cargado de méritos y de grandeza. Los jefes de Anenecuilco cuyos nombres se han salvado, así como todos los anónimos y olvidados, son los precursores de Zapata; podríamos decir que ellos mismos fueron Zapatas que en su tiempo y a su hora, hicieron aquello que les tocaba hacer. Emiliano aparece más grande que ellos por la importancia del momento histórico en que le tocó actuar y porque los tuvo, a todos ellos, por antecesores.[2]

En la historia de San Miguel de Anenecuilco, antigua aldea en el corazón de Morelos que data por lo menos del siglo XIV, se concentra toda la angustia y heroísmo de siglos. Abandonada y olvidada por los políticos y gobernantes del Estado, habría sido engullida la aldea por las voraces haciendas circundantes—la de Hospital, por el oeste, y la de Coahuixtla, por el sureste—de no haber sido por la resistencia heroica y tenaz de sus aldeanos. Fue ésta la herencia gloriosa que recibía entre sus manos Emiliano Zapata al ser elegido *calpuleque*.

Generación tras generación, los Zapata habían poseído y trabajado un modesto rancho sobre ambas riberas del travieso río Ayala que divide las tierras de Anenecuilco en dos partes: una baja y llana, de suelo fértil, y la otra, en la que se levantan las áridas laderas de la sierra de Ayala, llena de espinosos cactos y mezquites; pero en los días de Emiliano la gran hacienda vecina ya había usurpado los campos fértiles del lado del naciente. Teniendo apenas nueve años, Emiliano veía llorar a su padre ante la injusta destrucción de las casas y huertos del barrio de Olaque y le gritaba: "Padre, cuando sea grande haré que nos devuelvan nuestras tierras." Desde una edad muy tierna, pues, previó Zapata su misión.

Años después, cuando todo parecía perdido para la aldea y a los anenecuilquenses no se les permitía ni siquiera arrendar las tierras que eran realmente suyas, Zapata, como defensor de los intereses del pueblo, tomó una decisión audaz: con unos ochenta compañeros, se enfrentó a los aldeanos de Villa de Ayala posesionados de las tierras de Anenecuilco por concesión del hacendado de Hospital, obligándolos a retirarse, y empezó entonces a distribuir parcelas entre su propia gente. Luego defendió con coraje la causa de su pueblo ante el presidente municipal y el jefe político de Cuautla. Su actuación suscitó el entusiasmo de los aldeanos no sólo de Anenecuilco, sino también de Villa de Ayala y Moyotopec. Hacia fines de 1910 y antes de que Madero lograra el aplauso popular, estos tres pueblos, siguiendo las órdenes de Emiliano Zapata, derribaron las vallas y pircas eregidas por las haciendas y distribuyeron las tierras entre sus aldeanos. Zapata ya no pertenecía exclusivamente a su propia aldea; comprendía que su misión era mucho más amplia.

Al lanzarse Madero a la Revolución con el Plan de San Luis Potosí como estandarte, Zapata vio en el tercer artículo del histórico documento una providencial oportunidad y, con dinero reunido por la Junta de Defensa, mandó a Pablo Torres Burgos al norte a entrevistarse con él. El hecho de que Burgos regresara investido por Madero con una comisión y portador de nombramientos para sus correligionarios del rumbo ha hecho pensar a muchos equivocadamente que fue él quien encabezaba el levantamiento en Morelos. Fuera como fuera, con la separación de Torres Burgos y su asesinato por los federales y con la llegada, poco después, de Juan Andreu Almazán, que venía como representante de la Junta Revolucionaria de San Antonio (Tejas) a ordenar todo el movimiento revolucionario por el sur, quedó confirmado Zapata como General en Jefe del movimiento en Morelos, el cual, tremolando la bandera "Tierra y Libertad," tomó gran incremento.

El general Zapata fue uno de los primeros a quienes saludó el señor Madero a su llegada a la capital el 7 de junio de 1911. Al día siguiente, habiéndolo invitado Madero a almorzar en su residencia de las calles de Berlín, cambió con él impresiones sobre la situación de Morelos. "Lo que conviene de pronto," afirmaba con insistencia el Jefe de la Revolución, "es proceder al licenciamiento de las fuerzas revolucionarias, porque habiendo llegado al triunfo ya no hay razón de que sigamos sobre las armas." Zapata contestó que estaba en la mejor disposición de cumplir todas sus órdenes, confiando en que él cumpliría con las promesas hechas por la Revolución, sobre todo en lo relacionado a la devolución de las tierras. Le manifestó, no obstante, sus dudas de que el Ejército Federal lo apoyara lealmente en el Poder. "Es nuestro natural enemigo," le dijo; "¿o cree usted, señor Madero, que por el hecho de que el pueblo derrocó al tirano, estos señores van a cambiar de manera de ser? Ya ve usted lo que está pasando con el nuevo Gobernador, el señor Carreón, que está completamente a favor de los hacendados, y si esto pasa ahora que estamos de triunfo y con las armas en la mano, ¿qué será cuando nos entreguemos a la voluntad de nuestros enemigos?" "No general," repuso Madero, "la época en que se necesitaba de las armas, ya pasó; ahora la lucha la vamos a sostener en otro terreno. Si el actual gobernante de Morelos no garantiza los intereses revolucionarios del Estado, se pondrá uno que cumpla con su deber; pero debemos ser prudentes y no obrar con violencia, lo que nuestros enemigos y la opinión pública nos reprocharían. La Revolución necesita garantizar el orden, ser respetuosa con la propiedad."

Luego, contestando a la invitación que le hace Zapata para que visite su Estado y se de cuenta de sus necesidades, para que "cuanto antes se devuelvan las tierras a los pueblos," le dice Madero: "Le ofrezco ir y estudiar detenidamente el caso de Morelos para resolverlo con apego a la justicia. Y en atención a los servicios que ha prestado usted a la Revolución, voy a procurar que se le gratifique convenientemente de manera que pueda adquirir un buen rancho." Magaña nos describe la reacción airada del caudillo sureño: "Sin ocultar su disgusto, Zapata dio un paso atrás y golpeando el suelo fuertemente con su carabina, en tono respetuoso, pero con la voz un tanto alterada, pues lo oyeron todos los presentes, dijo: —Señor Madero, yo no entré a la Revolución para hacerme hacendado; si valgo algo, es por la confianza que en mí han depositado los rancheros, que tienen fe en nosotros pues creen que les vamos a cumplir lo que se les tiene ofrecido, y si abandonamos a ese pueblo que ha hecho la Revolución, tendría razón para volver sus armas en contra de quienes se olvidan de sus compromisos."[3]

Para Emiliano Zapata no tuvieron nunca ningún atractivo ni el dinero ni el poder. Desinteresado de bienes materiales y sin ambiciones personales, murió pobre, dejando sin herencia a sus hijos y en la miseria a sus familiares. Sus bienes se reducían a su ancho sombrero, su bordado traje de charro, su carabina de dos cañones, un par de caballos y una silla de montar con sus arreos. ¿Cómo corromper a un hombre así?

> La roja leyenda que alrededor de su personalidad había inventado la imaginación de los reporteros citadinos o la maledicencia de sus enemigos políticos quedaba destruida por completo después de oír breves momentos siquiera la frase enérgica, pero no áspera, que lentamente, perezosamente iba brotando de los labios de Zapata y que hablaba de los suyos, de los pobres indios que, de generación en generación, desde largos años ha, habían vegetado como plantas de consumo, habían vivido como bestias de trabajo o servido como instrumentos de labranza a los poderosos latifundistas en las ricas haciendas del fértil y pródigo Morelos.[4]

Cumpliendo su ofrecimiento, llegó Madero a Cuernavaca el 12 de junio en medio de aclamaciones delirantes de parte del pueblo y fue recibido espléndidamente por Zapata y su gente. A los ojos de éstos, representaba la limpieza moral y el uso justo del poder. Veían en él al defensor de los humildes y de los ultrajados. Los hacendados morelenses, por su parte, trataron de persuadirle de que el zapatismo era elemento nocivo que merecía un rápido exterminio. Durante su permanencia en Morelos, Madero se habrá dado cuenta, sin duda, del prestigio y simpatía de que gozaba Zapata entre el pueblo morelense y esto ha de haber influido en su ánimo para no aceptar lo que pedían los latifundistas. Al contrario, les propuso la idea de que el caudillo sureño, después de haber licenciado sus tropas, fuera nombrado Jefe de las Armas del Estado, comandando una corporación integrada por elementos revolucionarios de Morelos y fuerzas insurgentes de otras regiones. Esta idea disgustó tan profundamente a los terratenientes de Morelos que lanzaron contra el humilde guerrillero una formidable ofensiva.

El Gobierno Interino inició entonces su obra de exterminio. El 9 de agosto, el general Huerta y sus fuerzas entraron en Morelos por orden del presidente De la Barra, causando profundo desagrado y desconfianza entre los zapatistas. Por telegrama, Zapata le pregunta a Madero por qué a él y a los suyos se les trata de reos de grave delito y ruega que se ordene el retorno de las fuerzas federales. Madero le contesta que es esencial que sigan teniendo fe en él, como él la tiene en ellos. Como Zapata le informa que los federales están preparándose para atacarlo, se dirige Madero a Cuautla, buscando la conciliación.

A su llegada a esa ciudad el 18 de agosto, Madero es recibido en triunfo. En la estación lo espera Zapata, rodeado de su Estado Mayor. Abrazándolo efusivamente, Madero lo llama "mi integérrimo general." Más tarde le dice Zapata: "He querido, señor Madero, que los representantes de los pueblos estén aquí, para que oigan del Jefe de la Revolución lo que deben esperar de él, pues por mi parte ya saben que no descansaré, hasta que se cumplan las promesas que hizo la Revolución." Zapata no se oponía al licenciamiento de sus huestes, pero exigía que se le garantizara el cumplimiento de sus demandas. En esa reunión que tuvo con Madero en Cuautla, se acordó el licenciamiento de sus tropas y el retiro de las fuerzas federales, como también el nombramiento del ingeniero Eduardo Hay como Gobernador de Morelos y el del teniente coronel Raúl Madero como Jefe de las Armas.

Mientras tanto, Huerta avanzaba. Zapata, indignado, le pregunta a Madero por su autoridad como *Jefe* de la Revolución. "Acuérdese usted, señor Madero," le dice, "de que al pueblo no se le engaña, y si usted no cumple con sus compromisos, con estas mismas armas que lo elevamos, lo derrocaremos." "No, general Zapata," contesta Madero, "voy a México y lo arreglaré todo. Esta actitud de Huerta ni yo mismo me la explico; pero tengo la seguridad de que el Presidente no la aprobará y creo que todo lo arreglaremos de acuerdo con la ley." A esto responde el general sureño: "Se me hace que no va a haber más leyes que las muelles; mientras se siga desarmando a los elementos revolucionarios y se les dé el apoyo y la razón a los federales, que continúan armados, la Revolución y usted mismo estarán en peligro. Claro vemos que cada día se entrega usted más en manos de los enemigos de la Revolución."

Algunos zapatistas ya habían perdido la fe en Madero y querían tomarlo preso. Eufemio Zapata se acerca a Emiliano y le dice: "Oye, hermano, yo creo que este chaparrito ya traicionó la causa; está muy tierno para Jefe de la Revolución y no va a cumplir con nada; sería bueno 'quebrarlo de a tiro,' ¿tú qué dices?" Después de pensarlo unos segundos, Emiliano le contesta con firmeza: "No, Eufemio, sería una terrible responsabilidad para nosotros, y no debemos cargar con ella. También creo que no cumplirá con nada porque todos juegan con él; pero es el Jefe de la Revolución y la mayor parte del pueblo todavía tiene fe; que se vaya; que suba al poder si lo dejan, y si estando en él no cumple con los compromisos que tiene contraídos con el pueblo, ya verás que no faltará un palo en que colgarlo." Y, convencido de que, a pesar de los esfuerzos que hacía para imponerse como Jefe de la Revolución triunfante, Madero no era atendido ni por De la Barra ni por Huerta, ordenó, por fin, que se recogieran las armas que acababan de entregar los que se habían licenciado en Cuautla.[5]

Para el Gobierno Interino no había más que un solo objetivo: acabar con Zapata. El 6 de septiembre, Madero, lamentando la campaña contra el zapatismo ordenada por De la Barra, exclama: "Si se hubieran atendido las indicaciones que yo hice desde Cuautla, no se habría sublevado Zapata."[6] Por esos días, De la Barra designó como Gobernador y Comandante Militar de Morelos al general Ambrosio Figueroa, enemigo personal de Zapata, lo cual no hizo más que agravar la situación.

Años después, el general Felipe Angeles le contó a Magaña que, cuando se encontraba preso con Madero en el antiguo Palacio de los Virreyes, el derrocado mandatario recordaba con cariño a Emiliano Zapata y "confesó comprender toda la razón que había tenido para desconfiar de los jefes federales que acababan de defeccionar y cuya infidencia, con clara visión, le había anunciado desde agosto de 1911."[7]

Don Francisco I. Madero asume el poder el 5 de noviembre de 1911 y el día 8 llega a Cuautla el licenciado Gabriel Robles Domínguez, enviado por el presidente Madero para intentar el sometimiento de Zapata. Aunque éste y Robles Domínguez llegaron de común acuerdo a ciertas "Bases para la rendición de las fuerzas del general Emiliano Zapata," el Presidente hace saber a Zapata que lo único que puede aceptar es que inmediatamente se rinda a discreción, con la promesa de indultar a sus soldados del delito de rebelión y proporcionarle pasaportes para que se radique temporalmente fuera del Estado. Parecía que Madero, en quien había puesto el zapatismo tanta confianza, al llegar a la Presidencia de la República, había cambiado de manera de pensar y pretendía obligar a Zapata a combatir o a rendirse.

Cansado Zapata de esperar en vano que el Gobierno comprendiera los problemas de Morelos y se mostrara deseoso de resolverlos, quiso reducir a los postulados de un Plan todos los anhelos y aspiraciones de los campesinos de Morelos y, en verdad, de toda la República. El 28 de noviembre lanza, pues, su Plan de Ayala: un reto a Madero y la respuesta de las masas campesinas al aplazamiento indefinido de la resolución de su hondo problema de la tierra. No rompe el nuevo Plan con el de San Luis Potosí, sino que le hace reformas avanzadas, con las cuales se inicia la Revolución Social en México.

Vasconcelos y otros detractores de Zapata han dicho que el Plan de Ayala no fue escrito por él, sino por el maestro de escuela, Otilio Montaño. Al expresarse así, se atienen sólo a la letra y no al espíritu del Plan de Ayala, que procede directamente de Zapata y de su tradición. Nos dice Basave del Castillo Negrete que Zapata, "rudo e iletrado, no pretendió dar otra impresión de sí mismo, pero tuvo el tino de escuchar al que creía le aconsejaba de buena fe, aunque tomando el partido que le discernía su juicio, si este partido o línea de conducta corría parejas con el sentir general de los suyos."[8] Podemos estar seguros de que los postulados del Plan de Ayala, recibidos con tanto entusiasmo por los zapatistas, encarnaban el hondo sentir de su caudillo. Recordemos aquí lo que afirma Mena:

> Quienes siguieron a Zapata y el propio Emiliano miraban con desconfianza a los hombres de letras que se les acercaron. Otilio Montaño, el profesor, y Antonio Díaz Soto Gama, el notario, como otras más, cayeron en el zapatismo para llegar a las páginas de la historia como los hechiceros del movimiento. Pero no pudieron llegar a entenderse con la gente que seguía a Zapata. Es más, podría asegurarse que consideraban inferiores y que pensaron usar como instrumentos a las tropas de analfabetos y semibárbaros que integraban al Ejército Libertador. Uno de los aspectos más dramáticos del zapatismo es el divorcio notable entre los ideólogos conquistados en el movimiento y el pueblo armado que ni los entendía ni compartió nunca sus ideas.[9]

Después del asesinato de Madero, Zapata colaboró al derrumbe del usurpador Huerta. Los zapatistas vuelven a controlar decisivamente el Estado de Morelos y el poder e influencia de Emiliano Zapata, humilde *calpuleque* convertido ya en hábil estratega y general, se extienden a Guerrero, México, Oaxaca, Chiapas, Michoacán y hasta Puebla. Su destino es luchar siempre; y en su lucha cuenta con la lealtad absoluta de cada campesino—hombre, niño, y mujer. Singulares son sus tropas: no visten uniforme ni parecen tener disciplina militar, pero no hay manera de aniquilar a esos soldados y campesinos a la vez. Conociendo palmo a palmo el terreno, se agrupan y dispersan con la rapidez del rayo.

Al unirse los dos caudillos populares, Villa y Zapata, contra el criollo Carranza, la Revolución se convirtió en una batalla de pueblo contra burguesía, de campesinos contra terratenientes, de trabajadores contra abogados. Nos asegura Blanco Moheno que Carranza deseaba impedir a todo trance el encuentro de Villa con Zapata, porque sabía que estos dos hombres se comprenderían.[10] Para Hübner, no obstante, Villa y Zapata representan móviles opuestos e intereses contradictorios. Hübner opina que Villa desconfiaba de la pureza de intención de Zapata y Zapata, de los ideales revolucionarios de Villa, al verlo rodeado de la clase enemiga:

> Junto a Villa caminan los hermanos de Madero, escritores y profesionales, antiguos porfiristas, gente toda que espera medrar a la sombra del caudillo atrabilario, pero generoso, capaz de fusilar por capricho,

> pero también de colmar de mercedes al que le place. Al lado de Zapata van, en cambio, los campesinos y los despojados como él, indígenas y futuros ejidatarios, trabajadores del campo que han trocado la pala por el fusil y la siembra por la guerra. Uno, Villa, no sabe lo que quiere y marcha al azar, impulsado por su volcánico temperamento que ambiciona el poder, el mando, la satisfacción de sus instintos y el desarrollo de la Revolución a su manera.... El otro, Zapata, sabe muy bien, en cambio, lo que quiere y adónde va. Tacha a la Revolución de tibia y defraudadora. Quiere la tierra, la destrucción total del latifundio, el reinado de la justicia, la nivelación de las clases sociales. Es el más revolucionario de todos. Un grande ideal y un inmenso corazón lo dirigen recto hacia una meta soñada. Tiene de apóstol y de iluminado todo lo que Villa de bandido y de selvático.[11]

La entrevista Villa-Zapata en Xochimilco, el 4 de diciembre de 1914, fue tomada taquigráficamente por el Secretario Particular del general Roque González Garza. En la conversación que tuvieron los dos caudillos, aparece el siguiente intercambio:

> F.V. —Yo soy un hombre que no me gusta adular a nadie; pero usted bien sabe tanto tiempo que estuve yo pensando en ustedes.
> E.Z. —Así nosotros. Los que han ido allá al Norte, de los muchos que han ido. Estos muchachos Magaña y otras personas que se han acercado ante usted, le habrán comunicado que allá tenía yo esperanzas. El es, decía yo, la única persona segura, y la guerra seguirá, porque lo que es aquí conmigo no arreglan nada, y aquí seguiré hasta que no me muera yo y todos los que me acompañan.[12]

En años posteriores, en la narración de su vida que le hace Villa a Ramón Puente, dice el caudillo popular:

> Por Gildardo Magaña conocí... cuáles eran los pensamientos de los revolucionarios del Sur, a los que encabezaba el General Emiliano Zapata, y lo que Magaña me contó de los abusos cometidos por los terratenientes de Morelos, y de la manera esclavista como se había tratado siempre a aquella pobre gente, me hicieron comprender desde entonces la justicia que había en su rebelión y simpatizar con toda mi alma con aquel caudillo, al que los periódicos de México

> pintaban como un monstruo de crueldad, y le achacaban los más grandes horrores.[13]

Cae el capital en poder de Villa y Zapata y los habitantes tiemblan ante el saqueo inminente; pero no ocurre nada de lo que se anticipaba. Tras de las tropelías carrancistas, la conducta de los feroces "dorados" de Villa y los agraristas de Zapata resulta ejemplar. El único botín que recogen los zapatistas son fusiles y cañones para seguir luchando. Estos desharrapados, cuando necesitan algo, lo solicitan sombrero en mano. Al abandonar la ciudad después de haberla ocupado durante largos días, ésta se ve obligada a reconocer que ninguna casa fue saqueada ni nadie molestado.

Cuando luego Villa y Carranza se disputan la victoria, Zapata hace saber que el zapatismo no aceptará nada que sea torcer el curso de la revolución agraria. Trabajó con firmeza para que Carranza rectificara su actitud hostil al agrarismo. A su orientación constructiva, se debe la Ley del 6 de enero, como también el artículo 27 de la Constitución y los demás preceptos constitucionales que conducirán a las reivindicaciones agrarias de años posteriores. "Su extremismo, su intransigencia, su pureza combativa, a veces peligrosa y hasta contraproducente, han sido a manera de brújula porfiada, que indicaron siempre, sobre la realidad de los hechos, el camino impostergable del ideal revolucionario."[14]

Desde 1910 había luchado Zapata: primero contra Díaz, luego contra De la Barra y contra Madero, y después contra Huerta y contra Carranza. Luchó contra todos porque no cumplieron sus deberes y promesas. Un hombre así, que desafía a todos los gobiernos con la calma acusadora del que posee la verdad, es peligroso. Hay que eliminarlo; esto Carranza lo comprende muy bien y así se lo declara a Pablo González, quien pronto encuentra, entre sus oficiales, a uno capaz de perpetrar la felonía deseada: el coronel Jesús M. Guajardo.

Cuando cae Zapata en Chinameca en abril de 1919, abatido por las balas traidoras, la muerte lo eleva a condición de símbolo. Representa la pureza de un Ideal. Su incorruptibilidad y su lucha tenaz y sin descanso por ver cristalizados los anhelos por los que combatía lo elevan sobre todos los demás "héroes" de la Revolución. Todavía hoy los indios sureños creen que el espíritu de "Miliano" vaga de noche por las montañas para cuidar de ellos y creen que, si se les trata mal, volverá.

Caballero de un ideal, Emiliano Zapata cumplió de manera cabal y absoluta con su misión, con el mandato de su pueblo al nombrarlo *calpuleque* aquel día en el "corredor de portales," contiguo a la iglesia de San Miguel de Anenecuilco. Es ésa su verdadera y alta gloria.

NOTAS

[1]Manuel Eduardo Hübner, *México en marcha* (Santiago de Chile, 1936), p. 134.

[2]Jesús Sotelo Inclán, *Raíz y razón de Zapata, Anenecuilco* (México, 1943), p. 197.

[3]Gildardo Magaña, *Emiliano Zapata y el agrarismo en México* (México, 1934-1937), I, 159-161.

[4]Carlos Reyes Avilés, *Cartones zapatistas* (México, 1928), pp. 39-40.

[5]Magaña, I, 311-313.

[6]Alfonso Taracena, *La verdadera Revolución mexicana* (México, 1960), I, 178.

[7]Magaña, II, 420.

[8]Carlos Basave del Castillo N[egrete], *Exploraciones y anotaciones en libros y folletos que tratan de la Revolución mexicana* (México, 1931), p. 18.

[9]Mario Mena, *Zapata* (México, 1959), p. 185.

[10]Roberto Blanco Moheno, *Crónica de la Revolución mexicana* (México, 1957-1961), I, 213.

[11]Hübner, pp. 125-126.

[12]Federico Cervantes M., *Francisco Villa y la Revolución* (México, 1960), p. 365.

[13]Ramón Puente, *Vida de Francisco Villa contada por él mismo* (Los Angeles, [c. 1919]), pp. 52-53.

[14]Hübner, p. 138.

CUATRO NOVELAS DE JUAN GARCIA PONCE: IMAGINACION E INTELECTO

por John S. Brushwood*
The University of Kansas

Una de las corrientes clasificables en la prosa de ficción mexicana contemporánea es la novela (a veces intimista) que estudia el mundo interior de un reducido número de personajes. Las experiencias estéticas de este tipo de obra abarcan dos problemas fundamentales—la identificación del personaje con la totalidad de la circunstancia en que existe y la resolución de las tensiones interpersonales que surgen en una cultura cuyos valores son cada vez más relativistas. Las novelas de Juan García Ponce caben dentro de la clasificación provisional de "novela de cámara" (término justificado por contraste con las novelas muralistas como *La muerte de Artemio Cruz*, de Carlos Fuentes o *José Trigo*, de Fernando del Paso).[1]

Ultimamente se ha observado una tendencia secundaria en la novela de cámara que ha producido ciertas obras basadas en un concepto temático más que en las caracterizaciones. La experiencia de la obra es la íntima apreciación del concepto, en lugar de una empatía hacia los personajes. La idiosincrasia sobresaliente de las novelas de García Ponce es la coexistencia (a veces conflictiva dentro de sí misma) de las dos vertientes de la novela de cámara, a saber, la iluminación de una relación humana (como *El Bordo*, de Sergio Galindo, o *El norte*, de Emilio Carballido) y la novelización de un concepto (como en *El hipogeo secreto*, de Salvador Elizondo o *Morirás lejos*, de José Emilio Pacheco). El desarrollo de una novela a base de un concepto es un procedimiento fundamentalmente intelectivo desde el cual es posible trazar provechosamente una segunda fase imaginativa. Por otra parte, si la imaginación es la experiencia inicial y fundamental de la obra, la promoción subsecuente de una fase intelectiva pone en peligro el buen éxito de la novela ya que esta segunda fase puede producir un efecto de contragolpe, desterrando al autor y al lector del reino de la imaginación.

Indudablemente relacionada con este problema de la creación artística está la tendencia entre los críticos de encontrar desviaciones fundamentales en la trayectoria literaria de García Ponce. La preferencia de parte del novelista mexicano por la obra de Cesare Pavese y Robert Musil, parece importante en la definición de las etapas de su producción novelística. Sin embargo, los momentos de cambio indicados no coinciden. Es muy posible que esta discrepancia resulte de un énfasis excesivo en la influencia de Musil. La interrelación de la imaginación con el intelecto en la obra de García Ponce sugiere una trayectoria más complicada y más creadora, sin negar la importancia del escritor austríaco.[2]

Figura de paja (1964) es una novela evidentemente intimista.[3] En *La casa en la playa* (1966), el intimismo está modificado por ciertas connotaciones sociales y como consecuencia se da un aspecto exterior que no se encuentra en *Figura de paja*. Luego se observa la influencia de Musil y el predominio del intelecto. *El libro* (1970) es la obra en que este fenómeno resulta más evidente, aunque no sea la mejor novela de esta etapa. En *La invitación* (1972), sin rechazar la influencia de Musil, la imaginación vuelve a cobrar su importancia fundamental. El intimismo adquiere otra vez su aspecto exterior, repitiendo el desarrollo de *La casa en la playa*. Un análisis de algunos aspectos de estas cuatro novelas aclara varios problemas referentes al proceso creativo de García Ponce y ensancha las experiencias estéticas de sus obras.

Para apreciar más claramente las características de la narrativa del autor que nos ocupa, es valioso destacar algunos aspectos de las ficciones iniciales, los cuentos de *Imagen primera*. Se encuentran en ellos algunas técnicas narrativas y preferencias temáticas que, si no son constantes en la obra de García Ponce, se repiten en alguna novela posterior. Los seis cuentos de *Imagen primera*, además de ser obras independientes, participan en una progresión anímica desde el primero hasta el último. Todos son eróticos y empiezan en la luz de la iniciación antes de pasar bajo las nubes de la frustración y finalmente hasta la sombra de lo prohibido y la desesperación. Esta progresión se experimenta como una dinámica que da unidad a la colección. El sentido de movimiento (de un proceso de cambio en la obra) es fundamental en la prosa de ficción de García Ponce. Parece relacionarse con una de las preferencias temáticas, la que versa sobre el proceso de cambio en la sociedad. Una de sus manifestaciones en las novelas es la insistencia en la exposición de un *denouement* que no es necesariamente una resolución pragmática sino una confirmación de la dinámica aparentemente anhelada por el autor.[4]

Este método de novelar adquiere a veces cierto rasgo docente, cuando el intelecto se hace más importante que la imaginación. Con frecuencia la voz narrativa empleada por García Ponce produce un efecto semejante. En varios casos, la narración en tercera persona omnisciente es menos intimista de lo que sería un monólogo interior, por ejemplo. Sin embargo, García Ponce no emplea complicadas técnicas narrativas. Cuando no narra en voz de tercera persona, prefiere contar mediante la voz en primera persona de uno de sus personajes que observa a los demás. La diferencia entre ambas técnicas se aprecia plenamente en una lectura de "El café" y "Reunión de familia." Una de las pocas técnicas empleadas en *Imagen primera* para ir más allá de una exposición objetivista es la comparación implícita de una condición interior con una circunstancia exterior. Por ejemplo, en "Feria de anochecer," el cuento de iniciación sexual, la rueda mágica, donde el protagonista experimenta sus primeras emociones de adulto, sugiere la característica cíclica del nuevo mundo recién encontrado.

Desde un principio se sabe que la interrelación entre la imaginación y el intelecto tendrá importancia técnica y temática. El protagonista de "Feria al anochecer" revela esta combinación en la creación de un segundo aspecto de su propio mundo, acto íntimo que corresponde al acto de novelar.[5] El joven emplea su imaginación para lanzar un segundo mundo desde la realidad de la primera. A pesar de esta proyección íntima, el mismo protagonista se da cuenta de su relación con la otra gente, pero esto ocurre en un estado de incertidumbre epistemológica. La voz narradora nos avisa que Andrés "presintió, percibió, intuyó, sintió más que comprendió, que... él era también parte de ese orden..."[6] Esta identificación en términos de los demás traslada frecuentemente la narración de García Ponce desde un plano de comentario social. Es muy evidente la realización de este cambio en "Reunión de familia."

La importancia de Sigmund Freud se observa claramente en "Cariátides" y se debe notar que el amor sexual es de gran importancia en la obra de García Ponce. Es más que un tema. Es una base filosófica, un punto de partida desde el cual se proyecta un personaje para buscar algo que no se encuentra en la realización del amor sexual.[7] A veces esta búsqueda se relaciona con el movimiento hacia el plano de comentario social. Esta preocupación por la sociedad es una extensión de la búsqueda de la identidad de parte del personaje y con frecuencia tiene que ver con una manera de vivir que va desapareciendo o que se sostiene difícilmente. Hay puntos de contacto evidentes entre este tema y la sociedad misisipiana de William Faulkner. En el cuento que lleva el título del volumen *Imagen primera*, la estructura narrativa consta de un largo *flashback* enmarcado por una apreciación de la casa solariega, una mansión de alta burguesía que representa el pasado idílico para los dos protagonistas. Estos personajes son incapaces de arraigarse en el mundo de los adultos y regresan a su introversión infantil, ya pervertida porque ellos no son niños. La narración es una experiencia de descomposición moral y social.

Figura de paja, la primera novela de García Ponce, versa sobre las relaciones íntimas de Teresa con Leonor, su amiga de muchos años, y con el narrador, partícipe en una unión más ortodoxa. Conviene aclarar que este dilema triangular no se presenta como escándalo sino como una especie de antesala donde se espera pasar por la última puerta. Se puede decir que el placer sexual no resuelve el problema. Leonor, la amiga de Teresa, busca algo más y desea aprovecharse de las emociones de ésta durante la búsqueda. Sobra decir que esta circunstancia es sólo uno de los muchos aspectos de esta complicada relación de tres puntos.

Como base del problema de la preferencia sexual y el tema del amor trascendente, se nota la incapacidad de parte de los personajes de entenderse como responsables por sus propios actos. Revelan un sentimiento que es casi una nostalgia por un tiempo en el que no debían tomar decisiones definitivas. Es interesante notar, en lo que se refiere a la técnica narrativa, que esta condición de irresponsabilidad es el trasfondo más importante de la novela. Se presenta, adicionalmente y en forma de *flashback*, alguna información referente a los antecedentes de los personajes. Sin embargo, en el plano de tiempo presente, la narrativa se concentra con tanta insistencia en el grupo reducido de personajes que casi no hay información referente al mundo exterior. Este fenómeno recalca la alienación de los personajes. La concentración produce la impresión de que las personas observadas en la novela son especímenes de laboratorio y que el autor las emplea para iluminar su tesis. Por otra parte, si el lector se acostumbra a esta alienación en la técnica narrativa, mediante un acto del intelecto, su imaginación como consecuencia ensancha la experiencia de la relación entre la alienación temática (no la alienación en la técnica) y el amor.

Esta relación es producida por el factor imaginativo de la novela y se aprecia más claramente mediante la actuación de la voz narrativa. El narrador es el amante de Teresa, y todas las complicaciones del triángulo son las observadas por él. Ya que el narrador participa en el problema de Teresa referente a la preferencia sexual, una de las facetas de la exposición narrativa es subjetiva. Al mismo tiempo, la masculinidad del narrador lo separa de los personajes femeninos de manera que se presentan más objetivamente las diferencias entre ellas. El narrador es el filtro por el cual pasan las caracterizaciones, íntimas y objetivas al mismo tiempo. Esta función del narrador sirve para suavizar el efecto casi clínico de la alienación.

El narrador emplea un lenguaje extremadamente sencillo—tan sencillo que si los actos de los personajes le correspondieran en sencillez, *Figura de paja* sería una de las novelas más banales de toda la literatura.[8] En realidad es muy dudoso que un lector que acepta el lenguaje como común y corriente pueda emitir un juicio semejante en lo que se refiere a los personajes. El procedimiento lógico empleado por el narrador en las caracterizaciones de los otros personajes sirve para aumentar la credibilidad de ellos. En cada caso emplea una presentación en tres pasos. Empieza con una acción en el presente, luego sigue un *flashback* que ilumina el pasado del personaje y continúa con más acción en el presente. Esta secuencia en el desarrollo de cada caracterización se repite en la estructura tripartita de la novela donde la secuencia se debe directamente al autor y no a su narrador inventado.

Otra divergencia entre el autor y su narrador se encuentra en el simbolismo de la novela. Se puede señalar como ejemplo que un tema secundario de *Figura de paja* es el de la expresión artística como una manifestación exterior de la motivación erótica interior. Estas expresiones, si las consideramos desde el punto de vista del narrador inventado, sirven para iluminar la búsqueda de una realidad afirmativa más allá del amor físico. El planteamiento del novelista es intelectivo, la imaginación se encuentra en la invención del narrador.

La mayor diferencia entre *Figura de paja* y *La casa en la playa* (1966) es que el tema erótico de la segunda novela se convierte en un comentario social. Este procedimiento es semejante al desarrollo del cuento "Imagen primera." Angel Rama, en su ensayo citado arriba, nota que los personajes de *La casa en la playa* son adultos que prefieren la paralización de la sociedad para no arriesgar la pérdida de su identidad entre los cambios causados por el transcurso del tiempo. Para Rama, es posible que este planteamiento represente un cambio importante en la obra de García Ponce, ya que se distingue de las narrativas anteriores en que los protagonistas anhelan el amor idílico e irresponsable de la niñez. Por otra parte, parece lógico que ambos planteamientos sean dos manifestaciones del mismo problema, a saber, la búsqueda de la identidad personal en una sociedad donde escasean los signos, los símbolos y las guías que señalan las etapas de la vida y definen las responsabilidades interpersonales.

Este problema constituye la base del sentido de angustia que es posiblemente nuestro mal del siglo. Explicando un poco el comentario ya hecho, se puede decir que en una época pasada existían muchas guías que definían el comportamiento humano. El carácter absoluto de las guías ha ido disminuyendo y en algunos casos éstas han desaparecido totalmente. Como consecuencia, cada individuo tiene que ser más responsable en cuanto a su relación con los otros individuos. Luego cuando el individuo se da cuenta de su inhabilidad para definir acertadamente su responsabilidad, se vuelve angustiado y es muy probable que busque alguna identidad que trascienda su experiencia física o que se refugie en el tradicionalismo.[9] El tema es un aspecto importante de *The Wasteland*, de T. S. Eliot y de la obra de muchos otros escritores del siglo actual. Se lo comprueba en las novelas de William Faulkner donde se encuentra una sociedad tradicionalista semejante a la de Mérida, en *La casa en la playa*.

Varios aspectos de la técnica narrativa en la segunda novela son semejantes a las de *Figura de paja*. Se encuentra la misma sencillez de lenguaje, y el autor emplea aun más extensamente el simbolismo que expone una correspondencia entre el estado anímico de los personajes y la circunstancia exterior (principalmente el clima). En gran medida, las diferencias de *La casa en la playa* se deben a la voz narrativa en tercera persona. El tono de la narrativa es controlado más por el autor en esta novela que en *Figura de paja*. Por consiguiente, el planteamiento es intelectivo. Es una variación en la relación triangular que desata la imaginación.

El grupo de enfoque consta de cuatro personas. Marta es una joven casada que vive con su esposo en la casa en la playa, cerca de Mérida. El esposo de Marta se llama Eduardo. Los visita Elena, una joven abogada que es amiga de Marta desde hace muchos años y que ahora reside en el Districto Federal. Rafael es el viejo amigo de Eduardo. Este cuadrilátero contiene dos triángulos de índoles distintas. El triángulo erótico consta de Marta, Elena y Rafael. Las líneas de relaciones son tres. Marta y Elena quieren renovar su amistad después de una separación de cinco años; Marta y Rafael casi participan en una relación ilícita (es sumamente importante que surja esta posibilidad y que sea frustrada); Elena y Rafael se hacen amantes pero su amor no produce nada permanente. El segundo triángulo consta de Marta, Eduardo y Rafael. Los tres pertenecen a la sociedad de la playa y de Mérida. Elena es la intrusa. Ella es capaz de participar en los cambios inevitables que los otros rechazan. Alrededor de estos cuatro personajes actúan numerosos personajes de otro grupo o de otras generaciones. Por eso el enfoque sobre los cuatro principales revela la alienación temática sin producir la alienación técnica que se efectúa en *Figura de paja*.

Además de triángulos, se destacan dos líneas de tensión. Una es Eduardo contra Elena, que opone al más tradicionalista del segundo triángulo contra el único personaje que se ajusta al cambio. La otra es Eduardo contra Marta. Se trata de un matrimonio infeliz que busca una resolución en el regreso a la casa ancestral. Estas dos tensiones inician la dinámica que introduce el factor social que es el tradicionalismo de la región. Es más que un comentario sobre las costumbres ya que las costumbres tienen que ver con la fracasada búsqueda de un amor trascendente.

García Ponce organiza su material narrativo en tres planos temporales. El tiempo presente abarca los últimos días de las vacaciones de Elena, pasados con sus amigos de la casa en la playa. En este plano se aprecia el contraste definitivo entre el cambio y la tradición, que termina en la victoria provisional de esta última. El segundo plano es el pasado inmediato que corresponde a los días anteriores de vacaciones. En estos capítulos se experimenta la vida de la sociedad de la playa, distinta de la de Mérida pero con sus propias obsesiones que estorban el cambio. El tercer plano corresponde al tradicionalismo insular de Mérida.

En la experiencia de la novela, el tradicionalismo es negativo ya que las guías de conducta que esta sociedad produce son dañosas en lo que se refiere a las relaciones humanas. La novela evidentemente aboga por el cambio. Para recalcar la tesis, los tres planos de tiempo no aparecen en orden cronológico. Se debe notar también que la novela empieza y termina con énfasis en la frustración del cambio. Sin embargo, *La casa en la playa* es menos intelectivo que *Figura de paja* porque presenta una visión más completa de la función social, y esta visión estimula más la imaginación. En cuanto a la influencia de Musil, es posible que existan tendencias comunes entre ambos escritores, pero hay poca justificación para creer que hay más influencia de Musil en esta novela que en las obras anteriores de García Ponce. El punto de contacto más evidente es la concentración de parte de ambos autores sobre los dos reinos de la experiencia humana, la experiencia social que corresponde al hombre exterior y la experiencia erótica que corresponde al hombre interior.

El segmento de la trayectoria literaria de García Ponce que se extiende desde *La casa en la playa* hasta *El libro* (1970), está caracterizado por una fecundidad casi frenética y por el intelectualismo que va en aumento. Después de un silencio durante 1967, publica cuatro libros de ensayos y una novela en 1968, otra novela en 1969 y tres novelas más en 1970.[10] Es durante esta época que se concreta la importancia de Robert Musil en el pensamiento y en la obra creativa del escritor mexicano.

El tema fundamental de *El libro* es la interrelación de la ficción con la realidad. Un profesor de literatura participa en un amorío con una de sus alumnas a quien él ha prestado "La realización del amor," un cuento de Musil. Esta obra que lee la muchacha es "el libro" del título. La entrega de la alumna en su unión con el profesor corresponde a la entrega de la protagonista en la obra de Musil. Es una entrega que debe ser total, una entrega desprendida de todo lo que no sea la entrega misma. Este aspecto de la novela es la exposición de la equivalencia entre la experiencia erótica y el ser íntimo, y es la realización de todo lo que puede ser el amor físico. La otra faceta de la relación García Ponce-Musil, en *El libro*, es la explicación de la obra del austríaco que el profesor hace en su seminario. En estas explicaciones se incluye también *El hombre sin calidades*, obra que se relaciona con la experiencia social. Sobra decir que este factor de la novela es sumamente intelectivo.

La tendencia intelectiva en *El libro* abarca aun más que la explicación de la obra de Musil. La unión del profesor con Marcela también exige la explicación para cobrar realidad. Ninguna realidad precede a su análisis. Se observa en este fenómeno una diferencia importante; si el acto de crear nombrando es fundamentalmente imaginativo, el acto de crear analizando es fundamentalmente intelectivo.

El desarrollo intelectivo del tema (la ficción y la realidad) prácticamente elimina el factor imaginativo. El autor no emplea capítulos sino una progresión en las etapas de la unión para comunicar la dinámica de la historia. Como en las otras novelas de García Ponce, el grupo de enfoque es muy reducido. Sin embargo, en las novelas ya analizadas, los miembros de los grupos son caracterizados muy detallada e íntimamente, a diferencia de *El libro*, en que las caracterizaciones no son exactamente tales sino exposiciones del tema (ficción-realidad o la realización del amor). Estas exposiciones serían más imaginativas si el autor hubiera dejado que Eduardo, el profesor, contara la historia. Fácilmente pudiera ser el narrador inventado como en *Figura de paja*. Esta técnica habría producido una novela intimista. Por el contrario, el empleo de la voz narrativa en tercera persona, combinado con la explicación filosófica que la novela contiene, produce la experiencia de una novela de concepto. Lo que llama la atención es el concepto de ficción-realidad o la idea de la realización del amor, no las personalidades de los protagonistas.

Refiriéndose a *La cabaña*, que pertenece a esta misma etapa, Benítez Meléndez observa que "La obra se logra inscribir en un terreno más cercano a la interrelación síquica que a un mero relacionar de hechos..."[11] Donoso Pareja señala el predominio del tema en *El libro*: "Su fuerza, en realidad, radica en la situación misma...", y luego destaca la integración de las ideas con el "mundo emotivo de los protagonistas del drama."[12] En el mismo ensayo, el crítico declara que "En esta novela—como en *La cabaña*—García Ponce muestra, creo que definitivamente, su madurez de escritor." Elogia el análisis y la adecuación del lenguaje, este lenguaje que Benítez Meléndez ha llamado "un modo de decir las cosas muy directo." Sin embargo es evidente que la expresión de García Ponce en estas novelas es mucho más complicada que en sus obras anteriores. Cabe notar una sola oración de *El libro*:

> El trató de pensar en qué podría decir para que ese difícil equilibrio se inclinara hacia su lado, simplemente porque estaba convencido de su razón frente a ese otro mundo que, incluso desinteresadamente, no deseaba para Marcela; pero al mismo tiempo sintió toda la profunda indiferencia desde la que la convicción con que reconocía el peso de su propia verdad no necesitaba afirmarse ante nadie, sino que se encontraba a sí misma cierta y absoluta en su carácter flotante, manteniéndolo no aparte, sino dentro de un estado en el que no se necesitaba echar raíces, aun cuando fuera imposible llevarlo al exterior más allá de la textura que creaba su propio despliegue cuando hablaba en la clase o cuando se perdía encontrándose en la mágica fuerza de su aparente irrealidad, desde la que todo lo exterior no era más que una imagen que debería conducir a la auténtica realidad formado por ese otro estado.[13]

El caso es que los juicios elogiosos referentes a esta manera de expresarse son muy acertados si el lector de la novela acepta el predominio del intelecto y por consiguiente se compromete con una novela en que el concepto es más importante que los personajes. Es cierto que en esta novela García Ponce muestra su madurez de pensador. Por otra parte, si se habla de su madurez de novelista, habrá que señalar que se trata de una novela de tipo especial.

La experiencia de *La invitación* (1972) es la búsqueda de su identidad por el protagonista, como el acto fundamental de una nueva apreciación de la realidad. El concepto de la realización del amor es implícito, pero el tema más evidente es la definición de la realidad y la irrealidad. La dinámica de la obra es efectuada por una progresión de seis etapas en la definición de la realidad.

La primera es la recuperación del protagonista, R., después de una enfermedad larga y muy seria. Se establece la voz narradora en tercera persona, que siempre representa la experiencia de R. Se aprecian sus reacciones íntimas mediante un análisis detallado hasta la exquisitez. A veces se distancia del personaje y produce un efecto objetivo, casi clínico, que es subrayado por el empleo de "R" en lugar de un nombre completo.

La enfermedad ha separado al protagonista de su realidad previa, y la recuperación es una especie de renacer. Por eso, el empleo de "R" recalca la falta de identidad. En la segunda etapa, R. se encuentra con un viejo amigo a quien no ha visto durante muchos años. Se llama Mateo Arturo, pero R. no recuerda su apellido. Esta circunstancia es una segunda referencia a la identidad-realidad. Mateo Arturo invita a R. a visitarle en el departamento de sus padres.

En la tercera etapa, R. va al departamento de Mateo Arturo, pero no encuentra al amigo. En su lugar aparece una mujer atractiva, completamente desconocida. (Tercera referencia a la identidad-realidad.) Sigue la experiencia erótica. Luego se revela que la mujer se llama Beatrice; pero una vez descubierta esta identidad, R. no la encuentra más. Paseando por la ciudad, en la cuarta etapa, R. es detenido y encarcelado, equivocadamente, por haber participado en una manifestación estudiantil. Sufre la injusticia y la violencia. Por un momento, en la experiencia de *La invitación*, parece que la irrealidad se vuelve realidad en el nombramiento de Beatrice y que esta nueva realidad y la violencia existen en el mismo plano. Sin embargo, Beatrice desaparece y sólo la violencia queda.

En la quinta etapa, R. vuelve a ver a Mateo Arturo que no entiende nada de lo de Beatrice. Los dos jóvenes van al departamento de Mateo Arturo y pasan un rato con los padres de éste. Es el mismo departamento donde R. se encontraba con Beatrice. En esta situación pesadillesca es muy posible que el lector recuerde un trozo de diálogo en el primer encuentro de R. y Mateo Arturo (segunda etapa). Es una referencia al encarcelamiento de R., que parece una sencilla equivocación en ese momento pero que, en vista de los acontecimientos aparentemente subsecuentes, pone en duda la secuencia del tiempo y la percepción de la realidad.[14] Es más, los dos problemas son interrelacionados de manera que cualquiera interpretación del uno también cambia la percepción del otro.

En la sexta etapa, R. toma una decisión aparentemente definitiva. Sin embargo, si se experimenta el problema doble de la secuencia de tiempo y la percepción de la realidad, no hay nada definitivo en la sexta etapa. En realidad, no se sabe cuando R. se comprometió ni se sabe absolutamente si lo hizo.

La invitación revela un extraordinario equilibrio de la imaginación y el intelecto. El planteamiento de la novela es claramente intelectivo. La más clara manifestación de este fundamento es la repetida incidencia de la especulación psico-filosófica. En estas ocasiones, el narrador no nos comunica las reacciones de R. sino un análisis de esas reacciones.[15] Por otra parte, la imaginación estimula la interrelación de posiblidades y ésta, en su turno, estimula más imaginación que el lector traduce en un segundo plano especulativo.

La experiencia de *La invitación*, como la de *La casa en la playa*, abarca lo íntimo y lo social. En *La casa en la playa*, el factor social es el tradicionalismo. En cierto sentido, *La invitación* es una continuación de la otra novela ya que el problema del cambio se aprecia mediante la disidencia de la juventud. Seguramente cuando la historia de la literatura se refiera, en el porvenir, a "la novela de Tlaltelolco," *La invitación* será una de las obras incluidas.

Se pudiera afirmar que *La invitación* es más intelectiva que *La casa en la playa*. Sin embargo, es mucho más semejante a ésta que a *El libro*. La experiencia del lector que se compromete a conocer toda la obra de ficción de García Ponce consta de cinco fases: los cuentos que revelan el intimismo y la preocupación social, una primera novela intimista, la segunda que pasa desde el intimismo hasta la preocupación social, una cuarta fase que revela un intelectualismo excesivo y la quinta en que se logran dos equilibrios (imaginación-intelecto e intimismo-compromiso social). En esta última todavía se observa el efecto de la cuarta fase, pero las características básicas de *La invitación* son las que se han observado en la obra de García Ponce desde sus primeros cuentos.

Según los criterios implícitos en la exposición ya hecha, *La invitación* es la mejor de estas cuatro novelas. *La casa en la playa* merece segundo lugar, seguido por *Figura de paja* y *El libro*. Siempre cabe señalar, con referencia a esta última, que su idiosincrasia de novela de concepto la aparta de los cánones del gusto que exigen el predominio de la caracterización.

NOTAS

*Una parte substancial de las investigaciones para este ensayo fueron hechas por Margaret Morrison cuando trabajaba como *graduate research assistant* en *The University of Kansas*.

[1]Este contraste se encuentra no solamente en la novela mexicana sino en la de toda Hispanoamérica. Se aprecia el efecto muralista en algunas de las obras más conocidas, de Gabriel García Márquez, Mario Vargas Llosa, Demetrio Aguilera Malta, Adriano González León y muchos más. La clasificación de "novela de cámara" abarca las obras, siempre menos conocidas, de Jorge Edwards, Salvador Garmendia, Sara Gallardo y Clemente Airó, entre muchos.

[2]La influencia de Musil, según Angel Rama, se evidencia desde la publicación de la segunda novela, *La casa en la playa* (1966). ("El arte intimista de García Ponce", en Jorge Lafforgue, *Nueva novela latinoamericana I*, Buenos Aires: Editorial Paidós, 1969, págs. 180-193). Jesusluis Benítez Martínez encuentra un cambio efectuado en *La cabaña* (1969), sin mencionar a Musil. ("*La cabaña*, un estilo nuevo en García Ponce", *Revista Mexicana de Cultura*, suplemento de *El Nacional*, 13 julio de 1969, pág. 6). Rama se refiere a la economía de narración que admira García Ponce en la obra de Musil. Benítez Martínez señala "un modo de decir muy directo". Si ambos críticos se refieren al mismo fenómeno, se debe notar que lo encuentran por primera vez en distintas novelas. En cuanto a la interrelación intelecto-imaginación, Huberto Batis ha tomado en cuenta las ideas desarrolladas en los ensayos de García Ponce así como también en sus prosas de ficción, a diferencia de nuestro análisis que se concentra en la experiencia estética de las novelas. (Véase Batis, "La obra literaria de García Ponce", en *Revista de Bellas Artes*, Núm. 21, mayo-junio de 1968, págs. 74-89).

[3]La cronología de la obra de ficción de García Ponce sigue: 1963, *Imagen primera* (cuentos), *La noche* (cuentos); 1964, *Figura de paja* (novela); 1966, *La casa en la playa* (novela); 1968, *La presencia lejana* (novela); 1969, *La cabaña* (novela); 1970, *El nombre olvidado* (novela), *El libro* (novela), *La vida perdurable* (novela); 1972, *La invitación* (novela), *Encuentros* (cuentos). Esta lista omite sus ensayos y su obra teatral.

[4]Miguel Donoso Pareja observa este efecto en su comentario sobre la estructura tradicionalista de *El libro*. ("Enseñar es pervertir", en *Hojas de Crítica*, suplemento de *Revista de la Universidad de México*, XXIV, 11, julio de 1970, págs. 7-8.)

[5]*Imagen primera* (Jalapa: Universidad Veracruzana, 1963). Véase especialmente pág. 17 donde se habla de los dos mundos de Andrés.

[6]*Ibid.*, pág. 24.

[7]Una interesante exposición de este tema se encuentra en: Juan Manuel Molina, "Juan García Ponce: el amor como encarnación del mundo", *La Cultura en México*, Núm. 554, suplemento de *Siempre*, Núm. 1004 (20 sep. de 1972), X-XI.

[8]La sencillez del lenguaje y de la técnica narrativa, en *Figura de paja*, inspira dudas referentes a la crítica que señala desviaciones hacia una expresión más directa, en la trayectoria de García Ponce.

[9]Es posible ver puntos de contacto entre esta formulación y una caracterización

en la obra de Robert Musil, de un personaje que se enfrenta con muchas posibilidades de acción, se halla incapaz de hacer una selección o tomar una decisión y efectivamente opta por la pasividad. Esta caracterización se aprecia más plenamente en *El hombre sin cualidades*, novela que Musil dejó trunca y que fue publicada póstumamente en 1945. Es posible que García Ponce haya leído esta obra antes de escribir sus obras de ficción. Sin embargo, los puntos de contacto son demasiado generales en la literatura del siglo XX para justificar una afirmación de influencia.

[10]García Ponce no publicó ningún libro en 1967. Es interesante notar que Esteban Durán Rosado, en un ensayo publicado en agosto de 1968, dice lo siguiente: "Sin motivo ni razón algunos, García Ponce ha enmudecido en los últimos tiempos. Es de esperarse que rompa ese silencio". ("Juan García Ponce", en *Revista Mexicana de Cultura*, suplemento de *El Nacional*, 25 agosto de 1968, pág. 7).

[11]Benítez Martínez, *op. cit.* Véase Nota 2.

[12]Donoso Pareja, *op. cit.*, pág. 7. Véase Nota 4.

[13]*El libro* (México: Joaquín Mortiz, 1970), pág. 76.

[14]*La invitación* (México: Joaquín Mortiz, 1972), pág. 33.

[15]Véase, por ejemplo, el párrafo que empieza en la pág. 166 (*op. cit.*) y sigue en la 167.

THE QUEST FOR SOCIAL JUSTICE IN LATIN AMERICA

by Eugenio Chang-Rodríguez
Queens College of The City University of New York

The present revolutionary ferment in Latin America is upturning traditional patterns in the political, social, and economic fields. The meaningful transformation of its society began in 1910 with the Mexican Revolution and has continued sporadically in other countries ever since. The last attempts are taking place in Cuba since 1959 and in Peru since 1968. The frustrated Chilean experience lasted but three years from 1970 to 1973. New political patterns with rather unique features are emerging from the new revolutionary trend.

The experiments in Mexico (1910-1945) and Cuba (1959-) have these features in common: they completely destroyed the armed forces of the old regime and replaced them with a newly organized army, air force and navy. Although Cuba ultimately established a Communist State, in their early stages the two revolutions nationalized the industries exploiting their subsoil and carried out an agrarian reform program that broke the economic and political backbone of the landed gentry. A significant feature in these two experiments is that most of their leaders have middle class origin.

Observers may disagree in appraising revolutionary accomplishments, but they can hardly fail to notice that to insure permanent structural changes, the Mexican and Cuban revolutionary regimes disbanded the traditional armed forces completely and relied on a new revolutionary military apparatus. History has showed us that, wherever and whenever the traditional guardians of the oligarchy were not destroyed, the reform attempts ultimately failed and the reformists were ousted. The cases of Vargas, Perón, Arbenz, Bosch, Torres and Allende come immediately to mind.

Authentic democracy—a real free play of ideas—has been in the history of Latin America the exception rather than the rule. Most of the democratic experiments there have been just that: experiments in democracy. The defenders of the status quo have been fighting for their privileges through notoriously undemocratic practices and legal technicalities in order to contain the march of events.

Notwithstanding the persistent democratic blunders, there are some indications that could be considered symptomatic of a political change which is leading Latin Americans toward a political attitude and behavior that does not seek personalism. The latest dictators (Odría, Pérez, Jiménez, Batista, Stroessner) might be considered the last examples of the one-man, one-family, one-clan government, which is no longer the prevailing type of government in Latin America, even in post-Allende Chile.

II

Many Latin American popular leaders of middle-class origin have been playing in this century an increasingly revolutionary role. In Mexico, Bolivia and Chile they led the revolutions attempting to destroy the *ancient regime*. In Cuba they led first the uprising against Batista and afterwards, ironically, the Communist takeover. In the 1965 Dominican crisis they were at the vanguard of the movement bent upon restoring constitutional government.

Why do these middle-class politicians promote social and economic revolutions? The average middle-class leader becomes revolutionary when he fears that violent change of society is inevitable. He embraces the cause of rapid change in the hope of retaining his influence in the emergent order.

The size of the middle class has traditionally been moot among students of Latin American affairs. Accurate figures are not available; those that exist amount to a sort of poetry with numbers. At any rate, the best estimate I know of puts its size at 12 percent of the total population of the area. Although in no country does it constitute a majority, the middle class undoubtedly represents the largest segment of the politically, economically, and socially active population.

Perhaps of equal importance is the fact that the middle class is the most frustrated part of Latin American society. Since it has relatively fixed income, it cannot keep up with inflation and the new expenses imposed by its ever-increasing desire for more consumer goods and luxury items. It demands better public services and greater job security. It is usually nationalistic, anti-imperialistic, anti-oligarchical, and even in

Peru, anti-militarist. With the aid of organized labor, the peasantry, and other segments of the lower class, it plays an increasingly important role in politics at the expense of the traditional holders of power. The middle class, in spite of its political enthusiasm and high emotions, is trying to advance its views by means of carefully drafted political programs. The middle class desires a rapid change of society through reformist political parties and organizations which rely more on political platforms and intensive electoral campaigning than on fraud and coups d'etat.

By adding to these developments, the new pressures imposed by population, the cold war, and economic crises, we can better understand why the middle class has been loudly demanding a better share in the affairs of state, in planning the national economy and in conducting international relations.

III

Latin America's rapid increase in population, which adds about six million more mouths a year to the present 250 million, outstrips the rate of economic growth and creates a situation characterized by a high degree of despair, frustration, and impatience—and by political and economic disorientation which paves the way for millions to willingly support whatever and whoever promises most in the shortest period of time.

The popularity of Vargas, Perón, and Castro are symptomatic realities of this trend. The literate and illiterate masses alike, disillusioned with what they believe to be democracy and disappointed in the discrepancies between true accomplishments and promises made in the name of democracy, are often disposed to give their enthusiastic support and their votes to anyone offering visible proof of a better day for themselves and their children.

Practically all political parties are verbally committed to agrarian reform, industrialization and diversification, greater work opportunities, better educational facilities and living conditions. However, few have delivered on their promises.

Agrarian reform, for instance, has proved to be so far a token distribution of land. To be successful, a true agrarian reform must be accompanied by financial aid, credit, technical information and assistance. Although practically all politicians and governments pay lip service to the basic principle of agrarian reform, what has been accomplished so far is negligible. Until now, meaningful agrarian reform programs have been adopted only in Mexico, Cuba, Peru, Bolivia and Venezuela. In other countries agrarian reform legislation has been passed or is under consideration, but wherever this legislation is approved, its implementation is timid and grossly inadequate. Thus most of Latin America still awaits an effective agrarian reform.

There is also a universal commitment to industrialization, but here again only a handful of countries have made significant strides in this direction. In reality all the Latin American republics are essentially producers of raw materials, and agriculture is still extremely important in their economy. The average citizen is a tenant farmer, a sharecropper, a communeer (member of an Indian community or cooperative), or a simple *peón* of the *haciendas* (*peón* is the democratic name for serf, and *hacienda* is the contemporary name for fief).

In most of Latin America, industrialization has so far done little to improve the condition of the masses. Largely, the industrial establishment is devoted to extracting minerals and oil and producing export crops, both of which are enterprises that have strengthened the rural oligarchy and endowed some of its members with a colonial mentality.

The nations of the Andean Pact are planning a program of industrialization that will end exaggerated dependence on foreign markets and fluctuating prices and that will favor agrarian reform and economic diversification.

Because it is in the economic sphere that the Latin American feels most deeply his frustration and despair, he has reaffirmed his nationalistic inclinations. High emotions often push him in the direction of a nationalism that someone has called "nationalism with a punch."[1] His economic nationalism gives him hope of economic independence, and when this type of collective feeling works its way upward into the higher echelons of the government policy makers, it is then that a series of measures gets adopted: import controls, exchange restrictions, protective tariffs, revision of mineral and oil concessions to foreign enterprises, and at times outright expropriation and nationalization of foreign controlled industries and public utilities.

Article 27 of the Mexican Constitution of 1917 is a clear example of the limitation placed on property rights exercized by nationals and foreigners. This limitation, also present in the Peruvian Constitution, declares that the subsoil belongs to the state. Nearly every country requires foreign corporations to grant special advantages to local workers and to limit the percentage of foreign employees. All these constitutional stipulations, laws and regulations are nationalist measures of self-defense. Nationalist feelings more than socialistic inclinations forced Mexico and Bolivia to insist on the necessity of domestic control of several of their vital public services. It was this same force that compelled Bolivia to nationalize its tin mines, Argentina to purchase the British railroads, Guatemala to confiscate some of United Fruit's land holdings, and Chile to nationalize its copper mines, and is forcing Venezuela to nationalize its rich iron and oil industries.

Latin American nationalism has another important dimension that in no way opposes local patriotism: continental nationalism. This broader nationalism and middle class anxiety over violent change have been important factors contributing to the establishment of the Central American Free Trade Association in 1959, the founding shortly after of the Latin American Free Trade Association by the remaining countries, and the signing of the Pact of Cartagena by most of the Andean countries. The eventual fusion of all these regional units into a single Latin American common market will be a significant step toward the ultimate economic integration of the area.

IV

Economic distortions, social imbalance, and the emergence of political alliances, as the one that put Allende in power in 1970, or the *Frente Amplio* (Broad Front) in Uruguay, point to the inevitability of the radical transformation of society. It is in this context that we need to reappraise the role of the armed forces in the changing society. Of the two dominant forces holding power since the nineteenth century, only the armed forces cast shadow on the future of the area. By and large the oligarchy now has little political support of the masses.[2] For the civilian reactionary the argument is not any longer whether the change must take place, but rather who is going to be at the helm, what methods will be used and what will be the pace of the change. The new militarists on the other hand impose a different threat. The Latin American policy of the United States has been for too long dependent on the myth of a military salvation, which lately some outstanding Latin Americanists provided with an academic rationale by equating miltarism with professionalism. In my view military professionalism means less ignorance, less dependence on civilian technicians and advisers but more dogmatism. Martial professionalism is for me a contrived myth advanced to give legitimacy to a discredited military autocracy. This purported professionalism comes about when the military complex acquires false academic credentials, when military expertise adjusts to the new social and political changes and jumps on the bandwagon of reform. Professionalism provides the new rationale to justify military establishment prone to martial coercion. It is the new name for the old naked military dictatorship disguised with revolutionary custom. In the nineteenth century Latin American military regimes justified usurpation of power by posing as alternatives to chaos. As the uniformed saviours of the fatherland fragmented into different factions, their demogogic justification become no longer valid. During the first decades of this century, military regimes were installed under the pretext of civilian corruption and inefficiency. The irony was that the military men were often the most benefited by that rampant governmental immorality. In the fifties and in the sixties military governments overthrew constitutionally-elected governments to set up anti-communist military dictatorships.

Until recently, most militarisms have been considered predatory in Latin America. There are Latin Americans who have already denounced "progressive militarism," with the assertion that it is only a new name for an old evil. In their view, militarists are interested in power for power's sake and in order to gain it, to hold it, or to regain it, they will resort to any political metamorphosis; they will change paraphernalia, but not their ultimate aims: to hold the reins of government in order to advance their selfish aims. Militarism today has learned to sing the Marsellaise and speaks of the rights of man. Militarism embraces technocracy and social ideas, because it knows that this is the way it can survive.

Will the armed forces side with the Communists if they think that Communism is that path of the future? We should not forget that many military officers shifted their allegiance from Spain to the Latin American republican cause; later they cooperated with the oligarchy to block social reform and democracy. When Fascism and Nazism were on the ascendancy in the 30's a large segment of the armed forces, especially in Argentina, Bolivia, Brazil, Peru, and Venezuela readily espoused the totalitarian cause. Some military officers have already shown their willingness to become either communist leaders, such as Captain Luis Prestes of Brazil, or pro-communist statesmen, such as Major Jacobo Arbenz. Will we see in the 70's or 80's the Perón of two Latin American People's Republics?

Actually the present military governments of Peru and Brazil will be ultimately judged not by what their critics say or fail to say of them, nor by their professionalist revolutionary rhetoric, but by what they accomplish for the benefit of the majority of the population.

In Peru since 1930, anti-aprismo has been a very convenient posture designed primarily to block political change, social evolution and economic transformation. In the name of anti-aprismo, reactionary governments were established. But suddenly, in October 1968, a new type of anti-aprismo emerged: the establishment of a de facto government geared to introduce limited domestic reforms and to reassert Peruvian constitutional rights on the subsoil and territorial waters.

Although historical and internal circumstances are different in Peru since 1968 and in Perón's Argentina, the unusual appearance of a socially conscious military regime posing as a truly revolutionary government offers an open field for the study of similarities and contrasts. How much does the present Peruvian regime resemble the first Peronista government is something that cannot be answered at the present time, and yet it is something that should be kept in mind whenever we consider the Peruvian situation today.

In reality, in the present Peruvian case, there are more unanswerable questions than decipherable puzzles. One question that immediately comes to mind is, for instance, how sincere is the Peruvian military junta in its well-advertised advocacy of social change and economic reform, and its confrontation with North American investors and entrepreneurs? Are some of the nationalist decrees especially designed to gain the popular support that the junta lacked when the Constitutional president was ousted? How much of what the junta is doing at home and abroad serves as a cloak to mask military ambition and hostility toward the Apra party? How long will the anti-Aprista alliance of military men with intellectual opportunists last?

The Peruvian case is not an isolated episode in the constitutional history of Latin America. For those of us who believe that there is only one Latin America and that there should be a radical reappraisal of the Latin American policy in the United States, it is difficult to isolate the Peruvian question, or the Dominican crisis, or the Cuban problem, or the Chilean development. There are no isolated episodes: they all form part of the gigantic Latin American crisis of the 20th century. Latin America is still in search of her own expression: in the artistic, in the political and in the economic fields. The apparently isolated cases in the different regions of the southern sub-continent are the inter-related convulsions of the great Latin-American continental nation, trying today to find solutions to her problems, which day by day become more complex and numerous as the population pressure increases.

It is perhaps because Latin America is living a critical hour that she expects her friends abroad to be patient when, in this search for her own path, she gives the impression of being unfriendly. When the day of violent revolution comes to any part of Latin America, we should not ask why it happened but rather wonder why it took so long to arrive.

V

Two United States scholars have stressed the inevitability of the violent revolutions in Latin America by saying: "We do not wish to propagate a deterministic philosophy with respect to developments in Latin America, but the evidence of past intransigence, and the unwillingness of hostile forces to compromise political, social, and economic differences, do not lead to optimism for peaceful evolutionary settlement everywhere."[3]

What can we add to understand this ominous prediction? The emergence of Communism and its sympathizers as an important political force is a fact that many are unwilling to acknowledge.

Communism has flourished in Latin America mainly because of economic poverty and political frustration. The history of the rise of Communism in the underdeveloped areas of the world points to the fact that radical political philosophies used to be an easy recourse of the politically desperate. Recent developments south of the United States confirm this trend. The postwar economic crisis in Latin America has converted the area into a fertile ground for radicalism. Marxism-Leninism, yesterday an exotic doctrine of a handful of bourgeoise intellectuals and labor leaders, is today a serious political philosophy strongly competing with other doctrines for the allegiance of millions of Latin Americans who are frantically seeking a quick solution to the hemispheric crisis. Political dissatisfaction with traditional conditions of domestic oppression and the apparent chronic lack of comprehension of the Latin American reality on the part of the United States government, have bred a new type of nationalism.

The present Latin American crisis, which demands a prompt political solution, is spurred on by the constant worsening of economic conditions, the intensification of nationalism and the awakening of the political conscience of millions of people, who, until a few decades ago, prior to the prevalent means of mass communication, were passive weights in the political scale. Until recently, international communism has capitalized on the different causes of the crisis. Before the Cuban experiments, Communism had no hope of permanently establishing a communist state, but now Castro and Mao have opened to the area new possibilities of achieving singular and lasting power.

The old communist parties of the Americas have so far been mere tools of the Kremlin, serving as pawns on an international chessboard to satisfy the whims and policies of the Kremlin masters.[4] Even when the communists attained high government offices in the past, their counterparts in Latin America knew that they were serving the interests of Russia and not of their native lands. In the periods of cooperation with dictatorships during the forties and fifties, the Latin American communists were fully cognizant of their secondary domestic and international roles.

Furthermore, until recently, the chief obstacle they encountered on their march to power has been the indigenous political movements, known as the Latin American Democratic Left. The Aprista party of Peru and its equivalent in other parts of the hemisphere, namely, Acción Democrática in Venezuela, Liberación Nacional of Costa Rica, the Popular Democratic Party of Puerto Rico, the Auténtico of Cuba, and the Febrerista of Paraguay, were veritable stumbling blocks checking the spread of communism. The force of events has placed the Aprista-like parties in a very precarious situation.

While on one hand the number of those who actively opposed communism has been significant, there have been other factors that aided recent communist ascendancy. Nationalism has led the average Latin American to tolerate communists and even accept them in order to assert a form of independence. The State Department's violent opposition to communism in Latin America, which Juan Bosch characterized as communist psychosis, created the impression that the United States equates progressive movements with communism. Until a score of years ago, even the Apristas were considered in many quarters of the United States as disguised communists.

Furthermore, some Latin American Marxist writers and artists have gained prestige and recognition abroad and by so doing they have likewise increased the image of their political party. The list is long; it includes the three best poets (Pablo Neruda, 1971 Nobel Prize winner, César Vallejo, Nicolás Guillén), some of the most outstanding novelists (Jorge Amado, Alejo Carpentier) and muralists (Cãndido Portinari, David Alfaro Siqueiros, Diego Rivera), Brazil's foremost architect (Oscar Niemeyer), and numerous outstanding painters (José Sabogal, Wilfredo Lam, and others).

Castro and Mao have done more for communism in Latin America since 1959 than Prestes, Codovila and the other communist leaders of the area have done in previous decades.

The radical youth of Latin America favor the insurrectional approach and the violent overtake of the reins of government while pro-Moscow communists advocate a popular-front type of strategy. Pro-Moscow communists are accustomed to collaborating with any political group or party, if they think it is to their advantage. A few years ago they were supporting reactionaries and fascists. Today they are collaborating with Peronists, socialists and even militarists, in order to secure a privileged position in the administration from where they eventually plan to advance their ideology and prepare the ground for future takeover. This latter approach is nothing new and is somewhat discredited. The pro-Moscow communists, as it can be recalled, advised and lent aid and comfort to the dictatorships of Prado, Batista, Perón, Odría, Pérez Jiménez, during and after World War II. It was precisely their dual personality that they developed during the 40's and the 50's that helped them to emerge in a favorable position immediately after the fall of these dictators. This machiavellian policy was costly in time, prestige, and human resources for those who were instructed to go underground and provide the justification that the autocrats needed to pose before the State Department as champions of anti-communism.

The present split of world communism, instead of weakening their power and reducing the political tension, has given the resulting factions added strength with adherents from the urban proletariat and peasantry, especially from those who are suffering most in the present crisis. Outlawing the communist parties in the Americas, however, is one of the poorest ways of combating communism. Totalitarian forces seem to thrive faster and better when driven underground.

Mao's interpretation of Marxism is rapidly gaining the allegiance of the rank and file of the Marxist parties of Latin America, particularly after the recent experiences in Chile and Argentina. Tired of dancing to the Moscow tune, many communists believe that they, as their Chinese and Cuban comrades have shown, can come to power by violent revolution with the decisive support of the peasantry. They know that, as Mao says, a revolution is not an invitation to a cocktail party, and until now no communist regime in the world has reached power without resorting to force.

The march of events is so accelerated that Latin American masses in several countries are demanding more radical programs than those offered by reformist parties.[5] Since the traditionally conservative parties have all but disappeared, the democratic left is often considered by the desperate masses as a conservative force. The radical philosophy is today so appealing to the youth of Latin America that one wonders whether eventually in some countries the extremists will not need to resort to force in order to gain power. It would be indeed ironical that due to the decline of popularity of the reformist parties, one of the communist parties emerge victorious after a transitional period of government by coalition.

VI

David Rockefeller, after pondering recent Latin American developments, has observed: "the Socialism they are talking about is really a combination of social security and social justice, both of which are unimpeachable orthodox concepts in our own country."

In conclusion let me stress the fact that the staggering disparity between the sinful wealth of minute minority and the dire poverty of the no-longer complacent vast majority is the major cause of social convulsion. The problem has been there for centuries but the revolutionary awakening is recent. The dynamic of revolution is increasing its impetus at a geometric rate of speed. Archbishop Camara of Recife was right when he affirmed: "the current situation is revolutionary.... I am not stating a position. I am stating a reality." Furthermore an exploding population, dangerously lagging economic progress, and naked military abuse are pushing the youth of Latin America to embrace an extremely radical philosophy. Political desperation in countries governed by abusive military regimes, such as those in power in Brazil, Chile, Uruguay, and Paraguay, is an important concomitant factor in fostering radicalism. The clouds gather during the undemocratic regimes and the storm is unleashed during the post-dictatorial years.

NOTES

[1]See Arthur P. Whitaker, "Nationalism and Social Change in Latin America," in Joseph Maier and Richard W. Weatherhead, eds., *Politics of Change in Latin America* (N.Y.: Praeger, 1964), p. 87.

[2]Two good books on the role of the oligarchy are José Luis de Imaz, *Los que mandan*, trans. by Carlos A. Astiz (Albany: State University of New York Press, 1970), François Bourricaud, J. Bravo Bresani, H. Favre y J. Piel, *La oligarquía en el Perú* (Lima: Instituto de Estudios Peruanos, Moncloa-Campodónico editores, 1969).

[3]Karl M. Schmitt and David D. Burks, *Evolution or Chaos: Dynamics of Latin American Government and Politics* (N.Y.: Praeger, 1964), p. 244.

[4]See Robert J. Alexander, *Communism in Latin America* (New Brunswick: Rutgers University Press, 1957), Ronald Schneider, *Communism in Guatemala, 1944-1954* (N.Y.: Praeger, 1959); and *Acerca de la historia del Partido Comunista Peruano y de su lucha interna* (Lima: Ediciones Bandera Roja, S.A.).

[5]Two useful books on this subject are Irving Louis Horowitz, Josué de Castro and John Gerasi, eds., *Latin American Radicalism: A Documentary Report on Left and Nationalist Movements* (N.Y.: Random House, 1969) and John Gerasi, *The Great Fear in Latin America* (N.Y.: Collier Book, 1966).

BRECHT Y DRAGUN: TEORIA Y PRACTICA

por Frank Dauster
Rutgers University

Entre los conceptos más influyentes del teatro actual es el llamado "V-effekt" desarrollado por Bertold Brecht. El propósito es claro: hay que impedir a toda costa la ilusión de la realidad en el teatro. En todo momento tiene que darse cuenta el público de que no están presenciando hechos verdaderos que acontecen en el mismo momento; al contrario, hay que hacerles ver que están en un teatro escuchando y viendo una representación de algo pasado.[1] Vale decir, que todos, autor, director y actores, tienen que esforzarse por impedir toda posible identificación entre público y personajes. Tal propósito fue, claro está, político; el público que se identifica de manera emotiva con el problema de tipo individual de algún personaje no podrá sopesar de modo lógico las causas de tales problemas en el nivel social, las cuales, para Brecht, se hallan invariablemente en las estructuras capitalistas y burguesas de la sociedad moderna.

Se dirigen las específicas técnicas desarrolladas por Brecht y otros a la destrucción de esta identificación potencial. Buscan romper la continuidad dramática y emotiva que pudiera conducir a tal identificación. Entre estas técnicas, se incluye el rechazo de una estructura dramática lógica a favor de la encadenación de episodios más o menos sueltos dentro de la forma total de la obra. Desarrollan una fuerte personalidad dramática propia la música y el canto; en vez de estar supeditados al texto verbal, lo ensanchan y, en muchos casos, se desarrolla una relación dialéctica, contrapuntal, entre ellos y el texto.[2]

Hasta qué punto se cuelan estas técnicas aun en el teatro de tipo comercial se nota en obras como *Stop the World, I Want to Get off*, de Anthony Newley y Leslie Bricusse, todo un éxito en Broadway hace algunos años. Cuando se estrenó, la consideraron algunos críticos una comedia musical rutinaria. Nada menos cierto; de hecho, es un comentario sardónico a la moral del mundo actual. Arraigado tanto en el teatro de *music-hall* y en el *Everyman* medieval como en Broadway, es la crónica del viaje hacia el poder y la riqueza de Littlechap, un tipo ordinario y cotidiano. Pero en el fondo es la clásica búsqueda vista desde otro ángulo, desde el otro lado, un viaje de corrupción y amoralidad; lo subraya y comenta el mismo protagonista con su repetido grito de "¡Deténgase el mundo!"

Este tipo de influencia tan difundida oscurece el hecho de que Brecht mismo manejaba su teoría con notoria desigualdad. Afortunadamente, era más que nada dramaturgo, hecho que le impedía encadenarse a una forma rigurosa. Más, están estas técnicas al alcance de dramaturgos que comparten sólo en parte y a veces rechazan del todo el punto de vista político que caracteriza a Brecht. A decir la verdad, suelen emplearse dichas técnicas de modo tal que se producen resultados directamente opuestos a los formulados por Brecht.

Ejemplo cabal de este "V-effect" al revés se ve en *Y nos dijeron que éramos inmortales*, del argentino Osvaldo Dragún. A Brecht le habría encantado el tema: un joven de la clase media enajenado de los valores de su familia y su clase por el militarismo que padeció durante el servicio militar. Quedó rengo su amigo más íntimo, Berto, frustrando así su futuro de boxeador que prometía; murió un amigo judío, Arón. Jura el joven Jorge que no serán vanos estos sacrificios. Pero, de un modo poco menos que inevitable, cae víctima de las trampas; le trata su mamá como si fuera niño todavía, insiste su papá en hablar como si no hubiesen pasado los últimos treinta años, perdido como está dentro de una perspectiva que no comprende al joven. Se entrega Jorge ante las presiones para que se case y acepte la ayuda económica de la familia de su novia. Lo despierta otra vez la absurda tentativa de Berto de asaltar una tienda para comprarse con el botín un barquito que le lleve a cualquier parte, un sueño llamado a fracasar, de un escape imposible hacia ninguna parte. Al caer el telón, grita su desafío a la familia, pero todavía no encuentra valores que reemplacen a los rechazados.

Maneja en esta obra Dragún cantidad de técnicas brechtianas. Aunque tiene estructura esencialmente tradicional, que conduce al clímax dramático, se interrumpe la acción repetidamente con escenas de canto muy estilizado, que se dirigen al público, interrumpiendo la progresión dramática lógica. Típica es la "Canción del día y la noche," cantada por un trío compuesto de Berto, Jorge y el difunto Arón. No es una escena retrospectiva o *flashback*, sino una especie de fantasía o ensueño, y se refiere la canción irónica y amargamente al tema fundamental de la obra: la insistencia de la generación madura en que "el futuro es tuyo" y la percepción de los jóvenes de la hipocresía que esconde tal sentencia.

¡Oh, cuando nací yo
la familia a la muerte la guerra declaró:
y votaron en la urna del vientre de mamá
El futuro es tuyo!
Arón: ¿Mío?
Berto (*A Jorge*): Tuyo.
Jorge (*A Berto*): Tuyo.
Arón: Pero yo estoy muerto.
Berto: Y yo estoy rengo. (*Zapatea con su bastón.*)
Jorge: Y yo estoy solo. (*Siguen cantando.*)
¡Oh, cuando nací yo
la canción del día y la noche murmuraron en mi oído:
y crecí con los brazos hasta el Polo
y los pies
hasta el centro de la Tierra!
(*Muy suave.*)
Y silbaba la canción del día y la noche.
Y silbaba la canción del día y la noche.
(*Jorge silba. Arón y Berto zapatean jugando con el bastón. Luego siguen cantando, arrojando la letra contra el público.*)
Y ahora preguntamos:
¿El Futuro Prometido, dónde está?
Si mis brazos crecieron
y mis pies caminaron,
¿Cómo puedo esconderlos debajo de la cama
con papá?
¡Oh, cuando nací yo
la canción del día y la noche me dejaron escuchar!
(*Jorge silba, Berto y Arón zapatean.*)
¡Y ahora quiero el sol!
¡Y ahora... quiero el sol!
Mientras mi padre y mi madre escondidos
debajo de la cama
repiten la lección,
¡El futuro es tuyo!
Arón: ¿Mío?
Berto (*A Jorge*): Tuyo.
Jorge (*A Berto*): Tuyo.
Arón: Pero yo estoy muerto.
Berto: Y yo estoy rengo.
(*Zapatea.*)
Jorge: Y yo estoy solo.
(*Siguen cantando.*)
¡Oh, cuando nací yo
la canción del día y la noche fue mentira

de ustedes, nada más!
¡La canción del día y la noche fue mentira
de ustedes, nada más!
¡Y por eso, farsantes, no pregunten
por qué voy hacia el mar!
¡Por qué voy hacia el mar![3]

Esta larga secuencia es notable por su función clave dentro de la obra. Refuerza la conciencia que tiene el público del enorme impacto en Jorge de su experiencia catastrófica, cristaliza en forma directa las burlonas alusiones a que "el futuro es tuyo," e interrumpe la narración lógica del desarrollo de la obra de un modo que subraya el problema. No es del todo idéntico este uso con el ejemplo de Newley arriba citado, donde el protagonista llama la atención del público al hecho de estar interrumpiendo la acción dramática. Tampoco es exactamente igual a los muchos casos en Brecht donde el actor le habla directamente al público o comenta la acción en la cual, como actor, está envuelto. No obstante, choca profundamente al público, y la ironía salvaje es marcadamente brechtiana.

Pasa algo parecido en el cuadro siguiente, mientras esperan Berto y Jorge encontrarse con el padre del difunto Arón. El escenario es un quiosco de tiro al blanco en un parque de diversiones, todo de calidad decididamente barata, y vuelven a cantar los dos amigos resentidos.

Ah, cuando pasen treinta años
y esto que no sé ya no me importe,
podré antes de morir llamar a un cura,
y negociar
el *más allá*.
(*Pausa*)
¿Pero por qué
me enseñaron a tirar?[4]

Y cada vez que vuelven a cantar este estribillo, uno o los dos juntos tiran contra el público. Y en cada instante de tirar, anuncia un viejo sentado, leyendo:

En 1789, la Revolución Francesa terminó con la aristocracia.[5]

En 1810 la Revolución de Mayo terminó con el imperio español.[6]

Y al finalizar la canción, nos avisa el viejo, en una obra publicada en 1962,

> En 1970 y debido a un eclipse de sol, los soldados volvieron las armas y dispararon contra sus generales.[7]

Es una llamada directa a la acción revolucionaria, como a Brecht le habría gustado. Asimismo rompe por completo la secuencia dramática, tal que al público se le frena, se le impone el reconocimiento de la importancia total de lo que están viendo. Poco después, al terminar el cuadro, en una forma basada obviamente en el concepto brechtiano de un teatro épico, narrativo, anuncia el mismo viejo el fracaso del alucinado plan de Berto.

> Esta noche, a las 24 horas, entró en una tienda un joven de 21 años, rengo. Llevaba en una mano un revólver y en la otra, clavada a la punta de su bastón, una banderita argentina.[8]

Otra vez resulta muy brechtiano, concebido a la manera del dramaturgo capaz de maniobrar tan eficazmente con el patetismo y la ironía, con el melodrama y la befa burlona, para que en obras como *La ópera de tres peniques* resulten factores de una tensión dialéctica.

Pero en *Y nos dijeron...*, la situación es bien distinta. Se diluye la mofa, desaparece en nuestro pesar por el desperdicio de Berto. Del mismo modo, a pesar del sarcasmo de Dragún, se nos hace cada vez más difícil no pensar en Jorge como un ser humano, y no como representante de un grupo oprimido. Donde mejor se nota esto es en las angustiosas escenas finales, que son una fusión notable de elementos brechtianos y tradicionales. Se han reunido Jorge, la novia Ada y las dos familias para festejar el noviazgo. Durante la fiesta se portan casi todos como caricaturas de la clase media. A la madre de Jorge se le hace imposible reconocer que ya no es el niño de antes, y su terca insistencia en que haga el joven unas imitaciones que eran la gloria de su familia consentidora, le provocan al final a un monólogo salvaje. Declara rotundamente que el futuro no es suyo de ningún modo, y que tanto él, como el difunto Arón y el lisiado Berto han sido víctimas del establecimiento, vale decir, de los presentes. Termina con una parodia devastadora del recuerdo dilecto de su madre, la canción *Mammy* de Al Jolson. Cuando finaliza la obra, abandona Jorge a Ada y a su familia para ir al preso Berto, mientras canta y baila el viejo del parque de diversiones otra versión de la tesis de la obra:

> ¡Eh, ustedes,
> tírenle a este viejo una moneda
> para comprar una cuna
> y un fusil![9]

Ni hay que decir que *Y nos dijeron que éramos inmortales* es, más que nada, una obra de proyecciones sociales. No obstante, su impacto final, aun cuando logra que el público reconozca este propósito, dista mucho de la enajenación, la reacción puramente intelectualizada, que buscaba Brecht. Al contrario: entre Jorge y el público, y, en menor medida, entre el público y Berto, se establece una relación personal muy fuerte; mientras en el teatro se da cuenta del tema antimilitarista, quedan todos complicados en el asunto de manera personal.

Parece ser que la razón de este resultado aparentemente paradójico es la estructura de la obra total, reforzada por la constante presencia física de Jorge. En vez de emplear la estructura desigual de escenas breves y rápidas que pregonaba Brecht, echa mano Dragún de una forma teatral más tradicional, con una secuencia dramática lógica. Se desarrolla, pues, una acción dramática coherente. Los comentarios dirigidos al público, los tiros contra el foro, etc., tienen el efecto también paradójico de reforzar la acción dramática. Es decir, que estas interrupciones, en vez de destruir la identificación con el personaje, aflojan la tensión de un modo momentáneo, seguido de un aumento significativo en la identificación cuando vuelve la acción normal. Jamás paraliza el canto sardónico a la identificación con los personajes; el resultado es que el aflojar y renovar de tensiones la refuerza otra vez. Siempre está presente Jorge atormentado y por fin rebelde, y conduce esta dinámica de tensión y aflojamiento a una reacción final del público que está mucho más cerca de la catarsis aristotélica que a la enajenación de Brecht.

Resulta sumamente difícil averiguar por qué la dinámica interna del público responde de tal manera a este juego de tensiones dentro de la obra. Además de sus méritos como obra en sí, aclara *Y nos dijeron que éramos inmortales* que la relación entre autor, público y texto es mucho más complejo de lo que nos llevaría a creer una lectura apresurada de Brecht.

NOTAS

[1]Entre los muchos libros excelentes sobre Brecht, se destaca el de Martin Esslin, *Brecht: The Man and his Work*, Garden City, N.Y., Doubleday Anchor Books A-244, 1961.

[2]Esslin, p. 128.

[3]*Y nos dijeron que éramos inmortales*, Xalapa, Méx., Universidad Veracruzana, 1962, p. 56-59.

[4]pp. 68-69.

[5]p. 69.

[6]p. 69.

[7].p. 71.

[8]p. 78.

[9]pp. 116-117.

LUIS CABRERA, INTELLECTUAL ACTIVIST OF THE MEXICAN REVOLUTION

by Gabriella de Beer
*The City College of The City University of New York**

Luis Cabrera, Lic. Blas Urrea, and Lucas Ribera are the different faces of one man who, like many of his contemporaries, left his stamp on the history and letters of twentieth-century Mexico. During Cabrera's distinguished career he made contributions to law, government, journalism, and letters. For Cabrera by any name was a man of singular talents whose work has just begun to be collected and organized.[1] Luis Cabrera was many things and combined many different careers, but the thread that connected all of them was his dedication to truth. He was the consummate intellectual who pursued his varied interests with a fervor akin to religious zeal. For him the pursuit of truth and knowledge was life itself, and that pursuit best describes his life.

The life of Luis Cabrera, 1876-1954, spans the most turbulent and significant period of Mexico's more recent history. His birth coincides with the ascent of Porfirio Díaz to the presidency, a coincidence all the more interesting because much of Cabrera's life was devoted first to opposing Díaz and his regime and then to undoing the ills of his 34-year dictatorship. Cabrera lived through the violent phase as well as the constructive phase of the Revolution. In both of these periods he was a civilian activist who sought through his writings and his actions to influence the course of the Revolution and its leaders and perhaps more importantly to inform the people of the truth as he saw it. Always an independent thinker, he was never a blind partisan of anyone or of any faction. He fought for what he believed was right without any desire for personal gain or position—a posture that not too many could boast of during that turbulent era. Luis Cabrera published many of his political writings under his pseudonym Lic. Blas Urrea, an anagram using the letters of his real name, and his literary works under the name Lucas Ribera, another anagram also composed of the letters of his name. In this review we shall concern ourselves with Cabrera in the role of Lic. Blas Urrea, the intellectual activist of the Mexican Revolution and more specifically with his analysis of the political parties extant at that time.

There were many newspaper articles, mostly published between 1909 and 1912 that bring to light Cabrera's perceptive mind, his sharp powers of analysis, his clear vision, and his determination to fight for what he believed were the best interests of his country and its people. When in 1909 the various political parties were vying for power, it was Cabrera who boldly revealed the power structure and the true allegiances of the parties in his "El Partido Científico: Qué ha sido; qué es; qué será. Para qué sirve la ciencia," published in *El Partido Democrático* and "Los partidos políticos: Todos son enemigos del General Díaz," published in *El Voto* of Veracruz. When the Secretary of the Treasury (Ministro de Hacienda) José Yves Limantour called for "cargos concretos" or specific charges and accusations, it was Cabrera who replied to Limantour's challenge with a series of three articles—"El primer capítulo de cargos concretos: Reyes Spíndola," "El segundo capítulo de cargos concretos: Los científicos dentro del gobierno del Gral. Díaz," and "La cuestión del Banco de Campeche: Cargo concreto al grupo científico." The first two of these articles were published in *El Partido Democrático* and the third in *El País*. After the initial military uprising Cabrera offered concrete suggestions to resolve the various conflicts. He was among the first to call openly for Díaz's resignation. When Madero assumed the presidency, Cabrera addressed himself to him through the pages of the press appealing to the President to strengthen his position and as time went on to criticize him and point out his weaknesses. Much of what Cabrera said and the fears that he expressed turned out to be prophetic, as subsequent historical events demonstrated.

The intimate relationship between the intellectual life of a country and its political structure has been recognized by many. In the case of the Mexican Revolution, it was Pedro Henríquez Ureña who, based on his first-hand knowledge of Mexico and his participation in its intellectual life, said that "la Revolución ha ejercido extraordinario influjo sobre la vida intelectual, como sobre todos los órdenes de actividad en aquel país."[2] It might also be said that the reverse is true—that Mexico's intellectual life exercised great influence on its Revolution, both in the initial stage that led to the downfall of Porfirio Díaz and in the constructive stage that led to the Constitution of 1917 and the various measures of social reform. It was public opinion aroused through the printed and spoken word rather than a military coup that initially shook the power structure over which Porfirio Díaz presided. We can see examples of this in the fact that the interview granted by the dictator to the journalist James Creelman in 1908 and the publication in the same year of Francisco I. Madero's *La sucesión presidencial en 1910* both dealt severe blows to the regime. More direct were the attacks and criticisms published in the press of the opposition—in those newspapers not controlled by Díaz and his partisans. It was here that Cabrera wielded his pen with the unique talent of combining direct, logical and carefully documented criticisms with a stinging, mordant, and ironic style that was to become typical of him. However, Cabrera was not content to criticize and find fault; he offered and spelled out solutions to the problems he delineated, many of which were later incorporated into the historical Constitution of 1917. Cabrera's sharp legal mind allowed his articles to go beyond rhetoric and passion. He was not especially attracted to the former and he carefully controlled the latter. Eduardo Luquín, in speaking of the articles of Lic. Blas Urrea, pointed out the following: "En todos ellos encontré invariablemente el mismo espíritu combativo, la misma inteligencia estimulante. Dondequiera que se producía una confusión que amenazaba desviar el curso del movimiento revolucionario, aparecía la mano de don Luis, poniendo las cosas en su lugar."[3] Or better yet are the words of the Preface to the collection of political writings:

> El estilo de estos artículos es revelador de las condiciones de la época, en que todavía imperaba "una verdadera tiranía del pensamiento." Y sin embargo, el autor pudo vencer la "técnica" de la retórica exigida por los tiempos, y pudo decir todo lo que se había propuesto, hablando reposadamente cuando todos se agitaban, razonando cuando todos gritaban, sonriendo cuando todos insultaban, y analizando cuando todos declamaban. El estilo fue la mitad del éxito, pues aunaba el análisis sereno que invitaba a reflexionar con una retórica incisiva y una ironía punzante que hería a sangre fría al enemigo; todo envuelto en una forma correcta y dentro de las más estrictas exigencias de la ley para no dejar resquicio por donde pudiera hincar el diente la venganza oficial.[4]

Cabrera all through his lifetime showed a preference for the newspaper or magazine article, which he rightly felt reached a wider reading public than books. As a result, the writings of this man are for the most part articles, some of which were subsequently collected and published in book form. Journalism was always close to Cabrera, although professionally he was a lawyer. However, as a university student, he worked as a proof-reader and more importantly collaborated in the publication of *El Hijo del Ahuizote*, a newspaper managed by his uncle Daniel Cabrera. *El Hijo del Ahuizote* was an anti-Díaz publication known for its use of caricature and sharp satirical articles in attacking the regime. During the many times that the elder Cabrera was jailed, Luis Cabrera took over the management of the paper. Undoubtedly, much of his wit and his clever use of language had its roots in *El Hijo del Ahuizote*.

By 1909 the political situation was in an advanced state of ferment. The approaching presidential elections had aroused enormous interest because of the realization that Porfirio Díaz might just not be immortal. This changing assessment of Porfirio Díaz was significantly affected by the publication of the Creelman interview and of Madero's book, all of which led to the formation of different groups and parties, each dedicated to a particular solution to the election problem. Cabrera, although nominally a member of the Partido Antirreeleccionista, did not campaign for or against a particular candidate but took his ideas to the public by means of a series of newspaper articles designed to expose the party and people in power. As a weapon of the opposition, his articles were powerful enough to elicit public responses. It was Cabrera who aired for all to see what had been known for a long time but kept under a veil of secrecy and silence. Cabrera's exposé, so to speak, was far from political sensationalism. It was a careful, well-defined study and analysis of the party system in general and, specifically, the party that was the power structure behind Porfirio Díaz. So well-organized are the two articles—"El Partido Científico: Qué ha sido; qué es; qué será. Para qué sirve la ciencia" and "Los partidos políticos: Todos son enemigos del General Díaz"—that their conclusions, a sharp attack on the "científicos" as enemies of Mexico, its people, and of Porfirio Díaz seem to evolve naturally from the development of the study.

Cabrera, writing as Lic. Blas Urrea, in *El Partido Democrático*, one of the newspapers not yet suppressed by the regime, discusses the existence of political parties as sociological phenomena that have existed among different peoples all through history. In his words "los hombres han tenido y tendrán siempre ideas distintas sobre el modo más adecuado de salvar a la Patria o de engrandecerla. El grupo de ciudadanos o de súbditos que creen que la Patria ha de engrandecerse o salvarse conforme a determinadas ideas, y que para ello debe seguirse determinada norma de conducta, constituye lo que se llama un partido político."[5] Political parties, Cabrera continues, derive their names from the unsolved question of the moment. If the question is monarchy versus republic, the parties are called "imperialista" and "republicano." If it is a question of a federalist or centralist form of government, the parties are "federalista" and "centralista." Each problem can be a source of new divisions, and so Cabrera tells us that "casi puede decirse que en un país deberían existir tantos partidos políticos como cuestiones que resolver, multiplicadas por dos."[6] However, what usually happens in politics is that one problem becomes the focal point around which people band together at opposite poles. Basically they are the conservative and reform parties, each of which has diametrically opposing views of solving problems.

> En política nunca ha habido más que dos partidos propiamente tales: el que cree que el engrandecimiento de la Patria sólo se logrará por la conservación de los antiguos moldes, de las antiguas costumbres y de los antiguos sistemas, y el que cree que es necesaria la reforma de las ideas y de los sistemas existentes y la adopción de otros nuevos. El primero se ha llamado siempre partido conservador. Con ese nombre típico y apropiado se ha conocido siempre, porque sus ideas en política se resumen diciendo que es preciso conservar el estado de cosas existente puesto que con ese sistema ha marchado la Patria. El segundo debe llamarse partido reformador, puesto que sus ideas en política se resumen diciendo que es preciso reformar.[7]

These parties that go under different names at different times represent the two positions or options that can be followed: to continue as before or to change. The conservatives believe in preserving and continuing a system that has been tried and tested; the reformers believe that reforms and changes must be introduced to achieve a new era of prosperity. There is, however, a third group that takes a somewhat neutral attitude and generally supports the stronger of the two groups. If it espouses the conservative cause, it may call itself "conservador avanzado." If it espouses the reform cause, it may call itself "liberal moderado." This group, standing on the sidelines and not completely committed, is the most dangerous, according to Cabrera.

> Este grupo ha sido siempre y en todas las épocas el más temido, no por la energía, ni por el patriotismo, sino por su inteligencia y su habilidad política, que en cualquier momento puede estar al servicio de conservadores o reformadores. Este grupo es de los eclécti-

> cos, el de los que opinarán que la verdad no está precisamente ni en las ideas de los conservadores, ni en las de los reformadores, sino en el justo medio. Este grupo es de los fríos calculadores, que llamados a resolver una cuestión de patriotismo, o de raza, o de odios, la resolverán conforme a los principios de la filosofía. Este grupo es el de los ilustrados, el de los que encontrarán los fundamentos científicos en que deben apoyar las ideas de cualquier de los otros dos partidos.[8]

This third party which Cabrera calls the moderates is the party of the cowards who at the first sign of trouble bury their wealth and retire to private life; it is the party of the influence peddlers who cultivate all forms of friendships and relationships that may be called upon in time of need; it is the party of the financiers who "no ven en el dinero el modo de salvar a la Patria, sino en la Patria un modo de salvar los dineros";[9] it is the party of those who admire foreign customs and of those for whom peace at any price is not too dear.

After outlining the general party system, Cabrera addresses himself to the parties that are being organized in his time. The conservatives, or neo-conservatives as he likes to call them, want to preserve the present state of affairs by assuring the continuation of Díaz and the continuation of a dictatorial and personal form of government. They are in principle "reeleccionistas" and against democracy because they fear the participation of the people in government and are afraid of the possibility of radical change. The reformers or republicans want a radical change in the present state of affairs—a complete break with the Díaz regime and his method of government. This group, that consists of the majority of the population, has as its principal goal the participation of the people in the government through free elections and the undoing of those institutions of the porfirista period that cater to the special interests—the local caciques, the large landowners, the industrial monopolies, etc. Only on one issue do the neo-conservatives and the reformers agree: their anti-Yankee sentiments.

Between these two groups and almost blended in with the neo-conservatives there is the group of "científicos" that likes to have itself pass as a branch or offshoot of the neo-conservative group even though it really differs from it. Here is how Cabrera characterizes the neo-conservatives:

> El grupo neo-conservador es esencialmente patriota y antisajonista, mientras el científico es sajonizante decidido, y es más ilustrado. Los intereses neo-

> conservadores están formados principalmente por la gran propiedad rural, mientras que los científicos lo están por la gran propiedad industrial y financiera consistente en las acciones de las nuevas sociedades monopolizadoras. Los primeros son opuestos a los intereses americanos, a los cuales ven con rivalidad, mientras que los segundos están íntimamente ligados con el capital norteamericano.[10]

Cabrera continues his characterization of the "científicos" by stating that they are more intelligent and better organized than the two other parties and that they ascribe their pompous-sounding name to their belief that their conduct is based on science and scientific principles. However, from science they have selected only those principles that serve their special interests and not the interests of their *patria*. Sociology has taught them that "las fronteras de las naciones son rancias barreras que el egoísmo pone al progreso de la humanidad" and that "las razas del trigo son más aptas y más fuertes que las del maíz, y que aquéllas son por lo tanto las llamadas a conquistar el mundo."[11] Thus they believe in the superiority of the Anglo-Saxons and the inferiority of the indigenous population. Political science has taught them how to control the administrative structure of banks and big industries for their own benefit, to use their influence on the judicial system as a weapon against their enemies, to find fault with democratic forms of government, and to justify restricted suffrage with that oft-repeated excuse that the people are not yet ready or fit to exercise their democratic rights. In international affairs they are partisans of Yankee imperialism and supporters of the intervention by strong nations into the domestic affairs of weak ones. Their study of economics has convinced them that monopolies and trusts are far superior to free enterprise. Furthermore, the worker must be content with the charity that is thrown his way and be kept in a state of submission. The formation of labor unions and the use of strikes are threats to public order and, therefore, must be suppressed. But it is in their study of high finance that they have distinguished themselves. They have managed to increase the national debt through complicated deals and at the same time have increased their own wealth.

> No hay científico pobre. Su suerte para los negocios es proverbial. Existen científicos que reciben sueldos fabulosos como representantes honoríficos de lores ingleses o "reyes" americanos, sin más obligación que pasar su recibo. Las mejores concesiones son las suyas, los puestos mejor remunerados son los suyos. Los cargos de confianza son los suyos. Si se pregunta

> quién gestionó un empréstito, aparece un científico; si se inquiere en qué se gastó, resulta otro científico.[12]

These "científicos," says Cabrera, have studied the various disciplines to resolve national questions. The only branch of science or knowledge that is unknown to them is patriotism.

The publication of Cabrera's article, despite the fact that it appeared in a newspaper of the opposition, did not go unnoticed in official circles. Its presentation—precise, logical, and at the same time daring—aroused an unusual response in the press by the titular head of the "científicos" and gave rise to a series of charges and counter-charges that were unprecedented in the annals of Mexican journalism. Even more significant is the fact that it brought to the public eye facts and figures that had been clouded by a veil of secrecy and mystery for years. On July 27, 1909, José Yves Limantour, Ministro de Hacienda, and unofficially recognized as the head of the "científicos," addressed a reply to the editor of *El Partido Democrático*, which was published in the paper and in the *Diario Oficial*. In it he said that only he and President Díaz were responsible for the financial policy of the government and that if any journalists or orators wished to reprove him "que salgan de sus sistemas de ataques vagos e impersonales y expresen nombres, negocios y las pruebas en que se apoyan."[13] Limantour also referred to the "científicos" as "el supuesto partido," thus casting doubt on the very existence of his political base.

The challenge that Limantour presented to Cabrera was irresistible. Cabrera rose to meet that challenge through a reply to the editor of *El Partido Democrático*, published on August 7, 1909. As to the doubt cast on the existence of the "científicos" by Limantour, Cabrera countered with a recitation of those papers and articles that referred to the group openly. But Cabrera did add that the group, not constituted as an official party, was somewhat intangible and amorphous, although none the less real.

> ...el grupo científico no es un partido propiamente dicho; existe como factor social de nuestra lucha actual; todos lo sentimos; no lo percibimos, no lo tocamos, no lo vemos, ni mucho menos podemos señalar sus componentes individuales, porque no ha tenido la franqueza de ostentarse como partido político; pero existe.[14]

As for any personal imputations or accusations, Cabrera insisted that he would not descend either to the level of collective accusations or to personal ones since both methods were unacceptable to him.

> En mi concepto, la imputación colectiva es ya un adelanto respecto de la personal, como medio de combate. La imputación a toda una clase social, obreros, clero, es una etapa todavía más avanzada, y la imputación a un tipo social la considero como la forma ideal de campaña.
>
> Yo ataqué a un grupo típico que ha existido en todas las épocas y en todos los países, y traté de confirmar la verdad de los ataques al grupo científico, aplicando a México las generalizaciones hechas antes.[15]

As for any attack on the person of Limantour, Cabrera asserted that constitutionally only President Díaz was responsible for his ministers and historically "los únicos responsables son los grupos sociales, no los hombres."[16]

The second part of Cabrera's attack on the "científicos" came in an article, "Los partidos políticos: Todos son enemigos del General Díaz," published toward the end of July 1909. It reads very much like the first article that outlined the party system in general, but this time he analyzes each party and draws the conclusion that each and every one of them is inimical to Portifio Díaz.

The conservatives, that he prefers to call neo-conservatives, are basically the "reeleccionistas" and the "corralistas." Their candidates for the upcoming election are Porfirio Díaz for the presidency and Ramón Corral for the vice-presidency. The reformers are composed of the "demócratas," the "reyistas," and the "antirreeleccionistas." The campaign has dedicated little effort to a dissemination of a platform or a discussion of the candidates. It has, in the main, been reduced to cries of mutual accusations that the other party is the enemy of Díaz. At this point, Luis Cabrera, as is typical of his approach, begins to define his terms. What is meant by "enemigos del General Díaz"?

> Impropiamente se llaman "enemigos" y con menos impropiedad "contrarios" en política los individuos que militan en distintos campos, en diversos partidos políticos. La contraposición de ideas políticas no significa necesariamente la enemistad o la antipatía, pues se reduce enteramente al campo de las ideas, sin tener nada que ver con los afectos. Y así como nuestros amigos no son siempre nuestros correligionarios,

> así también los que no comulgan con nuestras ideas
> no son siempre nuestros enemigos.[17]

In politics, as opposed to society, there are gradations of enmity or differences of position. Since political systems are complex, enmity can be total or partial. There can be agreement on some aspects and disagreement on others. As far as General Díaz as a head of state and not as an individual is concerned, there are those citizens who approve wholly of his system of government, those who approve of some parts and disapprove of other aspects, and others who may disapprove of only one aspect or so. To assume that General Díaz would have no adversaries or contradictors in politics would be, according to Cabrera, as absurd as assuming that all Mexicans think alike in politics and that Díaz had managed to divine the ideas of all Mexicans and that they were in perfect agreement with all of his political positions. Since such an assumption would be untenable in the light of reason, any citizen or group of citizens that finds fault with some aspect of Díaz's policy or suggests a modification of it, will then be in opposition to Díaz and can be called his political enemy. This being the case, every one of the political parties and the sub-groups into which they are divided are political enemies of Díaz.

> El ser "enemigo político del General Díaz," no tiene nada de vergonzoso, ni de infamante, ni de subversivo, ni de revolucionario, puesto que cada uno de los partidos y cada uno de los grupos en que éstos se subdividen, tienen puntos de desacuerdo con la política del Presidente, y en estos puntos son y deben llamarse enemigos políticos del General Díaz.[18]

Cabrera then continues the development of his thoughts by applying the aforesaid conclusion to the various parties. The "antirreeleccionistas" are the most open and strongest enemies of Díaz because they oppose the very foundation on which his regime is based. They believe in the principles of effective suffrage and no reelection and in the complete separation of Díaz from power in order to give the country an opportunity for change. Among those who desire his separation from power are those who sincerely believe that his long presidency has been constructive and beneficial and, therefore, they wish to see him step down from his position and thus assure his place and reputation in Mexico's history. The "reyistas" for their part are political enemies of Díaz because they disagree with him on the question of succession—General Bernardo Reyes in place of Díaz's choice of Ramón Corral—and, perhaps more importantly, in their opposition to the "científicos" who have wielded such enormous influence over Díaz. In this opposition they are supported by the Partido Democrático who share their feelings on the "científicos." Furthermore, they are diametrically opposed to all that Porfirio Díaz stands for in that they believe in the decentralization of power and the strengthening of the municipal levels of government.

The neo-conservatives and the "científicos," the two groups that one might assume are most closely linked to the Díaz philosophy, are perhaps his most vigorous enemies. It should be recalled that it was Díaz who in the Creelman interviews spoke in favor of the formation of independent parties, the participation of the people in the government, his own retirement to private life, and the return to the people of their liberties. These two conservative groups, champions of the preservation of the porfirista regime and the perpetuation of a personal system of government, viewed such ideas as treacherous and, consequently, General Díaz as a revolutionary and their political enemy. Therefore, these two groups have surrounded General Díaz to make sure that no breath of democracy penetrates his inner circle; they have called all the other political groups disturbers of the peace; they have attempted to put their people into the top positions of each state; and they have allowed foreigners to become involved in the internal matters of the country. Cabrera concludes his article by saying that "el grupo científico, además de ser enemigo del General Díaz, es enemigo de nuestra nacionalidad."[19]

The unique analysis that Cabrera made of the party system and the allegiances and differences amongst them, and between them and Porfirio Díaz, was extraordinary. The columns of the press became the vehicles for Cabrera's attacks and Limantour's responses. With each succeeding article, the criticisms and charges became more specific and, consequently, more uncomfortable for those referred to. However, the two articles just reviewed were perhaps even more cutting because of the brilliant twist of Cabrera's reasoning from which he concluded that those who pretend to be the closest allies and most fervent supporters of Díaz are really his archenemies. What can be deduced from this is the idea that Díaz has few, if any, real supporters. Andrés Iduarte in a short "elogio" of Cabrera speaks of his political successes and specifically of this point—"la intencionada mención de un posible conflicto entre los 'científicos' y el General Díaz, la legítima y mañosa sugestión de que los fieles del Presidente estarían en minoría, son un brillante e increíble juego de la inteligencia contra la fuerza, un impávido desafío del doncel sin espada ni coraza frente a los viejos poderosos armados hasta los dientes."[20] It is the kind of brilliance that combines reason, logic, perception, and vision that marks Cabrera's career as an intellectual activist of the Revolution. This career saw its beginning in the articles just reviewed. The approach and the method used in these articles continued to characterize his political writings as the Revolution evolved, as its leadership changed, and as its reforms passed ideas into law. Everywhere Luis Cabrera appeared and focused on the problems to be solved. Rutherford, in his recent study of Mexican society as portrayed in the novels of the Revolution, frequently refers to Cabrera's intellectual capacities:

> Of the revolutionary thinkers, indeed, only one is convincing as such and he, consequently, appears everywhere—Luis Cabrera (1876-1954). He alone gives the impression of understanding events well enough to impose his will on them, rather than being manipulated by events like the characters of Azuela's novels.[21]

NOTES

*This study was supported by the City University of New York Faculty Research Award Program.

[1]Two volumes of the *Obras completas* of Luis Cabrera have been published by Ediciones Oasis of Mexico. The first volume, *Obra jurídica*, was published in 1972 and the second, *Obra literaria*, in 1974. The third volume, *Obra poética*, is in press.

[2]Pedro Henríquez Ureña, "La influencia de la Revolución en la vida intelectual de México," *Obra crítica* (México: Fondo de Cultura Económica, 1960), p. 610.

[3]Eduardo Luquín, "Prólogo," in *El pensamiento de Luis Cabrera. Selección y prólogo de...* (México: Biblioteca del Instituto Nacional de Estudios Históricos de la Revolución Mexicana, 1960), p. 7.

[4]"Prefacio de la primera parte," in Luis Cabrera, *Obras políticas del Lic. Blas Urrea* (México: Imprenta Nacional, 1921), p. 9.

[5]Luis Cabrera, "El Partido Científico: Qué ha sido; qué es; qué será. Para qué sirve la ciencia," *Obras políticas...*, p. 16.

[6]*Ibid.*, p. 17.

[7]*Ibid.*, pp. 17-18.

[8]*Ibid.*, p. 19.

[9]*Ibid.*, p. 20.

[10]*Ibid.*, pp. 22-23.

[11]*Ibid.*, p. 23.

[12]*Ibid.*, p. 27.

[13]José Yves Limantour, "Carta del Secretario de Hacienda," in Cabrera, *Obras políticas...*, p. 32.

[14]Luis Cabrera, "A propósito de una carta de Limantour," *Obras políticas...*, p. 34.

[15]*Obras políticas...*, p. 35.

[16]*Ibid.*, p. 38.

[17]Luis Cabrera, "Los partidos políticos: Todos son enemigos del General Díaz," *Obras políticas...*, p. 49.

[18]*Obras políticas...*, p. 50.

[19]*Ibid.*, p. 53.

[20]Andrés Iduarte, "Elogio de Don Luis Cabrera," *Diez estampas mexicanas* (México: Secretaría de Hacienda y Crédito Público, 1971), p. 11.

[21]John Rutherford, *Mexican Society During the Revolution* (London: Oxford University Press, 1971), p. 120.

GUERRILLA WARFARE IN THE *EPISODIOS NACIONALES*

by Ward H. Dennis
Columbia University

The Peninsular War of 1808-1814 had a profound impact on the course of the history of Latin America. During the preliminaries which led up to the invasion by Napoleon, Spain lost a good part of its fleet at the battles of Cabo San Vicente and Trafalgar, thus seriously weakening its line of communications with its colonies. Once the war began and French troops rapidly occupied much of the peninsula, Spain found herself without a monarch and her colonies without the absolute leader upon whom the whole system of colonial governance was built. By 1810 the Cortes had begun meeting in Cadiz with representatives of the Americas participating as equals in the debates and in the shaping of a constitution which would remove many of the autocratic regulations governing Spain's overseas domains.

The struggle against the French also influenced the course of military strategy and tactics. Siege warfare was attempted against the walls of Zaragoza and Gerona and was shown to be less than fully effective against a determined defender. Cavalry maneuvers were refined by Wellington's dragoons and Light Horse. But above all the *guerrillero* established himself as a dreaded enemy, especially in broken terrain and mountains. Ever since, he has been the curse and the glory of much of the history of both Spain and Latin America.

> Hablaremos ahora de las *guerrillas*, que son *la verdadera guerra nacional*; del levantamiento del pueblo en los campos; de aquellos ejércitos espontáneos, nacidos en la tierra como la hierba nativa cuya misteriosa simiente no arrojaron las manos del hombre; voy a hablar de aquella organización militar hecha por milagroso instinto a espaldas del Estado, de

> aquella *anarquía reglamentada* que reproducía los tiempos primitivos.[1] (Italics mine)

Thus Pérez Galdós defines the area which he will study in his ninth *Episodio nacional*, a type of warfare which began with Viriato and the Romans and was proven by Rodrigo against the Moors, but which was first brought to world attention during the Peninsular War. "Lo extraño es que Napoleón... se marchó con las manos en la cabeza, y los españoles, movidos de la pícara afición, continuaron haciendo de las suyas en diversas formas, y todavía no han vuelto a casa."[2] Shortly afterwards the same thing would occur in the colonies. Thus the author is probing a controversial question: when, if ever, does the public have the right to take the law into its own hands, and do the accomplishments of this action outweigh the precedents it establishes?

"¿Debemos celebrar esta especial aptitud de los españoles para congregarse armados y oponer eficaz resistencia a los ejércitos regulares?"[3] This is the main problem as Galdós sees it. During a time of crisis the Spaniards rise up and fight, but once peace is restored it is very difficult to make them forget their old ways. The *guerrilleros* of the past become an example of lawlessness for the men of today. In writing his novel for popular consumption the author is trying to make the *pueblo* realize that force is not the best means for realizing their desires—a theme which runs through all of the first series of the *Episodios*. "¿Los beneficios de un día son tales que pueden hacernos olvidar las calamidades de otro día?"[4]

Galdós is torn by doubts on the matter. He realizes the importance of guerrilla forces as highly mobile units, but he also wonders if they are really necessary in a modern nation with a well-prepared army. He also understands that the terrain of Spain is ideally suited for irregular troops, especially when it comes to halting an invader advancing from the north across one mountain chain after another. Despite all this the precedent set during the Peninsular War continued throughout all of the XIX Century in one Carlist war after another. There are even some who believe that the Civil War of 1936 was a continuation of the anarchistic trend begun at that time.

Galdós analyzes the character of Juan Martín in order to present the qualities that a guerrilla leader must have in order to hold his unit together. After picturing the physical characteristics of the man, very similar to those in Goya's portrait of him, Galdós explains that the Empecinado had one of the most salient traits of the Castilian—a need for continual conflict in order to "apacentar su indomable y díscola inquietud, y ha de vivir disputando de palabra y obra para creer que vive."[5]

Juan Martín has the uncanny ability to learn tactics without any apparent prior training. Faced with the continual problem of division of command, he maintains the respect of his men through his strength of character and his ability to keep one step ahead of the French.

The author also studies the strategy employed in this kind of warfare. The guerrillas are made to fight as a separate unit from the regular troops so that the two types of units will compete and attempt to excel each other. The French are unprepared for this new form of combat and are constantly leaving their flanks and rear guard unprotected and vulnerable. There are no set battles since the element of surprise rules supreme. Thus the guerrilla must have as much running ability as valor, since most of the battles are won by a well-timed flight. This ability to assemble and then disperse in a flash is the basis for all their strategy. Their main weapon is the terrain, "la geografía misma batiéndose."[6]

The morality of the guerrilla is what dominated Galdoś interest in this kind of warfare. He feels that there are three typical leaders in Spain: the guerrilla, the smuggler, and the highwayman. According to the author, the only thing that separates them is their sense of morality, but by the end of the *Episodios* they all seem the same to us. The profession just varies according to the political and military situation at the time. In grouping the guerrilla with two types of men who live outside the law he fails to give credit to any other kind of leader in Spain and he implies that the nation is under the rule of robbers, or at least of men who are hard to control because of their independent nature. Galdós is too harsh, because while leaders of the stature of Wellington and Nelson are hard to find, he cannot overlook the likes of Churruca, Gravina, Palafox, Velarde, and Daoiz, even though most of them had to die tragically due to the overwhelming odds they faced or to the lack of preparedness of the Spanish forces.

Galdós, preoccupied with Spain's decline during the XVIII Century, believes that unity of purpose can again be achieved if the Spaniard conquers his anarchic character. He agrees with the writer of the next generation who will say that every Spaniard wants a letter in his pocket stating that he is authorized to do whatever he feels like.[7] The result is a nation "que se te conoce desde cien leguas, con tu media cara de fiesta y otra media de miseria; con la una empuñando laureles y con la otra rascándote tu lepra."[8] Thus the *guerrillero* is actually a part of Spain's natural essence. "Ellos son todo, grandeza y miseria, un conjunto informe de cualidades contrarias, la dignidad dispuesta al heroísmo, la crueldad inclinada al pillaje."[9] The contradiction in the case of the Empecinado is that while he is an example of this lawlessness he is also the type of leader who managed to keep the guerrillas from doing nothing but *menear el gatillo*. He does not believe in shooting French prisoners or Spaniards who are suspected of collaboration. His greatest moment of weakness is when he forgives the bloodthirsty don Saturnino and does not have him executed for treason. It is the Saturninos who planted the seeds of the Minas, Trapenses, Merinos and Tristanys of later years. The ones who would be the real causes of the image of guerrillas as "gloria del español como individuo, deshonor del estado español."[10]

In the following episode, *La batalla de los Arapiles*, Galdós shows us the contrast with the highly organized British army. This is his alternative to the Empecinado's irregulars. Obedience and tactical superiority brought about by excellent leadership is the lesson to be learned.

Yet the other side of the nature of the *guerrillero*, the one that bothers Galdós, is the lesson which resulted from the war against Napoleon. How a small irregular force could tie down organized armies. How the terrain could be used to one's advantage. How effective light cavalry could be. How a withdrawal at the right moment could actually mean a victory. How vulnerable the lines of communications of modern armies had become. How horsemen should be armed. How to live off the land.

Students of Latin American literature and history, especially those interested in Mexico, Venezuela, or Argentina, should pay close attention to the Napoleonic period in Spain because the fruits of its military and political lessons would begin to be reaped even before it was over.

NOTES

[1]Benito Pérez Galdós, *Juan Martín el Empecinado*, *Obras Completas* (Madrid: Aguilar, 1951), I, 959.

[2]*Ibid.*, p. 976.

[3]*Loc. Cit.*

[4]*Loc. Cit.*

[5]*Ibid.*, p. 975.

[6]*Loc. Cit.*

[7]Angel Ganivet, *Idearium español* (Madrid: Victoriano Suárez, 1944), p. 63.

[8]Galdós, *Napoleón en Chamartín*, p. 603.

[9]*Idem.*, *Juan Martín el Empecinado*, p. 976.

[10]*Loc. Cit.*

PERFIL DE JOSE DE DIEGO

por José Ferrer Canales
Universidad de Puerto Rico

Siempre he puesto amor en los problemas de Puerto Rico...; borinqueños y mexicanos estamos soldados por las luchas de independencia y libertad. — ANDRES IDUARTE

Honramos a un aguadillano, puertorriqueño y antillano que defiende, como el angélico y heroico Apóstol Martí, los ideales de patria, libertad, Confederación de las Antillas, la lengua hispánica y el porvenir de los pueblos iberoamericanos, latinoamericanos. Poeta y jurista, orador y patriota, humanista y pensador cívico, nos legó la parábola de una vida de decoro y belleza ética y una creación estética en verso y prosa dignas de la mayor alabanza. José de Diego simboliza, en el ámbito boricua, por las facetas de su personalidad poliédrica, por su consagración al servicio del pueblo y la juventud, por el tono de su prédica generosa, viril y ardiente, al *intelectual civilizador*[1] que en Iberoamérica, en la tradición que va desde Bolívar y Andrés Bello hasta Alfonso Reyes y Mariano Picón Salas, no se enclaustra en torres de panoramas o belvederes, sino que, con la irradiación de su inteligencia, con su ciencia y conciencia, con su ensueño y heroísmo, desciende a la palestra a ennoblecer la vida colectiva y la historia de los pueblos.

Sobre aristas salientes de esa vida fecunda, han hablado, entre otros exegetas y críticos,[2] Margot Arce de Vázquez, Concha Meléndez, Pedro y Max Henríquez Ureña, María Teresa Babín, L. Hernández Aquino, F. Matos Paoli, Vicente Géigel Polanco y Josemilio González. "Magnética personalidad, la de (éste)... que marchó a través del tránsito y el trauma con paso firme y ademán seguro para continuar afirmando lo propio como camino salvador—adelanta F. Manrique Cabrera y añade—: "su palabra electrizó atónitas multitudes que en él bebieron poesía de viva voz, caudalosa en espíritu."[3]

Anteriormente hemos escrito y hoy, con ánimo de incitar a emular a aquel espejo de virtudes, reafirmamos:

> José de Diego quedará en nuestra historia literaria y cívica como signo de la mejor tradición libertadora: la hostosiana, la martiana, la juarista. Y no es eco de un pasado estático, muerto, sino anunciación de porvenir, convocatoria a forjar la patria justa, libre y culta... Es tabla de salvación. Es llama que orienta. Defendió la democracia, el Cristianismo, los valores hispánicos; penetró en el saber esencial de Occidente, en el conocimiento de la historia nacional, antillana, iberoamericana. Es un apóstol que estará siempre presente en la pugna por la libertad, la justicia y la belleza.[4]

Su obra escrita incluye, además de artículos y estudios jurídicos especializados, *Nuevas campañas* (prosa) y cuatro poemarios: *Jovillos*, *Pomarrosas*, *Cantos de rebeldía* y *Cantos de pitirre*. El más alto legado es la propia vida del poeta y patriota. No podríamos rehacer aquella entonación, aquel acento de su palabra viva, que tan honda huella dejaba, como Giner o Martí, en sus discípulos.

Joven, pasa de la lírica y quieta Aguadilla a la histórica ciudad de Logroño donde termina su Bachillerato y a Barcelona. Hace vida cívica y literaria en España; es colaborador del *Madrid Cómico* y *La Semana Cómica* y así, "en tierra de Quevedos y Góngoras, es uno de los libertadores del ritmo" que exalta Rubén Darío en el prólogo a sus *Cantos de vida y esperanza*.[5] Se recibirá de Doctor en Derecho en la Universidad de la Habana en 1892, fecha trascendental en la épica historia cubana por cuanto los esfuerzos revolucionarios de Martí en Tampa y Nueva York hacían eco en Cuba y destacaban, ante sus compatriotas, la grandeza de su obra y de su individualidad. Entonces "nace la devoción en De Diego," explica Concha Meléndez, quien nos informa que el escritor puertorriqueño, objetivando de ese modo preferencias literarias, tenía en su estudio esculturas del Dante, Cervantes, Hugo, Balzac, Byron y Martí.

José de Diego es heredero de una rica tradición de cultura que le viene desde la Hélade inmortal, el Cristianismo, el Renacimiento, el iluminismo dieciochesco; se ha formado, en gran parte, en España en contacto con autores clásicos del Siglo de Oro, y recoge la onda romántica. Concretando fuentes y estímulos del pensamiento de José de Diego, hay que anotar la corriente bíblica, cristiana: Proverbios, el Apocalipsis, San Mateo, "las miríficas palabras de Jesús." El mismo alude a Platón y a Horacio. Juan Jacobo Rousseau está presente: además de elogiar el *Contrato Social*, describe al sabio ginebrino:

> Amaba las repúblicas pequeñas
> con el amor de la ciudad nativa,
> Rousseau inmortal, el hijo de las ondas
> del lago azul y de las selvas líricas
> que bajan de los Alpes, donde triunfa,
> cumbre de libertad, la breve Suiza.[6]
> (p. 51)

Entre los españoles, rinde homenaje a Séneca, el Cid, Berceo, Cervantes, Fray Luis de León, Santa Teresa, Bécquer, Verdaguer. Y exalta nuestra lengua; en el poema "¡Tierra!" escribe:

> Esa lengua que los siglos y la Musa de la Historia
> resonante en epopeyas, han cantado y han escrito,
> con eternas armonías, en la cumbre de la gloria.
> (p. 31)

Y en "La epopeya del Cordero" alude a la *sinfónica lengua castellana*. Defendió también con energía y elocuencia la enseñanza en el vernáculo, en español, en la escuela puertorriqueña.

Un alálisis y estudio de la obra del lírico y humanista, que aquí no es posible intentar, revelaría también la atracción de José de Diego por el arte de Alfredo de Vigny, Leconte de Lisle, José María de Heredia, Verlaine y Mallarmé.

En él hemos de ver a un poeta-pensador de aquella estirpe, evocada por Pedro Henríquez Ureña al hablar sobre Rodó, estirpe a que pertenecen almas como Fray Luis de León, Emerson, Ruskin, "la familia que preside, cobijándola con sus alas de arcángel, el divino Platón."[7] Y noblemente apasionado, romántico esencial, hemos de honrarlo con palabras martianas: *Los apasionados son los primogénitos del mundo*.

Creyó José de Diego en el ideal de la Confederación de las islas que alguna vez llamó *las Hespérides antillanas*. Está inserto en la tradición de Hostos y Betances. Por ello habla con lengua y estilo propios del Apóstol, de "la patria trina y una en las islas que se prolongan y confunden bajo los mares, sobre los cielos, en el ambiente y el espíritu de las Antillas."[8] Pero esto implica la previa liberación, la soberanía de nuestras patrias, comenzando por el solar nativo, y a ello dedica el verbo, el verso lírico y cívico, en la cátedra, el Ateneo, la Cámara de Diputados que, como Presidente, honró, asambleas públicas, y aquella voz resonó en Madrid, Barcelona, Santo Domingo y La Habana.

José de Diego canta a la América, a la *nuestra*, transfigurada por el Mártir en *luz y hostia*. Su acento elogia a héroes de América como el sabio Andrés Bello, el inmortal zapoteca Juárez, la gloriosa Anacaona, el heroico L. Ouverture, el pensador Eugenio María de Hostos, los Maestros Varona y D. Henríquez y Carvajal, el patriarca Betances, el poeta Santos Chocano. Alude de este modo al montañoso Bolívar: "aquel gran poeta caraqueño que hizo fulgir en la cumbre de los Andes el resplandor victorioso de su lira y de su espada emancipadora de un mundo."[9] A Martí lo ve en la metáfora *El Cristo de la batalla de Dos Ríos*, en que ha captado, en frase precisa, toda la grandeza moral y redentora del que desencadenó una guerra sin odio, quiso con los pobres de la tierra su suerte echar y enseñó a morir todos los días en la Cruz.

Comenta sobre Rubén Darío en el prólogo a *Cantos de rebeldía*:

> Darío, que se elevó desde una pequeña República..., podía extender las alas de su genio por los horizontes mundiales...
>
> El grande y glorioso nicaragüense fue el... más alto paladín de ese movimiento (*el modernismo*) en la poesía castellana: alrededor de él una brillantísima cohorte de poetas de genio, en España y América, ensanchó el ambiente del arte clásico, penetró en el translúcido seno del idioma, de las palabras..., del timbre, del acento, de la modulación fonética...[10]

¿La patria? La patria está para José de Diego sobre todo lo humano: "Patria anterior y superior, soberana y suprema...; está sobre todas las cosas del Universo, menos sobre Dios." Y noble patriota, quiere el perfecto maridaje de la ética y la política.

¿Y el arte? Estas polémicas palabras, más allá de aquello que Ortega y Gasset[11] llamó *arte artístico o deshumanizado*, evasión de la realidad, cuando llegó a postularse que la poesía era el *álgebra superior de las metáforas* y se vio en el artista una especie de Ulises que se liberaba de su Penélope diaria, hay que verlas como propias de quien, conscientemente, consagró inteligencia, saber y sensibilidad a su patria:

> Nacido en un pueblo infausto..., debo a la conservación de su vida y a la defensa de su libertad la sangre que es de su tierra y el alma que es de su cielo...
>
> La producción y la contemplación de la belleza en

> sí mismas constituyen un bien y la poesía cumple siempre un propósito estético; más la poesía, como toda obra humana, debe acudir preferentemente al bien necesario, sentido, clamoroso, en cada momento y en cada lugar del mundo.[12]

Está en las raíces de ese sentir la concepción de una literatura social, noblemente esclarecedora de la realidad, libertadora, que colabore a la realización de una más justa convivencia humana, tema que han abordado críticos[13] como José Gaos, Jorge Mañach y José Antonio Portuondo. (Cabe, en paréntesis, recordar que el mismo pueblo en que nació De Diego, dio a las letras univerales la figura de Luis Palés Matos, como para que dos teorías estéticas, la del arte militante y el arte *per se*, estuvieran presentes ante nuestra conciencia.)

José de Diego es escritor de palabra elocuente y alada. Aquel juicio relativo a que *hay algo de plástico en el lenguaje y tiene él su cuerpo visible, su perspectiva, sus luces y sombras; (un) párrafo bien hecho es un tratado de armonía más sutil y complicado mientras más fino sea el artista*[14] es el comentario adecuado para aquel fragmento del Discurso en los Juegos Florales de Santo Domingo (1915), en que José de Diego sintetiza su teoría sobre el proceso de la creación poética. Esta prosa poemática, con alas, como ya se ha sugerido, es comparable a la de aquél que burila las parábolas de *Motivos de Proteo* y *Ariel*, el orfebre y pensador José Enrique Rodó, y a algunas estampas de Rubén Darío. Este fragmento justifica también la afirmación de que el *modernismo* fue no sólo renovación en el verso sino, paralelamente, en la prosa. El da una medida del orador que había en De Diego:

> ¡La poesía! Aquéllos que sólo la conocen ya hecha, formada, florecida, cuando el artífice osténtala como una bandera de luz, ante el trono de unos Juegos Florales, en lo alto de la columna de un periódico o sobre las hojas de un libro, apenas pueden comprender la agotante labor de mina, de extracción espiritual, que hizo surgir de la nada el poema, como Dios la primera chispa en la inmensidad solitaria. Es así como una rosa la poesía, leve joya del color, la suavidad y el perfume... ¡y con qué afán ha trabajado la naturaleza, en esta química misteriosa, que une y disgrega los átomos, que acciona y reacciona sobre la amargura y la negrura de la tierra, sobre las ondas fugitivas del viento, sobre las ondas maternales del agua, sobre las ondas prolíficas del sol, con la asistencia de todos los elementos creadores, para alimentar la raíz, levantar

> el tallo, abrir las hojas, erigir los pétalos, encender el cáliz, componer la pequeña rosa que en un solo día ha de figurar en la decoración multiforme del Universo! Así el poeta prepara y produce con todos los elementos de la creación anímica la rara flor de la belleza... ¡y cómo y con qué afán ha buscado el pensamiento escondido, el ensueño lejano, el ansia amorosa, la esperanza y la desesperación, el dolor o la alegría, las transfiguraciones múltiples del Ideal unigénico, para infundirlos en la palabra sonora, en el ritmo interno, en la plástica rima, que un sólo día han de pasar por el alma de las muchedumbres y repercutir en el tiempo, como una revelación del mundo invisible en el perenne movimiento de la infinita enormidad de las cosas vivientes! Si pudiera condensarse en una flor el esfuerzo mental, la emanación afectiva, la irradiación estética de los artistas del verso, desde los primeros poetas indios hasta el mago nicaragüense que acaba de rendir su último canto en su último suspiro, sería una flor con un cáliz retentivo de la increada luz, como la eucaristía ¡una flor que ella sola podría alumbrar al Universo, si se apagasen simultáneas las antorchas por Dios encendidas en la infinitud del Cosmos![15]

La última voluntad del poeta quedó revelada en un soneto polimétrico, cuya base es el pie de unidad pentasilábica, y al que ha puesto músico el compositor Henry Cowell y que elogió el Dr. Rubén del Rosario:

Colgadme al pecho, después que muera,
mi verde escudo en un relicario;
cubridme todo con el sudario,
con el sudario de tres colores de mi bandera.

Sentada y triste habrá una Quimera
sobre mi túmulo funerario...
Será un espíritu solitario
en larga espera, en larga espera, en larga espera...

Llegará un día tumultuario
y la Quimera, en el silenciario
sepulcro erguida, lanzará un grito...

¡Buscaré entonces entre mis huesos mi relicario!
¡Me alzaré entonces con la bandera de mi sudario
a desplegarla sobre los mundos desde las cumbres del Infinito!

(p. 193)

Poeta en verso y prosa, embelleció y ennobleció la lengua hispánica y enriqueció las letras iberoamericanas con su palabra en estilo ardiente y viril, llamando a la vida del decoro. Laureles para aquel pastor de almas y cruzado del arte y del civismo que, a la más universal de las criaturas de Cervantes, prometió un día:

> ¡Alzar sobre las ondas del Caribe tu acero
> y en la... frente de mi patria cautiva
> imponer, alcanzado en la noche por tu lanza, un lucero!
> (p. 189)

NOTAS

[1]Alfonso Reyes, "Notas sobre la inteligencia americana", *Ultima Tule*, México, Fondo de Cultura Económica, 1960, pp. 85-86 (Obras completas, XI).

[2]Margot Arce de Vázquez, *La obra literaria de José de Diego*, San Juan de Puerto Rico, Instituto de Cultura Puertorriqueña, 1967; Concha Meléndez, *Signos de Iberoamérica*, México, Imprenta Manuel León Sánchez, 1936, pp. 13-65; P. Henríquez Ureña, *Las corrientes literarias en la América Hispánica*, México, Fondo de Cultura Económica, 1949, p. 259; M. Henríquez Ureña, *Breve historia del Modernismo*, México, Fondo de Cultura Económica, 1954, p. 452; María Teresa Babín, *Panorama de la cultura puertorriqueña*, Nueva York, Las Américas Publishing Co., 1958, p. 356; L. Hernández Aquino, "José de Diego y la hora actual", *El Mundo*,16 de abril de 1950, p. 9; F. Matos Paoli, *Luz de los héroes*, San Juan de P.R., Baldrich, 1954, p. 21; V. Géigel Polanco, *Valores de Puerto Rico*, San Juan de P.R., Editorial Eugenio María de Hostos, 1943, pp. 69-85; José Emilio González, "Ultima Actio", *Revista del Instituto de Cultura Puertorriqueña*, 1966, IX, núm. 31, 17-23 (todo este número de esta revista está dedicado a José de Diego. También los núms. 3 y 4, correspondientes a 1966, de *Asomante*).

[3]F. Manrique Cabrera, *Historia de la literatura puertorriqueña*, Nueva York, Las Américas Publishing Co., 1956, pp. 219-220.

[4]"¿Caducidad o vigencia de José de Diego", *El Mundo*, Puerto Rico, Lunes, 29 de octubre de 1963, p. 22.

[5]Escribió Rubén Darío: "¿No es verdaderamente singular que en esta tierra de Quevedos y Góngoras los únicos innovadores del instrumento lírico, los únicos libertadores del ritmo, hayan sido los poetas del *Madrid Cómico* y los libretistas del género chico?" ("Prefacio" a *Cantos de vida y esperanza*, Madrid, Industrial Gráfica, s.f., p. 10). Después de aludir a esa cita de Darío, ha escrito Georgina de Diego: "Entre estos escritores, en los que se encuentran firmas tan brillantes como las de Vital Aza, Eduardo Bustillo, José López Silva y otros, a pesar de su extremada juventud—17 años—, figuraba mi padre" (*Cantos de pitirre*. Prólogo de Georgina de Diego, ordenación y notas de Luis Ripoll, grabados al boj de P. Quetglas, Palma de Mallorca, "Xam", 1950, p. 9).

[6]Todos los versos aquí citados son de *Cantos de rebeldía*, Barcelona, Maucci, 1916.

[7]P. Henríquez Ureña, *Ensayos en busca de nuestra expresión*, Buenos Aires, Editorial Raigal, 1952, p. 131.

[8]José de Diego, *Nuevas campañas*, Barcelona, Sociedad General de Publicaciones, 1916, p. 277.

[9]*Ibid.*, p. 28.

[10]*Cantos de rebeldía*, ed. cit., pp. 15, 13.

[11]José Ortega y Gasset, *La deshumanización del arte*, Madrid, Revista de Occidente, 1964, pp. 23, 35, 44.

[12]*Cantos de rebeldía*, ed. cit., pp. 15, 13.

[13]José Gaos, *Pensamiento de lengua española*, México, Editorial Stylo, 1945, p.

88; Jorge Mañach, "Literary Homogeneity in the Caribbean", *The Caribbean at Mid-Century*, Gainesville, University of Florida Press, 1951, p. 215; José Antonio Portuondo, *El heroísmo intelectual*, México, Tezontle, 1955, p. 138.

[14]Cf. José Martí, *Esquema ideológico*. Selección, prefacio, glosas y notas por Manuel Pedro González e Ivan A. Schulman, México, Cultural, 1961, p. 133.

[15]*Nuevas campañas*, ed. cit., p. 330.

THE BODY AS TEXT:
NATURE AND CULTURE IN THE POETICS OF CESAR VALLEJO

by Jean Franco
Stanford University

Throughout Vallejo's poetry, the human body is a text in which the history of the species has been documented. Arms signal the fact that they have refused to become wings, the legs are columns on which *homo erectus* first raised himself over nature; eyes are fatal pilots, nails vestigial claws. Each woman's sex is the silent mouth whose lips emit the message of natural selection. From "Enereida" in which the child is one of the human words produced by a human creator, to the holy scriptures of "Lomo de las sagradas escrituras";[1] from the individual as the single edition of the book of nature (poem LXIX of *Trilce*) to the book produced by the dead republican hero of *España, aparta de mí este cáliz*, Vallejo's poetry consistently seeks to inscribe this wordless history, this text which is the work of the species. And the silent witness of this physical order, often present in the poems as an animal, as microbe or bacteria, inserts itself within the very clamour of life.

For what the document of the species tells is the story of a collective destiny; what culture nurtures in us, however, is the conviction of an individual fate. And the separation of these, the primal act which gave rise to human consciousness is situated from *Trilce* onwards at the moment when man first stood on his feet and thus forever altered his relationship with nature. It is this moment which each child lives anew, firstly when it separates from the mother and again when the first letters are learned and false consciousness becomes codified:

> La niña en tanto pónese el índice
> en la lengua que empieza a deletrear
> los enredos de enredos de los enredos... (*Tr.*, XX)

It is this association of writing with false consciousness that has such important consequences for Vallejo's poetics and goes right to the heart of certain traditional analogies between microcosm and macrocosm. Indeed, *Trilce* performs the breakdown of such analogies—of that army of metaphors which support the sovereignty of the self and which, according to Nietzsche, have come to seem fixed and permanent—as well as elaborating a new poetics which allows the silent species to have a say. Indeed language itself which is taken by traditional poetics to be a notation system of the original harmony of man and universe becomes a disruptive force. In the process of demystification, which begins with *Los heraldos negros*, pun and paronomasia are the battering rams which break down the logocentrism implicit both in Christian faith and in the poetics Vallejo had inherited from Modernism and Symbolism; for, by playing on fortuitous acoustic similarities, puns introduce all kinds of contradiction and ambiguity.[2] In *Los heraldos negros*, Vallejo was still at the beginning of his discovery of the instability of language. It is perhaps, at this stage, little more than a recognition that words such as "love" and "passion" no longer serve to designate both cosmic and individual experience since these are now at odds. In *Trilce*, however, we might almost speak of a poetics of dislocation. For a whole series of objects which formerly might have mediated between the finite and the infinite now resist traditional symbolization. Pianos do not emit concordant sounds but journey awkwardly through the body; rooms speak dialects instead of transmitting God's word, glass awkwardly reveals not transparency but its brittle, unmalleable quality.[3] Thus each of these objects which might once have served as a visible symbol of some invisible beyond stand between the reader and the normal decoding process. *Trilce* is a poetry that impedes, that resists interpretation and metaphysical analogies.

Metonymy and synecdoche, on the other hand, become privileged figures precisely because they lend themselves less easily to inflationary claims. To say "foot" may imply the individual as traveler through life but it does not imply anything about "head" or "heart" nor open the doorway into holistic assumptions. Further certain metonymys and synecdoches—the body and the house, for instance—form "sets" which are flexible enough to allow the poet to explore the relation of physical life to the cultural superstructure. And by establishing an analogy between the body and the house, Vallejo is then able to show how nature is codified and given a human imprint through the family itself. Already in "Canciones de hogar," (*Los heraldos negros*), the house in Santiago de Chuco with its pictures of saints, its altars and candles, the corridor and the "poyo" which marked the limits between the outside and the inside, his father's leather armchair is the spatial configuration of consciousness. In *Trilce*, however, this body/house identity becomes infinitely more complex. For instance, in poem LXV, "Madre me voy mañana a Santiago," the mother to whom the prodigal son will return is identical to the house and because the house is an artefact produced by human beings, the analogy focuses on the mother not simply as the vessel of the species but much more on her humanization of nature. Moreover the body/house analogy becomes extremely complex:

> Me esperará tu arco de asombro,
> las tonsuradas columnas de tus ansias
> que acaban la vida. Me esperará el patio,
> el corredor de abajo con sus tondos y repulgos
> de fiesta. Me esperará mi sillón ayo,
> aquel buen quijarudo trasto de dinástico
> cuero, que pára no más rezongando a las nalgas
> tataranietas, de correa a correhuela.

The rhythm and the semantic weight of the lines fall on that repeated future tense, "me esperará" although the very importance that the poetic device bestows on them is ironic, for the certainty they promise is that of the continuity of the species not of individual salvation. The mother is at once the temple of the species whose womb is an arch of astonishment, whose legs are "tonsured" columns because they are sacred pillars of the life force the continuity of which demands sacrifice. Moreover, the "corredor de abajo con sus tondos y repulgos/ de fiesta" has the very configuration of the womb decked out, as it were, not only for the prodigal's return to nature's fold but for that first coming at birth. Like González Prada, Vallejo dwells on procreation as an unselfish act, a non-supernatural moral paradigm.[4] And this is reinforced later in the poem by lines which describe the father's penetration of the mother's body as if he were a worshiper humbly prostrating himself in order to enter the temple as half a man, as essentially incomplete. "Bajo los dobles arcos de tu sangre, por donde/ hay que pasar tan de puntillas, que hasta mi padre/ para ir por allí/ humildóse hasta menos de la mitad del hombre,/ hasta ser el primer pequeño que tuviste." The fact that "arches" suggest civilization is important since this points to human life as something more than animal reproduction without casting doubt on its material basis. Further the body is described as a "grandfather chair," i.e., as something passed on from generation to generation, and as "aquel buen quijarudo trasto de dinástico cuero." The rhyme of "trasto" and "dinástico" establishes a connection between the prideful dynasty of man and the unimportance of the specific individual who is a mere *thing*. The adjective "quijarudo" is formed by analogy with "linajudo" and this analogy again associates the descent of the species with the inheritance of the body which is big-jawed as if to emphasize the devouring animal lurking under the human skin. Finally this grandfather chair is also described as chastising the backsides of succeeding generations "de correa a correhuela," thus once again emphasizing the continuity of life and the fact that it is a discipline to which each individual must submit in turn.

The message of the species is thus codified in the house and family structures although once the family is abandoned, the human imprint is effaced and there is mere reproduction. Further, no amount of humanization can alter the fact that natural creation cannot equal Christianity as a moral force. Hence the poet's outcry in poem LXV:

> Oh si se dispusieran los tácitos volantes
> para todas las cintas más distantes,
> para todas las citas más distintas.

On the literal plane, this is simply an expression of longing for a mother love with the totalizing force of divine grace. However, the use of paronomasia reveals the extent to which Vallejo's poetics had now freed themselves from the myth of presence even while on the surface level, he demands a Logos. For paronomasia, which the Royal Academy dictionary assures us is seldom used in lofty discourse, now occurs at the very climax of the poem to suggest the fortuitous character of all creation. The process of signification is here set in motion, so to speak, by the initially accidental connection between "cintas" and "citas" and between "distantes" and "distintas." Further, the very triviality of the difference (a single phoneme) between "cintas" and "citas" foregrounds the nature of language itself and the rules of differentiation and identity which govern speech. The poet longs for "tácitos volantes," silent guidewheels, which will program every possibility. But each noun in the set—"volantes," "cintas," "citas"—has a cluster of connotations which permit diverse orders of signification. "Volantes" can refer to pulley wheels which carry "cintas" or cables and as such they are instruments of motion. If interpreted as flysheet, on the other hand, "volante" can be associated with "cita" and as such refers to a program and its completion. Further "volante" is a frill on a dress and hence can be associated with "cintas" or ribbons. The very versatility demonstrates, not an original meaning which language more or less faithfully transcribes, but a process in which equivalence of sound configures possible connections. And this in turn implies that the human creation of which the mother is the principle vessel is a common act whose permutations bring into being individual lives. Yet the final emphasis of the poem is less on the individual possibilities than on the irrevocably given:

> Así, muerta inmortal.
> Entre la columnata de tus huesos
> que no puede caer ni a lloros,
> y a cuyo lado ni el Destino pudo entrometer
> ni un solo dedo suyo.
>
> Así, muerta inmortal.
> Así.

The return of the prodigal in *Trilce* LXV leads back to the unalterable certainty of the species of which the mother is both the human agent and the victim.

In some poems, however, this process by which the species receives a human imprint is reversed; what appears to be human history is, in reality, natural history. Poem LXVII, for instance, begins:

> Ciliado arrecife donde nací
> según refieren cronicones y pliegos
> de labios familiares historiados
> en segunda gracia.

"Arrecife" and "historiados" belong to the opposing extremes of nature and culture though it is plainly nature which has priority. "Ciliated," a curiously technical term which Vallejo probably took from Haeckel[5] links the ciliated cells of the spermatozoa which fertilize the human egg to the simplest forms of zoological life. "Arrecife" is one of a number of geographical terms—archipelago and peninsula are others—which Vallejo uses in order to spatialize the relationship of individuals to species. For though individuals appear to be islands, they "de-island" themselves whenever they act in function of the species by reproducing their kind.

The same verses show that this natural history of the individual is documented in the body itself, in "cronicones y pliegos/ de labios familiares historiados/ en segunda gracia." Unlike the Holy Scriptures, this document speaks not of original unity with its source in a creator but of a *second* grace or a *re*creation. And the lips which issue this message (like the "pliegos" of the body) are the sexual organs themselves. The fact that it is a second grace and not a unique act underscores the repetitive nature of human reproduction and explains why, in the same poem, the guardian angels who preside over the child's birth are "pericotes viejos." Yet, ironically, the very character of the human family ensures the development of a false egoism, of consciousness of the self as unique so that the lofty and priestly pretensions of the individual stand in ludicrous contrast to his real status:

> Se va el altar, el cirio para
> que no le pasase nada a mi madre,
> y por mí que sería con los años, si Dios
> quería, Obispo, Papa, Santo, o talvez
> sólo un columnario dolor de cabeza.

"The altar goes"; it does so because displaced by the natural creation in which there is no room for popes, bishops or saints, and in which the individual is nothing but the cypher, the number 1 which the poem brings into being. Thus the poem shows both the traces of religious belief left over in human consciousness from the supernatural creation myth and the geography of the species which the birth and death of individuals do not alter.

The human mother stands between the divine and natural worlds. To the child, she offers both too much and too little for she showers love on the child, thus endowing him with an individual consciousness which is thereby overdetermined. In the well-known poem, "Tahona estuosa de aquellos mis bizcochos" (*Trilce* XXIII), the mother not only *reproduces* but produces the bread of an individual existence which sticks like a crumb in the gullet of the grown man. In *Trilce* XXIII, the mother is an ambiguous figure, however, for she is both the vessel of the species and the source of individuation. The poem recreates the moment when the child is still scarcely conscious of itself as an individual and is described as "arrastrando todavía/ una trenza por cada letra del abecedario." The "trenza" or tress of hair is plainly an attribute of civilized man and is associated with a series of activities—"peinar," "trenzar," "tejer" which in *Trilce* and *Poemas humanos* belong to culture rather than nature. In poem XXIII, the tresses are, furthermore, of the same number as the letters of the alphabet, thus creating a link between the child's civilized appearance and the learning process.

This dawn of consciousness is, however, explored in most detail in *Trilce* LII which describes the child's unwillingness to get out of bed (and be born) and the games which, under the guise of play, lead him into the fold of the species:

Y nos levantaremos cuando se nos dé
la gana, aunque mamá toda claror
nos despierte con cantora
y linda cólera materna.
Nosotros reiremos a hurtadillas de esto,
mordiendo el canto de las tibias colchas
de vicuña ¡y no me vayas a hacer cosas!

Los humos de los bohíos y ¡ah golfillos
en rama! madrugarían a jugar
a las cometas azulinas, azulantes,
y, apañuscando alfarjes y piedras, nos darían
su estímulo fragante de boñiga
                                    para sacarnos
al aire nene que no conoce aún las letras,
a pelearles los hilos.

Otro día querrás pastorear
entre tus huecos onfalóideos
                            ávidas cavernas,
                    meses nonos,
                            mis telones.
O querrás acompañar a la ancianía
a destapar la toma de un crepúsculo,
para que de día surja
toda el agua que pasa de noche.

Y llegas muriéndote de risa,
y en el almuerzo musical,
cancha reventada, harina con manteca,
con manteca,
le tomas el pelo al peón decúbito
que hoy otra vez olvida dar los buenos días,
esos sus días buenos con b de baldío,
que insisten en salirle al pobre
por la culata de la v
dentilabial que vela en él.

The game, like many of those in *Trilce* and *Los heraldos negros* is an ironic foreshadowing of adult life. The mother feigns anger and teases the child out of bed; in this way the individual mother performs the task of nature by separating the child from the symbiotic animal warmth of the vicuña blanket. It is the same kind of stimulus and response which characterizes the programming of the species, for under the cloak of desire, the continuity of the species is ensured. The child is now expelled into the baby air which still does not know the alphabet because the expulsion of the child at birth takes place before consciousness. This process of expulsion described in the second stanza establishes an analogy between the child and the smoke of the huts and between smoke and "cometas" or kites which can be associated with individual destiny. Further, the smoke is also associated with the "fragrant stimulus of cowdung," in other words, with a form of surplus or excess. Thus the expulsion of the children, their rivalry over the kite-strings, suggests an individualism that like cowdung is a by-product of nature's economy system. Yet it is precisely the sense of differentiation which leads each individual to see himself as unique, as freely deciding on his destiny and not as simply obeying instinct. The vacillation between first person plural and second person singular underscores the fact that the child does not, until the final verses, entirely separate himself from the species. Nevertheless the process of birth is described as an act of willing ("querrás") in which the child pastures among the caverns and omphaloid hollows of the mother's body. The future tense of "querrás" underscores the subjective sense of choice even though what is being enacted is the necessary separation of the infant from the symbiotic relationship with the mother. The accumulation and release of the waters, the undamming of which the child considers a game is yet another way of showing the secret connivance between the child's will to continue the work of the species (the "ancianía") and the will of the species itself.

The final lines of the poem are of great importance because they demonstrate the way the mute message of the species can erupt into the text despite the controlling individual consciousness. In the last stanza of the poem, the child is ready to participate in the feast of life, a feast of "cancha reventada." This "cancha reventada" illustrates how pun acts in Vallejo's poetry, how it reveals under the conscious level of the cereal which is the child's lifefood, the subliminal association with the burst eggsac and the release of the waters which expels the child into the world. The feast, furthermore, is musical because, as Vallejo points out in his notebooks, music is a matter of succession and *tempo* (and not simply of harmony) and it includes "harina con manteca" because these are not completely natural products but are produced from nature by human beings. Consciousness and this ability to produce his own environment thus, from the first, separate the human and the animal world.

The newly-born child now makes fun ("tomar el pelo" is, however, another pun) of a prostrate laborer, one of the speechless creatures of the poems. Mocking child and ignorant laborer are but two sides of divided man; the prostrate submissive unconscious forgets to say, "Buenos días," (a phrase that begins with *b* for barren), because these days slip out of the butt "of the dentilabial *v* which watches in him."

This inadvertent act of forgetfulness is the key to the poetics of *Trilce* for the sexual *v* surfaces despite the efforts of a civilizing consciousness (which has people greeting one another politely) and thus reveals the enslavement of the individual to the life-force.

What is significant about *Trilce* LII, therefore, is the use of pun, innuendo and the "Freudian slip" (the *b/v* device) which expressly suggest the difference between the willing consciousness and the libido. The irony of many of these poems resides in the accidental revelations of the silent body. By means of pun and paronomasia, the arbitrary nature of the acoustic sign is, moreover, exploited to the full. Indeed, the very sense of outrage which the pun frequently provokes arises from the fact that the same sequences of sounds have such a variety of semantic possibilities and the meanings we consciously privilege do not necessarily erase other suggestive connotations. As Freud has shown, pun is above all a mechanism which substitutes a tolerable meaning for an intolerable one though to recognize the pun is to acknowledge the mechanism of repression. Thus in one of his case-histories a patient's murderous impulse against an English boy called Dick becomes an obsession against being fat ("dick" in German). In Vallejo's poems, apparent slips like "Pienso en tu sexo" where we might expect "Pienso en tu seso" discloses the raw truth behind false consciousness. Punning and word play can thus suggest both the subject's manipulation of reality and the underlying message of the species.

Pun and paronomasia are far more characteristic of *Trilce* than of *Poemas humanas* in which the dominant figure is a broken kind of synecdoche in which the parts no longer add up to a whole. The subject is now seen either in relation to the reified products of civilization—combs, nails, cafes, tables, spoons—or, as a being for death, a survivor who is astonished to find himself alive at all. Even more than in *Trilce*, thinking, writing and documenting the passage of the individual through life fail to inscribe the "being of smoke" in any durable way. We mark, for instance, the way in which "ello es que el lūgar donde me pongo..." (which uses the house/body set), contrasts the wordless skeleton with the trivial babble of existence which always seems to surface after the fact:

> De veras, cuando pienso
> en lo que es la vida,
> no puedo evitar de decírselo a Georgette.

This discrepancy between the silent body and the babble of the species is so profound that the subject often becomes the immobile center of irresolution. Between the species and the contemporary human being, there mediates a vast yet trivial pyramid of knowledge built up in the course of history yet somehow irrelevant to the grounds of existence. Thus in *Poemas humanos*, the attention has shifted from the family as a source of individuation to the social production of knowledge which, in the name of enlightenment, leads to the misleading sense of having dominated nature. In "Otro poco de calma, camarada," for instance, the subject exclaims:

> ¡cuántos diplomas
> y poderes, al borde fehaciente de tu arranque!
> ¡Cuánto detalle en síntesis, contigo!
> ¡Cuánta presión idéntica, a tus pies!
> ¡Cuánto rigor y cuánto patrocinio!
>
> Es idiota
> ese método de padecimiento,
> esa luz modulada y virulenta,
> si con sólo la calma haces señales
> serias, características, fatales.
>
> Vamos a ver, hombre;
> cuéntame lo que me pasa,
> que yo, aunque grite, estoy siempre a tus órdenes.

There is no possibility of getting back to origins in *Poemas humanos* because consciousness works through language which is never immediately present. Nor is there any essential man hiding behind the shirt collar. Deprived of any aspiration to immortality even in literature and thought, the life of the individual is reduced to very modest proportions indeed. The paradox of individual consciousness is that in striving for universality, in producing the framework of civilized life, it reifies the individual himself by glossing over the risk and terror of his situation. The triviality which invades daily life and imbues each act of writing, speaking, thinking and all human relations is both self-deception and a palliative which alone permits us to live without shouting out in despair. But the thrust of the *Poemas humanos* is to reveal the palliative as palliative. For Vallejo the human being as an *individual* does not live so much as survive. He is still at the prehistoric stage, bearing the marks of evolutionary origins in the arms "that refused to be wings." Apart from this body which patently does not fly, all his other productions are superfluous, part of a superstructure; commodities, documents, poetry, architecture, represent so many attempts to inscribe his vertiginous passage through the world, to be something more than the ephemeral body which is his only destiny.

In this light, the vision of the book of humanity in *España, aparta de mí este caliz* is both revolutionary and Utopian. For the book signifies the possibility, at last, of history and not merely of the survival of the species. Thus in "Pequeño responso a un héroe de la República," mortality is redeemed by the text which sprouts from the hero's body:

> Un libro quedó al borde de su cintura muerta,
> un libro retoñaba de su cadáver muerto.
> Se llevaron al héroe,
> y corpórea y aciaga entró su boca en nuestro aliento;
> sudamos todos, el hombligo a cuestas;
> caminantes las lunas nos seguían;
> también sudaba de tristeza el muerto.

In these lines, the Latin "liber" from which "libro" is derived recovers its original connection with nature for it comes from a word meaning the bark of a tree. Yet the book, though it sprouts from the body, does not save the hero from death. The species is not superseded for human beings still carry their navels (the bodily sign of natural succession) on their backs and are still followed by the moon as a sign of their ephemerality. Without glossing over the essential tragedy of life from the individual point of view, the poem describes the creation of a durable text written through self-sacrifice. It is the hero's mouth, entering into the breath of the survivors, which constitutes this new message which can be spatially removed from its origins in the body in order to survive the fate of the corpse. The generous act of sacrifice not only raises the hero above his individual fate but flowers, finally, into a poetry all the more astonishing given the blocks and impediments of *Trilce* and *Poemas humanos*:

> Poesía del pómulo morado, entre el decirlo
> y el callarlo,
> poesía en la carta moral que acompañara
> a su corazón.
> Quedóse el libro y nada más, que no hay
> insectos en la tumba,
> y quedó al borde de su manga, el aire remojándose
> y haciéndose gaseoso, infinito.

The sacrifice of life thus comes to constitute a moral letter which for the first time makes man something more than a creature divided against himself. Vallejo underscores the fact that, beyond the limits of the decaying body which is now more than a mere cypher in the dialectics of the species, there is only the impersonal realm of nature. It is the sacrifice alone which stands against this annihilation and not the poet's act of creation. For now the poet is not so much an Orpheus-like prophet but rather a scribe whose task is simply that of recording a text already created in blood:

> Todos sudamos, el hombligo a cuestas,
> también sudaba de tristeza el muerto
> y un libro, yo lo vi sentidamente,
> un libro, atrás un libro, arriba un libro
> retoño del cadáver ex abrupto.

The suddenness with which the book and the hypallage ("cadáver ex abrupto") occur suggests the abrupt irrevocability of death; and the reiteration of "sudamos" and "libro" turns them into the twin pivots of the poem and focuses attention on the contrast between life as a labor of the species and the production of a book which allowed a social message to be transmitted to other generations.[6]

In *Trilce*, Vallejo had established analogies between house, body and alphabet because the family was regarded as a moral paradigm. Even at this stage, however, the role of the mother was ambiguous for she unwittingly encouraged individualism while preparing the child for his role in the chain of being. In *Poemas humanos*, the individual as a being-for-death is beset by the trivialities of writing which cannot record anything nobler than his own transit through the world. If, in *España, aparta de mí este cáliz*, the book finally becomes a qualitatively different form of production, it is because it is a text written in a collective, not in an individual, hand.

NOTES

[1]"Lomo de las sagradas escrituras" is an uncollected poem. It is included in the *Obra poética completa* (Lima, 1968), p. 271, and in "Obra poética completa", *Obras completas* III (Lima, 1974), p. 210.

[2]I have dealt extensively with the significance of punning in Vallejo's poetry in my forthcoming book, *César Vallejo: The Dialectics of Poetry and Silence* (Cambridge University Press).

[3]See *Trilce* XXXVIII, XLIV, and LXXII.

[4]Rafael Gutiérrez Girardot pointed out the importance of this essay, "La muerte y la vida" (Pájinas libres) in Vallejo's early poetry in "La muerte de dios", *Aproximaciones a César Vallejo*, ed. Angel Flores (N.Y., 1971), I, pp. 335-350.

[5]Juan Espejo Asturrizaga, *César Vallejo: Itinerario del hombre 1892-1938* (Lima, 1965), p. 34, lists Haeckel's *Los enigmas del universo* among the prizes Vallejo received for his University work.

[6]Although Jacques Derrida's *De la grammatologie* (Paris, 1967) was of great help in pointing out the implications of "logocentrism", *España, aparta de mí este cáliz* plainly leads Vallejo into a poetics that is very different from that of the freeplay of the sign.

EL ANHELO DE ETERNIDAD: EL MUNDO PERSONAL DE DON MIGUEL DE UNAMUNO Y DE GABRIELA MISTRAL

por Marie-Lise Gazarian
St. John's University

> "Parece que don Miguel de Unamuno está alerta al grito de todos los pueblos. Parece, alguna vez, que aplica su oreja sobre nuestro corazón, como un médico.... Estamos delante de un hombre: angel y demonio, rebeldía santa y santa humildad; guerra civil en la conciencia; acometividad y sed de concordia al mismo tiempo; y, sobre todo, sentimiento trágico de la vida."
> Alfonso Reyes

> "...Porque no hay ninguna mujer en estos tiempos más querida y admirada que Ud., Gabriela, porque Ud. es replandor vivo que descubre a las almas sus secretos y a los pueblos sus destinos."
> José Vasconcelos

¿Qué tienen en común estos dos escritores que nacieron tan lejos el uno del otro, don Miguel de Unamuno en España y Gabriela Mistral en Chile? ¿Qué tienen en común este hombre y esta mujer que son respectivamente los máximos representantes de lo español y lo americano? Alfonso Reyes y José Vasconcelos nos dicen de ellos que supieron descubrir los secretos del alma. No en vano Yin Yin, el sobrino querido de Gabriela, la llamaba Buda porque sabía leer los pensamientos ajenos en los recónditos rincones del alma.

Al primer encuentro con estas dos grandes personalidades del mundo hispánico vemos que les unen la misma reverencia por la lengua española y el mismo origen vasco del cual se enorgullecieron. Ambos heredaron la honradez, la franqueza a veces brutal, la entereza e integridad moral y la tenacidad de sus antepasados vascos. Ambos fueron los guías espirituales de la juventud española y americana. "He querido darles el conocimiento de sí mismos" dijo más de una vez don Miguel, y escribió Gabriela cuando era todavía muy joven: "Creo que yo recibí una misión en este pedazo de tierra: alejar del materialismo filosófico a algunos que más tarde tendrán actuación intensa en Artes o Educación."[1] Les asemeja una misma actitud religiosa ante la vida y la muerte; todos los temas que tocan, la patria, la lengua, el credo poético, la enseñanza, los niños, la hermandad entre los hombres, los relacionan con Dios, el Creador Supremo. Con sus almas místicas, tenían necesidad de Dios y le buscaron con fervor y le encontraron a lo largo de varios caminos, por la vía del dolor, del amor, de la infancia y de la vocación, en la soledad quieta del campo.

Quisiera explicar en qué consiste el mundo personal que hace de don Miguel y de Gabriela dos escritores tan individualistas, a la vez tan modernos y antiguos. No sólo echan sus raíces en España y América sino que las descubren en el Antiguo y Nuevo Testamento. La fuente común en que beben es la Biblia porque en ella encuentran la fuerza de los profetas hebraicos y la dulzura de la enseñanza cristiana. Para ellos la Biblia no es un simple libro; es fuerza y dulzura siempre vital que no se estudia sino se ama. En este libro van a encontrar a sus más verdaderos amigos y entablar una conversación con ellos. Jesús, María, David, Raquel y Job les rodean como si aniquilaran el paso de los siglos. El pasado se vuelve presente y el porvenir lleva para don Miguel y Gabriela todas las firmes convicciones que conocieron los primeros cristianos. Dijo don Miguel en un artículo sobre su religión: "Esos salmos de mis *Poesías*, con otras varias composiciones que allí hay, son mi religión, y mi religión cantada, y no expuesta lógica y razonadamente. Y la canto, mejor o peor, con la voz y el oído que Dios me ha dado, porque no la puedo razonar."[2] Gabriela escribió en 1919 en una página en blanco de su Biblia cuando era directora del Liceo de Niñas No. 6 de Santiago: "Los sabios te parten con torpes instrumentos de lógica para negarte, yo me he sentado a amarte para siempre y a apacentar con tus acentos, mi corazón por todos los días que me deje mi dueño mirar su luz. Los profesores llenan de cifras y sutilezas tu margen; tarjan y clasifican, yo te amo."[3]

Don Miguel de Unamuno al escribir sobre Santa Teresa le dio el nombre del "padraza" y a San Juan de la Cruz el de "madrecito." El gran escritor mexicano Andrés Iduarte había conocido en París a la poetisa chilena cuando vivía él en el Barrio Latino en sus días estudiantiles. Vio en ella al "ser más auténtico y humano," al "más puro" y "más limpio" y la comparó desde entonces con Santa Teresa. Como la gran mística, era una mujer a la vez fuerte y tierna y le atribuyó el título de "padraza" y el de "madrecito" a José Martí. El poeta y libertador cubano era una de las voces que más tuvo resonancia en la obra de Gabriela y de Andrés Iduarte. Dijo una vez Gabriela: "Yo llegué tarde a su fiesta y una de mis pérdidas de este mundo será siempre la de no haber escuchado el habla de Martí.... Una voz que siendo viril se queda dulce es pura maravilla."[4] Andrés Iduarte dedicó un estudio esencial a la obra de Martí y esta admiración por el escritor cubano sirvió de lazo espiritual entre la gran mujer chilena y el entonces joven mexicano. A partir de aquel momento siempre vio en Gabriela al mejor exponente del continente americano: "Va en ella, como en nadie, el destello del genio trágico. Universal, pero con raigambre americana, de la tierra de América, que en Gabriela Mistral se exhibe desde lo inconsciente a lo consciente, desde su poesía y su conocimiento y su amor de viajera y de geógrafa por la montaña y el valle americanos, desde la armoniosa meseta mexicana hasta su originario valle de Elqui."[5]

Don Miguel como intérprete de sus raíces quiso explicar lo que era España y lo que era ser español; las críticas que hizo de su país fueron con el propósito amoroso de un padre que quiere curar las enfermedades de sus hijos. Dijo a sus estudiantes salmantinos en su última lección pronunciada al ser jubilado en 1934: "Me he esforzado por conocerme mejor a mi pueblo—en el espejo, sobre todo, de su lengua—, para que luego nos conozcan mejor los demás pueblos—y conocerse lleva a quererse—, y, sobre todo, para ser por Dios conocidos, esto es: nombrados, y vivir en su memoria, que es la Historia, pensamiento divino en nuestra tierra humana."[6]

Gabriela como intérprete de sus propias raíces quiso dar a conocer el continente americano y enseñar a los jóvenes hispanoamericanos a tener orgullo de su doble origen de español e indio. Quisiera mencionar aquí lo que me contó la esposa del poeta brasilero Ribeiro Couto, ya fallecido, acerca de un viaje que su marido había hecho en el mismo automóvil con Gabriela Mistral y Unamuno. Había presenciado algo inolvidable, un diálogo apasionado en el cual América y España eran los temas predilectos. Gabriela defendía al indio y se sentía atraída por él como por un imán que llevaba dentro de sí misma; hablaban los dos del porvenir y de la esencia del mundo hispánico. Al igual que don Miguel, las críticas que Gabriela hizo de América y de España fueron con el propósito amoroso de una madre que quiere corregir a sus hijos. Su fin era enseñarles a conocerse y apreciarse por lo que eran sin aparentar ser lo que no fueran; deseaba despertarlos a la realidad que los rodeaba. Dirigiéndose a futuras generaciones escribió: "Otra forma de patriotismo que nos falta cultivar es ésta de ir pintando con filial ternura, sierra a sierra y río a río, la tierra de milagro sobre la cual caminamos."[7]

Pude comprobar al dictar un curso sobre don Miguel de Unamuno y Gabriela Mistral en la Universidad de St. John's en Nueva York que, a pesar del patriotismo de ambos escritores y de la lucha que existe entre las generaciones, los estudiantes de hoy podían relacionarse con ellos por sus espíritus combativos e individualistas.

Ambos supieron acercarse a los niños y mecerlos con el cariño de unos padres. Don Miguel, como su personaje Juan en *Al correr los años*, se inclinaba sobre la cuna de sus hijos y les cantaba con dulzura:

Y de pronto despierto con ansias...,
¡lloraba mi niño!
Y me puse a cunarle cantando:
¡alma mía..., mi niño..., mi niño!...[8]

Gabriela escribía canciones para los hijos ajenos, susurrando a los oídos de las madres palabras de amor para que arrullasen a sus niños:

El mar sus millares de olas
mece, divino.
Oyendo a los mares amantes,
mezo a mi niño.[9]

No fue en balde que escogieron la vocación de maestro. Don Miguel como maestro universitario y Gabriela como maestra rural se adelantaron a su tiempo al darse cuenta de que enseñar quería decir un aprender cotidiano, un renovarse al contacto de sus discípulos, un dialogar constante con ellos sin limitarse a fórmulas y definiciones que tantas veces estorban la esencia creativa y espiritual. Querían curarse y curar a los demás de la intelectualidad del mundo académico que a veces no deja paso libre a la espontaneidad de los sentimientos. Dijo don Miguel al dirigirse a sus compañeros y discípulos de la Universidad de Salamanca: "Una vida espiritual entrañada es repetición, es costumbre, santo cumplimiento del oficio cotidiano, del destino y de la vocación. Día a día he venido labrando mi alma y labrando la de otros jóvenes en el oficio profesional de la enseñanza universitaria y del aprendizaje. Que enseñar es, ante todo y sobre todo, aprender."[10] En "La oración de la maestra" Gabriela escribía: "Dame sencillez y dame profundidad; líbrame de ser complicada o banal en mi lección cotidiana. Dame el levantar los ojos de mi pecho con heridas, al entrar cada mañana a mi escuela. Que no lleve a mi mesa de trabajo mis pequeños afanes materiales, mis mezquinos dolores de cada hora."[11]

Vivieron con los ojos puestos en el porvenir, preocupados por el mejoramiento espiritual de las futuras generaciones. En el caso de Gabriela, hay que añadir que como maestra rural siempre le interesó, además del desarrollo del alma, el del cuerpo. Le importaba la cuestión social y quería ver sentados lado a lado al niño rico y al pobre, disfrutando en plena armonía de los mismos privilegios. Siempre fue la defensora de los oprimidos; dedicó toda su vida, ya como escritora o maestra, a la protección de los niños abandonados, de las mujeres maltratadas y de los indios. Le preocuparon los problemas del campesino y luchó a favor de las reformas agrarias y del bienestar del minero. Lo que algunos llamaban "plebe" era para ella "el pueblo maravilloso." Escribió Gabriela: "Porque yo no soy un artista, lo que soy es una mujer en la que existe, viva, el ansia de fundir en mi raza, como se ha fundido dentro de mí, la religiosidad con un anhelo lacerante de justicia social."[12] Para Gabriela como para don Miguel, el verdadero significado del cristianismo no era únicamente un sublime diálogo con Dios sino un poder divino que arrancaba al pueblo de la fuerza envilecedora del materialismo. Dijo Gabriela en una nota biográfica: "Soy cristiana, de democracia total. Creo que el cristianismo, con profundo sentido social, puede salvar a los pueblos. He escrito como quien habla en soledad. Porque he vivido muy sola en todas partes."[13]

Don Miguel y Gabriela querían que cada ser humano conociera su propia realidad y se conociera a sí mismo. Dijo don Miguel: "Yo investigo mi yo concreto, personal, viviente y sufriente."[14] Fueron apóstoles sin nunca imponer sus ideas a los demás. No les ofrecen a los jóvenes un mundo claramente delineado sino que les sacuden para que ellos mismos encuentren el verdadero camino de la vida. "Yo he buscado siempre agitar, y, a lo sumo, sugerir, más que instruir. Si yo vendo pan, no es pan, sino levadura o fermento.... Agitar es algo. Si merced a esa agitación viene detrás otro que haga algo duradero, en ello durará mi obra."[15] Así hablaba don Miguel y así habló Gabriela: "¡Señor! Tú que enseñaste, perdona que yo enseñe; que lleve el nombre de maestra, que Tú llevaste por la Tierra."[16] Tanto como Rodó y Ortega y Gasset, odiaban la importancia que había tomado la especialización en los campos educacionales porque impedía el descubrimiento y el desarrollo de la propia personalidad: el hombre concreto y completo, con cuerpo y alma, el hombre de carne y hueso, "el que nace, sufre y muere."[17]

No es nada extraño que haya una afinidad espiritual entre don Miguel de Unamuno, Gabriela Mistral y los jóvenes de hoy que rechazan los términos medios y fáciles para encontrarse a sí mismos. Mis estudiantes se iban dejando penetrar por la obra de don Miguel y de Gabriela y despertó en ellos un afán de idealismo que dormitaba, lo que demuestra el valor auténtico y perdurable de estos dos hambrientos de eternidad.

La vida y la obra de ambos escritores reflejan una intensa sinceridad, una búsqueda continua de los valores más altos para combatir el materialismo. Es don Miguel el hombre entero que aparece, como es Gabriela la mujer entera que aparece a través de toda la obra sin ningún toque de afectación intelectual. Anhelaron la paz y serenidad en respuesta a las preguntas metafísicas que les llenaron de angustia. Ambos, aunque rodeados de amigos y en el caso de don Miguel de una esposa y de hijos, vivieron en la soledad. Huyeron de la muchedumbre para encontrarse con la intimidad de su alma. El pensamiento de don Miguel giraba en torno de sí mismo y de su realidad española; el de Gabriela en función de su yo personal y de la realidad americana.

La lucha entre la razón y el sentimiento engendró en don Miguel grandes obras de arte en todos los géneros: teatro, poesía, novela y ensayo. Gabriela conoció el amor y el dolor y supo transformarlos a través de su poesía en un amor universal y una comprensión del sufrimiento humano que todo lo abarcaba. Terminó su primer libro *Desolación* con aquel voto: "Dios me perdone este libro amargo y los hombres que sienten la vida como dulzura me lo perdonen también. En estos cien poemas queda sangrando un pasado doloroso, en el cual la canción se ensangrentó para aliviarme. Lo dejo tras de mí como a la hondonada sombría y por laderas más clementes subo hacia las mesetas espirituales donde una ancha luz caerá sobre mis días. Yo cantaré desde ellas las palabras de la esperanza, cantaré como lo quiso un misericordioso, para 'consolar a los hombres.'"[18] La duda o la incertidumbre fue para don Miguel como "el zumbido de un mosquito" y de esta duda brotó una fuerza vital y creadora:

La vida es duda,
y la fe sin la duda es sólo muerte.
Y es la muerte sustento de la vida
y de la fe la duda.[19]

Para don Miguel como para Gabriela, el dolor no engendró la nada sino la esperanza y una nueva vitalidad; no fue una derrota, sino una vía de triunfo espiritual, una manera de elevarse y de levantar a los demás. Sentían un espíritu de hermandad por cada ser humano que se encontraba solo, extraño en tierra forastera y le extendían una mano amiga. Escribió don Miguel:

Y él me recuerda
la hermandad que nos ata a los humanos.
Lo que nos une
son las hierbas, los árboles, los frutos
y son las bestias
que a nuestro recio arbitrio soyugamos;
lo que nos une
no son los corazones, son las obras.[20]

En cuanto a Gabriela, su casa estaba abierta para todos y a menudo se convirtió en refugio de los afligidos. Dijo en uno de sus poemas:

Ven, hermano, ven esta noche
a rezar con tu hermana que no tiene
hijo ni madre ni casta presente.
Es amargo rezar oyendo el eco
que un aire vano y un muro devuelven.[21]

Sus escritos tienen una estampa personal que les es fiel a lo largo de la vida, desde la primera página hasta la última. Don Miguel de Unamuno y Gabriela Mistral fueron ante todo poetas y como poetas conservaron eterna niñez y atinaron en los secretos misteriosos de la infancia. Predomina el sentimiento en la poesía y como poetas supieron juntar el mundo de la realidad y el de la fantasía, pudieron tocar lo que los demás fueron incapaces de ver; escribieron como se habla, con espontaneidad y dinamismo. Don Miguel dijo en distintas ocasiones: "Desconfío de los hombres que no llevan a flor de alma los recuerdos de la infancia."[22] "Hay que volver a la leche de la infancia."[23] "Entonces me refugié en la niñez de mi alma y comprendí la vida recogida, cuando al verme llorar se le escapó a mi mujer esta exclamación viniendo a mí: '¡Hijo mío!'"[24] Gabriela se acercó al mundo de los niños y se encontró con la fuente mística que iba a dirigir toda su vida: "La enseñanza de los niños es tal vez la forma más alta de buscar a Dios."[25] "El hombre completo sería aquél que a los veinticinco años conserva listaduras infantiles en la emotividad y por ella en la costumbre, y que no ha desprendido al niño que fue."[26]

El poeta, como el niño, se siente igualmente a gusto en el mundo visible y el invisible. El niño juega con la misma facilidad con el vecino que con sus amiguitos creados por la propia imaginación. Don Miguel en sus novelas entablaba conversaciones con sus personajes y ellos querían existir por sí mismos, no aceptaban ser entes de ficción, nacidos del sueño de su autor. Decía Augusto Pérez, el personaje principal de *Niebla*, en el momento más angustiado de lo que fue su vida: "¡Yo no puedo morirme; sólo se muere el que está vivo, el que existe, y yo, como no existo, no puedo morirme..., soy inmortal!... Un ente de ficción es una idea, y una idea es siempre inmortal..."[27] En aquel momento don Miguel tenía el mismo poder que el gran Autor de toda la creación, daba vida y se la llevaba. Augusto Pérez con su último aliento clamaba: "Pues también Unamuno es cosa de libros... Todos lo somos... ¡Y él se morirá, sí, se morirá, se morirá también, aunque no lo quiera..., se morirá! Y ésa será mi venganza."[28]

Así don Miguel tocaba el tema que más le importó durante toda la vida, el de la inmortalidad, el de su sobrevivencia. Como Augusto Pérez, don Miguel gritaba a través de toda su obra, sea en prosa o poesía, que no quería morirse del todo y, como él, conversaba cara a cara con su Creador, a veces con súplicas, a veces reclamando una respuesta al secreto de la vida y de la muerte:

> ¡Habla, Señor, rompa tu boca eterna
> el sello del misterio con que callas;
> dame señal, Señor, dame la mano,
> dime el camino![29]

Luchaba por ser, quería agarrarse a la vida en caso de que no existiera más que ésta:

> Por si no hay otra vida después de ésta,
> haz de modo que sea una injusticia
> nuestra aniquilación; de la avaricia
> de Dios sea tu vida una protesta.[30]

Hombre de paradoja, vacilaba entre la fe y la duda, y cantaba en otro poema su convicción en la vida venidera:

> He vivido, he vivido eterna espera
> y la esperanza es fe;
> he vivido, he vivido y aunque muera
> ya sé que viviré.[31]

Su necesidad de eternidad no era un abnegado anhelo de unirse con Dios. Era un afán angustiado de perpetuación que buscó con ansia en los hijos y en la obra. Aunque era de temperamento místico, nunca pudo aniquilar por completo su yo personal para gozar plenamente de Dios. Escribió en su poema "La unión con Dios":

Querría, Dios, querer lo que no quiero
fundirme en Ti, perdiendo mi persona,
este terrible yo por el que muero
y que mi mundo en derredor encona.[32]

En su poema "Leer, leer, vivir la vida" se preguntaba qué forma de eternidad podría llegar a forjar para sí mismo:

Leer, leer, leer, ¿seré lectura
mañana también yo?
¿Seré mi creador, mi criatura,
seré lo que pasó?[33]

Hubiera querido, como don Quijote, en el momento de su muerte despojarse de su obra y de su individualidad para fundirse en Dios pero no puede lograrlo: "Tu muerte fue aún más heroica que tu vida, porque al llegar a ella cumpliste la más grande renuncia, la renuncia de tu obra.... Y la gloria te acoge para siempre."[34]

Gabriela también admiraba a las personas que podían desprenderse de sí mismas para ayudar a los demás. Escribió una vez que para ella el momento más hermoso de la vida de sor Juana Inés de la Cruz fue aquél en que la monja puso a un lado su poesía y sus estudios para dedicarse al cuidado de sus hermanas enfermas; y en este gesto de renunciación alcanzó la meta suprema: "Tiene entonces, como San Francisco, un deseo febril de humillaciones, y quiere hacer las labores humildes del convento, que tal vez ha rehusado muchos años: lavar los pisos de las celdas y curar la sucia enfermedad con sus manos maravillosas, que tal vez Cristo le mira con desamor. Y quiere más aún: busca el cilicio, conoce el frescor de la sangre sobre su cintura martirizada. Esta es para mí la hora más hermosa de su vida; sin ella yo no la amaría."[35]

Gabriela vivió a la vez en el mundo mágico de los niños y en el de los adultos. Supo juntar lo abstracto con lo concreto y crear una poesía cósmica que diera cuerpo tanto al mundo invisible como al visible. Dijo una vez que el alma tenía un bulto físico y espiritual. Llevó la religión al alcance del pueblo cuando al escribir sus vidas de santos humanizó a cada uno de ellos, bajándoles de sus nichos lejanos y fríos para darles facciones conocidas y amadas. Por esta razón no le tenía miedo a la muerte porque sabía que a las puertas del cielo la esperaría la Virgen, con los ojos verdes de su madre. Así el mundo invisible cobró para ella una forma familiar y acogedora: "Quiero decir con esta divagación que no perdí el arrullo' de los dos años: me duermo todavía sobre un vago soporte materno y con frecuencia paso de una frase rezagada de mi madre o mía, al gran regazo obscuro de la Madre divina que desde la otra orilla me recoge como a un alga rota que fue batida el día entero y vuelve a ella."[36]

En cuanto al mundo visible, Gabriela lo elevó a un nivel espiritual y, como San Francisco de Asís, su santo favorito, descubrió en cada flor y planta, en cada piedra y cada animalito, una belleza escondida, la ilimitada hermosura del Creador. La tierra llegó a encerrar para ella un atractivo casi sobrenatural, ya que dotó de un alma a toda la naturaleza. Se hizo colaboradora de la gran Gea, y como don Miguel, animó lo inanimado. En su poema "Ayudadores" confeccionó un niño con la participación de todo el campo:

> Mientras el niño se me duerme,
> sin que lo sepa ni la tierra,
> por ayudarme en acabarlo
> sus cabellos hace la hierba,
> sus deditos la palma-datil
> y las uñas la buena cera.
> Los caracoles dan su oído
> y la fresa roja su lengua,
> y el arroyo le trae risas
> y el monte le manda paciencias.[37]

Hizo de la mujer en estado otra colaboradora de la creación y la colocó al lado de los santos porque a través de su pasión dolorosa había descubierto la esencia de lo eterno: "...Una pobre mujer se incorpora por la maternidad a la vida sobrenatural y no le cuesta—¡qué va a costarle!—entender la eternidad: el hombre puede ahorrarle la lección sobre lo Eterno, que ella lo vive en su loca pasión."[38]

Don Miguel también quiso bajar el cielo al alcance del pueblo y ennoblecer la tierra. Esta unión de lo sobrenatural con lo humano la consiguió en su novela *San Manuel Bueno, Mártir* cuando describió el reflejo del cielo y de las montañas en el lago de Valverde de Lucerna donde yacía una villa sumergida, y los muertos cobraban vida eterna sin alejarse de su pueblo: "Cree en el cielo, en el cielo que vemos. Míralo—y me lo mostraba sobre la montaña y abajo, reflejado en el lago."[39] "Vivid en paz y contentos y esperando que todos nos veamos un día, en la Valverde de Lucerna que hay allí, entre las estrellas de la noche que se reflejan en el lago, sobre la montaña."[40]

Como el gran vasco, Gabriela monologaba con Dios y clamó hasta que se encontrara con El, cara a cara. No conoció la misma angustia que don Miguel, sin embargo tampoco disfrutó de paz y serenidad en su juventud: "Dicen que soy serena de rostro, pero el corazón me quema. Este corazón me ha hecho buscar a Dios a través de muchas zarzas ardientes."[41]

En su última obra, *Poema de Chile*, publicada póstumamente, Gabriela soñó con un largo viaje a Chile después de su muerte. Llevaría de la mano a un niño indito por la tierra de norte a sur y paso a paso le enseñaría a él y a un pequeño huemul toda la belleza de la naturaleza chilena. Aunque muerta, era todavía la maestra rural que se sentía a gusto entre niños y se demoraba por los campos, toda maravillada, invisible a los demás, acelerando sus pasos al acercarse a las ciudades ruidosas. Al charlar con el niño indio, Gabriela dialogaba quizás con la niña Lucila que fuera una vez. Era un encuentro consigo misma y con su realidad chilena, toda espiritualizada por la pureza y sencillez de su propia infancia. Al despedirse de la vida, está ya preparada para otra vida, porque la muerte es para ella el renacer a la vida eterna:

Ya me voy porque me llama
un silbo que es de mi Dueño,
llama con una inefable
punzada de rayo recto:
dulce-agudo es el llamado
que al partir le conocemos.[42]

Ya años atrás Gabriela había empezado a disfrutar de esta unión mística cuando se rindió a los pies del Unico Amor:

Y me doy entero
al Dueño divino
que me lleva como
un viento o un río,
y más que un abrazo
me lleva ceñido,
en una carrera
en que nos decimos
nada más que ¡Padre!
Y nada más que ¡Hijo![43]

En su poema "El reparto," deja a un lado toda voluntad egoísta y se ofrece en cuerpo y alma a la humanidad entera:

Si me ponen al costado
la ciega de nacimiento,
le diré, bajo, bajito,
con la voz llena de polvo:
—Hermana, toma mis ojos.[44]

Colmada de serenidad y paz, cuando llega su última hora murmura la palabra "Triunfo" al encontrarse con su Creador.

Don Miguel de Unamuno y Gabriela Mistral fueron dos figuras apasionadas que nunca pudieron expresarse con frialdad e indiferencia. Todo lo que les rodeaba tomó para ellos un significado religioso. Querían que las cosas recónditas se revelaran a la corazonada, y lograron expresarse con sencillez y sinceridad, en el lenguaje del alma. La lengua cobró para ellos un significado bíblico: "En el principio era el Verbo, y el Verbo era con Dios, y el Verbo era Dios." Por lo tanto, el lenguaje que utilizaron fue el idioma vital y apasionado con el cual los místicos alabaron a Dios. Este idioma brotó de la doble fuente religiosa popular; tenía la elegancia del mundo culto y el encanto vital de la lengua hablada; se parecía a las olas del mar que van y vienen en un constante renacer, sacando sus fuerzas de las entrañas de la tierra. No en vano dijo don Miguel: "Se ha dicho que todo castizo escritor castellano es un orador por escrito. Mejor que ser un escritor por habla. No hablar como un libro, sino que el libro hable, como Santa Teresa hablaba con su pluma, como un hombre."[45] Y Gabriela escribía: "He cobrado el disgusto y el desapego de mis poesías cuyo tono no es el mío por ser demasiado enfático. No me excuso sino aquellos poemas donde reconozco mi lengua hablada, eso que llamaba don Miguel el vasco, 'la lengua conversacional.'"[46]

Don Miguel de Unamuno y Gabriela Mistral se asomaron a la vocación de escritor con una reverencia religiosa. Escribir fue para ellos un ejercicio místico, camino a la perfección ética y estética, una ascención paso a paso hacia Dios y la eternidad. Pudieron decir como Juan Ramón Jiménez: "Hoy pienso que yo no he trabajado en vano en dios, que he trabajado en dios tanto cuanto he trabajado en poesía."[47] Escribieron en un arranque de pasión, con palabras de fuego y de agua, de calor y de ternura, pero siempre revisaron sus trabajos para conseguir un estilo desnudo y lo lograron después de una ardua batalla consigo mismos. Escribió don Miguel en una carta a Menéndez Pidal: "Hay quien cree que descuido la forma, siendo una de las cosas que cuido más, sólo que mi cuidado es hacérmela propia de mi fondo."[48] Contó Gabriela su manera de escribir en una tarde de 1938: "Escribo sin prisa, generalmente, y otras veces con una rapidez vertical de rodado de piedras en la Cordillera. Me irrita, en todo caso, pararme, y tengo siempre al lado, cuatro o seis lápices con punta porque soy bastante perezosa, y tengo el hábito regalón de que me den todo hecho, excepto los versos.... Corrijo bastante más de lo que la gente puede creer, leyendo unos versos que aún así se me quedan bárbaros. Salí de un laberinto de cerros y algo de ese nudo sin desatadura posible, queda en lo que hago, sea verso o sea prosa."[49]

Escribir fue para ellos una manera de dejar desnuda el alma, de despertar a los indiferentes, desahogarse y traer consuelo. Dijo don Miguel en dos ocasiones: "Los salmos que figuran en mi volumen de *Poesías* no son más que gritos del corazón, con los cuales he buscado hacer vibrar las cuerdas dolorosas de los demás."[50] "Lo que voy a exponer aquí, lector, es mi agonía, mi lucha por el cristianismo, la agonía del cristianismo en mí, su muerte y su resurrección en cada momento de mi vida íntima."[51] Gabriela escribía para llevar un mensaje espiritual, para hacer brotar reformas sociales y gozar de una paz interior: "Escribir me suele alegrar; siempre me suaviza el ánimo y me regala un día ingenuo, tierno, infantil. Es la sensación de haber estado por unas horas en mi patria real, en mi costumbre, en mi suelto antojo, en mi libertad total."[52]

Don Miguel era un hombre de verdad, un soñador de la vida, un poeta. Como Cervantes, siempre soñó con ser poeta y que como a tal se le recordara: "Soy por definición—esto es, aforísticamente—un ensayista. Un ensayista que se empeña en ser poeta."[53] "Más me parece pensador que sabio, y más que pensador, filósofo; pero al morir quisiera, ya que tengo alguna ambición, que dijesen de mí: ¡fue todo un poeta!"[54] Su credo poético lo formuló en uno de sus poemas cuando comparó al poeta con un escultor que busca en la sencillez y la sinceridad la esencia de su arte. Igual que el artista, el poeta da una forma concreta, precisa, a la belleza lejana e intangible:

> No te cuides en exceso del ropaje,
> de escultor y no de sastre es tu tarea,
> no te olvides de que nunca más hermosa
> que desnuda está la idea.
>
> ....
>
> Que tus cantos sean cantos esculpidos,
> ancla en tierra mientras tanto que se elevan;
> el lenguaje es ante todo pensamiento
> y es pensada su belleza.[55]

En cuanto a Gabriela, su poesía se parece a la pintura holandesa que lleva al lienzo lo cotidiano y diminuto y lo enaltece; las imágenes concretas y abstractas cobran una misma vida. Su credo poético lo expresó a lo largo de su obra y siempre lo relacionó con Dios. Dijo en el "Decálogo del artista": "I) Amarás la belleza, que es la sombra de Dios sobre el Universo. X) De toda creación saldrás con vergüenza, porque fue inferior a tu sueño, e inferior a ese sueño maravilloso de Dios, que es la Naturaleza."[56] En el poema "La flor del aire" cuenta su aventura con la poesía a quien llama la "Mujer de la pradera." Hace de ella una reina y le ofrece ramos de flores amarillas, rojas y blancas, sin lograr conmoverla. La unión mística con la poesía se hace de repente, después de muchos tanteos, cuando Gabriela echa a un lado el mundo visible y penetra en el reino puro y sencillo del ensueño para cortar las flores del aire. Se rinde a los pies de la Poesía, siguiéndola en éxtasis, toda transfigurada por la belleza recóndita del alma:

ella se iba, la sonámbula,
abandonando la pradera,
y yo siguiéndola y siguiéndola
por el pastal y la alameda,

cargada así de tantas flores,
con espaldas y mano aéreas,
siempre cortándolas del aire
y con los aires como siega...[57]

Gabriela repite su credo poético cuando recrea en un diálogo imaginario los conceptos del arte que pudo tener la gran mística Santa Teresa. Detrás de la monja, con quien se la ha comparado tantas veces, nos está hablando Gabriela: "Oye: en cuanto vuelves y revuelves, lo que vas a decir, se te pudre, como una fruta magullada; se te endurecen las palabras, hija, y es que atajas a la Gracia, que iba caminando a tu encuentro. Para eso de los versos, te limpiarás de toda voluntad; el camino no es de empujar nosotros hacia Dios, sino que Dios empuja los conceptos hacia nosotros. Entonces ellos nacen sin las aristas de las cosas que aquí hacemos, con esa redondez de naranja valenciana."[58]

Don Miguel de Unamuno y Gabriela Mistral tuvieron los pies anclados en la realidad y la frente alzada hacia el ensueño. Fueron dos embriagados de Dios que vivieron y escribieron en un continuo anhelo de eternidad sin nunca perder de vista su mundo español y americano que tan entrañablemente escudriñaron y amaron. Fueron dos monologadores que supieron dialogar consigo mismos sin dejarse encasillar por ningún grupo, dos escritores y maestros que compartieron con la juventud, generación tras generación, esta sed de verdad espiritual. No han muerto porque como profetas auténticos siguen alentándonos. Todavía nos guía el hombre don Miguel con su verso: "cuando vibres todo entero/ soy yo, lector, que en ti vibro."[59] Y todavía escuchamos la voz materna de Gabriela que nos enseña a tener fe en Dios y a creer en la vida: "Dios no ha cerrado sus ojos,/ Cristo te mira y no ha muerto."[60]

NOTAS

[1]Gabriela Mistral, *Epistolario: Cartas a Eugenio Labarca (1915-1916)* (Santiago de Chile: Ediciones AUCH, Anales de la Universidad de Chile, 1957), pág. 23.

[2]Miguel de Unamuno, "Mi religión", *Obras selectas* (Madrid: Editorial Plenitud, 1956), pág. 257.

[3]Gabriela Mistral, "La Biblia", en Norberto Pinilla, *Biografía de Gabriela Mistral* (Santiago de Chile: Editorial Tegualda, 1946), pág. 66.

[4]Gabriela Mistral, *La lengua de Martí* (La Habana, Cuba: Ediciones de la Secretaría de Educación, Cuadernos de Cultura, 1934), pág. 13.

[5]Andrés Iduarte, "En torno a Gabriela Mistral", *Pláticas hispanoamericanas* (México: Fondo de Cultura Económica, 1951), págs. 85-86.

[6]Miguel de Unamuno, "Ultima lección", *Obras selectas*, pág. 1403.

[7]Gabriela Mistral, *Lecturas para mujeres* (México: Secretaría de Educación, 1923), pág. 11.

[8]Miguel de Unamuno, "Mi niño", *Obras selectas*, pág. 1328.

[9]Gabriela Mistral, "Meciendo", *Ternura* (Buenos Aires: Espasa-Calpe, 1949), pág. 9.

[10]Miguel de Unamuno, "Ultima lección", *Obras selectas*, pág. 1395.

[11]Gabriela Mistral, "La oración de la maestra", *Desolación* (Santiago de Chile: Editorial del Pacífico, 1954), pág. 198.

[12]"Habla Gabriela Mistral en la Unión Panamericana", *Repertorio Americano* (San José, Costa Rica), VIII (11 de agosto de 1924), 322.

[13]Gabriela Mistral, *Las mejores poesías "líricas" de los mejores poetas* (Barcelona: Editorial Cervantes, 1923), págs. 5-6.

[14]Miguel de Unamuno, *Mi vida y otros recuerdos personales, I (1889-1916)* (Buenos Aires: Losada, 1959), pág. 130.

[15]Miguel de Unamuno, "Mi religión", *Obras selectas*, pág. 257.

[16]Gabriela Mistral, "La oración de la maestra", *Desolación*, pág. 197.

[17]Miguel de Unamuno, *Del sentimiento trágico de la vida*, en *Ensayos*, II (Madrid: Aguilar, 1951), 729.

[18]Gabriela Mistral, "Voto", *Desolación*, pág. 259.

[19]Miguel de Unamuno, "Salmo II", *Obras selectas,* pág. 1311.

[20]Miguel de Unamuno, "En una ciudad extranjera", *Obras selectas*, pág. 1323.

[21]Gabriela Mistral, "Caída de Europa", *Lagar* (Santiago de Chile, Editorial del Pacífico, 1954), pág. 19.

[22]"Encuentro de otra carta de Unamuno para Darío", *Seminario Archivo Rubén Darío* (Madrid), VI, 1962; reproducida en Manuel García Blanco, *América y Unamuno* (Madrid: Editorial Gredos, 1964), pág. 65.

[23]En Humberto Piñera, *Unamuno y Ortega y Gasset* (México: Centro de Estu-

dios Humanísticos de la Universidad de Nuevo León, 1965), pág. 190.

[24]En Serrano Poncela, *El pensamiento de Unamuno* (México: Fondo de Cultura Económica, 1964), pág. 15. Carta de don Miguel a L. Jiménez Ilundain, escrita el 3 de enero de 1898.

[25]Gabriela Mistral, "Máximas", en Norberto Pinilla, *Biografía de Gabriela Mistral* (Santiago de Chile: Editorial Tegualda, 1946), pág. 48.

[26]Gabriela Mistral, *La lengua de Martí*, págs. 37-38.

[27]Miguel de Unamuno, *Niebla*, *Obras selectas,* págs. 981-982.

[28]*Ibid.*, pág. 984.

[29]Miguel de Unamuno, "La hora de Dios", *Obras selectas*, pág. 1314.

[30]Miguel de Unamuno, "¿Por qué me has abandonado?", *Obras selectas*, pág. 1336.

[31]Miguel de Unamuno, "Teresa", *Obras selectas*, pág. 1371.

[32]Miguel de Unamuno, "La unión con Dios", *Obras selectas*, pág. 1337.

[33]Miguel de Unamuno, "Leer, leer, leer, vivir la vida", *Obras selectas*, pág. 1384.

[34]Miguel de Unamuno, "Vida de don Quijote y Sancho", *Obras selectas*, pág. 483.

[35]Gabriela Mistral, "Silueta de Sor Juana Inés de la Cruz", *Lecturas para mujeres*, pág. 123.

[36]Gabriela Mistral, "Colofón con cara de excusa", *Ternura*, pág. 162.

[37]Gabriela Mistral, "Ayudadores", *Lagar*, pág. 29.

[38]Gabriela Mistral, "La madre: obra maestra", *Repertorio Americano* (San José, Costa Rica), XXXVIII (20 de septiembre de 1941), 261.

[39]Miguel de Unamuno, *San Manuel Bueno, Mártir*, *Obras selectas*, pág. 1123.

[40]Miguel de Unamuno, *Ibid.*, pág. 1137.

[41]Santiago del Campo, "Conversaciones con Gabriela Mistral", *Lo Mejor del Catholic Digest* (St. Paul, Minn.), II (1954), 12.

[42]Gabriela Mistral, *Poema de Chile* (Santiago de Chile: Editorial Pomaire, 1967), pág. 243.

[43]Gabriela Mistral, "Poeta", *Tala* (Buenos Aires: Editorial Losada, 1946), pág. 126.

[44]Gabriela Mistral, "El reparto", *Lagar*, pág. 13.

[45]Miguel de Unamuno, "Ultima lección", *Obras selectas*, pág. 1398.

[46]Gabriela Mistral, *Páginas en prosa* (Buenos Aires: Editorial Kapelusz, 1965), pág. 2.

[47]Juan Ramón Jiménez, "Notas", *Libros de poesía* (Madrid: Aguilar, 1957), pág. 1386.

[48]Carta de Miguel de Unamuno a R. Menéndez Pidal, en Luis S. Granjel, *Retrato de Unamuno* (Madrid: Ediciones Guadarrama, 1957), pág. 287.

[49]Gabriela Mistral, *Páginas en prosa*, pág. 2.

[50]Miguel de Unamuno, "Mi religión", *Obras selectas*, pág. 256.

[51]Miguel de Unamuno, *La agonía del Cristianismo*, *Obras completas, IV* (Madrid: Editorial Afrodisio Aguado, 1950), pág. 829.

[52]Gabriela Mistral, *Páginas en prosa*, pág. 2.

[53]Miguel de Unamuno, *Obras completas, V*, pág. 747.

[54]Carta de Miguel de Unamuno a Clarín, 3 de abril de 1900, mencionada en Luis S. Granjel, *Retrato de Unamuno*, pág. 286.

[55]Miguel de Unamuno, "Credo poético", *Obras selectas*, págs. 1297-1298.

[56]Gabriela Mistral, "Decálogo del artista", *Desolación*, págs. 227-228.

[57]Gabriela Mistral, "La flor del aire", *Tala*, págs. 46-47.

[58]Gabriela Mistral, "Castilla II", *El Mercurio* (Santiago de Chile), 19 de julio de 1925.

[59]Miguel de Unamuno, "Me destierro a la memoria", *Obras selectas*, pág. 1391.

[60]Gabriela Mistral, "Reparto de tierra", *Poema de Chile*, pág. 173.

THE FOUR FACES OF CASTILE IN THE POETRY OF ANTONIO MACHADO

by Elliot S. Glass
Queensborough Community College of The City University of New York

Pedro Salinas was one of the first critics to argue that the poetic repertoire of Antonio Machado should be treated as "una unidad indivisible."[1] Salinas pointed out that "sus temas—tiempo, sueño, amor, la preocupación por España, su intimismo y hasta su epigramatismo conceptual—están presentes, todos, desde un principio, variando tan sólo la intensidad de su tratamiento en distintos momentos."[2] Another critic, Pierre Darmangeat, goes one step further than Salinas when he remarks: "The works of Machado... present a marvelous unity which would seem to rule out any attempt to divide them in distinct periods."[3] While the former observation cannot be refuted, Darmangeat's opinion must be rejected. When analysing the theme of Castile in the poetic trajectory of Antonio Machado, it becomes evident that the poet's concept of Castile undergoes notable changes which do, in fact, relate to various periods of his life. Furthermore, each of Machado's major works, *Soledades*, *Campos de Castilla*, *Nuevas canciones* and *Poesías de la guerra* was written during a distinct period of the poet's life and each reflects a different attitude toward Castile. It is the purpose of this study to trace briefly the development of the theme of Castile in the four previously mentioned works of Machado.

Antonio Machado's first chapbook, *Soledades*, was written when he was in his early twenties and was steeped in the romantic poetry of Gustavo Bécquer. In the prologue to *Soledades*, Machado tells us that he sought to capture in his verse the intimate conversations that he had had with the natural surroundings of Castile: "Lo que pone el alma, si es que algo pone o lo que dice, si es que algo dice, con voz propia en respuesta al contacto del mundo."[4]

Don Antonio sees reflected in the Castilian topography the many "galerías de su alma" and identifies his moods with characteristics of the Castilian landscape. At times he feels at one with the "tierra desnuda," with its ocean of tumbling granite sparsely covered by poplar and cypress trees and presided over by "el azul monótono." Frequently, as in "Una tarde de soledad y hastío," he identifies his feeling of "soledad" and "tristeza" with the drab weatherbeaten walls of a deserted park, the sonorous fountain in an abandoned plaza, the decaying churches, and the "árbol roto en el camino blanco." At other times when his spirits are high, he sees in Castile's "paisaje" a striking panorama of life and rebirth. For example, in his "Orillas del Duero" we find "El campo parece, más que joven, adolescente... Chopos del camino blanco, álamos de la ribera/ espuma de la montaña/ ante la azul lejanía,/ ¡sol del día, claro día!/ Hermosa tierra de España." On one occasion in "La Noria" Machado likens his destiny as a poet to that of an old Castilian mule fated to turn a water wheel, consoled only by his dreams.

Both *Soledades* and a later edition, *Soledades, galerías, y otros poemas*, include, then, numerous dialogues between "el paisaje interior y el paisaje exterior,"[5] dialogues between the Castilian countryside and a moody and melancholy young poet.

After having lived and studied in France, Don Antonio's concept of Castile changed. Now in his mid thirties, happily married, and less introverted, he wrote poetry with a social message. His second major work, *Campos de Castilla* (1907-17), reflects his desire to use the Castilian landscape not only as a theme but also as a vehicle for discovering the unique quality or spiritual characteristic that had made Castile the most creative and puissant force in Spain, and, consequently in the Western World. In the prologue to *Campos de Castilla* Don Antonio explained that what had moved him to write these poems was "una preocupación patriótica y... el simple amor a la naturaleza." This patriotic concern caused him to denounce the mediocrity and the complacency of the Castilians of his generation: "Castilla miserable, ayer dominadora/ envuelta en sus andrajos desprecia cuanto ignora" (*Oc.* 79). Through his poetry—like other writers of the Generation of 1898—he hoped to arouse his countrymen out of their *abulia* and to encourage all those working for a new Spain. He felt that Castile could—as it had done under "los Reyes Católicos"—set the pace for a new national renaissance. As a rule Don Antonio's patriotic odes begin by contrasting Castile's past and present. The rugged fertile countryside that saw so many explorers, conquistadores, missionaries, and cultured gentlemen go forth into the world, now looked down upon abandoned pastures, decaying towns, and a spiritless people. As Machado speaks of the glories of yesteryear and the squalid reality of his day, his poetry becomes impassioned and studded with exclamations:

> ¡Oh, tierra triste y noble
> la de los altos llanos y yermos y roquedas
> de campo sin arados, regatos ni arboledas;
> decrépitas ciudades, caminos sin mesones,
> y atónitos palurdos sin danzas ni canciones!
> que aún van, abandonando el mortecino hogar,
> como tus largos ríos, Castilla, hacia la mar!
> . . .
> La madre en otro tiempo fecunda en capitanes,
> madrastra es hoy apenas de humildes ganapanes.
> Castilla no es aquella tan generosa un día,
> cuando Myo Cid Rodrigo el de Vivar volvía,
> ufano de su nueva fortuna, y su opulencia,
> a regalar a Alfonso los huertos de Valencia;
> o que, tras la aventura que acreditó sus bríos,
> pedía la conquista de los inmensos ríos
> indianos a la corte, la madre de soldados,
> guerreros y adalides que han de tornar, cargados
> de plata y oro, a España, en regios galeones,
> para la presa cuervos, para la lid leones.
> . . . (*Oc.* 79)

Despite the harsh criticism often found in the initial stanzas, most of the poems in *Campos de Castilla* end on an optimistic note. Sometimes, as in "Orillas del Duero," it is subtly introduced: "¡O tierra ingrata y fuerte, tierra mía!" At other times, as in "Desde mi rincón," there are straightforward assertions: "creo en la libertad y la esperanza/ y en una fe que nace... ¡España quiere surgir, brotar, toda una España empieza!" In "El mañana efímero," Don Antonio even more emphatically asserts that "esa España inferior que ora y bosteza" is being transformed into an aggressive, spiritually superior nation:

> Mas otra España nace,
> la España del cincel y de la maza
> con esa eterna juventud que se hace
> del pasado macizo de la raza.
> Una España implacable y redentora,
> España que alborea
> con un hacha en la mano vengadora,
> España de la rabia y de la idea. (*Oc.* 152)

Shortly after the outbreak of the first World War, Machado wrote two of his most moving patriotic poems, "Una España joven" and "España en paz." The first poem, similar to poems in *Campos de Castilla*, rails at "España toda/ con sucios oropeles de Carnaval vestida" before underscoring the poet's strong belief in a national renaissance. It is here that Machado emphasizes the important role of the Castilian youth in the revitalization of Spain: "Tú, juventud más joven, si de más alta cumbre/ la voluntad te llega, irás a tu aventura/ despierta y transparente a la divina lumbre,/ como el diamante clara, como el diamante pura" (*Oc.* 173).

In his second poem, "España en paz," Machado praises the Spaniards for not having entered the European conflict while admonishing them to begin the social, political, and spiritual reconstruction of their land during this period of peace: "El buen manchego habla palabras de cordura/ parece que el hidalgo amojamado y seco/ entró en razón, y tiene espada a la cintura,/ entonces; paz de España yo te saludo... y a ti, la España fuerte, si, en esta paz bendita, en tu desdeño esculpes,/ como sobre un escudo, dos ojos que avizoran y un ceño que medita" (*Oc.* 175).

With the death of his wife, Machado's focus on Castile again shifts. *Nuevas canciones* (1917-1930), written while Don Antonio was in Baeza and Segovia, reflects both this sad event and indicates a new growing interest in philosophy and folklore. The Machadian themes of time, love, solitude, and Castile are, as always, present, but now they are expressed either in more popular or more metaphysical ways. The death of his wife obviously affected Machado deeply, because he disengaged himself from the political and social problems of the day—his poems no longer cry out for "una nueva España"—and he would often lapse into long periods of solitude and reverie. The solitude experienced was not the anguished loneliness of *Soledades*, because now his feelings of longing were tempered by warm recollections of shared experiences with his wife. As in *Soledades*, there is constant reference to nature and natural objects, intimate self-revelation, and direct expression of strong personal emotion. Unlike *Soledades*, however, *Nuevas canciones* indicates that Machado gained a sense of calm strength by contemplation of "el desnudo álamo... el monte azul, el río, las erectas/ varas cobrizas de los finos álamos/ y el blanco del almendro en la colina" (*Oc.* 188). What Machado perceived in the natural panorama was "la alegre soledad del campo castellano" (*Oc.* 188).

During the gestation period of *Nuevas canciones* (1917-1930) Machado lived in both Castile and Andalusia. As he would stand before the vivid colors of the southern landscape, he would imagine himself in "Soria de montes azules/ y de yermos de violetas" (*Oc.* 192). When facing the dry Castilian meseta, he would dream of Sevilla: "Esta luz de Sevilla... es el palacio/ donde nací, con su rumor de fuente" (*Oc.* 224).

Machado's vision of Castile differs in still two other respects. The images of decaying churches, lonely plazas, and lifeless towns so often found in *Soledades* and *Campos de Castilla* are noticeably lacking in *Nuevas canciones*. In the latter, the Castilians also are seen in a new light. In earlier poems the contemporary Castilian was delineated as an "abuliaco." In one poem, "Por tierras de España," the rural inhabitants of Castile are seen as "capaz de insanos vicios y crímenes bestiales" (*Oc.* 80). In *Nuevas canciones* they are courageous "numantinos" and noble Christians.

Machado's last book of verse, *La guerra*, appeared in 1937 and dealt almost entirely with the Spanish Civil War. The bright energetic young men who he hoped would usher in a new era and re-ignite the old Castilian spirit were now engaged in a losing battle. Don Antonio, overwhelmed with frustration and shame, cried out:

> ¡Otra vez! - ¡Otra vez! ¡Oh triste España!
> cuanto se anega en viento y mar se baña
> juguete de traición, cuanto se encierra
> en los templos de Dios mancha el olvido,
> cuanto acrisola el seno de la tierra
> se ofrece a la ambición, ¡todo vendido![6]

Machado lamented that there was but one ally who shared a concern for a new Spain: "¡Oh Rusia, noble Rusia, santa Rusia/ cien veces noble y santa/ desde que roto el báculo y el cetro,/ empuñas el martillo y la guadaña!/ ...¿Oyes la voz de España?/ Mientras la guerra truena/ de mar a mar, ella te grita: ¡Hermana!"[7]

In 1938 while in Valencia, Machado jotted down for the last time his recollections of Castile. He entitled the poem appropriately, "El poeta recuerda las tierras de Soria." The sonnet bespeaks the poet's thoughts and feelings about Castile in general and Soria in particular during this trying period of his life:

> ¡Ya su perfil zancudo en el regato,
> en el azul el vuelo de ballesta,
> o, sobre el ancho nido de ginesta,
> en torre, torre y torre, el garabato
> de cigueña!... En la memoria mía
> tu recuerdo a traición ha florecido;
> y hoy comienza tu campo empedernido
> el sueño verde de la tierra fría...

In the concluding two tercets Machado voices his desire to be remembered as the poet of Soria, as "el cantor de Castilla":

> Soria pura, entre montes de violeta.
> Di tú, avión marcial, si el alto Duero
> a donde vas recuerda a su poeta,
> al revivir su rojo Romancero;
> ¿o es, otra vez, Caín, sobre el planeta,
> bajo tus alas moscardón guerrero?[8]

Castile was perhaps Antonio Machado's most consistent source of inspiration, and as he matured his lyrical vision of Castile passed through successive stages which he recorded in four of his chapbooks. In the first stage he wrote *Soledades, galerías y otros poemas* which recorded his conversations with the personified landscape of the Castile of his early youth. In the second stage Castile took on a dual aspect in his poetry. It served as a source of metaphysical meditation and as a source of purposeful action. It also inspired his second book, *Campos de Castilla*. In the third stage, Machado's interest turned to folklore, and he began to examine the anonymous popular ballads of Castile which he then included in his third book, *Nuevas canciones*. And in the final stage, during the Spanish Civil War, Castile became a harsh memory which he recorded with bitterness in his final work, *Poesía en la guerra*.

The idea of stages may strike some students of Spanish poetry as arbitrary and oversimplified. It is to these critics that I repeat what D. H. Lawrence once said: "Often the artist, writer, and poet are unable to perceive the rhythm of their works; and frequently the high priests of criticism mask the logical pattern by proclaiming that creativity does not and cannot have stages... but it is precisely in these stages that we can more accurately gauge the essence of creativity."[9]

NOTES

[1]Ramón de Zubiria, *La poesía de Antonio Machado* (Madrid: Gredos, 1959), p. 17.

[2]*Ibid.*

[3]Pierre Darmangeat, "Machado: Poet of Solitude," *Cronos* II (1948), 51.

[4]Antonio Machado, *Poesías completas* (Madrid: Espasa-Calpe, 1963), p. 18. Hereafter this work will be cited in the text as *Oc.*

[5]Zubiria, *op. cit.*, p. 87.

[6]Aurora de Albornoz, *Poesía de guerra de Antonio Machado* (Puerto Rico: Ediciones Asomante, 1961), p. 57.

[7]*Ibid.*

[8]Albornoz, *op. cit.*, p. 57.

[9]James R. Richardson, *Unpublished Correspondence of D. H. Lawrence* (London: Dudley Ltd., 1972), p. 6.

EL MUNDO EN CRISIS: *EMERGENCY POEMS* DE NICANOR PARRA

por Marlene Gottlieb
Lehman College of The City University of New York

La poesía de Parra es un ataque a las instituciones, tradiciones e ideologías políticas, religiosas y estéticas mediante las cuales el hombre, "danzarín al borde del abismo,"[1] se defiende del caos absurdo que vislumbra allí. Desde los primeros poemas de *Poemas y antipoemas*,[2] Parra es el niño travieso, el rebelde, el pícaro que "le desafina la guitarra al padre, por fregar solamente, por joder."[3] Le quita la máscara a la sociedad y la expone en toda su pobredumbre, con sus víboras, sus vicios y sus trampas. Le obliga al hombre a verse en toda su ridiculez. Es un gesticulador grotesco, un farsante que se toma en serio, "un tonto solemne."[4] Nada, ni el mismo poeta, se escapa de este proceso de desmitificación por la ironía, como lo caracteriza Ibáñez-Langlois.[5] En efecto, el poeta comienza su "viaje al infierno" consigo mismo. *Poemas y antipoemas* contiene innumerables autorretratos. Parra es el protagonista de este libro y se queja del desengaño que ha sido su vida. La sociedad está presente en todos los poemas de este libro pero sólo como un trasfondo; se la ve desde un enfoque personal. Sólo hay dos poemas que se podrían llamar sociales: "Los vicios del mundo moderno" y "Soliloquio del individuo." A partir de *Versos de salón*,[6] no obstante, el poeta se esconde cada vez más. Con la gradual supresión del "yo," se suprime también la anécdota que predominaba en los *Poemas y antipoemas*.[7] El cuento es reemplazado por enumeraciones desarticuladas: "Versos sueltos," "Frases," "Ideas sueltas," "Advertencias." El mundo se viene abajo y la fragmentación de los poemas lo refleja. El poeta ya no nos cuenta historias tragicómicas. La amargura virulenta de los *Poemas y antipoemas* da paso a la mueca burlesca. Con cada libro se mueve hacia una poesía que no analiza, que no profundiza, que no explica, que casi no desarrolla. Es una poesía que sólo señala los problemas, los síntomas de una enfermedad que se está convirtiendo rápidamente en epidemia general. El hombre ha perdido su control de la situación:

> Francamente no sé qué decirles
> estamos al borde de la Tercera Guerra Mundial
> y nadie parece darse cuenta de nada.[8]

Hay que prevenir al hombre, como indican los títulos de los poemas de "Camisa de fuerza": "Advertencias," "¡Socorro!," "Ultimas instrucciones," "¡Cuántas veces voy a repetir lo mismo!" Hay que declarar un estado de urgencia. De ahí el nuevo libro de Parra, los *Emergency Poems*.

El libro *Emergency Poems* es una recopilación de los poemas de la "Camisa de fuerza" publicados en la *Obra gruesa*, unos cuantos poemas publicados en la sección "Otros poemas" de la *Obra gruesa* y treinta y un poemas escritos expresamente para esta colección. Pero a diferencia de sus otros libros, éste no está dividido en secciones según la fecha de composición de los poemas. Se ve que Parra concibe los poemas de "Camisa de fuerza" como una parte integral del concepto de *Emergency Poems*. Ambos títulos son términos médicos y el libro en su conjunto nos presenta una sociedad enferma, un mundo en crisis: inflación, polución, secuestros, asaltos, guerras. Las "verdades" inventadas por el hombre para ordenar el caos y protegerlo de la Nada (la psicología, la geografía, el nacionalismo, la burocracia, la familia) se han convertido en monstruos que lo controlan. La sociedad le quita la poca libertad que tenía. Le pone una camisa de fuerza que le prohibe "rezar, estornudar, escupir, elogiar..."[9] Le pone una etiqueta con su comportamiento apropiado correspondiente. El viejo, o mejor dicho el anciano maduro, es un ser ya asexual, es el abuelo que no tiene otro placer que jugar con los nietos. Porque si no quiere ser un anciano sentimental, entonces es un viejo verde. "No hay alternativa posible/ todos los caminos conducen a Cuba."[10] Si se habla, se contradice; si se calla, se hace cómplice. El hombre contemporáneo es condenado:

> Cayó en una trampa
> sólo le quedan siete caminos
> ninguno de los cuales conduce a Roma.[11]

Todo es una estafa; todo lo defrauda. El monje es un frustrado sexual. El mendigo es un ladrón. Dios es un niño perverso y sádico o peor todavía, un impotente:

Ustedes recordarán
que en la Biblia aparezco ordenando lo mismo
—claro que desde otro punto de vista—
pero al revés de lo que rezan las S.S.E.E.
es un hecho que la luz no se hizo
o si se hizo alguien la apagó
—un demonio cualquiera—
alguien que no tenía idea de nada—
lo que no deja de ser divertido
ya que después de todo yo soy dios
y mis órdenes debieran cumplirse
(se me ocurre—no sé qué pensarán ustedes)[12]

"La Creación es un Acto Fallido."[13] Casarse es dejar de masturbarse por un tiempo. No somos más que "moscas en la mierda"[14] y nuestra vida se reduce a una serie de pasatiempos, en el sentido literal de esta palabra: no hacemos más que pasar el tiempo hasta que viene la muerte. Y si a pesar de todo el hombre decide que su vida vale la pena, entonces el poeta le recuerda que no perdura nada y la suma total de la vida del hombre es cero. Así, los *Emergency Poems*, en conjunto, marcan una etapa más en la obra de demolición que es la poesía parriana.

No obstante, un estudio de este libro queda incompleto si no sometemos los treinta y un poemas nuevos a un análisis aparte porque es en estos poemas que se revelan las nuevas direcciones de la obra de Parra.

En primer lugar hay que notar que estos poemas (con la excepción de "Antes me parecía todo bien," "Yo no soy un anciano sentimental," "Alguien detrás de mí" y "Un sujeto de malos antecedentes") son casi todos de tema social. Era inevitable que su poesía tomara este rumbo, nos explica en "Felicitaciones." El Presidente de la República, el Cuerpo Diplomático, la prensa, la radio, la televisión, la Iglesia, los Estados Unidos, la intelectualidad chilena, en fin, "The Establishment," han conseguido matar el "yo" poético, el poeta desconocido. El nuevo poeta de ahora no puede callar; tiene que declararse, comprometerse, politizarse, aunque no crea en nada, aunque no tenga un partido político:

No creo en la vía pacífica
no creo en la vía violenta
me gustaría creer
en algo—pero no creo[15]

El poeta de ahora tiene que "cumplir con su patriótico deber."[16] Pero como toda verdad es un error colectivo,[17] el poeta no puede afirmar nada. Su cinismo no le permite pronunciarse a favor de ningún programa político. Se limita a presentar los síntomas de la enfermedad general sin ofrecer ningún remedio. En algunos poemas se da a sí mismo como ejemplo del estado crítico de las cosas. Como en casi todos sus libros anteriores, aquí también Parra incluye unos autorretratos. En "Antes me parecía todo bien" nos habla en primera persona de su propia vida (las referencias a la Reina y al Chamaco son claras) y de su desilusión. En "Un sujeto de malos antecedentes" nos cuenta de un hombre cuya vida tiene muchos paralelos con la del poeta (aunque no debemos tomar al pie de la letra todas las imágenes aquí presentadas): es profesor, traduce libros científicos, una vez quedó afónico, se ha divorciado y vuelto a casar, tiene sueños apocalípticos. "Alguien detrás de mí" es el dilema del antipoeta condenado a ser constantemente perseguido por "un señor de bastón y levita."[18] "Yo no soy un anciano sentimental" es su reacción al molde en que la sociedad lo quiere encasillar.

Pero aunque no desaparece por completo el "yo" del poeta, seguramente queda relegado al segundo plano en estos poemas. En vez de hablar de sí mismo y de su desastre personal, en la mayoría de los poemas el poeta habla de la catástrofe general, de "los tiempos calamitosos."[19] Las enumeraciones de imágenes insólitas y desarticuladas de los *Versos de salón* y la "Camisa de fuerza" son reemplazadas por poemas de un tema más unido y coherentemente desarrollado.[20] Vuelven a aparecer los poemas anecdóticos de los primeros libros aunque escritos en el estilo más esquemático, simplificado y "flaco" que caracteriza los *Versos de salón* y la "Camisa de fuerza." Además Parra puebla su poesía con personajes tan frustrados e insatisfechos como él: mendigos, drogadictos, revolucionarios, dioses derrocados. Algunos nos hablan directamente ("Proposiciones," "Descorcho otra botella," "Yo Jehová decreto," "En vista y considerando," "Viva Stalin"); otros son presentados por el poeta ("Había una vez un monje"). No falta aquí el tono burlesco que es la marca de la poesía parriana. Todavía llama la atención y provoca risa la contraposición de varios niveles lingüísticos: el habla cotidiano con el *slogan*: "Yo le dije al Che Guevara que Bolivia nó";[21] el lenguaje romántico con las palabrotas:

> Estos enamorados putamadre
> se parecen al mar en sus vaivenes
> se parecen al sol en sus manchas[22]

el doble uso, político y médico, de la palabra "operación":

> Está muy bien   la guerra de Vietnám
> está muy bien   la Operación de la próstata[23]

términos burocráticos y fórmulas religiosas:

Y para terminar
felicito de todo corazón a S.E. el Presidente de la República
por su brillante Mensaje Presidencial

que el Espíritu Santo lo cubra de gracia
que la Virgen María lo bendiga
en compañía de señora y familia[24]

Todavía notamos la inserción de un nivel de lenguaje en un contexto insólito: un mendigo que habla en el lenguaje burocrático: "Con la autoridad que me confiere mi bastón de mendigo";[25] un Dios que emplea los coloquialismos del hombre común: "Pensar que la creación duró siete días/ es para condenarse de la risa";[26] el sonsonete del *limerick* octosilábico y coloquialismos sexuales en un ambiente eclesiástico:

Había una vez un monje
que tenía muchos libros
sagrados y no sagrados.

Un día se le apareció
una muchacha desnuda
que parecía la Virgen.
Ella bailaba desnuda
arriba del escritorio
y el pícaro se ayudaba
debajo del escritorio.

Había una vez un monje
que tenía muchos libros
sagrados y no sagrados
Jamás se leyó ninguno.[27]

Un día estaba absorto
arrodillado y en cruz
rezando un Ave María
se desabrochó el marrueco
y sin decir agua va
se puso a manyar la yuta
al pie del Altar Mayor
a vista de todo el mundo.[28]

un abuelo que usa palabrotas al referirse a sus nietos:

Apenas me ven volver de la costa
se me tiran encima con los brazos abiertos
como si fuera el viejito pascuero

¡puta que los parió!
qué se habrán imaginado de mí[29]

una lista de pasatiempos donde figura uno como "cagarse en el piano."[30] Lo sagrado es tratado con irreverencia. Dios es un organillero de barrio y sus decretos son viejas canciones.[31] El gran enigma de la vida de Jesucristo es dónde está su cepillo de dientes.[32] Alguien propone que "el papa se deje bigote"[33] o que otro deba

expectorar en la capilla ardiente
dispararle pelotillas al sacerdote
durante el desarrollo de la misa solemne
simular un ataque epiléptico
mientras alza la hostia sagrada[34]

No faltan las hipérboles típicas de la antipoesía, especialmente cuando se trata de lo sexual. En este caso el efecto chocante viene del hecho de que en la sociedad y aun menos en la poesía no se permite hablar abiertamente de estas cosas y por consiguiente las imágenes del poema se convierten en un tipo de exhibicionismo:

Una vez hice eyacular diecisiete veces consecutivas
a una empleada doméstica
. . . .
con una berga de padre y señor mío
que las colegialas adivinan de lejos[35]

Y la ironía sigue arraigada en la poesía parriana:

Felicito
a nuestros Hermanos de la Gran República del Norte
que exponiendo sus vidas personales
en beneficio de la Humanidad
ponen en jaque a los revoltosos
sin ambiciones de ninguna especie
animados por ese espíritu de sacrificio
de que sólo pueden hacer gala los espíritus superiores.[36]

Ni falta el típico poema-enumeración de los vicios del mundo moderno, un "Noticiario 1972": el poema "Pasatiempos."

Pero aunque el poeta sigue empleando muchos de los mismos recursos de antes, ahora, junto con la mueca y el sarcasmo, se nota un tono marcadamente más agresivo,[37] más áspero. Los protagonistas se defienden lanzando insultos a sus enemigos:

Estos hijos de puta
no me dieron tiempo ni para ponerme el abrigo

Levántense carajo
ya debieran estar desayunados[39]

El drogadicto-mendigo canta las historias tristes que le deben conseguir el dinero que necesita, pero cuando ve que no tienen efecto, demanda su dinero a la fuerza:

Dicho sea de paso tengo que juntar 17 dólares
antes que me venga el ataque
para pagar mi dosis de heroína
a buen entendedor pocas palabras
si no me dan por la buena
van a tener que darme por la mala
para qué vamos a decir una cosa por otra
yo soy bien hombrecito en mis cosas
arriba las manos maricones de mierda
vamos saltando o les saco la chucha![40]

El monje, por mucho que le castiguen, no deja de masturbarse. Los viejos se rebelan contra los jóvenes:

Los ancianos decrépitos férreamente unidos
haremos ver elefantes azules a los señores jóvenes iconoclastas[41]

Y el poeta enfadado se defiende cuando le critican por ser cómplice del Pentagon:

Si el Papa no rompe con USA
Si el Kremlin no rompe con USA
Si Luxemburgo no rompe con USA
por qué demonio voy a romper yo?[42]

Aun Dios se enfurece y se lanza contra el hombre:

Si destruyen el mundo
¿creen que voy a volver a crearlo?[43]

Estos poemas, entonces, revelan una tendencia cada vez más social y agresiva en la poesía de Parra. *Emergency Poems* es un paso más en la dirección de la poesía "a ojo desnudo, a pecho descubierto, a cabeza desnuda."[44] El poeta ha bajado de su torre de marfil, o en el caso de Parra, de su torre de tablas,[45] y se ha lanzado a la plaza pública. El mundo está en crisis y esta poesía es la señal de alarma.

NOTAS

[1]Nicanor Parra, *Obra gruesa* (Santiago de Chile: Editorial Universitaria, 1971), p. 136.

[2]No se debe ignorar, no obstante, la importancia del *Cancionero sin nombre* en el desarrollo del concepto del antipoema. Para un análisis de este libro como precursor de *Poemas y antipoemas*, véase Marlene Gottlieb, "La evolución poética de Nicanor Parra: Anticipación de las *Canciones rusas*," *Cuadernos Americanos*, XXIX (1970), 160-170.

[3]Nicanor Parra, *Emergency Poems* (New York: New Directions, 1972), p. 88.

[4]Parra, *Obra gruesa*, p. 71.

[5]José Miguel Ibáñez-Langlois, "La poesía de Nicanor Parra," en Nicanor Parra, *Antipoemas* (Barcelona: Editorial Seix Barral, 1972), p. 16.

[6]*La cueca larga* y las *Canciones rusas* representan dos paréntesis (folklórico y lírico, respectivamente) en la evolución poética de Parra aunque en ambas obras persiste la actitud antipoética.

[7]Quedan algunos poemas que se podrían denominar anecdóticos: "En el cementerio", "El galán imperfecto", "La doncella y la muerte", "Conversación galante", aunque al lado de los de *Poemas y antipoemas* son anécdotas en forma muy esquemática.

[8]Parra, *Emergency Poems*, p. 124.

[9]*Ibid.*, p. 2.

[10]*Ibid.*, p. 84.

[11]*Ibid.*, p. 136.

[12]*Ibid.*, p. 36.

[13]*Ibid.*

[14]*Ibid.*, p. 58.

[15]*Ibid.*

[16]*Ibid.*, p. 74.

[17]*Ibid.*, p. 22.

[18]*Ibid.*, p. 122.

[19]*Ibid.*, p. 84.

[20]Pero Parra no se olvida de este recurso del poema-imagen insólita. Al contrario. Es la base de los *Artefactos*, poemas de tipo graffiti que publicó en forma de tarjetas postales en 1972 (Santiago de Chile: Universidad Católica de Chile) y que desgraciadamente el gobierno de Pinochet ha retirado de la circulación. Para una discusión de esta obra véase Marlene Gottlieb, "Del antipoema al artefacto al... La trayectoria poética de Nicanor Parra," *Hispamérica*, año II, número 6 (1974), 21-38.

[21]*Emergency Poems*, p. 4.

[22] *Ibid.*, p. 60.

[23] *Ibid.*, p. 124.

[24] *Ibid.*, p. 138.

[25] *Ibid.*, p. 52.

[26] *Ibid.*, p. 38.

[27] *Ibid.*, p. 62.

[28] *Ibid.*, p. 66.

[29] *Ibid.*, p. 76.

[30] *Ibid.*, p. 90.

[31] *Ibid.*, p. 36.

[32] *Ibid.*, p. 46.

[33] *Ibid.*, p. 52.

[34] *Ibid.*, p. 88.

[35] *Ibid.*, p. 4.

[36] *Ibid.*, p. 140.

[37] Quizás se puede explicar esta nueva actitud más agresiva y al mismo tiempo paranoica por el hecho de que el poeta estaba viviendo en la ciudad de Nueva York cuando escribió estos poemas. Vivía en Greenwich Village y solía ir a pasear a Washington Square Park.

[38] *Emergency Poems*, p. 56.

[39] *Ibid.*, p. 68.

[40] *Ibid.*, p. 146.

[41] *Ibid.*, 74.

[42] *Ibid.*, p. 54.

[43] *Ibid.*, p. 124.

[44] *Ibid.*, 111.

[45] *Ibid.*, p. 24.

AMADO NERVO Y LOS COMIENZOS DE LA NOVELA MODERNISTA

por Roland Grass
Western Illinois University

La innovación literaria que en Hispanoamérica se conoce por el apelativo *modernismo* tuvo su origen hacia el año 1880 en la prosa, notablemente en la prosa de José Martí y Manuel Gutiérrez Nájera. Sin embargo, tarda unos años en incorporarse a la tradición novelística. Esto se explica porque la riqueza de colorido, sonido, ritmo e imagen que demandó la innovación modernista fue adoptada con mayor facilidad en el género breve en prosa y en la lírica.

La primera manifestación del modernismo en la novela es la única novela terminada por José Martí, *Amistad funesta* (1885).[1] Esta novela no sólo está escrita en un lenguaje esteticista sino que muestra las constantes de la novela simbolista-decadente que empezó a desarrollarse en Europa en aquel entonces: el "espíritu decadente" que procede principalmente de la historia de la joven moribunda Ana; la técnica de "comunicación indirecta" por medio de ritmos, pausas, metáforas, imágenes y acciones simbólicas; y un marcado interés en la música como medio de comunicación indirecta, en la historia del pianista húngaro Keleffy. Es improbable, sin embargo, que esta novela influyera directamente en el desarrollo de la novela modernista hispanoamericana, pues se publicó bajo el seudónimo Adelaida Ral en varios números de *El Latino Americano* en Nueva York en 1885, y no se publicó bajo el nombre de José Martí sino hasta 1911, cuando apareció en Leipzig como el tomo décimo de las obras completas de Martí editadas por Gonzalo de Quesada.

En todo caso, cuando la novela modernista hispanoamericana se abre camino, casi una década después de la publicación de *Amistad funesta*, procede de otra base fundamental. Anderson Imbert ha demostrado que "Martí se había educado literariamente en el romanticismo."[2] La novela modernista que surge en diversos puntos del mundo hispanoamericano hacia el año 1895—producto, al parecer, de jóvenes escritores que escribían independientemente pero bajo influencias semejantes—tiene relaciones obvias con el naturalismo. Parece extraño a primera vista, pero no debe sorprendernos si tomamos en cuenta que Huysmans—autor de una obra clave en el desarrollo de la novela de esta estirpe, *À Rebours* (1884)—había sido miembro del cenáculo de Zola. Y en cuanto al modernismo hispanoamericano en términos generales, aclara Max Henríquez Ureña: "Se ha pretendido que naturalismo y modernismo eran antagónicos, olvidando que en el movimiento modernista cabían todas las tendencias, con tal de que el lenguaje estuviera trabajado con arte, que es, por excelencia, el rasgo distintivo del modernismo."[3]

Los jóvenes escritores que cultivaban la novela modernista en varios puntos del mundo occidental, a quienes nos hemos referido, son Enrique Gómez Carrillo, quien acudió a París muy joven en 1889, Carlos Reyles en el Uruguay y Amado Nervo en México. En el presente estudio nos interesa principalmente este último, pero vamos a echar un vistazo a los otros dos para ver algunas semejanzas y diferencias.

Gómez Carrillo fue el primero de los jóvenes hispanoamericanos que llegaron a París cuando, según escribe Manuel Ugarte, "la 'Vie de Boheme' de Murger era una especie de Biblia para los jóvenes."[4] Las primeras novelas cortas de Gómez Carrillo—*Tres novelas inmorales: Bohemia sentimental; Del amor, del dolor y del vicio; Maravillas* (llamada después *Pobre clown*)—tratan de la vida de bohemia entre artistas en París. El interés que tenía Gómez Carrillo en el naturalismo se sugiere por la mención, en el diálogo de *Bohemia sentimental*, de un "artículo de Zola sobre la inmoralidad"[5] que muy bien pudiera tener algo que ver con el título colectivo de las tres novelitas. Pero algo de los móviles del novelista modernista hispanoamericano—no sólo de los del joven bohemio Gómez Carrillo—se ve en lo que se dice acerca de uno de los poetas jóvenes que son protagonistas de *Bohemia sentimental*: "Luciano pensaba alejarse de las musas para consagrarse por completo a la novela y al teatro. Soñaba en hacer comedias incoherentes en las cuales la vida apareciese cortada y nerviosa como lo es en efecto. Deseaba escribir novelas relativamente cortas, atrevidas, algo descuidadas aparentemente, pero en el fondo muy artísticas, muy perversas y muy crueles."[6]

Gómez Carrillo empezó a escribir las *Tres novelas inmorales* alrededor del año 1894, pero no logró publicarlas individualmente sino hacia 1899,[7] de modo que no pudieron influir directamente en el desarrollo de la novela modernista hispanoamericana antes de entrado el siglo veinte. Otra suerte tenía la producción novelística finisecular de Carlos Reyles. Se ha dicho que éste escribió el "manifiesto de una revolución"[8] en el prólogo de su novela corta *Primitivo* en 1896.

El prólogo "Al lector" de *Primitivo* provocó una polémica literaria con resonancias entre España e Hispanoamérica. La edición que hemos utilizado para el presente estudio lleva esta advertencia: "Las interpretaciones que Gómez de Baquero, de la *España Moderna*, de Madrid, Rodó, Ferreira, Magariños, Roca, Lugones y otros críticos y 'dilettantis' del Río de la Plata han hecho del prólogo de *Primitivo*, me obligan a publicarlo por segunda vez con algunas aclaraciones y fundamentos que antes no creí necesarios."[9]

Cuesta resistirse a reproducir este prólogo en su totalidad, por lo interesante que es, pero podemos indicar lo esencial en pocas palabras. Reyles propone escribir, "bajo el título de *Academias*, una serie de novelas cortas, a modo de tanteos o ensayos de arte, de un arte que no sea indiferente a los estremecimientos e inquietudes de la sensibilidad *fin de siglo* [...]." Se refiere a "tentativas numerosas" en Francia, en Italia, en Alemania "para encontrar la fórmula preciosa de arte del porvenir" que se distingue del naturalismo y de la novela psicológica: "es *otra cosa* más ideal y grande, de que acaso sospechó la existencia el Dios de Bayreuth." Reconoce no sólo la influencia de Wagner, sino también la de Schopenhauer, Stendhal y Renán, en la formación espiritual del "público de nuestros días"; y proclama que "los complejos, los sensitivos, los intelectuales van a buscar en Tolstoy, Ibsen, Huysmans o D'Annunzio, lo que no encuentran en castellana lengua [...]." En fin, dice que "la novela moderna debe ser obra de arte tan exquisito que afine la sensibilidad con múltiples y variadas sensaciones, y tan profundo que dilate nuestro concepto de la vida con una visión nueva y clara." Para conseguirlo, continúa Reyles, "tomaré colores de todas las paletas, estudiando preferentemente al hombre sacudido por los males y pesares, porque éstos son la mejor piedra de toque para descubrir el verdadero metal del alma."[10]

Reyles publicó tres novelitas en la serie *Academias*: *Primitivo* (1896), *El extraño* (1897) y *El sueño de Rapiña* (1898). A pesar de sus palabras provocadoras en el prólogo de la primera, *Primitivo*, la historia de la venganza de un buen gaucho por la infidelidad de su mujer, no sobrepasó de manera definitiva el crudo naturalismo de sus primeras obras novelísticas, *Por la vida* (1888) y *Beba* (1894). En efecto, Reyles no rechaza el naturalismo por completo en su larga vida literaria, ni en su novela más esteticista, *El embrujo de Sevilla* (1922). Sin embargo, las otras dos *Academias* sí tienen importancia en el desarrollo de la novela modernista en Hispanoamérica. Reyles publicó las *Academias* después de su primer viaje a Europa. *El sueño de Rapiña* es una alegoría de los efectos del materialismo en conflicto con los ideales del amor, la alegría y la hermosura, la cual se desarrolla por medio de símbolos convencionales en una prosa rica en detalles preciosos. *El extraño*, la novelita más larga y más labrada de las *Academias*, introduce en las letras hispánicas al esteta decadente—perverso, egoísta, devoto del culto de lo artificial, desequilibrado en su ambiente burgués—, siguiendo el modelo, según el propio Reyles,[11] del duque Jean Floressas des Esseintes de *Ȃ Rebours* de Huysmans.

Pasando a Amado Nervo, vemos que también él ha sido relacionado con el naturalismo en la novela. Ralph Warner, por ejemplo, fijándose en referencias textuales a la herencia del protagonista de *Pascual Aguilera*—"mísero retoño de un agotado y de una alcohólica, con quién sabe qué heredismos torpes..."; "Innotos ímpetus y tendencias hereditarias me llevaron, primero a la lujuria y después a la muerte..."—clasifica esta obra como "un ensayo de novela naturalista."[12] Hasta el mismo Nervo, en uno de los artículos de sus *Fuegos fatuos*, firmado con el seudónimo Rip Rip en 1896, se toma el pelo a sí mismo, escribiendo un diálogo entre un "señor N, escritor naturalista" y una dama, en un salón de baile:

> —¿Conque usted es escritor?
> —Naturalista para servir a usted.
> —¿Qué es eso de naturalista?...
> —Naturalista, señora, es el que toma las escenas del natural, con todos sus pelos y... digo, con todos sus detalles.
> —¿Y dice usted que concurre a los salones para tomar datos?...
> —De la vida real, señora, y, sobre todo, de la vida social. Hasta ahora los naturalistas mexicanos han pintado, más o menos felizmente, la clase media y la baja. Yo aspiro a pintar la aristocracia (I, 697).[13]

Sin embargo, vamos a ver que aun las primeras obras de Nervo no representan el llamado "flamante naturalismo." Warner también reconoce que el *Pascual Aguilera* es "más poético de lo que se suele encontrar en obras de esta clase."[14] Pero antes de proceder debemos indicar cuáles son las novelas de Nervo que nos interesan para el presente estudio.

En el caso de Nervo hay un problema de clasificación. Toda su obra en prosa es breve. Nervo lo quería así, y en un momento pronosticó la brevedad de la ficción en el futuro, otra vez en forma dialogada, "Zoilo y él":

> ZOILO.—Su libro de usted pudo desarrollarse más.

> EL.—Usted dice: desarrollar; Flaubert dijo: condensar. Prefiero a Flaubert. Nuestra época es la de la *nouvelle*. El tren vuela... y el viento hojea los libros. El cuento es la forma literaria del porvenir (II, 344).

En efecto, lo más conveniente en el caso de Nervo sería referirse a sus "novelas" empleando la palabra francesa *nouvelle*, que se puede entender como *cuento* o *novela corta*. En todo caso, aquí podemos considerar *novelas* las obras que Nervo y sus editores han identificado como "novelas." Estas son *Pascual Aguilera* (escrita 1892, revisada 1896, publicada 1905);[15] *El bachiller* (1895); *El donador de almas* (1899); y las siguientes obras que se publicaron en Madrid entre 1916 y 1918 en sendos números de *La novela corta*: *El diablo desinteresado*; *El diamante de la inquietud*, *Una mentira*; *Un sueño* (llamada después *Mencía*); *El sexto sentido*; y *Amnesia*. Para el presente estudio nos interesan principalmente las tres novelas cortas escritas antes de iniciado el siglo veinte.

Conviene apuntar que la novela de Amado Nervo siempre muestra un vivo interés en la psicología, sobre todo en la psicología anormal. En las dos primeras novelas de Nervo, *Pascual Aguilera* y *El bachiller*, el rasgo psicológico es otro punto de contacto con el naturalismo.[16] Pascualillo, en aquélla, sufre de una satiriasis que le lleva—en la noche de bodas de una muchacha de la peonada, a quien codicia—hasta el extremo de violar a su propia madrastra. Felipe, el joven seminarista en *El bachiller*, para resistir las tentaciones de una rancherita fresca y hermosa, llega hasta el extremo de mutilarse a sí mismo.[17] Sin embargo, en las demás novelas de Nervo, en las que no hay rastro de naturalismo, sigue manifestándose el interés en la psicología; y nos damos cuenta de que la psicopatología es rasgo también del modernismo en la novela. Basta señalar *El diamante de la inquietud*, novelita preciosa en que Nervo examina el concepto cristiano-existencial de que el sufrir conduce a la plenitud (tema también, como hemos visto, de Reyles y, entre otros, de un amigo de Nervo en España, Miguel de Unamuno); *Un sueño* (*Mencía*), novela en que Nervo juega con el concepto de la reincarnación que, en este caso, resulta ser la ilusión producida por un sueño; *Amnesia*, obra en que, como sugiere el título, Nervo crea una nueva personalidad en una mujer como resultado de la amnesia.

En efecto, Luis Alberto Sánchez ha señalado las tres primeras novelas de Amado Nervo para sustentar su tesis de que lo psicológico es un rasgo distintivo del modernismo en la novela: "Aunque en materia de arte y literatura no se pueden nunca fijar fechas exactas, pues las corrientes y los movimientos se producen incesantemente, en espiral, hay algunos hitos a los que es posible localizar en alguna zona del tiempo. Si lo juzgamos así, relativamente, parecería que la novela psicológica en América Latina guarda estrecha relación con el modernismo, y que fue éste el que lanzó, como expresión de sus inquietudes y su sensibilidad, con mayor énfasis que otras tendencias, dicho tipo de novela."[18]

Por otra parte, Nervo nos ha dejado un documento que explica algunos rasgos importantísimos de la técnica literaria del modernismo. Nos referimos a una carta abierta dirigida a Victoriano Salado Alvarez, adversario del modernismo en Guadalajara, la cual publicó Nervo en 1897. La carta es larga; copiemos aquí sólo la parte central:

> Usted reprocha principalmente al modernismo y parece ser ésta su razón moral: que no es una escuela adecuada al país. En buena hora, mas yo pregunto simplemente:
>
> —¿Es buena o es mala esta escuela?
>
> Si es buena, hacemos bien en seguirla, que nunca ha merecido reproche ser devoto de lo que tiene merecimientos y siempre se ha considerado loable implantar lo bueno en un medio cualquiera.
>
> Si es mala, Baudelaire, Verlaine, Mallarmé, Villiers, Edgardo Poe y, ¿qué digo?, Isaías, Daniel, San Juan Evangelista, es decir, los genios más grandes acaso de la humanidad, o los genios a secas, si usted quiere, son unos extraviados; y por mi parte hallo honoroso extraviarme con ellos.
>
> A esto podría usted argüirme:
>
> Primero. Que nosotros no seguimos hábilmente la escuela. Entonces no es reprochable nuestro modernismo, sino nuestro zurdo procedimiento.
>
> Segundo. Que Daniel, San Juan o Isaías, no fueron decadentes, y a esto le respondería que fueron los padres del simbolismo, alma de la mayor parte de las escuelas literarias modernas.
>
> Porque el modernismo va, seguramente, hacia dos grandes fines: el símbolo y la relación. El símbolo que, sutilizándose, será el verbo único del porvenir; ejemplo, la música, que cada día extiende su reinado, porque estando en las fronteras de lo inmaterial es la sola que puede traducir ciertos matices del espíritu moderno; y la relación que ata a los mundos en un imponderable abrazo, ejemplo, el color y el aroma que siendo dos vibraciones tienen el uno del otro algo en sí mismos, de tal suerte, que en el aroma de la violeta hay color lila y en el matiz del lila hay aroma de violeta.
>
> La violeta blanca no tiene el propio perfume de la violeta lila; luego la vibración del color contribuye a

> la vibración sutil del aroma. Estas relaciones atan, a través del infinito, a la luz y al ritmo, al color y al perfume, y en unión del símbolo que las expresa abren un gigantesco y formidable campo al espíritu humano (II, 342,343).

Lo que nos interesa sobremanera aquí son la clara relación entre los modernistas hispanoamericanos y los simbolistas nombrados,[19] el interés en la técnica de comunicación indirecta por medio de símbolos y la relación entre estos, la música y la sinestesia. Este último concepto, referido por Nervo con el término "la relación," tiene base, evidentemente, en la teoría de "correspondencias" elaborada por Baudelaire en su famoso soneto de ese título y después en otro soneto, igualmente conocido, "Voyelles," de Rimbaud.[20]

Por cierto, Nervo está pensando más bien en la poesía al escribir su carta abierta a Salado Alvarez. Pero sus observaciones son pertinentes a su propia novela. Hacia el final de su primera novela publicada, *El bachiller*, hay cierta analogía entre el estado de ánimo del protagonista y varios elementos de la naturaleza. En la escena referida, Felipe está perturbado a causa de una pregunta inocente de la rancherita: "Niño, ¿por qué se ordena usted?" (I, 197). En pos de un largo pasaje que revela objetivamente el conflicto mental que produce esta pregunta en Felipe, Nervo incluye un párrafo lleno de símbolos convencionales que subrayan de manera indirecta el conflicto en el ánimo del joven: "El sol coronaba a la sazón, como una diadema de fuego, la cúspide de un monte; la brisa llegaba llena de perfumes rudos a la ventana y, ante la pompa de la naturaleza, y con los perfumes vigorosos de la llanada, Felipe se sentía ebrio de juventud, ebrio de vida" (I, 198). Reconocemos la intención simbolista de este pasaje en parte porque la montaña a menudo se relaciona en la literatura con lo espiritual y el ocaso con la muerte, mientras que la brisa se asocia a menudo con lo sensual, impresión aumentada aquí por la mención de "perfumes rudos." Por otra parte, si reconocemos estos símbolos convencionales en parte a causa de la tradición alegórica en la literatura, conviene apuntar que aquí funcionan como verdaderos símbolos porque tienen un doble (acaso un múltiple) sentido: el significado literal (monte, brisa) y el sentido simbólico (espiritualidad, sensualidad).

El interés de Nervo en el simbolismo se ve con mayor claridad en su tercera novela, *El donador de almas*. Pero, como en esta novela se ve otra característica de su novela no vista antes, el humorismo, debemos decir algunas palabras sobre este asunto antes de emprender el examen de esta novela.

Había entre los amigos de Nervo los que no conocían su sentido del humor. Ha escrito Manuel Ugarte, refiriéndose a una época en París, adonde viajó Nervo en 1900, poco después de la publicación de *El donador de almas* en México: "Todos fuimos idealistas por aquel tiempo y al idealismo permanecimos fieles hasta el fin. Pero Nervo no matizó la tendencia con paréntesis de buen humor. Melancolizaba sin tregua, mientras nosotros—sin exceptuar a Darío, que tenía alma infantil—, nos divertíamos en perturbar, a ratos, la monótona ordenación de las simetrías con la impertinencia sonriente de una paradoja inesperada."[21] Al parecer, Ugarte no había leído la tercera novela de Nervo, para no mencionar un sinfín de artículos humorísticos que aparecieron en periódicos. Por otra parte, Manuel Durán ha observado: "Diríase que Nervo reserva su sentido del humor, su ironía, para la prosa [...]."[22] Ugarte, como los críticos de hoy, conocía mejor la obra poética de Nervo.

El donador de almas es una deleitable novelita que tiene su base en el pitagorismo y otras manifestaciones de lo oculto que los simbolistas europeos[23] y modernistas hispánicos, por lo general, tomaron muy en serio. A este respecto, es interesante observar que Ricardo Gullón, quien ha estudiado la expresión de estas creencias en la poesía modernista, menciona a Amado Nervo (junto con Rubén Darío) como "alma más cristiana que la de cualquiera de sus coetáneos."[24]

En *El donador de almas* parece que Nervo quiere tomarles el pelo a sus coetáneos. Uno de los personajes de la novela, Andrés, es calificado por el protagonista, un médico, como "poeta desequilibrado..., romanista, esteta, simbolista, ocultista, neomístico o lo que seas" (I, 216). Andrés es identificado también como autor de una "novela simbolista" titulada *El reino interior* (I, 212). Además, es mago y, porque el protagonista le ha ayudado en la publicación de sus obras, Andrés le agradece, "donándole" un alma.

Es el alma de una monja "que en religión se llamaba sor Teresa y en el siglo no tenía nombre" (I, 207). Entre muchas complicaciones divertidas, sor Teresa muere y su cuerpo es enterrado mientras que su alma visita al protagonista. Resulta, pues, que el alma desencarnada (ahora llamada Alda) tiene que ocupar el cuerpo del protagonista. Aunque las dos almas son capaces del amor, no son compatibles en un mismo cuerpo. En efecto, aunque el hemisferio derecho del protagonista se enamora del hemisferio izquierdo, un hemisferio no puede tolerar que el otro fume, y éste no puede soportar que aquél toque el piano. Dentro de este humorismo, nos interesan las preferencias a la lectura del hemisferio izquierdo—es decir, el hemisferio femenino: "Cuando el hemisferio derecho quería dormir, el hemisferio izquierdo se empeñaba en leer. ¡Y qué lecturas! Novelas fantásticas como las de Hoffman, de Poe y de Villiers; ¡nunca libros científicos!" (I, 216).

El protagonista trata de convencer a Andrés que Alda debe colocarse en el cuerpo de una mujer. El poeta-mago está de acuerdo, pero para hacerlo tiene que pronunciar el Tetragrámaton y se ha olvidado de la pronunciación correcta. Al fin, tras una discusión de la "antigua tradición de los hebreos (o Kabbala)," que Nervo define como "hermetismo puro, *ad pedem litterae*" (I, 219) y un viaje a Tierra Santa, Andrés aprende la pronunciación del "sumo sacerdote" que sabe "todas las ciencias divinas y humanas" (I, 220-221). Logra colocar a Alda en el cuerpo de doña Corpus, la cocinera del protagonista. Mas la nueva alma sobra en el cuerpo de la vieja, y la cocinera muere de "*congestión espiritual*" (I, 222).

Hacia el final de esta novelita ligera, Nervo parece ponerse serio. Vuelve a una especie de panteísmo que es un elemento serio en su poesía, y produce una prosa poética que muy bien pudiera servir de modelo para la novela modernista. He aquí el principio de un largo pasaje en que Alda trata de convencer al protagonista de que él no será abandonado cuando ella se vaya (puesto que ya es un alma libre): "Vendré por las mañanas, con las buenas auras olorosas, y por las tardes, con los oros postreros del ocaso. Me oirás en la brisa que pasa, me aspirarás en el perfume que flota, me contemplarás en los lampos del alba, me sentirás en el júbilo de tu espíritu consolado" (I, 224). Quizás aún más cerca del ideal simbolista de intentar la expresión de lo inexpresable es esta descripción que hace Alda del arrebatamiento del espíritu librado: "¡Ah, tú no sabes, tú no puedes comprender la delicia de abejear por el espacio sin límites, de ser una perenne libélula de esos grandes corimbos de flores pálidas que se llaman constelaciones; de escuchar el salmo de los mundos que ruedan, de fundirse en la crin fosforescente de los cometas, de visitar orbe tras orbe y hallar con pasmo que la creación siempre comienza, que siempre estamos en el umbral del universo y que tenemos para recorrerlo la rapidez de la luz, la sutileza del éter y la tenuidad del perfume!" (I, 223).

Hemos llegado al punto en que debemos agregar una observación más y, luego, hacer un resumen. Hasta aquí, no hemos mencionado el hecho de que el protagonista de *El donador de almas* es médico, es científico. En los pasajes que acabamos de citar, vemos claramente la intención de Nervo de afirmar la realidad espiritual en una época de cientificismo. Hasta cierto punto, *El donador de almas* es un asalto contra la lógica, y el humorismo, la sátira, de esta novela se dirige en contra del racionalismo del período. Por cierto, éste es un aspecto importantísimo del simbolismo europeo tanto como del modernismo hispanoamericano.

Hemos dicho que—después de una temprana tentativa de Martí de escribir una novela modernista, con raíces en el romanticismo—surgen simultáneamente en diversos puntos del mundo hispanoamericano varias novelas modernistas con raíces—como las de novelas por Huysmans y D'Annunzio en Europa—en el naturalismo. Pero el naturalismo es un movimiento racionalista, cientificista; el simbolismo y el modernismo son movimientos esteticistas, idealistas, espiritualistas. Podemos resolver esta paradoja aparente si tomamos en cuenta que el naturalismo es en realidad la expresión literaria del positivismo—es decir el determinismo por la herencia y el medio ambiente. Manuel Durán ya ha indicado las semejanzas y diferencias entre el positivismo burgués y el modernismo:

> Modernistas y burgueses positivistas son, pues, "hermanos enemigos." Una lista, incluso parcial, de lo que tiende a unirlos, resulta reveladora. Ambos son al mismo tiempo nacionalistas y cosmopolitas; ambos se abren al espíritu del cambio, repudian el pasado; ambos aman el lujo y la sensualidad. La gran diferencia que los separa es que el burgués positivista es hombre irreligioso incluso cuando va a misa (y suele practicar la religión católica), mientras que el poeta modernista es hombre profundamente religioso incluso cuando se proclama ateo. El romanticismo había proclamado que el poeta era un héroe, con frecuencia un héroe maldito, fuera de la ley; el simbolismo, sin rechazar del todo esta actitud, afirma que el poeta es un vidente, un inspirado, un "pararrayos de Dios," según la certera frase de Darío. El burgués positivista tiene hambre de dividendos; el poeta modernista siente hambre de absoluto. La diferencia es notable. Más aún: decisiva.[25]

Hemos visto que las primeras novelas modernistas de Enrique Gómez Carrillo, Carlos Reyles y Amado Nervo tienen otras características en común, además de su relación con el naturalismo. Por casualidad, son tres las novelas cortas que escribió cada autor durante esos siete años. Pero no es la mera casualidad que fueran cortas; cada autor declaró su intención de escribir novelas breves en un lugar u otro. De entre los tres escritores, sólo Carlos Reyles cultivó la novela larga antes y después de sus "tanteos o ensayos de arte," las *Academias*.

Tampoco es mera casualidad, nos parece, que los tres autores trataran de una especie de psicopatología en sus novelas. La mención de esas "novelas relativamente cortas, atrevidas [...], muy artísticas, muy perversas y muy crueles" en una de las primeras novelas de Gómez Carrillo y el interés "preferentemente" en el "hombre sacudido por los males y pesares" de Reyles, proclamado en el prólogo de *Primitivo*, revelan su intención. Y estos criterios podrían aplicarse bastante bien también a las primeras novelas de Amado Nervo, *Pascual Aguilera* y *El bachiller*.

La rebelión del artista sensible contra la burguesía positivista se ve en las novelas cortas de los tres escritores, de manera notable en *El extraño* de Carlos Reyles. Pero el aspecto espiritual—precisamente lo espiritual contra lo científico—se ve mejor, aunque de manera irónica, en *El donador de almas* de Amado Nervo.

Finalmente, conviene observar que el arte de la comunicación indirecta—ese arte relacionado con los simbolistas-decadentes, que se basa en ritmos, pausas, metáforas, imágenes y acciones simbólicas, el cual mencionamos al principio respecto a la prosa de José Martí—se ve con mayor claridad en la novela de Amado Nervo. Podemos decir ahora, con la perspectiva de la historia literaria, que éste es el aspecto más duradero de la novela modernista. Las novelas de Amado Nervo, por lo tanto, ensombrecidas por su magnífica producción poética, merecen consideración especial en los comienzos de la novela modernista.

NOTAS

[1]Véase Enrique Anderson Imbert, "Comienzos del modernismo en la novela", *Nueva Revista de Filología Hispánica*, 7 (1953), 515-25.

[2]*Ibid.*, pág. 519.

[3]*Breve historia del modernismo* (México: Fondo de Cultura Económica, 1954), pág. 17.

[4]*Escritores iberoamericanos de 1900* (Santiago de Chile: Orbe, s.f.), pág. 23.

[5]Enrique Gómez Carrillo, *Tres novelas inmorales*, Tomo V de las obras completas (Madrid: "Mundo Latino", s.f. [Dedicatoria fechada 1919]), pág. 45.

[6]*Ibid.*, pág. 23.

[7]Véase Seymour Menton, *Historia crítica de la novela guatemalteca* (Guatemala: Editorial Universitaria, 1960), pág. 104.

[8]Edwin S. Morby, "Una batalla entre antiguos y modernos: Juan Valera y Carlos Reyles", *Revista Iberoamericana*, 4 (1941), 120.

[9]Carlos Reyles, *Cuentos completos* (Montevideo: Arca, [1968]), pág. 7. Más tarde la polémica creció con la intervención no sólo de Juan Valera sino también la de Emilia Pardo Bazán, Jacinto Octavio Picón, Eduardo Benot y Leopoldo Alas, en las páginas de *El Liberal* y de *La España Moderna*; véase Morby, ob. cit., pág. 128 *et passim*.

[10]*Cuentos completos*, págs. 7-9.

[11]Véase Carlos Martínez Moreno, "Prólogo", en Carlos Reyles, *La raza de Caín* (Montevideo: Biblioteca Artigas, 1965), pág. lv.

[12]*Historia de la novela mexicana en el siglo XIX* (México: Antigua Librería Robredo, 1953), pág. 106.

[13]Números entre paréntesis aquí y en adelante se refieren a tomo y página en Amado Nervo, *Obras completas*, ed. Francisco González Guerrero (prosas) y Alfonso Méndez Plancarte (poesías), 4ª ed., 2 tomos (Madrid: Aguilar, 1967).

[14]*Loc. cit.*

[15]Cfr. Amada Marcela Herrera y Sierra, *Amado Nervo: su vida, su prosa* (México: [Editores e Impresores Beatriz de Silva], 1952), pág. 209.

[16]Sobre la psicopatología en el naturalismo, véase, v. gr., Georg Lukács, *Realism in Our Time: Literature and the Class Struggle* (New York: Harper, [1964]), págs. 28-29.

[17]Por cierto, muchos han criticado fuertemente la resolución de estas dos novelas. Refiriéndose a *El bachiller*, John S. Brushwood provee una justificación parcial: "[...] those who criticize it do not give the author enough credit for the psychological development that creates the protagonist's impasse. If it is not entirely credible, it at least shows the author's willingness to probe human reactions" (*Mexico in Its Novel*...[Austin: Univ. of Texas Press, 1966], pág. 147).

[18]*Proceso y contenido de la novela hispano-americana*, 2ª ed., corregida y aumentada (Madrid: Gredos, 1968), pág. 153.

[19]En la carta abierta a Salado Alvarez, Nervo identifica a los miembros de "mi grupo": Dávalos, Tablada, Olaguíbel, Ceballos, Couto (II, 341-42). En un artículo sobre "El modernismo" escrito unos años más tarde, Nervo nombra a un grupo más amplio de europeos e hispanoamericanos: "Estos hombres se han llamado; en la cultura francesa, Verlaine, Mallarmé, Moréas, Régnier, Rimbaud, Francis Jammes (los flamencos Rodenbach, Maeterlinck, Verharen, etc.); en la cultura italiana: D'Annunzio; en la cultura hispanoamericana: Rubén Darío, Leopoldo Lugones, Enrique Gómez Carrillo, Valle-Inclán, los Machado, Villaespesa, José Juan Tablada, Salvador Díaz Mirón y Luis G. Urbina (en su última forma), Guillermo Valencia, Julián del Casal, José Asunción Silva, etc. Se les ha apodado 'modernistas'. Bueno. Lo mismo da un nombre que otro" (II, 399).

[20]Conviene apuntar que Nervo pudo haber aprendido la teoría de las "correspondencias" en la obra de Gutiérrez Nájera; con respecto a indicaciones de "correspondencias" en la obra de Gutiérrez Nájera, véase, v. gr., Harley D. Oberhelman, "Manuel Gutiérrez Nájera, His 'Crónicas' in the 'Revista Azul'", *Hispania*, 43 (1960), 51. Por otra parte, esta teoría, que se esparce por toda la literatura modernista hispanoamericana, ya se veía en diversas localidades en los tiempos de Baudelaire; según John Senior: "the doctrine [of correspondences] was everywhere, and Baudelaire undoubtedly read it everywhere" (*The Way Down and Out: The Occult in Symbolist Literature* [New York: Greenwood Press, 1968], pág. 89).

[21]Ob. cit. (n. 4), pág. 187.

[22]*Genio y figura de Amado Nervo* (Buenos Aires: Editorial Universitaria, 1968), pág. 127.

[23]Véase John Senior, ob. cit., *passim*.

[24]"Pitagorismo y modernismo", en *Estudios críticos sobre el modernismo*, ed. Homero Castillo (Madrid: Gredos, 1968), pág. 372 (reimpresión de *Mundo Nuevo*, N° 7 [1967]).

[25]Ob. cit. (n. 22), págs. 30-31.

MUERTES HISTORICAS DE MARTIN LUIS GUZMAN: "EL AGUILA Y LA SERPIENTE"

por Francisco Jiménez
University of Santa Clara

Martín Luis Guzmán encuentra un lugar destacado entre los escritores mexicanos más representativos de su país. Refiriéndose a la producción total de este distinguido autor, Andrés Iduarte afirma:

> Si hay quienes hoy puedan evocar el plus ultra creador y dionisíaco, son estos hijos de un país tan fuerte como dulce, tan violento como tierno, tan complejo como sencillo, en donde gozaron y padecieron pasión, peligro y muerte, gracia, inteligencia y sabiduría, belleza y justicia y, en suma, el bien y el mal en la más pura fuente de sus esencias.... Grandes méritos, alta gloria podrán hallarse en escritores y pintores de otros sitios; pero ninguno cuenta con mejor marco ni se mueve en cuadro tan coruscante como los que México y su Revolución dieron a los nuestros.[1]

Las paradojas constantes de lo mexicano y de la Revolución aparecen en *Muertes Históricas* con gran claridad; allí Martín Luis Guzmán revela su consagración a la realidad, a lo vital, y capta con maestría los conflictos de los hombres y la Revolución describiendo detalladamente "la extinción y el derrumbamiento de dos hombres fuertes como robles":[2] Porfirio Díaz y Venustiano Carranza.

Porfirio Díaz

En "Tránsito sereno de Porfirio Díaz" Guzmán señala el contrapunto entre la violenta vida del Dictador y su serena muerte. De este contraste radian los elementos antitéticos que producen una realidad dolorosa. Guzmán construye de tal manera su relato sobre el episodio final de la vida de Díaz que la época vigorosa y cruel de la era porfiriana se refleja, aunque no la menciona, y contrasta con el patético fin del anciano que murmura "Mi mamá me espera"[3] al completar el ciclo vital y regresar a la infancia.

Además, Guzmán acentúa el contrapunto entre la vida tormentosa y la pacífica muerte de Díaz mediante la técnica de su estilo. Al presentar la cruda escena de la muerte del Dictador, él yuxtapone la elocuencia de su propia sintaxis: "Poco a poco, hundiéndose en sí mismo, se iba quedando inmóvil. Todavía pudo a señas dar a entender que se le entumecía el cuerpo, que le dolía la cabeza. Estuvo un rato con los ojos entreabiertos e inexpresivos conforme la vida se la apagaba" (p. 1056).

Mientras don Porfirio va muriendo, Guzmán aprovecha este proceso como contraste con la vitalidad del mundo exterior (fuera del confinado recinto donde yace el anciano inválido) para aumentar la tensión entre estas dos realidades al verlas a través del moribundo en su papel de intermediario como elemento pasivo y reflectivo: "Ahora se estaba sentado en una silla que le ponían junto a la ventana. Desde allí miraba los árboles de la avenida, que diariamente lo habían acompañado en sus paseos.... Cansado o absorto, volvía la vista hacia la ventana; contemplaba las puestas del sol" (p. 1054).

Cuando Díaz muere finalmente, el sol no se eclipsa de repente, ni sucede ningún fenómeno catastrófico; los pajarillos siguen su canto; en otras palabras, la vida sigue su curso. "A las seis y media expiró mientras a su lado el sol inundaba todo en luz!" (p. 1057).[4]

A través de su inusitado sentido de las imágenes[5] Guzmán exige el reconocimiento de la realidad: la realidad en este caso es la separación de don Porfirio de su propio mundo que lo pasó de largo. Es la muerte de un hombre que ni siquiera pertenece a la vida que abandona y es lo que Guzmán revela con tal percepción.

Venustiano Carranza

La asociación del conflicto entre realidad y vida se repite con igual convicción en el "Ineluctable fin de Venustiano Carranza." De hecho la muerte de Carranza está asegurada por lo menos parcialmente porque él ha rechazado la posibilidad de cualquier otro conjunto de factores que los que se impone a sí mismo. Este rechazo o incapacidad de parte de don Venustiano para aceptar las circunstancias según se presentan llegan a constituir un repudio a la realidad. Para Guzmán, ignorar la realidad equivale a morir.

Por lo menos Guzmán considera el rechazo de Carranza en reconocer la gravedad de la situación como una forma de engañarse a sí mismo. Más que una flaqueza, es para el escritor un vicio con el cual no tiene piedad, para el cual no siente piedad ninguna—sea el engaño del tipo que sea. Tal vez lo considera un peligro tanto para el individuo como para el mundo que debe rechazarse aun en los casos más benignos ya que implica un rechazo a admitir la crudeza de la realidad. Esta es una faceta del espíritu antirromántico de Guzmán que se puede apreciar en sus comentarios sobre Bernardo Reyes en *Febrero de 1919*:

> No pueden negarse las grandes cualidades que tenía, pero tampoco el hecho de que obraba, una vez y otra, con una inconsistencia política, o una ceguera, de que apenas hay ejemplo. Siempre con el nombre de la patria en los labios, por patriotismo hacía las cosas más infecundas, extrañas o contradictorias. Por patriotismo había vuelto al país cuando la ola del maderismo le indicaba no volver. Por patriotismo no se había enfrentado con Porfirio Díaz cuando todo México se lo aconsejaba aclamándolo. Por patriotismo se había levantado en armas contra Madero precisamente cuando nadie estaba dispuesto a seguirlo. Por patriotismo se rindió cuando su rendición no era indispensable ni significaba nada. Y por patriotismo, tras de reconocer su error y proclamar que debía castigársele, se entregaba a conspirar de nuevo y más insensatamente que antes. Acaso pudiera decirse de él que se creía y se sentía un patriota, y que obraba siempre, leal en el propósito, a impulsos de esa convicción, pero que, en realidad, su patriotismo no era bastante para señalarle donde estaba el verdadero bien de la patria (*Obras* II, p. 1125).

No es extraño entonces que Guzmán critique la posición de Carranza, al menos mientras el líder tenga poder nominal y pueda cambiar el rumbo de las cosas mediante una apreciación justa de los hechos a su alrededor. "La realidad era así. La realidad en el espíritu de don Venustiano la que su carácter le imponía. Porque nada superaba en él a su obstinación; nada a su incapacidad para reconocer sus errores" (p. 1062).

La censura crítica que se advierte al principio debido al temperamento obstinado de Carranza no sólo establece una percepción penetrante acerca del carácter del hombre sino que además constituye una explicación de la causa inmediata de su muerte. Carranza se ubica a sí mismo en un mundo de fantasía, un mundo mesiánico que le precipita a la destrucción. Carranza se ha engañado a sí mismo, ha perdido contacto con la realidad. Su fin es inevitable: "...y se afirmó, inconmovible e impasible, en la evidencia de que el único sendero, como siempre hasta entonces, era el suyo, el que él se trazaba. Es decir, que tuvo la visión de estar cumpliendo un destino—claro y acariciado a la luz de su ceguera—mientras de hecho, inconsciente e implacablemente, caminaba hacia otro, negro y cruel, que estaba aguardándolo" (p. 1062).

El conflicto así puntualizado se refleja de otras formas en el carácter de Carranza. Su contradicción entre la crudeza del presente y la versión romantizada del pasado se reitera repetidamente en las divagaciones de don Venustiano. El general recuerda constantemente su éxito en la retirada hacia Veracruz en 1914 como un apoyo y una garantía del éxito eventual sobre sus tribulaciones presentes.

La preocupación de Carranza con su pasado es una recapitulación del tema presente en el "Tránsito sereno de Porfirio Díaz"—o sea el conflicto entre el hombre y su tiempo. Don Venustiano está muerto "a la realidad de este mundo" durante la narración de la historia. Pertenece a un pasado que ya no existe; es un líder sin nación tal como don Porfirio en París.

Martín Luis Guzmán efectivamente dramatiza esta pérdida de poder y la separación de Carranza de su propio ambiente cuando relata el episodio donde el Primer Jefe pasa revista a los restos de lo que antes había sido un gran ejército. No puede ser más conmovedor ni más patético, ni más quijotesco: "Y en un caballo que le consiguieron prestado, el Presidente de la República pasó revista a lo que le quedaba del Ejército Nacional, aquel ejército de quien él todavía se sentía jefe. Eran cuatro mil hombres. Le presentaron las armas, lo saludaban con la marcha de honor, mientras, al paso de los caballos, le daba escolta un séquito de quince o veinte generales" (pp. 1066-1067).

Los vaivenes de la política y de los sucesos históricos se prestan para las situaciones irónicas que Guzmán aprovecha; los poderosos se encuentran humillados, los aliados son traidores de súbito, y por último los enemigos son amigos. Las situaciones en sí, como se sabe son sucesos históricos de la vida mexicana, pero no se puede negar el talento periodístico y creador de Guzmán, quien al recrear los hechos y figuras históricas, interpreta los sucesos en un nivel dramático, conservando la verosimilitud de sus personajes.

A medida que las últimas horas de Carranza se aproximan, el conflicto hasta entonces inexorable comienza a amainar. La pugna continúa, pero la actitud del autor y por lo tanto del lector se transforma ya que cambia la valorización del sujeto. Comienza con un velado menosprecio, debido a la testarudez con que Carranza se desenvuelve dentro de la realidad del mundo que lo rodea, y gradualmente surge una tolerancia rayana en la admiración por la valentía del hombre.

La metamorfosis que sufre la opinión del autor y del lector en cuanto a Carranza resulta de la posición desesperada del Primer Jefe a medida que aumentan sus dificultades abrumadoras a los planes de escape. La importancia de esa desgraciada realidad disminuye en la mente de Guzmán. Cuando la realización del conflicto entre realidad y fantasía no añade nada más a las oportunidades de supervivencia, la conciencia del conflicto pierde validez.

Mientras Carranza se acerca a su fin, el enemigo se torna en "aquel enemigo, múltiple y ubicuo, que tan pronto se dispersaba como reaparecía" (p. 1068), y su posición llega a ser insostenible.

Así, pues, Carranza presencia una batalla decisiva para él, desde una posición remota, como espectador "por entre los cristales de su coche-salón" (p. 1080). Esta escena del guerrero pasivo en tales circunstancias es patética e irónica.

Guzmán retrata al hombre minucioso y metódico en la escena donde Carranza ajusta los estribos de su caballo tranquilamente en vez de escapar a todo dar, pues se trata de huir del enemigo; más bien convierte la huida en retirada: "Nada lo apartaba de sus hábitos de calma y orden, ni de su fortaleza y sobriedad" (p. 1094). A un hombre que se porta con tal coraje, no se le puede menospreciar. Seres comunes hubiesen sucumbido a los obstáculos que encara el Primer Jefe. Guzmán considera a Carranza sobre el nivel común; éste es un hombre de valor extraordinario.

Se ha dicho, y con razón, que Martín Luis Guzmán, el escritor, une a su percepción y a su visión de lo mexicano una gran sensibilidad. "Ningún poeta ha tocado el silencio de la tragedia mexicana con más tino que Martín Luis Guzmán," afirma Abreu Gómez.[6] En el "Ineluctable fin de Venustiano Carranza," él reserva un silencio profundo para la muerte de Carranza—el político—para diferenciarla de la muerte física que tiene lugar más tarde. Tal momento de silencio—revelador del alma de Carranza—ocurre en la escena donde el Primer Jefe ordena a sus partidarios más ardientes, los cadetes, a abandonar el campo sabiendo que al salvarles la vida acepta su propio fin. Guzmán adopta un tono mesurado, circunspecto, como el compás de una marcha fúnebre: "Don Venustiano se detuvo en lo alto del cerro y vio cómo desde el camino de abajo, Casillas y Howell—éste acababa de regalarle su mejor caballo—, y con ellos todos los cadetes, agitaban los sombreros a modo de despedida. Levemente, impasible, casi inmóvil unos instantes, él levantó el suyo para contestar" (p. 1090). Verdaderamente nada puede agregarse a una situación de esta naturaleza en profundidad, tragedia o heroísmo. Es un crédito para Carranza, para Guzmán, y para México.

Continúa la narración hasta el último momento de Tlaxcalantongo quizás para ajustarse al hecho histórico. Carranza enfrenta la realidad dramáticamente, recibe un golpe mortal que soporta con valor, entereza y dignidad. No cabe duda que en la valorización de Guzmán, el General Carranza fue otro de los gigantes de México a pesar de sus trágicas circunstancias.

El periodista norteamericano H. L. Mencken criticó alguna vez a esos periodistas que "nunca sienten la palpitación del mundo ni ven nada con sus propios ojos."[7] Es evidente que este juicio no calza con un periodista del calibre de Guzmán. Como revolucionario, se dedicó a la participación de la vida como es y al mismo tiempo a luchar para cambiarla a lo que debería ser. Obviamente surgen conflictos cuando el hombre que ama la vida y la aventura desea mejorar también este mundo que ha heredado. Afortunadamente Guzmán fue dotado de un talento que le permitió aprehender la turbulencia de su época, y puede que haya glorificado dicha época al reconstruir los sucesos, pero allí reside el privilegio del artista. Como afirma Andrés Iduarte: "El artista recrea la realidad y el zoilo la destruye o la adocena."[8]

En resumen, Martín Luis Guzmán narra una historia de vida y muerte, fantasía y realidad, de violencia y calma, de paz y guerra. Del desorden, de la sangre y la muerte se yergue la historia de una nación dedicada a las fuerzas vivas, y surge la realidad que es México.

NOTAS

[1]"Martín Luis Guzmán en sus libros," *Tres escritores mexicanos* (México: Editorial Cultura, T.G., S.A., 1967), pp. 65-66.

[2]Andrés Iduarte, Prólogo a las *Obras Completas* de Martín Luis Guzmán, I (México: Cía General de Ediciones, 1961-1963), xxxiii.

[3]*Obras Completas* de Martín Luis Guzmán, p. 1056. En lo sucesivo sólo se mencionará la página en paréntesis después de la cita.

[4]Es interesante notar que Guzmán emplea a la naturaleza en forma objetiva más que como reflejo de la vida humana; los románticos fuerzan a la naturaleza a reflejar los sucesos humanos, pero él rechaza esta técnica como una fantasía. Realiza sus efectos dentro de un marco indiferente a las pasiones y emociones humanas: "Era el sol cálido de julio; pero él, vivo aun, tenía ya toda la frialdad de la muerte" (pp. 1056-57). De esta manera controlada y calculada es donde se revela la verdadera filosofía de Martín Luis Guzmán.

[5]Quizás Guzmán elija contraponer la iluminación del día con la muerte de Díaz como una reafirmación de su rechazo de la muerte como un punto de inquietud más allá del énfasis que ubica en una creencia positiva en el valor de la vida. El sol continuará brillando a pesar de la muerte.

Creo que sería erróneo considerar como simbolismo la brillantez del sol y lo cálido del día en el momento de la muerte como un intento de condenar el valor de Porfirio Díaz como parte de la historia mexicana.

[6]*Revista Interamericana de Bibliografía*, No. 2 (abril-junio, 1959), p. 129.

[7]"Text for Newspaper Days," *The Vintage Mencken* (New York, 1959), pp. 25-26.

[8]Prólogo a las *Obras Completas* de Martín Luis Guzmán, p. xxiv.

TIEMPO Y MEMORIA EN EL *ESTRAVAGARIO* DE NERUDA

por Samuel Johnson
University of Houston, Victoria Center

En *Estravagario* hay un pasaje que despierta en el que haya leído a Proust una sensación de *déjà vu* casi tan intensa como la famosa experiencia provocada por la *petite madeleine* en el autor de *A la búsqueda del tiempo perdido*:

> Muchas veces cuando despierto
> no sé dónde estoy acostado
> y aguzo el oído hasta que llegan
> los frescos rumores del día:
> voy reconociendo las olas
> o el golpe del picapedrero,
> los gritos de los desdentados,
> el silbido de la corriente,
> y si me equivoco de sueños
> como una nave equivocada
> busco la tierra que amanece
> para confirmar mi camino.[1]

Parece ser la misma sensación descrita por Proust en la conocida obertura a su obra maestra cuando habla de ese momento *vacío* que a veces nos sobreviene al despertar de un sueño profundo. Es un momento sin contenido alguno, un presente sin pasado:

> Et quand je m'éveillais au milieu de la nuit, comme j'ignorais où je me trouvais, je ne savais pas au premier instant qui j'étais; j'avais seulement dans sa simplicité première le sentiment de l'existence comme il peut frémir au fond d'un animal; j'étais plus dénué que l'homme des cavernes.[2]

En Neruda como en Proust el yo es rescatado por la memoria, esa poderosa actividad del cerebro que nos pone en contacto con el mundo, con las cosas, que nos dice lo que fuimos para que sigamos siendo.

Apuntamos esta coincidencia con el autor francés—deuda reconocida por Neruda en sus memorias póstumas—no con el afán de descubrir "influencias literarias" ni antecedentes específicos, sino a manera de introducción a un estudio del tema central de *Estravagario*: el tiempo y la memoria, las vidas del poeta y su unidad esencial. Lo hacemos también para subrayar la seriedad de una obra que algunos han querido ver como un simple *divertissement* o una extravagancia del poeta como indica el título. Rodríguez Monegal ya mostró cómo *Estravagario* inicia un ciclo de libros poéticos, culminando en *Memorial de Isla Negra*, en que Neruda se dedica al "descubrimiento de su ser otoñal."[3] Lejos de ser una obra frívola, sólo de "ambiente festivo" y llena de "buen humor," como la caracteriza Raúl Silva Castro,[4] *Estravagario* es un libro profundo e íntimo, serio sin ser sombrío, "una obra de fantasía y rigor."[5] Lo que le da unidad al libro—aparte de cosas externas como el verso y las geniales ilustraciones de la primera edición, aparte de cierto tono irónico y la singular personalidad del poeta que lo llena todo—es la preocupación constante, quevedesca, con el problema del tiempo de la vida humana.

El tema se anuncia al principio de un libro cuya organización obedece a una coherencia consciente y rigurosa. Comienza el poeta planteando las preguntas que tratará de contestar a lo largo de *Estravagario* y, de hecho, en toda su obra última:

Cuánto vive el hombre, por fin?
Vive mil días o uno solo?
Una semana o varios siglos?
Por cuánto tiempo muere el hombre?
Qué quiere decir "Para Siempre"?

Emprende una búsqueda que lo lleva a los sacerdotes, a los médicos y a los enterradores. Ni los encargados del alma ni los cuidadores del cuerpo ni aun los "especialistas cenicientos" pueden contestarle y el viajero regresa a su casa "más viejo/ después de recorrer el mundo," dispuesto a no preguntarle nada a nadie. Pero las inquietudes no desaparecen, o como dice en otra parte, "pero no mueren las preguntas," y el libro que sigue vuelve insistentemente a estos interrogantes básicos.

El análisis continúa con una pesquisa en la naturaleza del tiempo en sí. El problema del tiempo, claro está, ha sido una constante en la obra de Neruda desde los primeros poemas. Recientemente en las *Odas ele-*

mentales había reconocido que el tiempo nos concierne no porque sea de interés intelectual, sino porque el tiempo es una cosa que llevamos dentro:

se acrecienta, camina
por dentro de nosotros,
aparece
como un agua profunda
en la mirada.

Es por eso que al sentir el paso del tiempo reconocemos que para nosotros es un recurso de dimensiones finitas. Por consiguiente, el tic-tac despreocupado, imperturbable del reloj nos parece enojoso desde nuestra perspectiva angustiada de lo que esa máquina va midiendo:

Cómo marcha el reloj sin darse prisa,
con tal seguridad se come los años.

Pero el tiempo cronométrico es una abstracción y, como siempre en Neruda, las abstracciones deben concretarse. En vez de percibir sólo la unidad matemática, "el minuto... disparado por la más inmutable artillería," tomamos conciencia más bien del tiempo en nuestra aprehensión de los sucesos y en el efecto que éstos producen en las cosas:

Dentro de un día nos veremos.
Pero en un día crecen cosas,
se venden uvas en la calle,
cambia la piel de los tomates,
la muchacha que te gustaba
no volvió más a la oficina.

Vemos el pasar del tiempo en el desgaste de las cosas, tema "residenciario" recordado aquí en "Las estatuas verdes sobre el techo de Notre Dame," pero más notamos su resultado en las personas y en nosotros mismos. Ya en los *Veinte poemas de amor* el joven Neruda había reconocido que "nosotros, los de entonces, ya no somos los mismos," pero ahora, desde la perspectiva de su madurez, siente y aprecia en todas sus dimensiones la intuición de sus años juveniles. En "Regreso a una ciudad," un poema especialmente intenso y personal, Neruda medita sobre las emociones experimentadas al ver, después de muchos años, los sitios del Lejano Oriente que había frecuentado en la época en que componía *Residencia en la tierra*. Todo aquello ha cambiado. Al principio él siente que es el mismo, pero finalmente concluye que si la ciudad ha cambiado tanto que no puede encontrar su casa, ni la calle de "la loca" que lo quería, ni nada que le sea conocido en que afirmarse, que él también tiene que haber cambiado. En efecto la persona que él fue ha muerto:

Ahora me doy cuenta que he sido
no sólo un hombre sino varios
y que cuantas veces he muerto,
sin saber cómo he revivido,
como si cambiara de traje
me puse a vivir otra vida
y aquí me tienen sin que sepa
por qué no reconozco a nadie,
por qué nadie me reconoce,
si todos fallecieron aquí
y yo soy entre tanto olvido
un pájaro sobreviviente
o al revés la ciudad me mire
y sabe que yo soy un muerto.

Aquí encontramos el problema central de este libro y de toda la obra nerudiana: la identificación de un yo que sobrevive a través del tiempo huidizo y contingente, una existencia en busca de una esencia. Es interesante notar que el pasaje que acabamos de citar sirve de epígrafe a la primera versión de las memorias en prosa que Neruda intituló, también significativamente, *Las vidas del poeta*, porque también en muchas páginas de *Estravagario* hallamos el tema de la multiplicidad del yo. Es más explícito en "Itinerario" o en "Muchos somos," donde dice:

De tantos hombres que soy, que somos,
no puedo encontrar a ninguno:
se me pierden bajo la ropa,
se fueron a otra ciudad.

Lleva consigo tantas personalidades—el intrépido, el perezoso, el tonto, el inteligente—que no sabe sacar "el yo verdadero":

porque si yo me necesito
no debo desaparecerme.

Al final del poema se da cuenta de que todos estos yos coexistentes son el producto de su existencia en el tiempo. Afirma:

que para explicar mis problemas
les hablaré de geografía.

Y ahora habría que aludir a otra coincidencia con Proust. Georges Poulet, en uno de los sugestivos ensayos en sus *Estudios sobre el tiempo humano*, analiza las ideas de Proust en cuanto a la multiplicidad de la persona y su relación con la muerte. Al darnos cuenta de que hemos dejado de ser la persona que fuimos, comprendemos que el ser que somos en este momento también ha de desaparecer y que el proceso continuará hasta la muerte definitiva. O como Neruda dijera en *Alturas de Macchu Picchu*:

> y no una muerte sino muchas muertes llegaban a cada uno,
> cada día una pequeña muerte....

Intuimos la futura experiencia de la muerte física a través de esta pequeña muerte diaria. El miedo a la muerte, dice Poulet, no es tanto el miedo de perder la conciencia en sí, sino más concretamente de dejar de sentir lo que uno actualmente siente, de dejar de tener conciencia de lo que uno actualmente tiene conciencia. Es por eso que sentimos la realidad de la muerte en el proceso de la abolición de nuestras sucesivas existencias: "vraie mort de nous-mêmes, mort suivie, il est vrai, de résurrection, mais en un moi différent et jusqu'à l'amour duquel ne peuvent s'élever les parties de l'ancien moi condamnées à mourir."[6]

Nos hemos referido otra vez a las ideas de Proust porque el mismo Neruda ha revelado en sus memorias póstumas que la lectura del autor francés fue decisiva en su formación espiritual en la época en que escribía *Residencia en la tierra*:

> Nunca leí con tanto placer y tanta abundancia como en aquel suburbio de Colombo en que viví solitario por mucho tiempo. De vez en cuando volvía a Rimbaud, a Quevedo o a Proust. *Por el camino de Swann* me hizo revivir los tormentos, los amores y los celos de mi adolescencia.... Sus palabras me condujeron a revivir mi propia vida, mis lejanos sentimientos perdidos en mí mismo, en mi propia ausencia.[7]

Se ve claramente en *Residencia* la obsesión, finamente estudiada por Amada Alonso, con el tiempo: el tiempo destructivo y sobre todo el tiempo acumulado.[8] Se recordarán imágenes como "los pétalos del tiempo" que "caen inmensamente" o "las noches de sustancia infinita caídas en mi dormitorio" o la visión de un mundo en que espacio y tiempo se funden:

Si me preguntáis en dónde he estado
debo decir "Sucede".
Debo hablar del suelo que oscurecen las piedras,
del río que durando se destruye.

Pero si Neruda coincide en *Residencia* con la visión del tiempo irremediablemente perdido, no acompaña al autor francés en su tarea de recuperación hasta mucho después. Se da cuenta en su época de plenitud que es posible recobrar el tiempo a través del recuerdo. El tema del pasar del tiempo, por ejemplo, es tratado en *Estravagario* sin la desesperación de la obra anterior. El transcurrir del tiempo ya no es "la oscuridad de un día transcurrido,/ de un día alimentado con nuestra triste sangre," sino un apacible perderse en el cielo:

Las semanas se enrollan,
se hacen nubes, se pierden,
se esconden en el cielo,
allí depositadas
como luz desteñida.

Como ya no tiene horror a la muerte ("De cuando en cuando hay que darse un baño de tumba," dice en "No tan alto"), tampoco teme el tiempo. Más bien lo acepta como parte inseparable de la vida y lo trata en términos familiares. En un poema los días son como los naipes de una "Baraja." El Miércoles anda vestido "de rey distante" acompañado por "la señora Jueves" hasta llegar Sábado, "dama negra nocturna." Pero estas personalidades bien diferenciadas se van borrando con el tiempo:

Se barajaron hasta
ser sólo cartulinas,
hebras de luz, perfiles.
. . . .
Se van, se van, volvieron.

El misterio del tiempo ya no produce angustia sino curiosidad. En "Recuerdos y semanas" el poeta, como un niño jugando a escondidas, trata de averiguar adónde va el tiempo:

Seguí un día cualquiera,
quise saber qué se hacen,
dónde van, dónde mueren.

Por el mar, por las islas,

por ácidas praderas
se perdió, y yo seguía,
escondido detrás
de un árbol o una piedra.

Fue azul, fue anaranjado,
corrió como una rueda,
bajó en la tarde como
bandera de navío,
y más allá en los límites
del silencio y la nieve
se enrolló crepitando
como un hilo de fuego
y se apagó cubierto
por la fría blancura.

Qué diferente del "día que arde con sacrificio" de la *Residencia.*

¿A qué se debe este cambio de actitud, esta tranquila aceptación que caracteriza la poesía última del desaparecido poeta? Seguramente la explicación es compleja, pero en *Estravagario* se proponen dos soluciones al problema de la temporalidad del hombre: una es el amor y la solidaridad, la otra es el recuerdo.

La primera solución consiste en vivir plenamente el presente como un desafío al tiempo y a la muerte. La vida en su máxima intensidad se revela en el instinto amoroso. Este tema se asoma también desde las *Residencias*, pero allá se veía el amor como una fuerza no diferenciada: como en Rubén Darío, una lucha de Eros contra Cronos. En *Estravagario*, en cambio, el amor es algo concreto, dirigido hacia una mujer en particular. Entonces toda la potencia generada por esta unión que existe cabalmente en un tiempo y un espacio se lanza contra la fuerza hostil del tiempo:

Como es duro este tiempo, espérame:
vamos a vivirlo con ganas.
. . . .
necesitamos nuestras manos
para lavar y hacer el fuego,
y que se atreva el tiempo duro
a desafiar el infinito
de cuatro manos y cuatro ojos.

Sin embargo, hay veces en el libro en que titubea la fe en el amor y la solidaridad como solución al problema de la finitud del hombre. De cuando en cuando, viene a reemplazar la confianza en el poder del amor un anhelo por un estado de completa pasividad en que el tiempo se detenga una vez por todas. Ya señalamos que Neruda toma conciencia del tiempo en los cambios que se perciben en las cosas y las personas; es decir, nuestra conciencia del tiempo es consecuencia de la relación que establecemos entre las entidades y los sucesos. En varios poemas, Neruda expresa el deseo imposible de que cesen los eventos sin que dejen de existir las cosas. Así, por ejemplo, en un poema de título revelador, "Estación inmóvil":

Quiero no saber ni soñar.
¿Quién puede enseñarme a no ser,
a vivir sin seguir viviendo?

En "A callarse" Neruda concibe la idea genial de un minuto mundial del más completo silencio, un "minuto fragante" en que no pasara nada, "sin prisa, sin locomotoras." Este momento de tregua se propone como una alternativa a la confusión presente:

Por una vez sobre la tierra
no hablemos en ningún idioma,
por un segundo detengámonos,
no movamos tanto los brazos.

Pero el poeta tiene cuidado de explicar que su ideal de pasividad no tiene nada que ver con la muerte:

No se confunda lo que quiero
con la inacción definitiva:
la vida es sólo lo que se hace,
no quiero nada con la muerte.

Lo que el poeta parece anhelar es una especie de *stasis* semejante al movimiento de las moléculas en un objeto inerte. Tal vez este deseo imposible de una pasividad activa se manifiesta mejor en la imagen frecuentísima del mar. Representa lo eterno y lo infinito, pero sobre todo simboliza la unidad y la quietud. En "Demasiados nombres" el poeta quiere borrar los nombres y las letras y las firmas, todos símbolos de la diferenciación inútil de una materia que inevitablemente ha de volver a sus orígenes, para que todo el universo recobre su unidad primitiva:

Yo pienso confundir las cosas,
unirlas y recién nacerlas,
entreverarlas, desvestirlas,
hasta que la luz del mundo
tenga la unidad del océano,

una integridad generosa,
una fragancia crepitante.

Sin embargo, Neruda se da cuenta de que este paraíso presente o futuro es imposible y que la proyección del tiempo hacia el futuro y la muerte en realidad no se puede detener:

el presente es una valija
con un reloj de contrabando,
nuestro corazón es futuro
y nuestro placer es antiguo.

Pero si el tiempo presente no se puede parar, el tiempo pasado sí se puede recobrar. Si nuestra futura muerte está asegurada, ya hemos superado nuestras pasadas muertes parciales. O como dice Poulet, basándose en Proust:

> Car s'il n'est pas possible de rompre en avant l'enceinte de la mort, n'est-il pas possible de le faire en arrière? Si nous sommes toujours *en deçà* de notre mort à venir, ne sommes-nous pas toujours *au delà* d'une mort *déjà venue*, d'une mort derrière laquelle il y a notre vie passée? N'y a-t-il donc pas un acte par lequel on puisse en deçà de soi se retrouver et retrouver le fondement de son existence?[9]

El acto de reencontrarse a sí mismo para Proust, claro está, es la memoria, no la memoria de hechos que dice "Yo fui tal persona," sino la memoria afectiva, la experiencia casi siempre involuntaria en que volvemos a sentir las mismas cosas que sentimos en el pasado, en que realmente vivimos nuestro pasado, o más bien lo revivimos con una sensación de libertad porque hemos podido romper las restricciones del tiempo. Neruda parece entrever una sensación parecida. Ya aludimos al poema "Recuerdos y semanas" en que el tiempo se desvanece como nubes, como "luz desteñida":

y las semanas, justas,
en su papel, gastadas,
se hacinan como granos,
dejan de palpitar.

Pero el tiempo no permanece almacenado en "el inacabable/ granero de los hechos perdidos." Se puede recobrar. El poema sigue:

Hasta que un día el viento
rumoroso, ignorante,
las abre, las extiende
las golpea y ahora
suben como banderas
derrotadas que vuelven
a la patria perdida.

Así son los recuerdos.

De la memoria podemos recuperar no sólo los sucesos aislados de nuestra existencia, sino también la unidad de lo que hemos sido para oponerla a la entidad huidiza que vamos siendo. Es la facultad que nos permite extraer una esencia de nuestra existencia. Ante la perplejidad de un vernos cambiar constantemente:

Y de pronto ya está, ya no sabemos
de qué se trata pero estamos dentro
y ya no volveremos a mirar
como cuando jugábamos de niños,
ya se nos terminaron estos ojos,
ya nuestras manos salen de otros brazos,

podemos buscarnos en la unidad atemporal de nuestros recuerdos. Lo dice Neruda con una imagen misteriosa:

Por eso cuando duermes sueñas solo
y corres libre por las galerías
de un solo sueño que te pertenece,
y ay que no vengan a robarnos sueños,
ay que no nos enreden en la cama.

Pero el paradójico Neruda reconoce también que el recuerdo tiene su lado negativo. En una parte exclama "Estoy cansado del recuerdo," y en otra se da cuenta de la pesadumbre de los recuerdos dolorosos:

Tengo el corazón pesado
con tantas cosas que conozco,
es como si llevara piedras
desmesuradas en un saco,
o la lluvia hubiera caído,
sin descansar, en mi memoria.

Sin embargo, con esa tranquila aceptación que informa toda la colección, Neruda incorpora su pasado al presente en el recuerdo:

Así pues de lo que recuerdo
y de lo que no tengo memoria,
de lo que sé y de lo que supe,
de lo que perdí en el camino
entre tantas cosas perdidas,
de los muertos que no me oyeron
y que tal vez quisieron verme,
mejor no me pregunten nada:
toquen aquí, sobre el chaleco,
y verán cómo me palpita
un saco de piedras oscuras.

Las más veces el poeta se muestra simplemente fascinado con el hecho del recuerdo: su persistencia ("La desdichada"), su abundancia ("Itinerarios") y su aparente realidad ("Rancagua"). Como poeta lírico no pudo menos que fascinarse, ya que el recuerdo es la materia prima de todo poeta lírico. Aquí sería útil mencionar la distinción genérica que hace Emil Staiger entre el recuerdo y la memoria: "El pasado como objeto de una narración pertenece a la memoria. El pasado como tema de lo lírico es un tesoro del recuerdo."[10] Es decir, el novelista (excepción hecha de Proust, más bien un lírico de la novela) trata el pasado como pasado: caduco, distante e irrecuperable. El lírico, en cambio, hace presente el pasado evocando el recuerdo. Mientras dura el poema vuelve el momento pasado en todas sus dimensiones capaces de ser transmitidas por el lenguaje. En este contexto podemos considerar "Caballos," poema en que Neruda pone en práctica las ideas expuestas más teóricamente en otras partes de *Estravagario*.

En "Caballos" reconstruye una experiencia anímica casi sin base anecdótica: no nos dice más que el lugar y la ocasión ("Fue en Berlín, en invierno"). Por una ventana ve el poeta unos caballos de circo y de repente el momento, aparentemente trivial, se llena de significado. Los caballos empiezan a existir plenamente hasta trascender su circunstancia y convertirse en símbolos de la vida misma:

Y allí en silencio, en medio
del día, del invierno sucio y desordenado,
los caballos intensos eran la sangre,
el ritmo, el incitante tesoro de la vida.
Miré, miré y entonces reviví: sin saberlo
allí estaba la fuente, la danza de oro, el cielo,
el fuego que vivía en la belleza.[11]

Y entonces Neruda subraya la importancia que tuvo no sólo el momento en sí, sino también el acto de recordar el momento con todas sus circunstancias y todo su significado:

He olvidado el invierno de aquel Berlín oscuro.
No olvidaré la luz de los caballos.

Hay otros poemas cuyo tema parece ser la realidad o la ficción del recuerdo. Como en "Caballos" evoca vivamente un momento o un estado de ánimo para entonces destruirlo irónicamente diciéndonos que no es verdad. Así en "Sucedió en invierno" el poeta visita una casa abandonada, se pregunta por los habitantes y crea un ambiente de nostalgia tan intenso que el lector tiene que creer que se trata de una experiencia personal. Entonces, no sin cierta malicia, nos dice el poeta:

Por eso a nadie conté nunca
esta visita que no hice:
no existe esa casa tampoco
y no conozco aquellas gentes
y no hay verdad en esta fábula:
son melancolías de invierno.

El final de otro poema tal vez explique el truco. En "Balada" el poeta también recuerda una visita—una cantina en Rancagua, guitarras, canto—pero en vez de negar la realidad de la experiencia originaria, medita sobre la imposibilidad de revivirla excepto en el recuerdo:

y ya ha pasado tanto tiempo
que ya tal vez no existe nada,
ni la pradera ni el otoño,
y yo llegaría de pronto
como un fantasma en el vacío
con el sombrero lleno de uvas
preguntando por la guitarra,
y como allí no habría nadie
nadie entendería nada
y yo volvería cerrando
aquella puerta que no existe.

Implícita en estos dos poemas está la idea de que los recuerdos son reales, pero que su realidad es del mismo orden que la imaginación poética. El hombre puede transcender el tiempo recordando y reviviendo el pasado; el poeta puede hacer esto y más: puede crear.

En Neruda el recuerdo y la creación se unen en una búsqueda de su yo esencial. *Estravagario* tiene muchos poemas que evocan la inocencia del paraíso perdido de su infancia en el sur de Chile: "Repertorio," "Dónde estará la Guillermina," "Galopando en el sur" y especialmente "Carta para que me manden madera" en que se ve la distancia temporal y espacial entre lo que fue y lo que es. Otros poemas siguen las peripecias de ese niño por su época estudiantil ("Cantasantiago"), el período decisivo en el Lejano Oriente ("Regreso a una ciudad," "Sobre mi mala educación") y la madurez ("Adiós a París"). Y en la diversidad se va reconociendo la unidad de la persona poética:

> Así pues fui de rumbo en rumbo
> con calor, con frío y con prisa
> y todo lo que no vi
> lo estoy recordando hasta ahora,
> todas las sombras que nadé,
> todo el mar que me recibía.

Como muchos han señalado, la constante de la poesía de Neruda es Neruda mismo. En un comentario al poema "Olvidado en otoño," Rodríguez Monegal afirma: "Otra vez, en la plena madurez de sus cincuenta años largos, el poeta descubre sin descubrir, en una esquina del mundo, que es el mismo niño solitario de las lluvias del Sur. Ese sentimiento había sido ahogado casi por completo desde los días de *Residencia en la tierra*, pero ahora renace con fuerza, desnudo, con el sereno espanto de lo irrefutable.... El poeta ha conocido a la nada en esa esquina cualquiera de París."[12] Pero la nota fundamental, optimista, de *Estravagario* es que es posible huir de la nada, meta del Tiempo, afirmándose en el poder no escapista sino creador del recuerdo.

Finalmente, habría que mencionar otro papel de la memoria. Es la posibilidad de transcender la inevitable marcha del tiempo no en el recuerdo de uno mismo sino en las memorias de los demás, a fin de cuentas la única existencia realmente duradera. Y lo previó Neruda:

> He vivido tanto que un día
> tendrán que olvidarme por fuerza,
> borrándome de la pizarra:
> mi corazón fue interminable.

NOTAS

[1]*Estravagario*, Buenos Aires, 1958, p. 211. Cito por esta primera edición. Las otras referencias a la obra de Neruda son de la tercera edición de las *Obras completas*, Buenos Aires, 1968.

[2]*Du côté de chez Swann*, i, p. 11. Citado por Georges Poulet, *Etudes sur le temps humain*, París, 1949, p. 364.

[3]Emir Rodríguez Monegal, *El viajero inmóvil: introducción a Pablo Neruda*, Buenos Aires, 1966, p. 291.

[4]*Pablo Neruda*, Santiago de Chile, 1964, p. 152.

[5]Monegal, p. 294.

[6]Proust, *A l'ombre des jeunes filles en fleur*, i, p. 221, citado por Poulet, p. 370.

[7]*Confieso que he vivido: memorias*, México, 1974, pp. 137-138.

[8]*Poesía y estilo de Pablo Neruda*, Buenos Aires, 1966.

[9]Poulet, p. 371.

[10]*Conceptos fundamentales de poética*, Madrid, 1966, p. 73.

[11]Aunque fuera del alcance del presente enfoque, no podemos dejar de comentar sobre la insistencia con que aparecen en los momentos más líricos de este libro los elementos básicos de tierra, agua, aire y fuego.

[12]Monegal, p. 298.

LAS ACTIVIDADES POLITICAS DE LOS ESTUDIANTES MEXICANOS DURANTE LA DECADA 1920-1930: UN EXAMEN DE FUENTES LITERARIAS (ANDRES IDUARTE, MAURICIO MAGDALENO Y JOSE VASCONCELOS)

por Gary D. Keller
York College of The City University of New York

y Karen S. Van Hooft
New York University

De todas las naciones latinoamericanas México tiene la distinción de ser la que ha recibido la máxima atención de investigadores de los procesos políticos. Existen diversos estudios en español e inglés, entre otras lenguas, que tratan de la naturaleza del sistema político mexicano en general, y otros ahondan en ciertas particularidades de ese proceso político. No obstante, a pesar de que el sistema político de México ha sido ampliamente estudiado en años recientes por expertos en ciencias políticas e historiadores, generalmente se ha pasado por alto el papel de los estudiantes. Los acontecimientos estudiantiles de los últimos años en México, particularmente en 1968, han estimulado a los investigadores a examinar este fenómeno en sus manifestaciones coetáneas.[1] Sin embargo estas investigaciones recientes carecen de una visión amplia e histórica del activismo estudiantil: suelen ser testimonios de lo ocurrido en México en 1968 o en otras naciones en años recientes, o recapitulaciones de los diversos movimientos estudiantiles en Latinoamérica. Uno de los pocos estudios que intenta bosquejar las vicisitudes pasadas del movimiento estudiantil desacertadamente sitúa los "principios de desasosiego estudiantil" en la administración de Adolfo López Mateos.[2] Hace falta examinar detenidamente la evolución general del movimiento estudiantil desde la Revolución de 1910. Sin duda tal estudio encontrará todo un sistema de regularidades y constantes respecto a la relación entre estudiantes y la autoridad gubermental, sea quien fuere el que ocupara la presidencia; regularidades que en parte reflejarían el papel particular que desempeña el estudiante a fuerza de serlo dentro de su sociedad. En suma, para mejor entender la naturaleza y el resultado del movimiento estudiantil en nuestros tiempos es imprescindible relacionar los acontecimientos recientes con el cuadro total desde los comienzos de la Revolución Mexicana de 1910. Es de esperar que el movimiento estudiantil de nuestros días sirva de aliciente a tal investigación, aunque hasta ahora todavía no se ha producido un análisis sistemático.[3]

Esta investigación tiene dos propósitos. Uno, de examinar las actividades políticas estudiantiles durante la década 1920-1930 para aclarar la naturaleza y la extensión de la intervención estudiantil en la política durante aquellos años. El segundo es de señalar la existencia de un grupo de fuentes literarias que sirven para la investigación histórica y política de los estudiantes: las memorias, reminiscencias y autobiografías de algunos de los partícipes mismos.

El estudio de las actividades políticas estudiantiles durante los años 20 es un campo fértil de investigación porque es un punto de partida lógico para un examen de la época posrevolucionaria, ya que este período señala el ocaso de la fase militar de la Revolución y el comienzo de una mayor estabilidad en proceso político, a pesar de estallidos ocasionales de agresión o sublevación armada. Además el período es, como veremos, indicativo de ciertas formas de manifestaciones estudiantiles que se desarrollan posteriormente. Por ejemplo, es menester comprender los conflictos inter-universitarios de 1923 y 1929 y la forma general de la participación estudiantil en las campañas presidenciales de 1927 y 1929 para poder explicar eventos posteriores.

En la actualidad los únicos datos de información acerca del fenómeno estudiantil se encuentran esparcidos en varias fuentes: en libros de investigación histórica como por ejemplo el de J. W. F. Dulles,[4] y en documentos y artículos periodísticos escritos durante diversos períodos de activismo estudiantil.[5] Existen también, como hemos referido, las reminiscencias personales de los mismos participantes estudiantiles, una fuente desatendida que es de gran valor testimonial para entender y evaluar el período histórico. Las tres fuentes literarias que hemos utilizado para interpretar los sucesos del período son *Un niño en la revolución mexicana* y *El mundo sonriente* de Andrés Iduarte, y *Las palabras perdidas* de Mauricio Magdaleno. Los primeros dos títulos comprenden una serie de reminiscencias del autor acerca de su juventud y años escolares. Aquél nos conduce por los primeros años de Iduarte en la Escuela Nacional Preparatoria; éste nos describe los dos últimos años de preparatoria y los tres años en la Escuela de Jurisprudencia. Aunque la obra tiene una basis autobiográfica, contiene muchas observaciones y detalles específicos acerca de las actividades estudiantiles entre 1920 y 1928. La obra de Magdaleno cubre el período entre el asesinato de Obregón en julio, 1928 y los meses subsiguientes, hasta la derrota de Vasconcelos en 1929. Básicamente el libro trata de la campaña política de éste y en particular de las actividades de un grupo de estudiantes que incluía al autor. Hemos obtenido otros detalles en John W. F. Dulles, *Yesterday in Mexico*, un estudio extenso de los sucesos políticos generales entre 1919 y 1936 y en *El proconsulado* de José Vasconcelos, el cuarto tomo de su autobiografía que cubre su campaña presidencial y los años inmediatamente posteriores.[6]

La primera mención de inquietudes estudiantiles en las fuentes que nos conciernen coincide con el nombramiento de Vasconcelos como ministro de educación entre 1921 y 1924. Vasconcelos pugnó con Vicente Lombardo Toledano y Antonio Caso, aquél en ese momento director de la Escuela Nacional de México. En la Preparatoria la mayoría de los estudiantes eran decididamente anti-vasconcelistas. La suspensión de parte de Vasconcelos de aquellos estudiantes que habían desobedecido sus órdenes prohibiendo la colocación de carteles, y luego, su despedida de tres profesores, incluyendo a Alfonso Caso, con la justificación de que habían incitado a los estudiantes en su contra, provocó una demostración enorme en la Preparatoria, que, a pesar de los intentos de Vasconcelos de persuadir a los estudiantes a volver a sus aulas, al fin tuvo que dispersarse mediante la aplicación de chorros de agua.[7] Ambos Lombardo Toledano y Antonio Caso dimitieron sus puestos, protestando la intervención del ministro de educación.

A pesar de la parquedad de información sobre estos asuntos, las fuentes literarias que hemos mencionado proporcionan indicios acerca de las operaciones íntimas de la política estudiantil. Iduarte, en *El mundo sonriente*, describe como el politiqueo para las elecciones escolares servía para satisfacer las inclinaciones políticas de los estudiantes de la Escuela de Jurisprudencia:

> Durante las semanas de la propaganda se aprendía a hablar en mítines tumultuosos, recorriendo todas las escuelas; se escribían manifiestos volcánicos, tarea que a menudo me era encomendada, y que desempeñaba yo con orgullo; y luego se entraba en plática hábil y tortuosa con todos los grupos....[8]

Sin duda este aprendizaje funcionaba como iniciación a la política para muchos de los líderes estudiantiles que participarían después en la campaña vasconcelista. Además para aquellos que tuvieran éxito y consiguieran puestos en la Sociedad de Alumnos o la Federación de Estudiantes, era ya un paso mínimo al logro de posiciones gubermentales o abogacías con sueldos espléndidos.[9] Asimismo comenta Iduarte el hecho de que, aunque todavía en la escuela, un número considerable de estudiantes ya habían entrado en relaciones ventajosas con miembros poderosos del gobierno; opuestos a este grupo estaban aquellos estudiantes que censuraban la corrupción de los auténticos ideales revolucionarios que era el prerrequisito para obtener tales ventajas.

Otras actividades que iniciaban a los estudiantes en la "politiquería" según el término de Iduarte, eran los concursos de oratoria que se establecieron en esta época y la colaboración en diversas publicaciones estudiantiles. Los concursos populares atraían a los estudiantes con el señuelo de premios como viajes a Europa, pero, en la opinión de Iduarte, en realidad funcionaban en perjuicio de la integridad intelectual de los estudiantes.

> Los adolescentes enhebraban lugar común tras lugar común, adquiriendo una desfachatez ejemplar para lanzarlos en público, y al final soltaban varias sonoridades aprendidas de memoria, ex profeso inconcretas y nebulosas, de modo que encajaran en cualquier tema, que sirvieran lo mismo para un barrido que para un fregado.... Hubo algunos, inteligentes, brillantes, que gastaron en la vanidad de esos concursos su sensibilidad literaria, y hubo otros a quienes el triunfo estruendoso los separó del estudio ordenado y fructífero....[10]

A pesar de los peligros algunos sobrevivieron la experiencia y la lista de los "campeones" incluye a vasconcelistas como Alejandro Gómez Arias y Salvador Azuela. El concurso que se celebró durante la campaña de Vasconcelos hizo resaltar públicamente a Adolfo López Mateos; aunque no fue el premiado nacional, conmovió por su audacia al enfocar sus discursos sobre asuntos políticos.[11]

Las publicaciones estudiantiles proporcionaban otro medio para aquéllos de orientación política, y la redacción fue actividad cultivada de manera concienzuda por varios estudiantes. Las publicaciones les servían para montar debates políticos y dar publicidad a su oposición a Obregón y Calles. Iduarte nos revela su colaboración en *Avalancha* mientras estudiaba en la Preparatoria, un periódico que limitaba sus contribuidores regulares a estudiantes que en esos momentos se interesaban en la revolución rusa. También actuó como crítico literario para *Agora*.[12] Luego, después de haberse matriculado en la Escuela de

Jurisprudencia, escribió críticas punzantes en *Tabasco Nuevo* en contra del gobernador de Tabasco, Tomás Garrido Canabal.[13]

Muy poca información se ha descubierto acerca de las coaliciones específicas de los estudiantes durante aquellos años. Hay indicaciones de que muchos se oponían a la imposición de Calles como candidato presidencial en 1924, y que algunos apoyaron la sublevación malograda de Adolfo de la Huerta en 1923. Sin embargo, otros, incluso algunos de los que dirigieron *Avalancha*, se afiliaron al Centro Estudiantil Obregonista.[14] Iduarte señala una circunstancia enredada: los estudiantes opuestos al régimen en efecto declararon una tregua con los cristeros durante el período de conflicto religioso aunque no simpatizaban con ellos en la ideología.[15]

La campaña electoral de 1927 fue ocasión de participación directa en la política nacional de parte de los estudiantes. Cuando se manifestó que el principio de la no-reelección—por la cual se había pugnado tan encarecidamente años atrás—iba a ser violado por la reelección de Obregón, la oposición comenzó a reaccionar. Dos ex-aspirantes presidenciales, los generales Arnulfo R. Gómez y Francisco R. Serrano emergieron como líderes de distintas facciones; a pesar de intentos de reconciliar los dos grupos, fue imposible decidirse por uno como candidato de la oposición. Gómez fue el candidato del Partido Nacional Antirreeleccionista y Serrano fue seleccionado por el Comité Pro-Serrano.[16]

Los estudiantes opuestos al régimen vacilaban sobre qué curso seguir. Algunos optaron por alinearse a uno de los dos grupos de la oposición. Otros, quizá la mayoría, aunque en contra de la imposición de Obregón, no podían decidir si alguno de los otros dos candidatos merecía el apoyo. Esta fue la posición de por lo menos una organización estudiantil, la Unión de Estudiantes Tabasqueños,[17] a la cual pertenecía Iduarte. No sabemos el porcentaje verdadero de estudiantes que favorecían una de las posibles posiciones arriba citadas. Tampoco indican nuestras fuentes cuántos realmente llegaron a servir activamente en las diversas campañas presidenciales. Magdaleno sugiere que la mayoría de los que apoyaron posteriormente a Vasconcelos pertenecían al grupo ambivalente que hemos descrito.

> Unos, al frente de las federaciones estudiantiles, habían peleado contra Obregón cuando éste desgarró el principio antirreelecionista. Otros, no más, éramos exultante fruto de la inquietud de la hora. No constituíamos, ni mucho menos, un cuadro organizado. Menos representábamos ningunos intereses....[18]

Debemos mencionar que además de los dos grupos indicados por Magdaleno, otros estudiantes fueron partidarios de Obregón.

Iduarte nos pone en relieve las objecciones que tuvieron a la candidatura de Obregón sus enemigos estudiantiles. Veían en su reelección, aunque no seguía inmediatamente su primer plazo, la traición de uno de los principios más sagrados de la Revolución Mexicana. Además notaban cierto paralelismo entre este caso y la dictadura de Porfirio Díaz: don Porfirio también había comenzado su eterno régimen con una enmienda constitucional permitiendo la reelección discontinua y la extensión del período presidencial a seis años.[19]

Sí sabemos de cierto que los estudiantes estaban en contacto con algunos revolucionarios desasosegados que estaban dispuestos a volver a prender las armas. Así como los estudiantes, algunos de estos hombres eran partidarios de Serrano o Gómez y otros no estaban conformes con ninguno. Frecuentaban la universidad y participaban en las tertulias estudiantiles.

> Nos idealizaban y los idealizábamos. Era, nada más, una tertulia que nos asomaba a hombres y cosas de un México desconocido, sólo entrevisto y adivinado. No llegaba a conspiración porque ¿de dónde sacar armas, o dinero para comprarlas, si rechazábamos a quienes lo tenían?[20]

Algunos estudiantes tenían relaciones con las figuras más importantes de la oposición. Estas relaciones casi condujeron al desastre a un grupo. Cuando Serrano se fue a Cuernavaca a esperar una sublevación inminente en la capital, varios estudiantes acompañaron a su estado mayor, entre ellos, Andrés Pedrero, Adelor Sala, Juan Morales Torres, Adelfo Aguirre, y Gonzalo Martínez de Escobar, todos miembros de la Unión de Estudiantes Tabasqueños; Herminio Ahumada, que después figuró en la campaña presidencial vasconcelista, y otros.[21] Los estudiantes lograron escaparse cuando Serrano y sus compañeros fueron detenidos y ejecutados (3 de octubre, 1927). La captura y ejecución de Gómez el 4 de noviembre dejó a Obregón sin oposición organizada y su elección se consumó en julio de 1928.

El triunfo no fue duradero. A Obregón lo asesinaron en un banquete triunfal dos semanas después de su elección. Siguió un período de intensa incertidumbre. Calles, con una maniobra política astuta, resistió las presiones para continuar en la presidencia y en el discurso presidencial de septiembre, 1928, pidió el nombramiento de un presidente provisional hasta que se pudieran celebrar elecciones en 1929. También lanzó un desafío a la oposición para la campaña próxima. Este desafío iba a tener consecuencias importantes.

La elección de 1929 y el papel de los estudiantes en la campaña presidencial han sido analizados cabalmente por Magdaleno en *Las palabras perdidas*, por Dulles en *Yesterday in Mexico*, y por Vasconcelos en *El proconsulado*. En vez de discutir la campaña con demasiado detalle hemos optado por presentar su trasfondo y aclarar el género de actividades en los cuales estaban envueltos los partidarios de Vasconcelos.

Después del discurso arriba citado de Calles, Emilio Portes Gil fue nombrado presidente provisional y Calles "se retiró" para dedicarse a la organización de un partido político capaz de incorporar los intereses diversos de "la familia revolucionaria." Su propósito era, sin duda, de establecer un mecanismo para la resolución apacible de rivalidades internas y de asegurar la continuación de poder. El resultado de estos planes fue el Partido Nacional Revolucionario (PNR), el precursor del Partido Revolucionario Institucional (PRI) contemporáneo. El nuevo partido celebró una convención en Querétaro en marzo de 1929 y Pascual Ortiz Rubio, un casi desconocido que había regresado del cargo de embajador del Brasil, fue nominado candidato a la presidencia.

Las facciones opuestas a Calles ya estaban lanzando activamente a sus propios candidatos. El representante de México en Londres, el Lic. Gilberto Valenzuela, volvió a México en diciembre, 1929, y pronto fue persuadido de entrar en la contienda electoral por admiradores en Sonora como Ricardo Topete y por ex-obregonistas como Aurelio Manrique y Antonio Díaz Soto y Gama. Valenzuela se dispuso como candidato y comenzó una campaña en contra de Calles y el PNR. Otro contrincante de Calles, el general Antonio I. Villarreal, había amasado apoyo considerable en el noreste e inicialmente fue favorecido por el Partido Nacional Antirreeleccionista, el partido que había elegido a Gómez en 1927. El recién formado partido comunista nominó a Pedro Rodríguez Triana.[22]

El candidato que eventualmente llegó a ser el contrincante más importante fue el Lic. José Vasconcelos. Después del asesinato de Obregón, Vasconcelos, que en ese momento estaba en los Estados Unidos enseñando en Stanford Universitv, comenzó a prestar atención a exiliados mexicanos y a otros que le urgían que se presentara como candidato. A comienzos de noviembre, 1928, entró en Nogales, México, donde inició su campaña. Varios grupos ya estaban formándose a su favor; muchos de los estudiantes que habían luchado en su contra ahora acudieron a su causa. Mauricio Magdaleno explica este fenómeno como resultado de una conciencia creciente de parte de aquellos estudiantes de la magnitud intelectual de Vasconcelos así como de sus logros considerables mientras era ministro de educación.[23]

Uno de los grupos que se formaron para apoyarlo fue el Frente Nacional Renovador, al cual pertenecieron los hermanos Mauricio y Vicente Magdaleno. Este grupo consiguió el apoyo de Abraham Arellano y Antonieta Rivas Mercado. Otro grupo fue el Comité Orientador Pro-Vasconcelos, dirigido por el Lic. Octavio Medellín Ostos, al cual participaban Angel Carvajal, Salvador Azuela, Alejandro Gómez Arias, Adolfo López Mateos y Germán de Campo. Aunque al comienzo había alguna rivalidad entre los dos grupos, con el paso del tiempo llegaron a cooperar y eventualmente se unieron. Muchos de los estudiantes también se alistaron en el Partido Nacional Antirreeleccionista con la intención de promover la candidatura de Vasconcelos y debilitar subrepticiamente la de Villarreal. Los que pertenecían a este último grupo incluían a Vito Alessio Robles, Francisco Vásquez Gómez, Victorino Góngora, Calixto Maldonado, y José G. Aguilar.[24]

Mientras que los tres candidatos de la oposición hacían campaña por la nación un evento ocurrió que cambiaría el carácter del conflicto. Varios generales descontentos se rebelaron en mayo de 1929 mientras la convención del PNR seguía en progreso. Encabezado por el general J. Gonzalo Escobar, incluía a los generales Manzo, Aguirre, Urbalejo y Caraveo.[25] La rebelión fue apagada para fines de abril pero entretanto ambos Valenzuela y Villarreal se habían comprometido en la rebelión, así eliminándose como candidatos. Vasconcelos y sus partidarios rehusaron asociarse con los rebeldes. Su propósito era de mantener su elegibilidad para las elecciones y rebelarse después si el régimen no accedía a la voluntad del pueblo, como suponían iba a ocurrir. Ya a estas alturas habían amasado un número considerable de adherentes y estaban confiados que en una elección legítima, triunfarían. Como resultado de la inelegibilidad de Villarreal, Vasconcelos se convirtió en el candidato oficial del Partido Antirreeleccionista cuando esa organización celebró su convención de julio de 1929. Además, muchos de los antiguos valenzuelistas de la capital se unieron a sus rangos por causa de la rebelión de Escobar.[26]

La evolución de la campaña, ciudad por ciudad, es descrita por Magdaleno y Vasconcelos. Algunos de los partidarios que acompañaban al candidato eran Chano Urueta, Armando y Gabriel Villagrán, Ciriaco Pacheco Calvo, Alfonso Sánchez Tello, Herminio Ahumada, Andrés Pedrero, y Ernesto Carpy Manzano.[27] Sus funciones eran de preparar la recepción del candidato en diferentes locales. Por ejemplo, los hermanos Magdaleno y Manuel Moreno Sánchez del Frente Renovador recibieron a Vasconcelos en Gaudalajara para luego adelantarse al candidato y preparar la campaña en varias ciudades del Bajío: León, Celaya y Acámbaro.

Sin duda se puede atribuir a aquellos estudiantes gran parte del éxito que tuvo la campaña de Vasconcelos para comunicarse con el pueblo. Aun en las ciudades donde se les había advertido que el pueblo les recibiría con indiferencia o incluso, hostilidad, llegaron a descubrir partidarios insospechados. Aquéllos no se limitaron a los estudiantes e intelectuales sino que incluían a muchos obreros y campesinos. Al llegar a una ciudad determinada los partidarios de Vasconcelos inmediatamente buscaban a la gente de quien se podía esperar ayuda; entonces comenzaban a fomentar la organización en los barrios de la ciudad, consiguiendo la ayuda de los estudiantes y vecinos para formar clubes políticos. Una vez que se estableciera el núcleo organizador, empezaban el propósito de la candidatura de Vasconcelos. El resultado siempre era satisfactorio. A la llegada de Vasconcelos, miles de personas se amontonaban en las calles para recibirlo y aclamarlo. Ortiz Rubio nunca logró despertar manifestaciones de apoyo de tal magnitud.[28]

Hacia el principio de la campaña fueron acosados de vez en cuando por mercenarios contratados por oficiales favorablemente dispuestos al régimen. Un incidente de este tipo ocurrió en Guadalajara. Vasconcelos protestó al presidente Portes Gil, el cual le aseguró que respetaría los derechos de los contrincantes. Sin embargo, después de que el gobierno hubiera sofocado la rebelión del general Escobar, el acosamiento recrudeció. Los que ocupaban el poder se dieron cuenta de que su adversario representaba una amenaza, y mientras que continuaban asegurándole de sus buenas intenciones, hacían poco para detener a los oficiales locales.

Siempre ha habido alguna duda respecto al programa político de Vasconcelos, y, en efecto, se ha preguntado si realmente tuvo tal programa. Una cuidadosa lectura de las fuentes aquí consideradas corrobora que sí tenía plataforma política. Magdaleno presenta un resumen excelente de los principios que llegaron a orientar la campaña.

> Vasconcelos, maderista de 1909, reprodujo un hálito revolucionario inspirado en la actitud de Madero, y planteó la sindéresis de la circunstancia política de 1929 como base de lo realmente logrado en materia económica y social. Demandó, por una parte, el rescate de las normas morales sin las cuales el más atrevido progreso material carece de verdaderas bases de sustentación.... Una vez purgadas de la simonía de que eran objeto, las conquistas agraria y obrera deberían ser pie de la transformación social del país. La educación popular y superior... merecería una preferente atención a fin de arrancar a la gran masa analfabeta... de su ancestral servidumbre y de provocar un desenvolvimiento humano y ciudadano.... Ni un

> paso atrás en el cumplimiento de los principios fundamentales del debate revolucionario: el agrario y el obrero; pero, a la vez, liquidación de la hegemonía de los nuevos ricos de la Revolución cuya réplica de lo más aciago del porfirismo era más y más insufrible... Esa fue, a grandes rasgos, la prédica vasconcelista que proclamamos en las calles de la capital y en las ciudades y pueblos de la provincia....[29]

El primero de septiembre de 1929 fue una fecha importante para la campaña: señaló la apertura de la nueva sesión legislativa. Magdaleno explica que esto significaba "la concentración en la capital de los más activos líderes de la candidatura oficial." Continúa:

> ...a partir del 1° de septiembre, la plana mayor de los políticos profesionales, incondicionales todos del general Calles, se aprestó a darnos la batalla definitiva, sin discernir para ello la calidad de los medios ni ninguna otra laya de consideración....[30]

El acosamiento cedió al terrorismo. La campaña dio sus primeras víctimas, entre ellos el joven orador que fue símbolo del apoyo estudiantil de Vasconcelos: Germán de Campo. Vasconcelos atribuye la responsabilidad del asesinato a un diputado federal (Gonzalo Santos), que nunca fue castigado y que pronto logró un puesto destacado en el PNR.[31] Las escaramuzas aumentaron en número mientras aproximaba la elección y muchos vasconcelistas se desanimaron al descubrir que gran parte de su apoyo sucumbía a la violencia de la oposición.

Los vasconcelistas más importantes salieron de la capital un poco antes de la elección para juntarse con los partidarios que habían prometido rebelarse si Ortiz Rubio fuera declarado el triunfador. Abraham Arellano fue a Coahuila y los Magdaleno a Tampico; Vasconcelos pasó el día de la elección en Guaymas, donde redactó un plan para la revuelta, declarándose a sí mismo el triunfador. No es de sorprender que Ortiz Rubio fue proclamado presidente-electo y que oficialmente ganara una victoria aplastante. Tanto Vasconcelos como Magdaleno dan pruebas para mostrar que había fraude en la elección y que había coerción para impedir que los vasconcelistas votaran. Además, Vasconcelos señala que el resultado oficial se publicó en los periódicos de Nueva York el día mismo de la elección, ¡varias horas antes de terminarse la votación![32]

La rebelión tan ansiosamente esperada nunca se realizó. Las aspiraciones de Vasconcelos se frustraron por completo con la matanza del general Carlos Bouquet, uno de los que tenían la intención de rebelarse.

Entonces Vasconcelos se fue a Nueva York donde Antonieta Rivas Mercado intentaba encontrar ayuda dentro de los círculos intelectuales, pero éste y otros intentos suyos en Washington fracasaron. Vasconcelos rechazó el consejo de algunos que querían incitarle a reconocer la derrota y volver a México para encabezar un partido permanente de oposición.[33] Había de pasar los años subsiguientes en el destierro mientras veía que gradualmente la mayoría de sus ex-partidarios repudiaban su oposición prolongada como fútil. Como los pocos que no lo abandonaron, Vasconcelos se convirtió en un hombre rencoroso y amargado. Magdaleno indica que por lo menos algunos de los estudiantes experimentaron un proceso análogo y permanecieron enajenados al régimen. Otros se resignaron a los hechos evidentes; un ejemplo de éstos era Adolfo López Mateos, quien llegó a ser en 1930 secretario privado de Carlos Riva Palacio, un funcionario destacado, y a la larga, presidente de la República, en 1958.[34]

Dos acontecimientos importantes que ocurrieron durante la campaña deben notarse. Primero, el problema religioso, que había preocupado el país desde el principio de la década de 1920, fue resuelto por Portes Gil en junio de 1929. Puesto que había muchos cristeros entre los partidarios de Vasconcelos a causa de la promesa de éste de terminar con la persecución religiosa, la resolución del problema sirvió para atraer al régimen una parte de su apoyo. Vasconcelos condenó el acuerdo que se había logrado, y criticó la intervención del embajador de los Estados Unidos, Morrow.[35] En segundo lugar, unos nuevos conflictos en la Universidad Nacional en 1929 llevaron al establecimiento de la garantía de autonomía para la Universidad. Aunque el paso a la autonomía fue muy popular, los partidarios estudiantiles de Vasconcelos deseaban la prolongación de la disputa porque servía de vehículo para sus discursos durante la campaña.[36]

Se pueden sacar varias conclusiones de un estudio cuidadoso de la campaña de Vasconcelos. Una lectura atenta de la literatura que acabamos de examinar pone en duda el juicio de aquellos investigadores que siguen calificando su campaña de "reacción clerical." Es obvio que ésta es una designación errónea. A menudo el gobierno acusaba a Vasconcelos de ser reaccionario puesto que los del régimen se consideraban a sí mismos los revolucionarios. Hemos aclarado que el apoyo que dieron los cristeros a Vasconcelos era el resultado de la actitud liberal de éste frente a la libertad religiosa, y que su programa se adhirió a los ideales básicos de la Revolución como la reforma agraria. Además, no cabe duda de que sus partidarios incluían a sectores diversos que los de la "reacción clerical."

También se pueden sacar conclusiones de lo que hemos descrito acerca del papel de los estudiantes. Mucha de la responsabilidad por los éxitos cotidianos durante la campaña se debe claramente a sus esfuerzos. Después de la derrota, el desengaño dio dos resultados posibles: algunos se enajenaron del régimen mientras que otros, probablemente la mayoría, se resignaron y se aprovecharon de las abundantes oportunidades para integrarse a la administración. El activismo estudiantil había de continuar en las décadas subsiguientes con nuevos grupos de estudiantes idealistas mientras que "la familia revolucionaria" consolidaba su posición de mando. El ciclo de una oposición estudiantil con el resultado de, por una parte, supresión aplastante y enajenación, o por otra, supresión y conformidad eventual, había de repetirse en décadas posteriores. Lo que queda por hacer es compilar los datos para examinar los aspectos específicos y momentos históricos del ciclo de oposición estudiantil en México, para después poder integrarlos en una configuración coherente. Este trabajo intenta demostrar la utilidad de las reminiscencias, memorias y autobiografías literarias de los partícipes como fuentes primarias de datos.

NOTAS

[1]Para lo ocurrido en México en 1968, véase: Raúl Alvarez Garín, *Los procesos de México 68: acusaciones y defensa* (México: Editoriales Estudiantiles, 1970); Gilberto Balám, *Tlateloco. Reflexiones de un testigo* (México: Talleres Lenasa, 1969); James N. Goodsell, "Mexico: Why the Students Rioted," *Current History*, 57 (1969), 31-35, 53; Salvador Hernández, *El PRI y el movimiento estudiantil de 1968* (México: Ediciones El Caballito, 1971); Arthur Liebman, "Student Activism in Mexico," *Annals of the American Academy of Political and Social Science*, 395 (1971), 159-170; Francisco Ocampo, ed., *México, conflicto estudiantil, 1968: documentos y reacciones de prensa.* 2 vols. (Cuernavaca, México: Centro Intercultural de Documentación, 1969); Jean Revel-Mouroz, "Le mouvement étudiant au Mexique," *Notes et Études Documentaires* (*France, Direction de la Documentation*), 31 (1969), 5-36; Gerardo Ungueta, *Sobre el problema estudiantil-popular. Cartas desde la prisión* (México: Fondo de Cultura Popular, 1969); Elena Poniatowska, *La noche de Tlateloco: testimonios de historia oral* (México: Editorial Era, 1971); César Sepúlveda, "Student Participation in University Affairs: The Mexican Experience," *American Journal of Comparative Law*, 17 (1969), 384-389; Antonio Solís Mimendi, *Jueves de Corpus sangriento: sensacionales revelaciones de un halcón* (México: Imprenta Argo, 1972); y Rosalio Wences Reza, *El movimiento estudiantil y los problemas nacionales* (México: Editorial Nuestro Tiempo, 1971).

Los siguientes son trabajos que tratan a Latinoamérica en general: Orlando Albornoz, *Estudiantes y desarrollo político* (Caracas: Monte Avila Editores, 1968); Orlando Albornoz, ed., *Estudiantes y política en las Américas* (Caracas: Instituto Societás, 1968); E. Wight Bakke, "Students on the March: The Cases of Mexico and Colombia," *Sociology of Education*, 37 (1964); Francis Donahue, "Students in Latin American Politics," *Antioch Review*, 26 (1966); Donald K. Emmerson, ed., *Students and Politics in Developing Nations* (N.Y.: Frederick A. Praeger, 1968); John P. Harrison, "Learning and Politics in Latin American Universities," *Proceedings of the Academy of Political Science*, 27 (1964); Joseph Love, "Sources for the Latin American Student Movement: Archives of the U.S. National Student Association," *Journal of Developing Areas*, 1 (1967); Kevin Lyonette, "Student Organizations in Latin America," *International Affairs*, 42 (1966); Aldo E. Solari, ed., *Estudiantes y política en América Latina* (Caracas: Avila Editores, 1968); David Spencer, *Student Politics in Latin America* (Philadelphia: U.S. National Student Association, 1965); y Jaime Suchlicki, "Sources of Student Violence in Latin America: An Analysis of the Literature," *Latin American Research Review*, 7 (1972), 31-46. La mayoría de este grupo de títulos se refieren a las actividades estudiantiles en toda Latinoamérica, pero por lo común son proyecciones de dos o tres naciones.

[2]Salvador Hernández, *El PRI y el movimiento estudiantil de 1968*, p. 47.

[3]Un libro que aporta datos acerca del activismo antes de 1910 y durante la Revolución es Alfonso Reyes, *Universidad, política, pueblo* (México: UNAM, Dirección General de Difusión Cultural, 1967).

[4]John W. F. Dulles, *Yesterday in Mexico: A Chronicle of the Revolution, 1919-1936* (Austin: University of Texas Press, 1961).

[5]Véase las siguientes bibliografías: Luis González, ed., *Fuentes de la historia*

contemporánea de México (México: El Colegio de México, 1961-1962, 3 vols.); Stanley Ross, ed., *Fuentes de la historia contemporánea de México* (México: El Colegio de México, 1965, 1967, 2 vols.).

[6]Existen otras fuentes literarias para el investigador interesado en el período, que no hemos indagado: las memorias escritas por muchos de los partícipes políticos de los años 20, incluyendo las de Alberto J. Pani, Vito Alessio Robles y Feliz F. Palavicini.

[7]John W. F. Dulles, *Yesterday in Mexico*, p. 122.

[8]Andrés Iduarte, *El mundo sonriente* (México: Fondo de Cultura Económica, 1968), pp. 71-71.

[9]*Ibid.*, p. 73.

[10]Andrés Iduarte, *Un niño en la revolución mexicana* (México, Obregón, S.A., 1954), p. 131.

[11]Mauricio Magdaleno, *Las palabras perdidas* (México: Fondo de Cultura Económica, 1956), pp. 108-109.

[12]Andrés Iduarte, *Un niño en la revolución mexicana*, pp. 125, 126 y 130.

[13]Andrés Iduarte, *El mundo sonriente*, capítulo IV.

[14]Andrés Iduarte, *Un niño en la revolución mexicana*, p. 126.

[15]Andrés Iduarte, *El mundo sonriente*, p. 67.

[16]John W. F. Dulles, *Yesterday in Mexico*, pp. 334-335.

[17]Andrés Iduarte, *El mundo sonriente*, p. 82.

[18]Mauricio Magdaleno, *Las palabras perdidas*, p. 21.

[19]Andrés Iduarte, *El mundo sonriente*, p. 77.

[20]*Ibid.*, p. 85.

[21]*Ibid.*, p. 94.

[22]John W. F. Dulles, *Yesterday in Mexico*, pp. 415, 416 y 418.

[23]Mauricio Magdaleno, *Las palabras perdidas*, p. 8.

[24]John W. F. Dulles, *Yesterday in Mexico*, pp. 419-420.

[25]*Ibid.*, p. 442.

[26]*Ibid.*, p. 470.

[27]Mauricio Magdaleno, *Las palabras perdidas*, p. 29.

[28]*Ibid.*, capítulos IX, XIV-XVI, *et passim.*

[29]*Ibid.*, pp. 9-10.

[30]*Ibid.*, p. 157.

[31]José Vasconcelos, *El proconsulado* (México: Ediciones Botas, 1946), p. 252. El apellido del diputado en cuestión nos lo ha proporcionado don Andrés Iduarte en comunicación personal.

[32]*Ibid.*, p. 305.

[33]John W. F. Dulles, *Yesterday in Mexico*, pp. 477-478.

[34]L. Vincent Padgett, *The Mexican Political System* (Boston: Houghton Mifflin Co., 1966), p. 27.

[35]José Vasconcelos, *El proconsulado*, p. 177.

[36]John W. F. Dulles, *Yesterday in Mexico*, p. 467.

EL *SIGLO DE ORO* DE BALBUENA PRIMERA NOVELA AMERICANA

por Luis Leal
University of Illinois

Los críticos de la novela novohispana nos dicen que *Los sirgueros de la Virgen sin original pecado* (1620) de Francisco Bramón es la primera novela mexicana. Francisco Pimentel, primer crítico de la novela en México, escudriñando la *Biblioteca hispano americana septentrional* (1816-1821) de Beristáin descubrió algunas noticias sobre obras novelescas anteriores a las de Fernández de Lizardi, noticias que reproduce y que se inician con la obra de Bramón. Dice Pimentel: "Puesto que la composición de Bramón está formada con *cantos*, debía considerarse como poesía lírica; pero atendiendo a que es 'una fábula pastoril parecida a la *Galatea* de Cervantes', más bien merece calificarse de novela pastoril, siendo éste el género a que pertenece la *Galatea*. Sin embargo, dejamos el punto como dudoso, mientras sea posible ver un ejemplar de los *Sirgueros*, cosa que no hemos conseguido hasta ahora."[1] Sin duda Pimental leyó lo que Beristáin dice de Balbuena. Pero del *Siglo de oro* ahí sólo se anota que se compuso en México y se envió a imprimir a España. Pero lo más extraordinario es que Pimentel no discute la obra poética de Balbuena en su historia de la poesía en México.

Federico Gamboa, que también se ocupó de la novela colonial, duda que la obra de Bramón pertenezca a la literatura mexicana. Dice Gamboa: "*Los Sirgueros de la Virgen sin Pecado Original*, fábula pastoril inspirada en la *Galatea* de Cervantes, escrita en México en 1620 por el bachiller Francisco Bramón, cancelario de la Universidad, al igual de las *Novelas Morales* publicadas en la Corte en 1624, de don Juan Piña Izquierdo, natural de Castilla, notario de la Inquisición de Madrid y notario apostólico y escribano real en Puebla, donde se avecindó por lustros, no son propiamente nuestras, mal grado que Bramón naciese en la

Nueva España."[2] Luis Castillo Ledón, en cambio, sí considera que Bramón "es, entonces (fuera de todas dudas) el escritor que, aunque todavía bajo la influencia del espíritu místico, intenta en la Nueva España el primer ensayo de novela."[3]

Ni Pimentel, ni Gamboa, ni Castillo Ledón citan el *Siglo de oro* de Balbuena; tampoco lo hacen otros críticos que se han ocupado del tema, como Luis González Obregón o José Luis Martínez.[4] En cambio, sí lo citan los que han tratado de la novela colonial hispanoamericana, siendo Pedro Henríquez Ureña el primero. "Atención especial—dice—merecen Bernardo de Valbuena (1568-1627) y Agustín de Salazar y Torres (1642-1675): nacidos en España, se educaron en México y pasaron en América gran parte de su vida; son, pues, escritores de América más que de España. Valbuena escribió *Siglo de oro en las selvas de Erífile*, novela pastoril, en prosa y verso, según el uso (1608); se imprimió en España, no en América. Y Agustín de Salazar no escribió novelas: se ha pensado en él como novelista, equivocadamente, sólo porque una de sus comedias en verso, *El encanto es la hermosura y el hechizo sin hechizo* o *La segunda Celestina*, evoca en su título a la zurcidora de voluntades de la *Tragicomedia de Calisto y Melibea*, en cuyo derredor se agita siempre la discusión del 'género literario.'"[5] En un estudio más reciente Roberto Esquenazi-Mayo dice: "La novela pastoril *Siglo de Oro en las Selvas de Erífile*, según ha probado Garcidueñas, fue escrita en México entre 1585 y 1590 y publicada en Madrid en 1608. *Siglo de Oro* es, indiscutiblemente, un ejemplo, el primero en tiempo y yo creo que también en calidad, de la novela pastoril de Nueva España, sino que corresponde también a la novela religiosa."[6] Tiene razón Esquenazi-Mayo. *Siglo de oro* de Balbuena es la primera novela escrita por un autor asociado a la Nueva España. Y aunque, como nos dice Henríquez Ureña, se imprimió en España, puede ser considerada como la primera novela americana. La crítica, sin embargo, no se ha ocupado de examinarla a la luz de su americanismo. Trataremos de hacerlo.

El *Siglo de oro*, publicado en Madrid por Alonso Martín en 1608,[7] estaba listo para la imprenta cuatro años antes; la Aprobación, firmada por Tomás Gracián Dantisco en Valladolid, es del 2 de agosto de 1604, y la Suma del privilegio del 11 de agosto del mismo año. El 10 de septiembre, en Madrid, Balbuena cedió el privilegio de imprimir y vender "un libro intitulado *Siglo de oro* y por otro nombre *Selva de Erífile*" a Alonso Pérez, mercader de libros, a cambio de 150 ejemplares de la obra, "los cuales dichos libros le dará y entregará impresos, como está dicho, dentro de dos meses."[8] Se acabó de imprimir, según el colofón, en 1607.

Los críticos que se han ocupado del *Siglo de oro* no están de acuerdo en cuanto a la fecha de composición; sí lo están, basándose en lo que le dice Balbuena al Conde de Lemos en la carta dedicatoria, en que es una obra temprana. Dice Balbuena: "Estos acometimientos de mi pluma, ensayos del furor poético, que en el verano de mi niñez a vueltas de su nuevo mundo fueron naciendo, no se diga que me pesó hallarlos ahora en España, cuando yo del todo los tenía por perdidos" (PP, II, 131). Según Van Horne, "estas palabras de Balbuena señalan una fecha temprana para el *Siglo de oro*. La prioridad relativa con respecto al Bernardo queda claramente indicada. Las palabras *primicias* y *en el verano de mi niñez* ascenderían a los años de estudio en el colegio de México de 1580 en adelante. [...] Es plausible que recibiera la inspiración con sus asociaciones y lecturas estudiantiles. Nada impediría que perfeccionase después de la tranquilidad de Guadalajara o de San Pedro Lagunillas sus versos y sus prosas juveniles."[9] Fucilla, en su estudio de las fuentes del *Siglo de oro*, encontró algunos ecos de la poesía de Luis Gálvez de Montalvo, cuya novela pastoril, *El pastor de Fílida*, se publicó en Madrid en 1582. Dice Fucilla: "Unless it can be assumed that Balbuena had access to a manuscript version of *El pastor de Fílida*, which remains to be proved, we may now state with some degree of assurance that el *Siglo de oro* was composed not earlier than 1582, the date of the publication of Montalvo's *novela*, very likely in 1583 or 1584."[10] Es muy probable, por supuesto, que Balbuena haya elaborado la obra posteriormente, como ha conjeturado José Rojas Garcidueñas. "Mi opinión—dice—, expuesta repetidamente en páginas anteriores, es: primero, que aunque Balbuena empezó a componer su novela hacia 1580-1585, la siguió trabajando posteriormente y, además, que por las referencias a asuntos personales y a otras circunstancias, creo indudable que hizo interpolaciones y substituciones de fragmentos, en su obra, al revisarla finalmente cuando recobró, en Madrid, el manuscrito que había enviado desde México y lo entregó para ser impreso; en ese momento, ya estando Balbuena en Madrid, el año de 1607, pudo muy bien leer la novela de Gálvez de Montalvo (aunque también pudo hacerlo en la Nueva España entre 1600 y 1602) y bajo su influencia escribir el fragmento que empieza: 'Pastor, un vaso tengo, delicado.'"[11]

Sea como fuere, lo cierto es que esta novela, elaborada durante las últimas décadas del siglo dieciséis y publicada en Madrid en 1608, es la primera compuesta en México y, por lo tanto, en América, ya que no se conoce otra anterior. No creemos que pueda considerarse como novela americana el *Claribalte* (1519) de Gonzalo Fernández de Oviedo, ya que no se ha podido probar que fue escrita en el Darién, como dice el autor. Además, el mundo americano no forma parte de la obra, ni tuvo influencia sobre Oviedo cuando la escribió. Según Tudela Bueso, "*don Claribalte* es obra pensada y escrita sin duda en los días a que nos estamos refiriendo," esto es, en 1517, cuando Oviedo se encontraba en Madrid, después de haber vuelto de Santa María del Antigua del Darién, en donde había estado entre 1514 y 1515.[12]

En los manuales de la literatura española el *Siglo de oro* es considerado como novela, y también lo es por Menéndez Pelayo y los críticos de la novela pastoril.[13] King la considera como verdadera novela pastoril semejante a la *Diana*. Al referirse a lo que él llama la novela pastoril académica, dice: "No era necesario un cambio radical con respecto a la forma para convertir la novela pastoril en una novela pastoril académica. Cuando los versos y los discursos llegan a prevalecer sobre el amor a la naturaleza y sobre la verdadera angustia de los amantes que animaban a novelas pastoriles como la *Diana* de Montemayor—o incluso una obra tardía, como la de Balbuena, *Siglo de oro en las selvas de Erífile* (Madrid, 1608)—, nos enfrentamos, con toda probabilidad, con la novela pastoril académica, aunque la distinción, necesariamente, es sutil."[14] Van Horne, en cambio, vacila en cuanto a la clasificación: duda que sea novela por falta de trama unificadora. "Si las obras de Sannazaro y Balbuena—dice—entran en la categoria de novela tenemos que prescindir del requisito de una trama unificadora, y aún de verdaderos hilos secundarios. Si el 'yo' autobiográfico que se asoma en ambas obras constituye una novela, sí la hay" (p. 144). Balbuena, según la portada de la edición de 1608, se propuso hacer "una agradable y rigurosa imitación del estilo pastoril de Teócrito, Virgilio y Sanazaro." Esto induce a Van Horne a decir que el *Siglo de oro*, "más que novela [...] es una serie de églogas [...] con intermedios en prosa. Es una novela sólo por el 'yo' narrador, por la extensión, por la mezcla de prosa y verso" (p. 144). Para Menéndez y Pelayo no hay duda de que el *Siglo de oro* y otras obras imitativas de la de Sannazaro son novelas. Para él, "todas las novelas pastoriles escritas en Europa desde el Renacimiento de las letras hasta las postrimerías del bucolismo con Florián y Gessner, reproducen el tipo de la novela de Sannazaro, o más bien, de las novelas españolas compuestas a su semejanza, y que en buena parte le modificaron, haciéndole más novelesco. Pero en todas estas novelas, cual más, cual menos, hay no sólo reminiscencias, sino imitaciones directas de la *Arcadia*, que a veces, como en el *Siglo de oro* y en *La constante Amarilis*, llegan hasta el plagio. Aun en la *Galatea*, que parece de las más originales, producen de Sannazaro la primera canción de Elicio [...] y una parte del bello episodio de los funerales del pastor Meliso" (p. cd.).

Aparte de las opiniones de las autoridades, es necesario decir que el *Siglo de oro* es una verdadera novela pastoril. Además del *yo* narrador, ya apuntado por Van Horne, la estructura narrativa la encontramos también en la presencia de los personajes ficticios que si bien de cuando en cuando recitan poesías, lo que cuenta son las relaciones entre ellos; esto es, lo importante en la obra son las situaciones, el ambiente, el escenario, el destino de los personajes y no el elemento lírico. Si bien las poesías pueden ser desglosadas de la obra, cada una de ellas tiene una función en el desarrollo total de la obra en relación a las cuitas de los personajes, como ocurre en la novela pastoril típica.

En cuanto a la originalidad de la obra, la opinión de Menéndez y Pelayo nos parece sumamente severa. El autor mismo nos dice en el título que es una "agradable y rigurosa imitación del estilo pastoril de Teócrito, Virgilio y Sanazaro" (ver n. 7). En cambio, los personajes, el ambiente, los diálogos, las situaciones y la mayor parte de las poesías son originales. Fucilla, en su estudio de las fuentes del *Siglo de oro*, encuentra verdaderamente poco que sea imitativo. Y además, era la costumbre de la época, como lo vemos en las obras de Lope, Cervantes, Montemayor, Gil Polo y todos los que escribieron este tipo de novela, derivado del arquetipo, la *Arcadia* de Sannazaro. Ya Quintana había dicho que en cuanto a la invención, la disposición y el diálogo, no pueden comparárselas ningunas otras en castellano; y en esta parte Balbuena se acerca más que ninguno a los escritores antiguos."[15] Y uno de sus contemporáneos, Cervantes, había dicho en malos versos: "Este es aquel Poeta memorando,/ que mostró de su ingenio la agudeza/ en las Selvas de Erífile cantando."[16] La originalidad de la obra no hay que buscarla en la estructura narrativa, que es arquetípica, sino en la caracterización de los personajes, en las descripciones de la naturaleza y hasta en lo novedoso de ciertas imágenes. Ya el propio Quintana observaba que "la poesía de Balbuena, en cualquiera género que se ejercite, no se parece nunca a la de los demás escritores; siempre se distingue por una cierta novedad y extrañeza agradable, que le da un carácter original y aumenta prodigiosamente su realce. Comparar la blancura de una fuente a los jazmines, a la nieve, a la plata, es cosa que se ve en cualquiera otro poeta; pero compararla a 'los remansos más hermosos/ de la lecha cuajada/ cuando temblando apenas deja verse' sólo se encuentra con igual gusto que admiración en Balbuena" (p. 96).

El *Siglo de oro* se divide en 12 églogas contadas por uno de los personajes, Serrano; la acción ocurre en un valle del Guadiana, donde hay una fuente llamada Erífile, el nombre de una ninfa. Los pastores que aparecen a través de las 12 églogas no son siempre los mismos; sus cantos son interpretados por comentarios de un *yo* y por medio de diálogos entre pastores. Cuando el pastor Florencio (Egloga 2) deja de cantar el narrador comenta: "Luego que Florencio acabó su canto, yo salí de entre unas peñas, donde por no impedirle me había escondido; y el pastor, no menos alegre de verme que yo lo había estado de oírle, ¡O mi serrano! me dijo, ¿tan cerca estabas de mí? Salva sea tu rebaño; las selvas guarden tus cabritas..." (ed. 1821, pp. 45-46). Quintana comenta: "El candor inocente de los pastores y su ignorancia rústica están expresados a veces con aquella sencillez, aquella naturalidad, aquel gracejo, propios de este género, y muy raros o difíciles de encontrar en otros escritores" (p. 96).

Alfonso Reyes se refiere a los personajes de Bramón en estos términos: "los pastorcitos de biscuit están plantados, inmóviles, en un paisaje artificial. Las parejas no tienen más fin que sostener el diálogo, sin pasión ni celos, y apenas con su poco de simpatía entre Menandro y Arminda."[17] No podemos decir lo mismo de los pastores de Balbuena. Ya Quintana se había quejado de que a veces "sus pastores entonces dejan de ser personajes del siglo de oro, y entran en la realidad de nuestros rudos ganaderos" (p. 96). Mas no es necesario exagerar. Los pastores de Balbuena no son ni de biscuit ni de áspero cuero; son pastores y vaqueros que aunque pasan la vida cantando sus cuitas y desengaños amorosos, también tienen que desempeñar las tareas diarias de una vida en la realidad contemporánea. Beraldo toca la zampoña y se queja de "la nueva guerra en que amor me ha metido"; pero es un pastor "nacido entre robles y encinas y entre bellotas y castaños criado que apenas como los otros pastores sabía hablar" (p. 5). Cuando se presenta a Melancio no se ciñe Balbuena a hablarnos sólo de su estado emocional, sino que se detiene a describir el color del gabán y la materia de la cual está hecho el cayado. "Apenas Beraldo con su cantar había alegrado las nuevas flores del campo [...] cuando Melancio, no sé por cual rigor del cielo, tan congojado y triste que apenas le conocíamos, por entre un árbol y otro le vimos venir envuelto en un gabán de aquel color, que por los arroyos solemos hallar las temorosas perdices, un cayado en la mano, que no sé si de alcornoque si de encina fuese, y todo él tan desganado y aborrecido de sí mismo, que luego que llegó donde nosotros estábamos, conocimos en su sobrecejo que nada se había alegrado con nuestra vista" (p. 8). A Filis, la amada del pastor Leucipo, se le presenta como arrogante y altiva y se le compara a una "novilla no domada, que exenta y libre por los campos a solo su atajo tiene por ley" (p. 36). Según vemos por las acciones de Leucipo, no sólo de música viven los pastores de Balbuena. "Con el menor ruido que pudimos descubrimos por entre unas matas al enamorado Leucipo, que junto a una pequeña fuente con la música ordinaria, manjar de pastores, se entretenía. Detuvímonos un rato a escucharlo, porque el tiempo no nos apretaba mucho. [...] Habiendo pues el pastor concluido su canto y no los pensamientos, volviendo al zurrón el pan, la manteca y queso y algunas nueces y castañas que para comer había sacado, harto de los manjares de su memoria [...] así comenzó a decir: O

Filis mía..." (pp. 32 y 36). A veces llega Balbuena al extremo de presentar un aspecto ridículo de la vida del pastor, como en el caso de Ursanio, a quien se describe "tan mojado y lleno de lodo, que si yo enjuto y bien comido me hallara, de buena gana riera de su donoso talle y vista, y más cuando con mil placeres, como si un gran suceso fuera, me llegó a contar de la manera que al pasar unos atolladeros que junto al vado se hacen, así a un tiempo se le fueron ambos pies, que cuando sobre sí volvió se halló tendido en el lodo, donde largo rato por no sacar las manos del seno no se pudo desmarañar de su capote; y lo que sobre todo a mí mayor gana de reír me daba, era ver que en su cuerpo no trajese cosa enjuta sino las manos, y éstas hasta entonces no las había sacado del seno, temoroso que el frío no se las arrebatase (pp. 40-41). Tal vez estas escenas realistas fueron las que movieron a Rennert a decir: "Balbuena's shepherds are, at least, real shepherds, not the visionary creatures with which other pastoral romances are peopled" (p. 167).

No menos originales—dentro de las limitaciones de la estética renacentista—son las descripciones del paisaje. Citaremos la que se hace del valle donde se asienta la fuente de Erífile: "Primeramente enmedio de estos floridos campos, que como el espacioso mar largos y tendidos se muestran, una selva se levanta no de altura descompasada, mas de tan agradable arboleda, que, si decirse puede, allí más que en otra parte la naturaleza hace reseña de sus maravillas. Porque dejado que los árboles casi todo el año están vestidos de una inmortal verdura y yerba, que no menos que a esmeraldas se puede comparar, los lirios, las azucenas, las rosas, los jazmines, el azahar, las mosquetas, alhelíes y clavellinas y las demás olorosas flores, llenando de olores el campo, no otra cosa parecen que un pedazo de estrellado cielo que allí se haya caído. Y esto, aunque en cualquier tiempo del año gustosa y regalada vista sea, en las floridas mañanas de abril tanto su hermosura resplandece, que no sé yo cual otra beldad tenga el mundo tan digna de ser celebrada. Pues en medio de todo este ameno sitio, si ahora mal no me acuerdo, entre sauces y álamos queda hecho un pequeño llano, cubierto de tanta diversidad de flores, que toda la hermosura que en las demás partes resplandece, allí junta, y con aventajadas perfecciones se muestra haciéndola sobre todo acabada la cristalina Erífile, que de una peñascosa cueva hecha de ásperos y helados riscos sale, llevando lo primero sus hielos, cubiertos de verde y fresca yedra, hasta ocho o diez pasos de su primer nacimiento, que deseosa de enamorar las vecinas selvas segunda vez muestra su beldad al mundo, haciendo en lo mejor del florido llano, entre olorosos tomillos, claveles y amapolas, un claro y profundo estanque digno de toda la alabanza que a su hermosura se diese" (pp. 2-3). Según Rennert, Balbuena "excels in his descriptions of nature; in this respect he surpasses all other Spanish writers of pastoral romances" (p. 166).

Si la novela, como hemos visto, fue compuesta en México, las descripciones del paisaje fueron por necesidad dictadas por el recuerdo "de la celebrada España," donde "las tendidas riberas de Guadiana con saludables ondas fertilizan, entre otros, un hermoso valle" (p. 1). Pero Balbuena, en cuyo "corazón de gran poeta se confundían el amor de sus dos patrias," según el decir de Alfonso Reyes (p. 77), no podía dejar de incluir una descripción de México, y así lo hace en la égloga sexta. No es posible determinar si esta descripción de la ciudad de México, esta "miniatura de la *Grandeza Mexicana*" (Reyes, p. 77) fue compuesta antes del largo poema laudatorio o constituye un anuncio del libro que publicaría en 1604. Para poder integrar este elemento extraño al ambiente de la novela se vale el autor de un sueño. El pastor, "cansado de la mucha soledad, sin acabar del todo mi discurso, el sosegado sueño, dulce alivio de los males, con un sabroso licor me bañó el rostro, llevándome tras sí la inquieta fantasía por lugares temerosos y dignos de reverencia" (p. 130). En el sueño se le aparece una ninfa de las aguas quien le sirve de guía por una cueva que va a dar "a los espantosos senos de la tierra" (p. 132). Cuando salen de la cueva se encuentran en México: "y no tan presto por las cercanas aberturas de la tierra segunda vez la amada luz llegó a nuestros ojos, cuando a mí me pareció que a otro nuevo mundo hubiésemos venido, donde todos los montes, todas las sierras y collados, que descubrimos, cuajados de no vistas riquezas se mostraban, corriendo por unas partes ríos de resplandeciente oro, y por otras grandes estanques de luciente y limpia plata; y no sé si admirándome yo de semejante cosa súbitamente me vi debajo de una profunda y ancha laguna, cuya increible grandeza me hizo creer que en aquel punto el famoso Océano con todas sus regiones de agua hubiese pasado sobre mi cabeza. Mas luego que sentada encima de sus delicadas ondas vi una soberbia y populosa ciudad, no sin mucha admiración dije en mi pensamiento: esta sin duda es aquella Grandeza Mejicana, de quien tantos milagros cuenta el mundo" (p. 132). En las siguientes páginas hace Balbuena, en prosa, una descripción de la ciudad de México, no menos hiperbólica que la que hiciera en verso en la *Grandeza mexicana* (1604).

Desde el punto de vista narrativo, el trozo de mayor interés, por la riqueza de motivos fantásticos, es el relato de la cueva encantada donde se encuentra el árbol de los sueños, en la égloga quinta: "Y habiendo llegado al pie de un envejecido árbol que con revueltos brazos la mayor parte de aquella cueva ocupa, si al vulgo puede darse crédito, verás en sus hojas los fantásticos sueños pegados con las diversas imágenes y colores que de noche nos parecen, porque de allí cual manada de resplandecientes avecillas en faltando la luz salen volando por el mundo, y después de habernos representado las diferentes comedias que sin claridad alguna vemos invisibles, se vuelven a su lugar" (p. 110).

¿Por qué—cabe pregunta—el *Siglo de oro* no había sido considerado por la crítica como la primera novela americana? Tal vez por la opinión expresada por uno de los primeros críticos de las letras hispanas, el profesor George Ticknor, quien ya en 1849 decía de la novela de Balbuena: "Of the manners of the New World, however, or of its magnificent scenery, his *Age of Gold in the Woods of Eriphile* shows no trace. It was published in Madrid in 1608, and might have been written if its author had never been in any other city. But it is not without merit" (ed. 1872, III, p. 103). ¿No leyó Ticknor la Egloga sexta en la que se describe la ciudad de México? ¿Tampoco leyó con atención la que Quintana había dicho que encontraba en el *Siglo de oro*, esto es, la "novedad y extrañeza agradable, que le dan un carácter original"? ¿No se le ocurriría que esa extrañeza agradable tal vez fuera el resultado de la estancia de Balbuena en el Nuevo Mundo? Sea como fuere, lo cierto es que hay que esperar hasta el siglo veinte para que la crítica vea en el *Siglo de oro* los orígenes de la novela americana, aunque es verdad que ya Quintana y Menéndez Pelayo veían influencia de lo americano en la poesía de Balbuena.

Menéndez Pelayo, como ya vimos, no llegó a hacerle justicia al *Siglo de oro*, al cual descarta como una simple imitación de la obra de Sannazaro. En cambio, colma de elogios la poesía de Balbuena. "Pero la modesta luz poética de Hernán González de Eslava—dice—parece como que se eclipsa ante la brillante y deslumbradora de Bernardo de Valbuena, que si pertenece a la Mancha por su nacimiento, pertenece a México por su educación, a las antillas por su episcopado, y que hasta por las cualidades más características de su estilo, es en rigor el primer poeta genuinamente americano, el primero en el que se siente la exuberante y desatada fecundidad genial de aquella prodigiosa naturaleza."[18] La originalidad del estilo de Balbuena es debida, según Menéndez Pelayo, a la influencia americana. "Nadie dirá—dice—que al estilo de Valbuena no se le hubiese comunicado ampliamente la generosa imprevisión indiana, la opulencia aparatosa y despilfarrada" (p. 53). Balbuena, para Menéndez Pelayo, pertenece tanto a México como a España. "De este modo—continúa diciendo—la glorificación de México y la apoteosis de España se confunden en los cantos del poeta, como el amor a sus dos patrias era uno solo en su alma. Por eso es a un tiempo el verdadero patriarca de la poesía americana, y, a despecho de los necios pedantes de otros tiempos, uno de los más grandes poetas castellanos" (p. 56).

La contribución de Balbuena al desarrollo del estilo barroco español fue apuntada por Pedro Henríquez Ureña en estos términos: "Valbuena representa en la literatura española una manera nueva e independiente de barroquismo, la porción de América en el momento central de la espléndida poesía barroca [...] Su barroquismo no es complicación de conceptos, como en los castellanos, ni complicación de imágenes, como en los andaluces de Córdoba y Sevilla, sino profusión de adorno, con estructura clara del concepto y la imagen, como en los altares barrocos de las iglesias de Méjico: aquí sí existe curiosa coincidencia."[19]

Las innovaciones introducidas por Balbuena en la narrativa pastoril han sido examinadas por Avalle Arce en la obra citada; las encuentra en la desmitificación de lo pastoril, en la riqueza y variedad de las descripciones de la naturaleza y en las innovaciones formales, ya que Balbuena abandona la tradición española para modelar su obra sobre la *Arcadia* de Sannazaro.

Alfonso Reyes, sin pensar tal vez en Ticknor, ofrece una posible respuesta a su conjetura, esto es, que el *Siglo de oro* hubiera sido escrito aunque Balbuena no hubiese salido de Madrid. Balbuena, dice Reyes, "acaso debe a su permanencia juvenil en la Nueva España, singularmente en la Nueva Galicia—y aun a la soledad y aburrimiento de su provinciana parroquia—la elaboración fundamental de sus libros. [...] Y el mismo arte de componer en un solo cuadro dos mundos diferentes se revela en su rara virtud para actualizar las imágenes antiguas o naturalizar las evocaciones italianas que constantemente visitaban su espíritu" (p. 77).

Y es natural que la primera obra de ficción americana sea una novela pastoril. Esto comprueba la teoría de Octavio Paz, esto es, que la literatura americana es universal en sus orígenes. "Apenas el español pisa tierras americanas—dice Paz—, trasplanta el arte y la poesía del Renacimiento. Ellos constituyen nuestra más antigua y legítima tradición. Los americanos de habla española nacimos en un momento universal de España. De allí que Jorge Cuesta sostenga que el rasgo más notable de nuestra tradición es el 'desarraigo.' Y es verdad: la España que nos descubre no es la medieval sino la renacentista; y la poesía que los primeros poetas mexicanos reconocen como suya es la misma que en España se miraba como descastada y extranjera: la italiana. La heterodoxia frente a la tradición castiza española es nuestra única tradición."[20] El *Siglo de oro* es obra representativa de esa universalidad de literatura americana de que nos habla Paz. Entonces, ¿por qué omitirla cuando se habla de los orígenes de la novela americana? Los historiadores y críticos deben de tenerla en cuenta al hablar de su desarrollo y no seguir diciendo que la novela americana nace con la independencia de América, esto es, con la obra de Lizardi, otra novela arquetípica; pero también lo es el *Siglo de oro* de Bernardo de Balbuena, publicada doscientos años antes.

NOTAS

[1]Francisco Pimentel, "Novelistas y oradores mexicanos", *Obras completas*, V (México: Tip. Económica, 1904), pp. 275-276. La novela de Bramón fue publicada en México por Juan de Alcázar en 1620. Existen ejemplares en la Biblioteca Nacional de México y en Brown University, Providence, R.I., U.S.A. Micropelícula en nuestra biblioteca. La única edición moderna, incompleta, es la de Agustín Yáñez (México: UNAM, 1944), "Biblioteca del Estudiante Universitario", No. 45 (con *La portentosa vida de la muerte* de Joaquín Bolaños).

[2]Federico Gamboa, *La novela mexicana* (México: Eusebio Gómez de la Puente, 1914), p. 7. Sobre las *Novelas morales* de Piña Izquierdo que menciona Gamboa véase nuestro estudio en el *Anuario de Letras* (1975) de la UNAM.

[3]Luis Castillo Ledón, *Orígenes de la novela en México* (México: Museo Nacional de Arqueología..., 1922), p. 6.

[4]Luis González Obregón, "Los novelistas de la colonia", *El Universal Ilustrado*, II: 65 (agosto 2, 1918), p. 4. Recogido en *Croniquillas de la Nueva España* (México: Botas, 1936), pp. 166-172 (varias reimpresiones). José Luis Martínez, "Fernández de Lizardi y los orígenes de la novela en México", *La expresión nacional* (México: Imprenta Universitaria, 1955), pp. 7-26.

[5]Pedro Henríquez Ureña, "Apuntaciones sobre la novela en América", *Humanidades*, La Plata, XV (1927). Recogido en *Obra crítica* (México: Fondo de Cultura Económica, 1960), pp. 618-626. La cita en la p. 620.

[6]Roberto Esquenazi-Mayo, "Raíces de la novela hispanoamericana", *Studi di Letteratura Ispano-americana*, II (1969), 6. La última frase de la cita es enigmática.

[7]*Siglo de oro en las selvas de Erífile* del doctor Bernardo de Balbuena. En que se describe una agradable y rigurosa imitación del estilo pastoril de Teócrito, Virgilio, y Sanazaro. Dirigido al Excelentísimo Don Pedro Fernández de Castro, Conde de Lemos y de Andrade, Marqués de Sarria y Presidente del Real Consejo de Indias. Año 1608. Con privilegio. En Madrid, por Alonso Martín. A costa de Alonso Pérez, Mercader de Libros. [Colofón]: En Madrid. En Casa de Alonso Martín. Año 1607. (Ver Cristóbal Pérez Pastor, *Bibliografía madrileña*, II, Madrid, 1906, p. 131). La segunda edición no se publicó hasta 1821, en Madrid: Ibarra; corregida por la Academia Española. Citamos por esta edición.

[8]Véase el contrato de venta en Pérez Pastor, II, 131.

[9]John Van Horne, *Bernardo de Balbuena. Biografía y crítica* (Guadalajara: Imprenta Font, 1940), p. 138.

[10]Joseph G. Fucilla, "Bernardo de Balbuena's *Siglo de oro* and its Sources", *Hispanic Review*, XV: 1 (enero, 1947), 101-119; la cita en la p. 116.

[11]José Rojas Garcidueñas, *Bernardo de Balbuena; la vida y la obra* (México: UNAM, 1958), p. 96.

[12]Juan Pérez de Tudela Bueso, "Vida y escritos de Gonzalo Fernández de Oviedo", *Biblioteca de Autores Españoles*, CXVII, p. lxii. Ver Daymond Turner, "Oviedo's *Claribalte*: The First American Novel", *Romance Notes*, VI (1964), 65-68.

[13]Ver George Ticknor, *History of Spanish Literature*, III (Boston: Houghton Mifflin, 1872), pp. 102-194 (la 1ª ed. es de 1849); Hugo A. Rennert, *The Spanish Pastoral Romances* (Philadelphia, 1912), pp. 163-170; Marcelino Menéndez y Pelayo, *Orígenes de la novela* (Madrid, 1925), p. cd (hay varias eds.); Juan Bautista Avalle Arce, *La novela pastoril española* (Madrid: Revista de Occidente, 1959).

[14]Willard F. King, *Prosa novelística y academias literarias en el siglo XVII* (Madrid, 1963), pp. 113-114.

[15]Manuel José Quintana, *Tesoro del parnaso español* (París: En la Librería de Baudry, 1838), p. 96.

[16]Miguel de Cervantes, *Viaje al Parnaso* en *Obras completas de...* (Madrid, 1922), p. 30 (la 1ª ed. es de 1614).

[17]Alfonso Reyes, *Letras de la Nueva España* (México: Fondo de Cultura Económica, 1948), p. 89.

[18]Marcelino Menéndez Pelayo, *Historia de la poesía hispano-americana*. Tomo 27 en la edición nacional de las *Obras completas* (Madrid, 1948), pp. 45-46.

[19]Pedro Henríquez Ureña, *La cultura y las letras coloniales en Santo Domingo* (Buenos Aires: Instituto de Filología, 1936), p. 55.

[20]Octavio Paz, "Introducción a la historia de la poesía mexicana" [Prólogo a la *Anthologie de la Poésie Mexicaine*, París: Colección Unesco, 1952], en *Las peras del olmo* (México: UNAM, 1957); 2ª ed., 1965, pp. 11-37; la cita en la p. 11 de esta ed.

ISLAS DE MUJERES

por Luis Martín
Southern Methodist University

En las postrimerías del siglo XV la vieja Europa, enclaustrada por siglos en los estrechos confines del *mare nostrum*, salta sobre sus límites históricos y descubre un mundo nuevo. Muchas fuerzas contribuyeron a la expansión de Europa: nuevas técnicas de navegación, la competición por mejores rutas comerciales, el nuevo mercantilismo, las inquietudes intelectuales del Renacimiento, el fervor religioso de la contrarreforma, y el incipiente nacionalismo. Entre esas fuerzas hay algunas ocultas en los bajos estratos de la subconciencia que impelen a muchos de los descubridores como espuelas clavadas en los flancos de su imaginación. Nos referimos a mitos y leyendas, que habían rodado como cantos de arroyo por todas las literaturas antiguas: El Dorado, los Reinos del Oro, los Antípodas, y las Amazonas son leyendas que acucian la imaginación calenturienta de los conquistadores impulsándoles sin descanso hacia un *plus ultra* jamás realizable, ya que se ubica más allá de las fronteras de la realidad, en el mundo inaccesible de los sueños.

Es quizás una paradoja de la historia de América que muchos de los sueños irrealizables de la vieja Europa toman cuerpo y se materializan, modificados, en el nuevo continente. La Atlántida de Platón continuó hundida, pero centenares de islas y un vasto nuevo continente surgieron de las aguas. El Dorado eludió siempre la búsqueda incansable de los conquistadores, pero éstos descubrieron el oro de los Incas y las fabulosas minas de plata de Potosí. Nadie llegó al Reino del Oro, pero muchos llegaron a la tierra de la pimienta. Nadie encontró la Fuente de la Inmortalidad, pero la quinina de los montes de Loja prolongó muchas vidas amenazadas por epidemias de fiebres. Las islas de las Amazonas no fueron encontradas en el Caribe, pero Francisco de Orellana se enfrentó con mujeres guerreras en las selvas amazónicas y llamó al gran padre de los ríos, el "Río de las Amazonas."

Las islas de mujeres, inaccesibles e impenetrables al mundo de los varones, van a materializarse, no flotando en las aguas de mares incógnitos, sino en el corazón mismo de las ciudades coloniales de América. Los conventos femeninos forman un mundo mujeril, en que Amazonas "a lo divino" crean formas de vida desconocidas fuera del claustro. Las monjas coloniales permanecen por tres siglos ocultas tras las altas tapias de sus conventos en un reino isleño de mujeres, que aun hoy día continúa eludiendo la curiosidad de los historiadores.

Conventos Limeños

Con el correr de los años mujeres piadosas de la alta sociedad colonial fundaron conventos femeninos de Lima, que separados del resto de la ciudad por las leyes del claustro formaban auténticas islas de mujeres en un mundo dominado por los varones. Cinco eran los llamados "conventos grandes" de Lima: la Concepción, fundado en 1561 por Doña Leonor de Portocarrero; la Encarnación, fundado en 1573 por Doña Inés Muños de Rivera; la Santísima Trinidad fundado por Doña Lucrecia Sansoles en 1584; las Descalzas de San José que abrió sus puertas en 1602 y tuvo como primera abadesa a Doña Inés de Rivera; y finalmente el convento de Santa Catalina fundado en 1624 por "dos señoras nobles hermanas," Doña Lucía y Doña Clara de la Daga.[1]

Hacia finales del siglo XVII estas islas de mujeres ocupaban una extensión notable de la ciudad, y habían absorbido una alta proporción de la población femenina de la colonia. Según los cálculos del historiador Riva Agüero, los conventos femeninos "en conjunto ocupaban la quinta parte del área y población" de la Lima colonial.[2] Un observador contemporáneo nos asegura que en 1639 el convento de la Encarnación ocupaba "una isla de dos cuadras y media de largo, dentro de la cual es tanta la cantidad de edificios que hay, que parece un pueblo formado, y en hecho de verdad lo es,..."[3] El convento de la Concepción ocupaba un área de cuadra y media; el de la Santísima Trinidad tenía una cuadra entera; el de Santa Clara gozaba de "muy espacioso sitio de más de cuadra y media"; y el convento de Santa Catalina "tiene de sitio más de dos cuadras."[4] La población femenina que habitaba enclaustrada esos pueblos de mujeres también creció notablemente al correr del siglo XVII. La Encarnación abrió sus puertas en 1561 con sólo nueve monjas. Para 1639 el convento mantenía dentro de su claustro unas setecientas mujeres. La Concepción y Santa Clara tenían por la misma fecha una población femenina de unas quinientas personas. La Santísima Trinidad encerraba en sus claustros unas cuatrocientas mujeres, y las Descalzas cerca de doscientas. Unas cien monjas y beatas vivían en el convento de Santa Catalina a mediados del siglo XVII. Cuando en 1700 el Virrey Conde de la Monclova realizó el censo del convento de la Concepción, ¡encontró que dentro de su claustro vivían mil cuarenta y una mujeres! Doscientas setenta y una eran monjas, cuarenta y siete hermanas donadas, ciento cuarenta y siete eran seglares españolas y criollas, quince eran seglares mestizas. El resto de la población femenina de la Concepción lo componían doscientas setenta y una esclavas y doscientas noventa criadas libres.[5]

Como bien indica el censo de 1700, la sociedad femenina de los conventos coloniales no era una sociedad uniforme de miembros iguales, sino una pirámide rígidamente estructurada en clases cerradas que se excluían mutuamente. Los diversos estratos de esa pirámide social estaban formados por religiosas profesas "de velo negro," religiosas "de velo blanco," novicias, hermanas donadas, criadas libres que servían a la comunidad o a monjas individuales, y finalmente esclavas negras, y mulatas. Para finales del siglo XVII estos grupos formaban conglomerados de más de mil personas, que vivían en apretada piña social dentro de los claustros.

Monjas y Donadas

Las monjas profesas "de velo negro" constituían la aristocracia conventual. Ellas solas tenían voz activa y pasiva en las elecciones del convento, estaban libres de los trabajos manuales y serviles más ínfimos, y su función más importante era el canto de las horas canónicas en el coro. Su educación era más que mediana para el nivel de la época, y llegaban incluso a aprender los rudimentos de la lengua latina hasta llegar a adquirir una cierta inteligencia de los salmos. Las jóvenes candidatas destinadas a ser monjas de velo negro tenían que saber leer y escribir bien antes de ser admitidas al claustro. En 1621 la joven Isabel de Burgos, que no sabía aún leer y escribir, pidió admisión en la Concepción, y la Madre Abadesa tuvo que obtener dispensa del Arzobispo para poder aceptarla. La Abadesa asegura al Obispo que la candidata "podrá con mucha facilidad aprender éste, y otros muchos y loables ejercicios." El Obispo concedió la dispensa, pero advirtiendo a la Abadesa que "tengan cuidado de que se le enseñe a leer para que cuando profese lo sepa."[6] Aunque el nivel de educación era importante para llegar a ser monja de velo negro, el nivel social y económico de la candidata era al parecer mucho más importante. Todos los conventos requerían una fuerte dote, que garantizara de por vida la manutención de la candidata, además de obsequios monetarios y en especie al convento el día de la admisión y el día de la profesión. A mediados del siglo XVII la dote requerida era de 2000 o 2500 pesos, a los que había que añadir unos 200 pesos de obsequio al convento y unas tres o cuatro arrobas de cera para el culto de la iglesia e iluminación del monasterio.[7] El costo de las dotes es aun más alto en el siglo XVIII, y Bernarda Vázquez de Novoa tiene que abonar al convento 3,515 pesos, que el documento de su admisión especifica es el "importe de la dote de Religiosa de velo negro."[8]

Los documentos de admisión fuertemente sugieren que la mayoría de las monjas de velo negro procedían de familias socialmente prominentes. Aunque la documentación deja mucho de ser completa, los casos que han podido ser examinados revelan que las candidatas estaban emparentadas con obispos y prelados religiosos, capitanes de la armada y del ejército, catedráticos de la Universidad, Oidores de la Audiencia, Inquisidores, miembros del Consulado, y oficiales reales.[9] Quizá el nivel social de las monjas de velo negro explique el que estas monjas siempre usaran el título de "Doña" que no era permitido a mujeres de niveles sociales ordinarios.

Bajo la aristocracia conventual de velo negro se encontraban las hermanas de velo blanco y las donadas. Las hermanas de velo blanco solían ser mujeres españolas o criollas pobres, que por falta de dote suficiente, de prestigio social familiar, o de educación no podían aspirar a ser aceptadas como profesas de velo negro. Aunque hacían los votos canónicos, no tenían voz en las elecciones y se ocupaban en los oficios más humildes de porteras, sacristanas, jardineras, y supervisoras de criadas. Dos casos de candidatas en la Concepción en 1683 ilustran cómo la falta de dote completa relegaban a muchas mujeres al más humilde nivel de monja de velo blanco. Catalina Maitín de Estrada declara que, aunque tiene ya sesenta años y lleva trece en el convento, aun no ha podido profesar por falta de dote. En 1683 una asociación pía de Lima le hace donación de 800 pesos, y con ellos Catalina pide la admisión como monja de velo blanco. Ese mismo año y en el mismo convento Tiburcia de Chaberre pide la admisión como monja de velo blanco "en atención de no tener al presente la dote cumplida para religiosa de velo negro." Un caso similar es el de Jusepa Verdugo en el convento de la Trinidad. Como sólo puede aportar al convento dos arrobas de cera y unos noventa pesos, se la acepta como hermana de velo blanco.[10]

Las donadas de los conventos coloniales forman un puente entre la comunidad de religiosas profesas y los centenares de criadas y esclavas que habitaban los claustros limeños. Visten hábito talar e imitan la vida de las religiosas, pero no hacen votos canónicos. En general se ocupan en oficios ínfimos que casi las equiparan con el resto de las criadas del convento. Los documentos revelan que las donadas provenían de las clases sociales bajas, eran jóvenes sin educación, y la mayoría había entrado inicialmente al convento como simples criadas.

Examinemos varios casos. En el convento de la Trinidad en 1667 la Abadesa Doña Gerónima Meléndez propone a la comunidad los nombres de cuatro candidatas a donadas: María de Carbajal Galindo de treinta años, Petronila de San José "mulata de diez y siete años," Nicolasa de Aguilar "mulata... de veinte y cuatro años." La comunidad aceptó la recomendación de la Abadesa y las cuatro mulatas vistieron el hábito de donadas.[11] Otra donada de la Trinidad en carta al Obispo clarifica aún más la condición racial y económica de la típica donada. Oigamos sus mismas palabras:

> Josepha Narcisa, Cuarterona libre en este monasterio de la Santísima Trinidad, digo que habiéndome criado en este dicho monasterio para mayor servir a Ntro. Señor... he determinado tomar el hábito de donada sin ser de cargo en que me alimenten ni den nada por no tener yo dote ninguno que entrar en las caxas...[12]

La típica donada era pues una mulata o mestiza pobre que pasaba del estado de criada conventual al de imitadora de la vida religiosa de las monjas. Un caso encontrado en la Encarnación en 1609 parece indicar que, aun en caso de solvencia económica, la condición racial de la candidata era suficiente para relegarla al ínfimo estado de donada. Doña Mencía de Sosa, Abadesa de la Encarnación, escribe al Obispo:

> ...digo que en esta casa entró para el servicio de una monja antigua abra cuatro años una mulatilla... llamada María de los Reyes, la cual quiere tomar el hábito de donada como es costumbre. Tiene de dote mil pesos y una abuela vieja y enferma que dicen tiene cuatro o cinco mil, los cuales hereda la dicha mulata.[13]

Es evidente que María de los Reyes tiene un capital más que suficiente para la dote de una monja profesa, pero evidentemente ni a ella ni a la madre abadesa se les ocurre contemplar esa posibilidad. Una mulatilla que había pasado cuatro años al servicio de una monja antigua no podía aspirar a codearse con las encopetadas "doñas" que llenaban el claustro de la Encarnación.

Criadas y Esclavas

Al examinar la estructura social de los conventos femeninos, nada llama más la atención del investigador de hoy que el abigarrado mundo de sirvientas ocultas tras los claustros limeños. El ya citado censo del Conde de la Monclova nos revela que el Convento de la Concepción tenía en 1700 doscientas setenta y una monjas y quinientas sesenta sirvientas. Quizá la proporción de criadas y monjas en la Concepción era la más elevada en los conventos limeños pero la documentación revela que los "conventos grandes" de la capital del virreinato tenían todos una población servil de centenares de criadas y esclavas. Este hecho, casi incomprensible para el lector moderno, puede explicarse mejor si nos remontamos a la fundación de los "conventos grandes" de Lima. Las fundadoras, como se ha indicado arriba, fueron señoras de la alta sociedad colonial, que por muchos años habían sido servidas por buen número de criadas y esclavas. Al convertir sus casas solariegas en conventos, esas señoras donaban todas sus posesiones al convento, incluyendo sus esclavas y criadas, que casi imperceptiblemente pasaron del mundo servil secular a ser propiedad de una comunidad religiosa. Las candidatas, recibidas en los conventos al correr de los años, procedían en su mayoría de familias pudientes y no era raro que entrasen en la vida religiosa acompañadas de criadas y esclavas.

Como en el caso de las religiosas, este mundo mujeril de las sirvientas no constituye un grupo uniforme, sino profundamente diferenciado en clases diversas. Las sirvientas conventuales se dividen en "libres" y "esclavas," con toda la diferenciación social y jurídica que esos títulos connotan en el período colonial. La ocupación que esas mujeres ejercen dentro del convento no parece, sin embargo, estar notablemente condicionada por la condición de libre o esclava. Todas sirven de por vida en los oficios más ínfimos del convento y llevan una vida más o menos idéntica. La libre podía *en teoría* pedir la salida de la clausura y retornar al mundo secular, pero en la práctica estos casos se dan raramente. La libre podía además mejorar un día su nivel social dentro de la jerarquía social del convento, cosa que estaba totalmente vedada a la esclava. Tras años de fiel servicio y de una vida "pía y virtuosa," algunas criadas libres podían ascender al estado de donadas y, vistiendo hábito monjil e imitando la vida de las monjas, comenzaban a moverse en los aledaños de la vida comunitaria de las monjas. Como ejemplos podríamos citar el caso ya mencionado de las mulatas Petronila de San José, Luisa Jusepa, y Nicolasa de Aguilar, y el de la cuarterona Josepha Narcisa.[14]

Además de la condición de libre o esclava, existían otras diferencias que afectaban más en la práctica la vida cotidiana de las sirvientas conventuales. Entre los centenares de sirvientas, bien libres bien esclavas, el investigador moderno puede distinguir las que pertenecían a la comunidad como tal y las que pertenecían a monjas individuales. Las sirvientas de comunidad vivían en dormitorios comunes y estaban sujetas a un ritmo de trabajo más intenso y más controlado que el resto de las sirvientas, que pertenecían a monjas individuales. Estas últimas solían vivir en las celdas de sus "señoras" y, sirviéndolas a ellas solas y a veces llevando sus mismos nombres constituían ciertamente una "clase" superior a las pobres sirvientas, que vivían perdidas en el anonimato del servicio de la comunidad. Cuando la monja "señora" pertenecía a una familia rica, caso bastante común, su sirvienta tenía a veces sus pequeños ingresos pecuniarios y vestía y comía mejor que la sirvienta de comunidad.

Aunque más difícil de documentar, parece probable que la habilidad profesional de la sirvienta afectara el estilo de vida y la estima social gozada por algunas sirvientas. Hábiles costureras, tejedoras, panaderas, y jardineras eran indudablemente tenidas por superiores a las que sólo sabían barrer y algozifar claustros o lavar platos y escudillas en las amplias cocinas conventuales. Entre estos grupos "profesionales" uno merece ser mencionado en especial por el impacto que a veces tenía en la vida claustral. Nos referimos a las compradoras y recaderas, que eran las únicas que en virtud de su oficio podían salir a diario del convento y recorrer las calles y plazas de la ciudad. Estas recaderas servían de puente entre las islas de mujeres y el mundo secular de la ciudad, e iban y venían entre esos dos mundos con rumores y noticias, e incluso secretos mensajes celestinescos, que rompían la monotonía de los claustros. Las autoridades eclesiásticas, conocedoras del potencial disruptivo inherente en el oficio de recadera, trataban frecuentemente de limitar su número y regular sus actividades. Se insiste en que las recaderas sean mujeres de edad madura, virtuosas, prudentes, y en las que las abadesas puedan confiar plenamente. Parece pues lógico afirmar que la elegida para recadera entraba a formar parte de una clase elitista dentro del mundo servil de criadas y esclavas.[15]

Grupos Familiares

El gran número de mujeres que llenan los conventos limeños nos indican claramente que la vida del claustro era una forma de vida atractiva, e incluso popular, entre las mujeres de la colonia. Esta conclusión se refuerza, cuando nos encontramos en los conventos con numerosas piñas familiares de hermanas, tías, primas y parientas que, a pesar de pertenecer a familias ricas y poderosas, optan por el claustro en vez del matrimonio. Estos grupos familiares no se disolvían en la vida común del convento, sino que se amalgamaban y cohesionaban fuertemente formando comunidades pequeñas dentro de la comunidad general del monasterio. Era común que viviesen juntas en "celdas" construidas por sus familiares, servidas por sus esclavas y criadas propias. Las "celdas" eran apartamentos o casitas con sus pequeños patios y jardincillos que, para usar de nuevo la expresión de un historiador colonial, daban al convento el carácter de "un pueblo formado."

Veamos algunos casos específicos. En 1644 viven en el convento de Santa Clara cuatro hermanas apellidadas Tello Meneses. Ese mismo año una quinta hermana, Doña Ana Tello, pide licencia para pasar del convento de la Trinidad donde es profesa al convento de Santa Clara. En carta al obispo explica que sus hermanas "tienen celda propia en que viven con comodidad, y yo no la tengo... y vivo con notable desconsuelo por hallarme privada de la comunicación y asistencia de dichas mis hermanas."[16] En 1665 el convento de la Trinidad recibe simultáneamente a tres hermanas, Doña Isabel, Doña Margarita, y Doña Leonarda de Aros, hijas del Secretario Juan de Aros.[17] Doña Angela Zambrano, monja profesa y secretaria del convento de la Encarnación, vive en su celda con dos sobrinas, Doña Angela de Villoslada y Doña Beatriz de Zárate, y las tres son servidas por una "negrilla esclava" y "una mulata llamada Catalina."[18] Uno de los casos más notables de grupos familiares dentro del claustro lo forman hacia 1622, en el convento de la Encarnación, las Illescas-Garabitos. El jefe de la familia es el Doctor Francisco de León Garabito, casado con Doña Isabel de Illescas, una de las damas más notables de la sociedad colonial. Doña Isabel tiene cuatro hermanas y tres hijas que son monjas profesas de velo negro en el convento de la Encarnación. Las hermanas son Doña Casilda, Doña Isidora, Doña Beatriz, y Doña Angela de Illescas, y las hijas Doña Isabel, Doña Eufrasia, y Doña Casilda de Illescas. Las siete Illescas forman un grupo compacto dentro de la Encarnación, donde también viven otras parientas y amigas. Tienen sus celdas propias y sus criadas y esclavas. Las Illescas viven dentro del claustro a un nivel socio-económico digno de tal familia. El prestigio social y la influencia de las Illescas se pone claramente de manifiesto, cuando una de ellas, Doña Casilda de Illescas, es elegida abadesa de la Encarnación y al frente de una poderosa isla de mujeres, se convierte en una de las personas de más influencia en Lima.[19]

Casi un siglo más tarde y en el convento de Santa Catalina nos encontramos con otro poderoso grupo familiar. Se trata de las cuatro hijas del

General Don Juan de la Fuente y Rojas, Doña Petronila, Doña Leonor, Doña Feliciana, y Doña Juana María de la Fuente y Rojas, que viven juntas con su tía Doña Leonor, también monja profesa en Santa Catalina. Como las Illescas, las cinco monjas de la Fuente tienen sus celdas y esclavas propias, que en este caso también forman una agrupación familiar. Entre las esclavas está una tal Juana Cazalla que con sus tres hijas esclavas, Petronila, Rafaela del Carmen y Ana María, sirven en el convento a las hermanas de la Fuente. Es claro por el testamento y renuncia de dos de las hermanas que estas monjas gozaban de una renta más que confortable y que, a pesar de los votos monásticos, se les permitía disponer de esa renta con toda libertad.[20]

Los padres y parientes de las monjas tomaban sumo interés no sólo en dotarlas, sino también en comprar y edificar las celdas que iban a ser ocupadas por las hijas religiosas. Una vez legalizada la compra-venta ante notario público y con la aprobación del obispo, las celdas eran propiedad de las religiosas en cuestión, que podían disponer de ellas a su voluntad. En 1626 el convento de la Trinidad otorga escritura de venta "de un sitio con tres aposentos dentro del dicho Monasterio... a favor del Doctor Francisco Ramos Galbán, Abogado de la Real Audiencia de Lima para celdas de tres hijas monjas..." El terreno tiene veinte y cuatro varas de largo y seis varas y medio de ancho, tiene a un lado un pequeño patio y al otro un callejoncillo que lo separa de la iglesia conventual. Don Francisco paga mil doscientos pesos de ocho reales, y recibe autorización para entrar en el monasterio, tomar posesión física del terreno comprado e instalar en él a sus tres hijas. Desde ese día las celdas o aposentos con su patiecillo pertenecen a las Ramos Galbán, que los gozan de por vida y disponen de la propiedad en sus testamentos.[21]

La posesión de celdas propias contribuía grandemente a la cohesión de los grupos familiares dentro del convento, pero también causaba amargas disputas y pleitos legales que complicaban incluso a los parientes seculares. En 1618 Doña Justina de Guevara, su hermana Doña Leonor, y su sobrina Doña Justina de la Cerda, las tres monjas de la Encarnación, apelan al obispo ya que según ellas son "inquietadas" por la abadesa y otras monjas en la posesión pacífica de sus celdas y esclavas. La carta de las apelantes al arzobispo Bartolomé Lobo Guerrero termina diciendo:

> A Vuestro Señoría Illustrísima suplicamos se sirva de mandar con penas y censuras a la Madre Abadesa... no nos perturben ni inquieten en la posesión que tenemos de las dichas celdas y esclavas, ni consientan que otras monjas del nos inquieten ni pertur-

> ben... mientras viviéramos, y después de nuestros días nuestras sobrinas...[22]

A veces el caso no se resolvía tan fácilmente; intervenían los parientes seculares, y se llegaba a un pleito formal ante los tribunales eclesiásticos. En 1630 Don Luis Fernández de Córdoba, Alguacil Mayor de la Corte, declara que su hermana Doña Francisca, monja de la Encarnación, goza de una celda con un patiecillo que edificó su bisabuela para las monjas de la familia. Una monja profesa, Doña María de Vergara, disputa ahora la posesión del patiecillo diciendo que ella lo compró por noventa pesos a una tía de Doña Francisca. La intervención amigable del obispo no surte efecto en este caso, y Don Luis defiende los derechos de su hermana ante los tribunales. Un caso semejante ocurre en 1683 en la Concepción con el Sargento Mayor, Manuel Sanz Dávila, defendiendo los derechos de sus parientas monjas ante los tribunales eclesiásticos.[23]

Disturbios y Reformas

La intervención de las autoridades eclesiásticas no se limitaba a casos de disputas y pleitos sobre la posesión y propiedad de celdas conventuales. Durante todo el período colonial los obispos tienen que intervenir en los conventos para apaciguar disturbios monjiles e imponer un mínimo de disciplina religiosa. Los obispos fulminan penas eclesiásticas, imponen ayunos y disciplinas, y condenan a las monjas revoltosas a la cárcel conventual en un esfuerzo siempre vano de mantener la paz y el orden religioso. Ya en 1601 el arzobispo Don Melchor de Liñán y Cisneros se queja de que las monjas ignoran sus decretos disciplinares, especialmente en lo que atañe a los vestidos modestos y a los hábitos talares. Las monjas continuaban en el claustro sus costumbres seculares de modas y adornos, y el arzobispo tiene que repetir sus órdenes para reducirlas a un modo de vestir austero, propio de religiosas. En su decreto de 1601 Don Melchor trata inútilmente de clarificar que las monjas no se "pueden poner encajes blancos así en los vestidos interiores como en los paños de cabeza" y "que de ninguna forma han de usar de dichos encajes, chicos ni grandes, en ninguna de sus vestiduras..." Como las órdenes sobre el vestir modesto se repiten durante todo el siglo XVII y XVIII, es lógico suponer que las monjas ignoraron los decretos de Don Melchor y sus sucesores y continuaron interesadas en las modas del día.[24]

En 1630-31 el convento grande de la Encarnación con cerca de setecientas mujeres era un inquieto avispero, que daba continuos dolores de cabeza al arzobispo Don Fernando Arias de Ugarte. En esos años desaparece del convento un libro que contenía todas las órdenes arzobispales, y que debía leerse en el comedor periódicamente para que las monjas no las olvidasen. El libro contenía además las penas eclesiásticas impuestas a las desobedientes. El Provisor del Arzobispado comienza una investigación para averiguar el paradero del libro, que era símbolo de la autoridad episcopal sobre el convento. La primera monja en testificar es Doña Dorotea Leones y su testimonio hace patente la rebeldía de las monjas ante las órdenes arzobispales. Doña Leonor afirma bajo juramento que

> muchas veces oyó decir... a muchas religiosas de este dicho convento... de que deseaban ser quemado el dicho libro por algunas cosas que les parecía a las dichas religiosas que les deslustraba, y después buscando este libro la Madre Abadesa, Doña Lorenza Serrato,... no apareció. Y esta declarante oyó decir a muchas religiosas... que no se cansasen en buscar el dicho libro porque estaba ya quemado y muy bien quemado...[25]

Las demás monjas interrogadas confirman este testimonio, pero ninguna sabe quién quemó el libro, ni siquiera se acuerdan de quiénes aseguraron que el libro estaba ya quemado y bien quemado. Es un caso típico del "todos a una" de la comedia *Fuenteovejuna*.

En 1631 la Encarnación es sacudido por un tumulto monjil, que de nuevo repercute más allá de las paredes del convento. Contra las órdenes arzobispales, las monjas se preparaban a celebrar una fiesta conventual representando una comedia profana. El autor de la comedia, el mulato Luis Sánchez, acompañado de un actor profesional viene al convento para instruir a las monjas artistas y ayudarlas con los ensayos, las tramoyas, y los vestuarios. Varias monjas se tienen que vestir de hombres para representar sus papeles, y los "expertos" seglares las ayudan a tranformarse en caballeros de capa y espada para la representación. Parte de la fiesta va a consistir en una gran cabalgata, y el documento original nos asegura que "se han prevenido muchas mulas y borricos para entrarlos dentro de la dicha clausura y andarse paseando en ellos por el dicho monasterio." Naturalmente todo esto requiere que gran número de seglares, arrieros, actores, vendedores, y familiares entren y salgan del convento en los días que preceden a la celebración de la fiesta. Cuando estas noticias llegan al palacio arzobispal, el arzobispo Arias Ugarte monta en cólera y lanza excomunión contra las monjas que inmediatamente no cesen en sus preparaciones para la comedia y la cabalgata. Un notario eclesiástico llega a la Encarnación para leer a las monjas la orden episcopal e intimarles las consiguientes penas eclesiásticas. Cuando la comunidad se reune y comienza la lectura, el convento explota en un tumulto monjil que dura varias horas. Las monjas gritan en protesta, salen a empellones por las puertas y ventanas del coro para no oír el resto del decreto, y corren por los claustros y patios, seguidas de esclavas y criadas, que gritan y gesticulan insultos contra el notario y el arzobispo. Algunas monjas apelan a sus parientes poderosos, y la noticia del tumulto corre por toda la ciudad. Por varios días la Encarnación es un volcán de pasiones incontroladas, pero al fin las autoridades eclésiasticas restablecen el orden deteniendo en la cárcel conventual a las cabecillas del tumulto, Doña Dorotea Leones, Doña Isabel de Portugal, Doña Mencía de las Casas, y Doña Jacoba de la Reinaga.[26]

El siglo XVIII no mejoró la situación en las islas de mujeres, y todavía en 1797 el arzobispo se queja en carta al virrey que

> aun se notaron... algunos graves y escandalosos excesos en los Monasterios,... en los que con motivo de obsequiar a las Preladas, se introdujeron dentro de los claustros no sólo mujeres, sino muchos hombres, que anduvieron vagando por todo el convento y entrándose en las celdas de las religiosas...[27]

Estamos en las postrimerías del período colonial y los obispos se declaran prácticamente impotentes para controlar el inquieto mundo mujeril de los conventos. Una y otra vez tienen que recurrir al brazo secular, pidiendo el apoyo del virrey e incluso apelando a la suprema autoridad del rey. En las últimas décadas del siglo XVIII aparece un documento real que contiene "Capítulos que aprobó el Rey Nuestro Señor... para la reforma de los cinco conventos Grandes de Lima."[28] Una lectura de esos capítulos convencerá al lector que la situación de los conventos en 1790 en nada se diferenciaba de los abusos y tumultos que plagaron a las islas de mujeres en el siglo anterior. Las "amazonas" de los claustros limeños continúan resistiendo la penetración masculina en su mundo femenino, y al defender su independencia y autonomía se hacen eco al cerrarse el siglo XVIII de lo que una abadesa rebelde escribió en el siglo XVII a un obispo de Lima: "Vuestra Señoría mande en su casa, que yo mandaré en la mía."

NOTAS

[1]Bernabé Cobo, *Obras* (Editadas por Francisco Mateos, S.J., Madrid: Ediciones Atlas, 1956), II, 428; 434.

[2]José de la Riva Agüero, *Historia del Perú* (Lima: Librería Studium, 1953), I, 434.

[3]Cobo, *Obras*, II, 429.

[4]*Ibid.*, II, 431, 432, 433, 434.

[5]Rubén Vargas Ugarte, S.J., *El Monasterio de la Concepción de la Ciudad de los Reyes* (Lima: Editorial Lumen, 1942), 16-17.

[6]Archivo Arzobispal de Lima: Monasterio de la Concepción: Expediente 1615-22; Legajo 2. En adelante el material de este archivo se citará con la sigla AAL.

[7]AAL: Monasterio de Santa Catalina; Expediente 1624-39; Legajo 1.

[8]AAL: Monasterio de las Nazarenas; Expediente 1722-96; Legajo 1.

[9]AAL: Monasterio de la Trinidad; Expediente 1662-74; Legajo 6. Monasterio de las Nazarenas; Expediente 1722-96; Legajo 1.

[10]AAL: Monasterio de la Trinidad; Expediente 1662-74; Legajo 6.

[11]*Ibid.*

[12]*Ibid.*

[13]AAL: Monasterio de la Encarnación; Expediente 1605-25; Legajo 1.

[14]AAL: Monasterio de la Trinidad; Expediente 1662-74; Legajo 6.

[15]AAL: Monasterio de la Concepción; Expediente 1615-22; Legajo 2. Monasterio de la Encarnación; Expediente 1605-25; Legajo 1, y Expediente 1630-32; Legajo 3.

[16]AAL: Monasterio de la Trinidad; Expediente 1662-74; Legajo 6.

[17]*Ibid.*

[18]AAL: Monasterio de la Encarnación; Expediente 1605-25; Legajo 1.

[19]Biblioteca Nacional del Perú: "Testamento de Doña Isabel de Illescas, Los Reyes 16 de Dic., 1622", Ms. Z 1119.

[20]Biblioteca Nacional del Perú: "Renunciación de Doña Petronila de la Fuente y Rojas, Los Reyes 3 de Febrero, 1712", Ms. Z 1219.

[21]Biblioteca Nacional del Perú: "Escritura de venta otorgada por la Abadesa y Monjas de la Santísima Trinidad... a favor del Doctor Francisco Ramos Galbán...", Ms. Z 215.

[22]AAL: Monasterio de la Encarnación: Expediente 1605-25; Legajo 1.

[23]AAL: Monasterio de la Encarnación: Expediente 1630-32; Legajo 3. Monasterio de la Concepción; Expediente 1683-84; Legajo 23.

[24]AAL: Papeles Importantes, 1600-10; Legajo 4.

[25]AAL: Monasterio de la Encarnación; Expediente 1630-32; Legajo 3.

[26]*Ibid.*

[27]Colección Vargas Ugarte: "Informe del Arzobispo de Lima al Virrey Marqués de Osorno...", Papeles Varios Ms. 32, Documento 84.

[28]Colección Vargas Ugarte: Papeles Varios Ms. 32, Documento 82.

ALGUNOS RASGOS DE LA PROSA DE CARLOS DE SIGÜENZA Y GONGORA

por Joaquina Navarro
Smith College

En la historia de nuestra lengua se siguen con claridad las transformaciones del gusto y los cambios impuestos por las necesidades históricas, en la mayoría de los períodos literarios. La larga evolución que lleva al barroco y las características de él son un capítulo muy completo ya en toda su variedad de aspectos. Por el contrario el neoclasicismo, lo que el siglo XVIII significa en la evolución del español literario está definido aún en términos muy generales, sin percepción analítica suficiente de la participación que en la creación del nuevo gusto tiene cada una de las figuras que lo cultiva. Menos aun se conoce con exactitud de cuándo y de qué manera empieza a desleirse en la lengua literaria la densidad barroca para ir adoptando formas más modernas de expresión.

América tiene una vieja tradición en la prosa descriptiva: el relato en el que es esencial la observación directa, y el razonamiento dinámico que la interpreta sin largas demoras ni disquisiciones. Tendencia no muy ajena a la que impone en las letras el racionalismo del siglo XVIII y la sensibilidad que lleva a la prosa de la novela posterior.

La obra no poética del mexicano Carlos de Sigüenza y Góngora empieza a ilustrar algunas de las manifestaciones de la disolución del barroco literario en el mundo hispánico. Desde este punto de vista, como figura situada muy al principio de una larga transición entre dos épocas, la complejidad de la persona y de la obra de Sigüenza y Góngora adquiere hasta en su acometividad impaciente un significado especial, menos atrabiliario, más dramático y moderno.

La primera observación que se puede hacer sobre la prosa de Sigüenza y Góngora es que desde su *Teatro de virtudes políticas* de 1680 hasta la famosa carta al Almirante Pez relatando el *Alboroto y motín de México del 8 de junio de 1692*, la proximidad del autor al gusto barroco varía con el contenido de las partes de cada obra. Los largos preámbulos-dedicatoria que se encuentran en todas sus obras, retuercen la frase, la cargan de contrastes, de paréntesis, de preguntas retóricas y de las fórmulas convencionales de la admiración, la humildad y la esperanza. Párrafos como el de la dedicatoria al Marqués de la Laguna, del *Teatro de virtudes políticas*, es típico de este aspecto de la prosa de Sigüenza:

> Glorioso premio de mis estudios humildes, reconozco la ocasión en que me puso mi dicha siendo la mayor a la que pudiera aspirar, hallar motivo de postrarme a los pies de Vuestra Excelencia para ensalzar mi fortuna; elevárase ésta a superior eminencia si obtengo el que con cariño acepte este Triunfal Teatro de Virtudes Políticas, en que las que en Vuestra Excelencia pueden servir de modelo augusto para que se formen aquellas, se aplaudan inmortales, con prerrogativas de heroicas, [...] ¿Cómo puede elegir otro asunto sino el de Reyes cuando con la sangre real de su excelentísima casa se hallan hoy esmaltados, no sólo los Lirios franceses, sino hermoseados los castellanos Leones, participando de ella a beneficio de éstos, las Aguilas augustas del Alemán Imperio?[1]

Se aproximan a este mismo estilo los comienzos de las obras si el autor siente que es necesario discurrir moral y filosóficamente sobre el tema. En estas ocasiones se suma a la complejidad sintáctica del texto un denso número de referencias eruditas. El olvido gradual de erudición y trabazón de estilo se efectúa cuando Sigüenza trata de una novedad concreta. Hacia el final de este mismo *Teatro de virtudes políticas* el elogio de Motacohzuma Xicoyotzin es mucho más sobrio:

> Sujeto dignamente merecedor de mejor fortuna que en su mayor soberanía, lo despojó del imperio y lo privó de la vida, es el que con lo heroico de sus virtudes, conseguirá en esta empresa la perpetuidad de su agradable memoria.[2]

Por esta misma medida obras enteras de Sigüenza y Góngora son totalmente barrocas o por lo contrario se desembarazan casi completamente de las convenciones estilísticas del siglo. *El Triunfo parténico*, escrito en 1683, como obra formal de presentación y comentario de la poesía mariana premiada en los certámenes del virreinato, es texto barroco desde el principio al fin. Del mismo año la obra *Piedad heroica de don Fernando Cortés*, haciendo la historia y la descripción detallada del hospital fundado por el Conquistador en la ciudad de México, es en su mayor parte ejemplo de estilo natural, que únicamente por la anteposición ocasional del adjetivo ("principal portada") y por el uso machacón del gerundio a la cabeza de las frases, puede situarse en el siglo XVII. Jaime Delgado en su excelente edición y estudio de *Piedad heroica* hace notar esta normalidad de expresión: "Se distingue—dice—por su estilo sencillo y directo, carente de la carga de figuras retóricas que el autor acumula en otras obras."[3]

Entre 1691 y 1692 aparecen tres relatos de Sigüenza sobre sucesos de la actualidad virreinal en que se acentúa considerablemente la modernidad de su estilo. Son el *Mercurio volante*, informe de la expedición de Diego Vargas para recuperar las provincias de Nuevo México; el *Trofeo de la justicia*, otra expedición, naval esta vez, contra los franceses asentados en la isla de Santo Domingo; y la *Relación de lo sucedido a la Armada de Barlovento*, con el mismo tema que el texto anterior. En ninguna de las expediciones estuvo el autor presente; sin embargo escribe con el propósito de que el lector siga el relato como hecho por un testigo presencial. Con este intento hay descripciones del paisaje de Nuevo México y de sus gentes de gran autenticidad; parece que estamos leyendo a un Bernal Díaz culto, que puede encadenar las frases sin recurrir a interminables enumeraciones ni a la conjunción medieval. El vocabulario es familiar; la descripción muy dinámica y natural.

En los dos textos en que Sigüenza escribe sobre la Armada de Barlovento es notable la riqueza de lenguaje marinero y el detalle de las vicisitudes de las batallas. Sigüenza y Góngora disfruta del sabor novelesco de estas expediciones y desiste de representarlas bajo el rigor formal de la prosa de su tiempo. Esto, a pesar de que las tres obras fueron "relaciones" oficiales, que escribió por encargo del virrey Conde de Galve.

Las dos obras de Sigüenza que se reconocen como las de mayor interés y atractivo literario son también relatos de acción dramática y rápida. El primero de 1690, *Infortunios de Alonso Ramírez*, y el segundo, la carta al Almirante Pez, con el extraordinario relato del Motín y alboroto de México del 8 de junio de 1692. Hay una diferencia fundamental entre ambos: Sigüenza es testigo y participante en el episodio del motín.

Los infortunios de Alonso Ramírez, como crónica menor de calamidades sin trascendencia histórica, está ya reconocido como un posible primer capítulo en la historia de la novela hispanoamericana. Es un primer ejemplo también para la literatura de América del héroe patético que, como dice Anderson Imbert, no sabe que ya no vive en una época de hegemonía marítima española.[4] Sigüenza y Góngora intuye las necesidades expresivas del relato de Alonso Ramírez y deja al héroe que con su voz evoque riesgos, penalidades y reacciones afectivas ante el sufrir ajeno. Como el hambre y como el dolor, todos los episodios se describen en contacto con el héroe. El lector es informado por Alonso Ramírez muy esquemáticamente de que está en Malaca, Batavia o Yucatán, pero se le hace conocer punto por punto el furor de las olas contra el navío, la violencia del viento en los cables y los beneficiosos efectos de la frescura de la lluvia.

Hay en toda la narración mucha insistencia en registrar sentimientos menores: el desaliento, la desorientación, el miedo. Sigüenza procura reflejar este aspecto sentimental del sufrido Alonso Ramírez con frases de ponderación ingenua y sencilla, nuevas en su estilo y desusadas en su época. Son frases que recuerdan la novela sentimental:

> Respondieron a esta proposición con tan lastimeras y copiosas lágrimas que me las sacaron de lo más tierno del corazón en mayor raudal.[5]
>
> No hubo persona alguna que viéndome a mí y a los míos así desnudos y muertos de hambre que extendiera la mano para socorrerme.[6]
>
> Si a otro ha muerto un no esperado júbilo, a mí me quitó la calentura el que ya se puede discurrir si sería grande.[7]

La frase, que, como en relatos anteriores es relativamente corta y sencilla adquiere a veces en este texto longitud y dificultad; pero no para volver a la sintaxis barroca sino para introducir formas intensificativas del sentimiento con la reiteración y las enumeraciones.

> No hubo trabajo intolerable en que nos pusieran, no hubo ocasión alguna en que nos maltratasen, no hubo hambre que padeciésemos, ni riesgo de vida en que peligrásemos que no viniese por su mano y dirección haciendo gala de mostrarse impío y abandonando lo católico en que nació por vivir pirata y morir hereje.[8]

Sigüenza, tan exacto en las medidas de los objetos que observa en otros relatos, da aquí representación libre a las exageraciones de Alonso Ramírez dejando que se introduzcan en su estilo expresiones idiomáticas familiares efectistas: "Le vi al capitán Bel tener *a granel* llena la copa de su sombrero de sólo diamantes."[9] "Llegar casi inmediatamente sobre nosotros las dos embarcaciones grandes [...] y entrar más de cincuenta ingleses con sus alfanges en las manos en mi fragata, *todo fue uno*."[10]

Sigüenza exluye de *Infortunios de Alonso Ramírez* sus viejas preferencias por la historia, la geografía y la ciencia marítima para ceñirse a la representación del episodio enfocado sentimentalmente. Con ese propósito experimenta con un lenguaje densamente afectivo que anuncia el estilo tierno y lacrimoso de la sensibilidad filantrópica de un siglo después.

Su última relación, la del *Alboroto y motín de México del 8 de junio de 1692* contiene las páginas más interesantes de Sigüenza para la literatura y la historia de la lengua. El profesor Leonard en 1929 ya tuvo el acierto de seleccionarlas en su estudio sobre el autor como texto representativo de Sigüenza.[11] Romero de Terreros y Anderson Imbert se refieren específicamente al interés expresivo del texto. Anderson Imbert registra en particular cómo en él "todo se ve, se oye, se huele, tal es la fuerza del detalle."[12]

En el relato del motín se mezclan todos los conocimientos e intereses intelectuales de Sigüenza con una realidad vital e inmediata. La población indígena en conflicto, ya no es la de la historia pasada; los conocimientos de matemáticas y de ingeniería han de servir de remedio inmediato; y al México amado del autor, al del providente Virrey Galve, se le ha terminado la paz. La prosa reproduce con exactitud la complicada posición intelectual y sentimental de Sigüenza; ciencia, impaciencia, incredulidad e indignación se entretejen y fluyen con rapidez por los párrafos. Por ejemplo:

> Yo, que en el rollo de los labradores tenía también mi piedra, aunque no muy grande [una capellanía con propiedades], no pude ver en las cañas y espigas de una macolla sino manchas prietas y pequeñísimas como las que dejan las moscas, hasta que valiéndome de un microscopio, descubrí un enjambre de animalillos de color musgo, sin más corpulencia que la de una punta de aguja, y ya fuese con estas alas o con aquellos pies, saltaban de una parte a otra con ligereza extraña.[13]

Si a base del texto de *Alboroto y motín...* se enumeran los rasgos más notables con los que la prosa de Sigüenza y Góngora sale del barroco, se podría decir que ha desaparecido el lenguaje metafórico en favor de comparaciones de experiencia normal; en cambio, la adjetivación, sencilla y justa, hace uso frecuente de diminutivos y aumentativos normales y de expresiones ponderativas y superlativas con "cuanto," "aún," y "muy"; que en el vocabulario desaparecen los cultismos; hay en su lugar una riqueza grande de áreas de léxico de la vida agrícola y ciudadana. Más que la adjetivación, tiene importancia la variedad de la acción verbal. El gerundio está reducido, en general, a frases parentéticas; en su lugar, funcionan ya al principio de las frases imperfectos y pretéritos. La densidad verbal llega a expresiones elípticas como "retardaría remitiesen," elipsis que parece reproducir un apremio en la velocidad de la idea. Los pronombres sí continúan enclíticos, como los impone el barroco. En párrafos de disquisición o argumento en que la frase se traba más que en los de descripción informativa, la frase, ya corta, conserva uno sólo de los viejos modelos: el contraste de la forma "no sólo... sino también," como último anacronismo retórico.

Sigüenza y Góngora parece tener conciencia de estar modificando el lenguaje retórico de su tiempo. Algunos de sus coetáneos debieron notar su lenguaje directo, parecerles poco apropiado y advertírselo. A ello contestó Sigüenza muy pronto, en el prólogo de *Paraíso occidental* (1684), no de muy buen talante:

> Por lo que toca al estilo, gasto en este libro el que gasto siempre; esto es, el mismo que observo cuando converso, cuando escribo, cuando predico; así porque quizás no pudiera ejecutar lo contrario si lo intentase, como por haber perdido algunos tratados, por su lenguaje horroroso y nimio, lo que merecían de aplauso por su asunto heroico.[14]

Para que Sigüenza y Góngora mantuviera su función de cronista y cosmógrafo del virreinato con un gusto tan contrario al concepto que tenemos de la expresión escrita de su época, ésta tuvo que ser mucho más flexible y abierta al futuro de lo que sospechamos. La prosa de Sigüenza es un documento de interés completamente moderno.

NOTAS

[1]*Obras históricas*, México, 1960, ed. y Pról. J. Rojas Garcidueñas, págs. 229-30.

[2]*Ibid.*, pág. 341.

[3]*Piedad heróica de don Fernando Cortés*, Madrid, 1960, Ed. y estudio por Jaime Delgado, pág. cviii.

[4]Enrique Anderson Imbert, *Historia de la literatura hispanoamericana*, México-Buenos Aires, 1965, (5ª ed.), t. I, pág. 117.

[5]*Obras históricas*, pág. 60.

[6]*Ibid.*, pág. 72.

[7]*Ibid.*, pág. 65.

[8]*Ibid.*, pág. 45.

[9]*Ibid.*, pág. 31.

[10]*Ibid.*, pág. 22.

[11]Irving A. Leonard, *Don Carlos de Sigüenza y Góngora, a Mexican Savant of the Seventeenth Century*, Berkeley, California, 1929.

[12]*Relaciones históricas*, México, 1940, prólogo y notas de Manuel Romero de Terreros, págs. xviii-xix; E. Anderson Imbert, *op. cit.*, t. I, pág. 117.

[13]*Relaciones históricas*, pág. 120.

[14]*Ibid.*, pág. xxii.

LINGÜISTICA NOVELESCA

por Tomás Navarro Tomás
Professor Emeritus, Columbia University

No siendo novelista ni crítico literario, podrá parecer que tratar de algún punto referente a la novela es en mi caso entrar en terreno ajeno. El hecho es que en mis lecturas de novelas mi atención ha sido siempre atraída por las circunstancias del habla representada en los personajes y en especial por el timbre de sus voces y por las inflexiones tónicas de su expresión emocional. Al exponer aquí unas breves consideraciones sobre este asunto no me siento en realidad fuera de mi propio campo.

En la vida real, cuando se habla por primera vez con una persona, el rasgo que se recoge antes que ningún otro es el timbre de su voz. Con este rasgo se le reconoce e identifica mientras se le trata y se le recuerda si llega el caso de interrumpir la comunicación. Sucede por el contrario en las novelas que en la mayor parte de los casos se acompaña a un personaje en la lectura de sus problemas, peripecias y conversaciones, a lo largo de unos centenares de páginas, sin que en ningún momento se encuentre referencia alguna al sonido de su voz.

Asistimos en la realidad a una conversación entre varias personas e inmediatamente, por el tono en que cada una se expresa, se advierte el temple de sus actitudes. De ordinario en las novelas, es corriente seguir largas conversaciones sin que ninguna indicación ayude a oír a los que en ellas intervienen. Realizan estas gentes el raro prodigio de conversar y entenderse en un habla que se supone normal, pero que carece de sonoridad, extraña especie de lenguaje no clasificado en la ciencia lingüística. Tal manejo de personajes que dialogan en conversaciones mentales sin voces ni entonación es sin duda el convencionalismo que más aleja a la novela del ambiente de la realidad.

No es fácil señalar el motivo de esta ordinaria omisión de elementos tan activos e importantes en la comunicación de las gentes. El novelista posee el privilegio de dotar a sus personajes no sólo de figura, carácter, ideas y sentimientos, sino también de palabra y voz. Es frecuente que los retraten detalladamente hasta en los más mínimos pormenores de la cara y del vestido. Falta en cambio el rasgo de la voz, más importante y significativo que esos otros detalles.

Por supuesto, la materia de mayor interés en las novelas no consiste tanto en el asunto ni en las peripecias de su desarrollo como en el conocimiento de la intimidad de los personajes ante el debate de sus problemas, conflictos e inquietudes. Las circunstancias de su aspecto exterior son cuestión secundaria. Pero la voz es punto de mayor relieve, tan compenetrado en la personalidad que tanto en las novelas como en la vida ordinaria no se tiene idea cabal de un individuo mientras no se le oye hablar.

No es de pensar que la omisión de las voces por parte de los novelistas obedezca a dificultad para describirlas. Los ejemplos más conocidos se distinguen por la sencillez de sus rasgos. La fama de la voz de Estentor se fundaba en su poderosa sonoridad y la de Polifemo en su cavernosa oscuridad y rudeza. De todos es conocida la voz grave, sonora y reposada de don Quijote. Es también familiar la del mayorazgo de Lantañón, don Juan Manuel de Montenegro, quien gustaba de hacerla resonar varonilmente en palacios y claustros en *Sonata de otoño* y en otras obras de Valle-Inclán.

Es de suponer que todo novelista, al hacer conversar a sus personajes, oye mentalmente sus voces y las inflexiones en su entonación. Por diferencias de imaginación y sensibilidad auditiva es natural que esa figuración oral no se produzca en todos los autores con igual viveza y relieve. Pero mucho debe depender también del mayor o menor grado de atención con que cada autor considere el asunto.

Cabe suponer que en algunos autores influya la idea de que siendo la voz un atributo común e inmanente no necesita ser mencionado para contar con su presencia. El novelista además puede contar, en efecto, con que la imaginación del lector, por virtud del sentido del texto, suplirá de algún modo las voces que falten y las inflexiones correspondientes. Esto, sin embargo, no suele producirse sino de manera vaga e imprecisa. La inmanencia de la voz, en su valor abstracto, no especifica ni define. Abarca al conjunto de la especie sin precisar la peculiaridad del individuo, cuyo timbre distintivo importa conocer. Lo que la novela debería ofrecer es una diferenciación de voces entre sus personajes análoga a la que cualquiera observa entre sus convecinos.

Un recurso de representación aproximativa de la voz suele aplicarse a base de la tipología corriente de voces de carácter profesional y colectivo. Son innecesarias por su carácter obvio las referencias a los tipos genéricos de la voz masculina, femenina, infantil o senil. La aproximación se consigue incluyendo al individuo en el tipo atribuido a su clase o profesión. Al militar se le asigna voz firme y marcial, al marino voz áspera y bronca, al sacerdote voz grave y eclesiástica, al aristócrata voz hueca y engolada y al médico voz doctoral.

En realidad el molde tipológico no se refiere a la voz propiamente dicha en cuanto a su timbre o calidad, sino al modo de hablar que resulta del conjunto de tono, acento, duración y demás elementos de la palabra. Hay un tono o acento militar o eclesiástico, pero no hay un timbre peculiar a tales profesiones. El timbre no es profesional sino individual. Se necesita apuntar el sello distintivo por el cual el militar se distingue entre los militares y el sacerdote entre los sacerdotes. Hay que tener presente además que son muchas las profesiones que no se señalan por ningún especial modo de expresión.

Las únicas voces que suelen indicarse en las novelas son las que ofrecen algo de anormal o chocante. La posesión de una voz desentonada, áspera, brusca o agria basta para que el personaje reciba atención preferente. Entretanto, los demás personajes de habla corriente quedan relegados a un margen anónimo, aunque desde luego tengan voces propias que podrían ser diferenciadas. Sabido es que no hay voces iguales ni aun entre los miembros de una misma familia. La curiosidad por las voces extrañas denota que es más fácil señalar lo excepcional y pintoresco que lo ordinario y corriente.

Por lo general las voces anormales registradas en las novelas pertenecen a personajes masculinos. Es un hecho notorio que los autores, aunque pudiera esperarse lo contrario, dedican escasa atención a las voces femeninas, ni para elogiar su atractivo ni para indicar sus posibles deficiencias. Desde muy antiguo la alabanza más común y repetida respecto a la voz de la mujer se ha limitado a llamarla dulce y suave. Sólo en la moderna literatura impresionista se le suele encontrar definida como voz blanca, azul, pálida, mate, de lucero, de agua y de frescura de fuente. Salta a la vista que no es tema que haya sido aún bastante cultivado.

El tratamiento de la entonación en las novelas presenta otras cuestiones. Su papel consiste principalmente, como es sabido, en reflejar estados de emoción. El timbre de la voz es estático y pasivo como rasgo fisonómico. La entonación es, por el contrario, dinámica y variable, como son los estados del ánimo. El oído es especialmente sensible a las inflexiones del tono por lo que revelan respecto al sentido e intención de lo que se dice.

En la acotación de los diálogos de las novelas, las referencias a la entonación son más frecuentes que las relativas al timbre de las voces. Timbre y tono, sin embargo, son naturalmente inseparables. No hay entonación sin la base de una voz de determinado timbre o color. Es otra convencional anomalía aludir a cambios de tono en relación con voces que no se conocen.

En un pasaje de una novela conversan don Antonio, médico, y don Fabián, sacerdote. El autor advierte que el doctor se expresa con tono enérgico y categórico y el sacerdote replica con tono sosegado y reticente. El tono de uno y otro señala el contraste de sus actitudes; nada dice respecto al timbre de sus voces. Si se nos dijera, por ejemplo, que la voz del doctor era clara y sonora y la del sacerdote honda y blanda la impresión resultaría definida y concreta.

Hay autores que realizan la expresión emocional mediante elementos verbales, sin servirse de la entonación. Otros sólo se refieren a las inflexiones tónicas en situaciones de intensa turbación del ánimo. Otros, con sentido más analítico, reflejan a través del tono la múltiple variedad de tan movible y compleja materia. Es notorio que hacer oír la entonación es dar vida a la palabra escrita. Salta a la vista la mayor expresividad de los diálogos novelescos cuando van acompañados de acotación emocional mediante los cambios y giros de la voz.

Como queda advertido, no basta el conocimiento de los personajes ni de las circunstancias de la escena para que cualquier lector acierte a imaginar las reacciones tónicas propias del momento. La abstención de indicaciones sobre este punto de parte del autor da lugar a que el diálogo se desarrolle como conversación muda. Se aprecia, en fin, en la entonación la diferente actitud entre el autor que oye hablar a sus personajes y el que les hace discurrir mentalmente con escasa o ninguna atención al sonido de sus palabras.

Recuerdo una novela moderna cuya acción tiene lugar en una pequeña y tranquila capital de provincia española. El protagonista es un curioso y modesto vecino que refiere las experiencias de su vida cotidiana. Es un hombre observador y reflexivo que comenta sencillamente todo lo que le sugiere su trato con sus familiares y amigos. Su fina observación recoge cualquier gesto, mirada o sonrisa. Es en cambio enteramente indiferente e insensible a los efectos de las voces. Tampoco atiende a las impresiones de otros sonidos. La ciudad parece una población sin ruido de campanas, talleres, animales ni tránsito callejero. La lectura del libro deja una sensación apretada, hermética y sorda.

Tengo también en la memoria otro libro en el que un viajero relata las impresiones recogidas en una excursión por varios lugares de una región española. Por los pueblos que atraviesa hace conversación con diversos vecinos, la mayor parte campesinos y artesanos. Unos son confiados y comunicativos y otros se muestran recelosos y reservados. En varios de ellos el viajero señala rasgos de acusada personalidad. Por motivo inexplicable falta la impresión de las voces que hubiera prestado calor y relieve a los sucintos retratos. Faltan igualmente los ruidos campestres que sin duda acompañarían el camino. Es libro de campo abierto, pero sordo como el anterior. Son escasos sin duda los libros sonoros.

En mi calidad de lector ingenuo no me parece irrealizable la novela en que por lo menos los personajes principales aparezcan dotados de voz y entonación. Prestarles tales atributos es humanizarlos, sacándolos del vago limbo del lenguaje áfono. Se dirá que hay famosas y excelentes novelas con los personajes sin voz. A esto se puede responder que con voz parecerían mejor. Para conocer cabalmente al personaje, además de verlo por dentro importa oírlo hablar. No sería quien es don Quijote si no se le oyera con su noble, grave y reposada voz.

EL "DOBLE FONDO" DE *LA CASA DE BERNARDA ALBA*

por María Eugenia March de Orti
Barnard College

> "El pueblo sin fuente es cerrado, como oscurecido, y cada casa es un mundo aparte que se defiende del vecino."
>
> García Lorca (1929)

> "El problema de la novedad del teatro está enlazado en gran parte a la plástica. La mitad del espectáculo depende del ritmo, del color, de la escenografía..."
>
> García Lorca (1935)

> "los personajes... han de ser tan humanos, tan horrorosamente trágicos y ligados a la vida y al día con una fuerza tal, que muestren sus traiciones, que se aprecien sus olores y que salga a los labios toda la valentía de sus palabras llenas de amor o de ascos."
>
> García Lorca (1936)

Fechada el 19 de junio de 1936 *La casa de Bernarda Alba* es la última obra de teatro publicada de García Lorca. Se publicó y estrenó póstumamente en Buenos Aires el año 1945.

Este "Drama de mujeres en los pueblos de España"—subtítulo de la obra—completa la trilogía de tragedias rurales de que hablaba García Lorca en 1934: "Quisiera terminar la trilogía de *Bodas de sangre*, *Yerma* y *El drama de las hijas de Loth*."[1] Y en 1935 dice: "Ahora a terminar la trilogía que empezó con *Bodas de sangre*, sigue con *Yerma* y acabará con *La destrucción de Sodoma*."[2] Sin embargo por los títulos no podemos identificar estas obras con *La casa de Bernarda Alba*; quizá se pueda considerar *El drama de las hijas de Loth* como germen del nuevo enfoque que dio García Lorca a la historia bíblica.

En ese mismo año, 1935, ante el espectáculo de "un mundo lleno de injusticias y miserias de todo orden,"[3] García Lorca se impone a sí mismo "Trabajar como una forma de protesta,"[4] y añade: "Tengo en proyecto varios dramas de tipo humano y social. Uno de esos dramas será contra la guerra. Estas obras tienen una materia distinta a la de *Yerma* o *Bodas de sangre*, por ejemplo, y hay que tratarlas con distinta técnica también."[5] Su estado de ánimo traduce un cabal descontento con la realidad histórica e ilumina en parte el "doble fondo" de *La casa de Bernarda Alba* que inaugura también una nueva técnica, la del "documental fotográfico"[6] pudiera llamarse. En abril de 1936 declaraba García Lorca: "Tengo cuatro libros escritos que van a ser publicados: *Nueva York*, *Sonetos*, la comedia sin título y otro."[7]

Temas

La casa de Bernarda Alba es la tragedia de unas "mujeres sin hombre" (1431). En *Doña Rosita la soltera o el lenguaje de las flores* (1935) aparece el tema de la mujer soltera víctima del ambiente social en que vive; Rosita, la joven doncella, se convierte en Doña Rosita, la solterona, a través del tiempo; es, dice Lorca, "el drama de la cursilería española, de la mojigatería española, del ansia de gozar que las mujeres han de reprimir por fuerza en lo más hondo de su entraña enfebrecida."[8] En *La casa de Bernarda Alba* las cinco hijas están solteras, víctimas de su madre, Bernarda, que apela a un falso—pero muy real—sentido de "clase" para justificar su subconsciente conducta abortiva para con el ansia natural de realización sexual que tienen sus hijas: "¡No ha tenido novio ninguna ni les hace falta! Pueden pasarse muy bien.... No hay en cien leguas a la redonda quien se pueda acercar a ellas. Los hombres de aquí no son de su clase" (Acto I, 1367); más adelante, La Poncia vuelve a la misma cuestión: "Bernarda: aquí pasa una cosa muy grande. Yo no te quiero echar la culpa, pero tú no has dejado a tus hijas libres. Martirio es enamoradiza, digas lo que tú quieras. ¿Por qué no la dejaste casar con Enrique Humanas? ¿Por qué el mismo día que iba a venir a la ventana le mandaste recado que no viniera?/ Bernarda.—¡Y lo haría mil veces! ¡Mi sangre no se junta con la de los Humanas mientras yo viva! Su padre fue gañán" (Acto II, 1408). El orgullo de clase es parte de la personalidad de Bernarda y aunque explica en el plano social su actitud, es en el fondo una máscara que esconde las hondas raíces del problema. Porque lo esencial es evitar que sus hijas encuentren felicidad—resultado de la atracción y comunicación sexual—con un hombre. Así se explica que, hechas las particiones al morir su segundo marido, Bernarda no se oponga a que Angustias, 39 años, se case con Pepe el Romano, 25 años, que no viene "por Angustias como mujer" (1373), sino que "viene por el dinero" (1373), y aunque Bernarda lo sabe no quiere enterarse. La Poncia le dice: "¿A ti no te parece que Pepe estaría mejor casado con Martirio o..., ¡sí!, con Adela?/ Bernarda.—No me parece./ La Poncia.—Adela. ¡Esa es la verdadera novia del Romano!... A mí me parece mal que Pepe esté con Angustias, y a las gentes, y hasta al aire" (1410). El orgullo de clase se apoya en la *decencia* y la exige: "La Poncia.—¡Y así te va a ti con esos humos!/ Bernarda.—Los tengo porque puedo tenerlos. Y tú no los tienes porque sabes muy bien cuál es tu origen" (1408); Bernarda le dice a Angustias (hijastra de Benavides): "¿Es decente que una mujer de tu clase vaya con el anzuelo detrás de un hombre el día de la misa de su padre?" (1364), y Bernarda para salvarse ella misma dice: "Ella, la hija menor de Bernarda Alba, ha muerto virgen" (1442).

El drama se mueve en la axiología o sistema de valores de Bernarda Alba, en el cual la *decencia* es el valor máximo y quien la vulnera cae en la *vergüenza*. Bernarda pretende ser su paradigma: es "Ella, la más aseada; ella, la más decente; ella, la más alta" (1351), y es también su Némesis: "que pague la que pisotea la decencia.... ¡Carbón ardiendo en el sitio de su pecado!... ¡Matadla! ¡Matadla!" (1414-1416) dice por la hija de la Librada; a Adela sabiendo que es la amante de Pepe: "No creas que los muros defienden de la vergüenza" (1441), y a Pepe: "otro día caerás" (1442).

El sentido de la decencia en España se confunde con la moral religiosa pero no tiene nada que ver; es una noción previa e independiente. En la mitología griega serían Aidós y Némesis. No se trata de una ética cristiana del bien y del mal sino de aparecer sin tacha, impoluto, como Bernarda quiere que estén las cosas en su casa (su obsesión de limpieza simboliza la decencia). Ella, sus hijas e incluso La Poncia viven en función del qué dirán, buscan no incurrir jamás en la crítica de los demás—excepto Adela al final: "Todo el pueblo contra mí, quemándome con sus dedos de lumbre, perseguida por los que dicen que son decentes, y me pondré la corona de espinas que tienen las que son queridas de algún hombre casado" (1438).

Por cuestiones de clase y decencia ha sacrificado Bernarda a sus hijas hasta el momento en que las encontramos en escena.[9] Pero, la obsesión con la decencia de Bernarda es de índole psicológica, proviene de su propia frustración o insatisfacción sexual, a pesar de sus dos matrimonios—circunstancia que la margina de la viuda tradicional como La Madre de *Bodas de sangre*. Ella no permitirá que sus hijas logren lo que a ella le ha sido negado. García Lorca trató en *Yerma* (1934) el tema de la insatisfacción sexual con otro propósito. Allí era la causa de la esterilidad de Yerma.[10] La clave del resentimiento de Bernarda la descubre Martirio, quien además ve "que todo es una terrible repetición" (1370). A través de la obra se hace evidente que Martirio—físicamente tarada con joroba y "enamoradiza"—repite la psicología de su madre: "¡Sarmentosa por calentura de varón!" (1358). En el Acto I se revela la hipocresía de Martirio; en el Acto II, la envidia y admiración morbosa que siente por Adela que la induce a enamorarse ella misma de Pepe; pero habiendo visto el amor de Pepe y Adela comprende que Pepe no será suyo y decide que no será "¡de ninguna!" (1414). Al final del acto se convierte en eco de su madre pidiendo la muerte de la hija de la Librada: "¡Que pague lo que debe!" (1416). En el Acto III Martirio es un pozo de odio; adelanta en su atuendo—enaguas y mantón negro—la imagen de Bernarda que minutos después aparece igualmente vestida. Ahora es Martirio que encierra a María Josefa, la abuela, y sale detrás de Bernarda cuando ésta va a matar a Pepe, y afianzando las palabras de Bernarda dice que Pepe ha muerto, lo cual causa que Adela se suicide.

La obra

La casa de Bernarda Alba está dividida en tres actos. La acción ocurre a lo largo del verano en el interior de la casa de Bernarda. La casa está situada en un pueblo de tierra adentro, terriblemente seco y caliente. Cada acto se desarrolla en una parte distinta del día: la mañana, la tarde y la noche respectivamente; y en un lugar diferente: dos habitaciones y un patio interior perfectamente homogéneos en apariencia, sólo varían el decorado y las matizaciones de luz en las paredes blancas; lo cual sugiere estancamiento o encierro como la progresión cíclica sugiere suspensión en el tiempo.

La obra está enmarcada en dos muertes. El incidente inicial es la llegada del duelo a la casa después del funeral de Antonio María Benavides, segundo marido de Bernarda; el incidente final es la preparación para otro funeral, el de Adela, y otro duelo. Es decir, la obra parece terminar donde empieza. El equilibrio de detalles que rodea a los dos hechos es tal, que parecen completarse. Al final: "Avisad que al amanecer den dos clamores las campanas" (1442); al levantarse el telón sólo se oía el doble de campanas de muerte que no cesa hasta que no llega el duelo a la casa. Y si entonces decía Bernarda: "En ocho años que dure el luto no ha de entrar en esta casa el viento de la calle. Hacemos cuenta que hemos tapiado con ladrillos puertas y ventanas" (1361), al final dice: "Nos hundiremos todas en un mar de luto" (1442). Y en ambas ocasiones manda reprimir la emoción frente a la muerte: "¡Silencio!... Menos gritos y más obras" (1355) le dice a la Criada, y a Magdalena: "no llores; si quieres llorar te metes debajo de la cama. ¿Me has oído?" (Acto I, 1356). "Yo no quiero llantos. La muerte hay que mirarla cara a cara. ¡Silencio! (*A otra hija.*) ¡A callar he dicho! (*A otra hija.*) ¡Las lágrimas cuando estés sola!... ¿Me habéis oído? ¡Silencio, silencio he dicho! ¡Silencio!" (Acto III, 1442). "¡Silencio!" es la primera y última palabra de Bernarda en escena y con variaciones—sinónimos—funciona como *leitmotiv* a lo largo de la obra apuntando al tema: la necesidad de mantener las apariencias por temor al qué dirán—a costa de encubrir los sentimientos y sofocar el instinto. Es la represión en oposición a la expresión; decencia *versus* vergüenza.

El Acto I se desarrolla por la mañana. Puede dividirse en tres partes: 1) el diálogo inicial o introito; 2) el duelo; y 3) la casa. Empieza con un diálogo a modo de introito de La Poncia y la Criada, que continúa con ésta y la Mendiga y termina con el planto de la Criada. Esta introducción es un documento de crítica social: ilumina la jerarquización que hay en los pueblos incluso entre los más humildes, víctimas todos del despotismo de "la gente que nace con posibles" (1362). Están aquí enunciados en síntesis todos los temas y motivos de la obra. La intención es informar y preparar la acción de los personajes. En el Acto III, antes de la crisis final, tenemos el segundo diálogo de La Poncia y la Criada con una función similar a la del introito y marcado carácter premonitorio.

Los temas que aparecen en el introito son:

1) La tiranía de Bernarda: "¡Mandona! ¡Dominanta!" (1350), "Tirana de todos los que la rodean" (1351).
2) El hambre: en su dimensión real y psicológica de ansiedad no satisfecha, controlada por Bernarda; "Yo he venido a comer.... ¡Quisiera que ahora que no come ella, que todas nos muriéramos de hambre!" (1350).
3) El encierro: la voz de María Josefa; encerrada se la oye llamar a Bernarda.
4) La limpieza: la obsesión con la limpieza de Bernarda—ya mencionada—tiene raíces psicológicas, apunta al tema de la decencia, al aparecer sin mancha. "Limpia bien todo. Si Bernarda no ve relucientes las cosas me arrancará los pocos pelos que me quedan.... ¡Limpia, limpia ese vidriado!" (1351); "Este cristal tiene unas motas./ Ni con el jabón ni con bayetas se le quitan" (1353). Por otra parte Ber-

narda tiene una curiosidad morbosa: "Días enteros mirando por la rendija para espiar a los vecinos y llevarle el cuento" (1352).

5) El odio: Bernarda engendra odio y temor; "La gente de él la odia.... ¡Maldita sea!... ¡maldita sea! ¡Mal dolor de clavo le pinche en los ojos!" (1351-1352); "¡Si te viera Bernarda!..." (1350).

6) La crítica social: "Nosotras tenemos nuestras manos y un hoyo en la tierra de la verdad./ Esa es la única tierra que nos dejan a las que no tenemos nada" (1353); "Suelos barnizados con aceite, alacenas, pedestales, camas de acero, para que traguemos quina las que vivimos en las chozas de tierra con un plato y una cuchara. Ojalá que un día no quedáramos ni uno para contarlo.... Sí, sí, ¡vengan clamores! ¡Venga caja con filos dorados y toalla para llevarla! ¡Que lo mismo estarás tú que estaré yo! Fastídiate, Antonio María Benavides, tieso con tu traje de paño y tus botas enterizas. ¡Fastídiate! ¡Ya no volverás a levantarme las enaguas detrás de la puerta de tu corral!" (1354-1355).

La segunda parte del Acto I es el duelo. Empieza con la palabra "¡Silencio" dirigida a la Criada por su planto y acaba con "Chiss" a Magdalena que iniciaba el llanto otra vez. A las mujeres que se han ido les dice Bernarda: "¡Andar a vuestras casas a criticar todo lo que habéis visto!" (1360). Desde el momento en que aparece Bernarda en escena se va substanciando en contrapunto todo lo dicho por La Poncia y la Criada en el introito, con el nuevo tema del hombre[11] como sexo que Bernarda introduce, y los motivos del calor y la sed que trascendiendo el propósito descriptivo se convierten en motivos psicológicos de tensión y ansiedad. El calor es un *leitmotiv* constante; parece fomentar la tensión entre los personajes y exacerba la ansiedad sexual a la que el motivo de la sed alude. Estos motivos junto con el hambre y la limpieza subrayan la acción. En el Acto I predominan el hambre y la limpieza, en el Acto II el calor y en el Acto III la sed.

La tercera parte del Acto I es una visión de la casa. Consiste en una serie de diálogos de Bernarda, las hijas y La Poncia principalmente; al final aparece María Josefa. En seguida muestra Bernarda su lengua de veneno, diciendo: "Es así como se tiene que hablar en este maldito pueblo sin río, pueblo de pozos, donde siempre se bebe el agua con el miedo de que esté envenenada" (1360), y acaba de concretarse su personalidad. Propone a sus hijas su plan de ocho años de luto y en su reacción a él revelan ellas su personalidad y frustración; luego se introduce además el hecho de que Pepe el Romano viene a casarse con Angustias. Puertas, ventanas y rendijas, a las que acuden en continuo acechamiento del hombre las hijas, y las vecinas para espiar las vidas ajenas, se convierten en símbolos de ansiedad y las paredes en símbolo de represión, como bajo la apariencia tranquila se encubren las más encendidas pasiones.

María Josefa, voz y presencia, resume en su situación y ansias la interioridad de las hijas. Es un personaje que tiene la función del coro, subrayando la acción. Su demencia senil hace posible que sin salirse del plano real simbolice la frustración de las hijas y tiene al mismo tiempo un efecto catártico. Su voz desde el encierro llamando a Bernarda tiene carácter de símbolo.[12] La segunda vez que se la oye, después del duelo, dice: "¡Bernarda! ¡Déjame salir!" (1362) y surge como eco de la rebelión de Magdalena: "Prefiero llevar sacos al molino. Todo menos estar sentada días y días dentro de esta sala oscura" (1362); reiterando en estribillo este tema que se expone hasta el final del Acto I, dice Adela: "Yo no puedo estar encerrada.... ¡Yo quiero salir!" (1376); Angustias: "Madre, déjeme usted salir" (1379); y María Josefa al final: "¡Déjame salir, Bernarda!... ¡Quiero irme de aquí! ¡Bernarda! ¡A casarme a la orilla del mar, a la orilla del mar!" (1381). La Criada comenta la fuerza de María Josefa a los ochenta años, e informa sobre su sed, hambre e intención de casarse.

Aparece dos veces en escena María Josefa: al final del Acto I y antes de la crisis final en el Acto III; las dos veces porque logra escaparse. La primera vez se escapa porque se quiere casar y se presenta vestida de novia. Como oráculo del destino predice: "Ninguna de vosotras se va a casar. ¡Ninguna!" (1380). Bernarda le pide que se calle pero ella continúa impertérrita: "No, no me callo. No quiero ver a estas mujeres solteras rabiando por la boda, haciéndose polvo el corazón, y yo me quiero ir a mi pueblo. Bernarda, yo quiero un varón para casarme y para tener alegría" (1381). Bernarda manda que la vuelvan a encerrar. En el Acto III María Josefa aparece con una oveja en los brazos, el niño que ha tenido. Es la figura de Adela con el fruto de la realización del amor, a la vez que Adela será ella misma como el cordero, el símbolo del sacrificio. Representa también la abuela lo que Martirio hubiera querido pero no ha podido. La mujer se realiza en los hijos que son como olas—dice María Josefa, continuando con la imagen del mar—, van reproduciéndose, y de la consecución de ese hecho natural surge la espuma, la alegría: "¿Por qué aquí no hay espumas? Aquí no hay más que mantos de luto" (1435); Martirio le dice que se calle pero ella sigue con su tema y alude al problema concreto: "Pepe el Romano es un gigante. Todas lo queréis. Pero él os va a devorar" (1435). Engañándola, consigue Martirio volver a encerrarla.

El Acto II tiene lugar por la tarde "en el silencio del peso del calor" (1402). Aparecen en escena, sentadas, cosiéndose el ajuar, las hijas de Bernarda—menos Adela—y La Poncia, lo cual indica que la voluntad de Bernarda se ha impuesto. La postura misma expresa sumisión y tensión contenida. La casa es literalmente un "infierno" (1382) y la tensión aflora eléctrica al dramatizarse las horas de la madrugada anterior. Se va descubriendo que todas, atribuladas por el calor sofocante—con indicios de tormenta—de la noche, velan espiando a Pepe y Adela.

Hay dos escenas yuxtapuestas, modelo en forma y técnica, que preparan la confrontación de Adela y Martirio. Son los diálogos de Adela y La Poncia y de Martirio y Amelia. Adela instigada por La Poncia revela toda la fuerza de su pasión por Pepe el Romano y a sus amonestaciones contesta: "Es inútil tu consejo. Ya es tarde. No por encima de ti, que eres una criada; por encima de mi madre saltaría para apagarme este fuego que tengo levantado por piernas y boca.... Nadie podrá evitar que suceda lo que tiene que suceder" (1392), y le ordena callarlo. Después, cuando todas acuden a la ventana para ver a los segadores, Martirio se queda sentada; "Me sienta mal el calor" (1398) le dice a Amelia, y discuten—traído el tema por Martirio—los ruidos en el corral por la noche. Martirio no puede descubrir ni revelarse y se queda con lo que le "muerde" dentro; en un mutis magistral la vemos debatirse interiormente entre la expresión y la contención, lo cual sólo a la luz de los hechos posteriores comprendemos.

En su confrontación con Adela—precedente de la confrontación final en el Acto III—Martirio descubre la dimensión más profunda de la obra: si Pepe el Romano no puede ser para ella, no será "¡de ninguna!" (1414), que quiere decir, de Adela. Revelándose testigo del amor de Pepe y Adela: "¡He visto cómo te abrazaba!" (1414)—frase que delata su envidia—, está decidida a destruirlo: "Yo romperé tus abrazos" (1414), porque "¡primero muerta!" (1414) que consentirlo. Adela, recordando a La Novia de *Bodas de sangre*, confiesa: "Yo no quería. He sido como arrastrada por una maroma" (1414).

La anécdota de la hija de la Librada resume el Acto II. Su paso por el pueblo se diría reminiscencia de la llegada de Mari-Gaila a San Clemente al final de *Divinas palabras*. El hecho en sí es un ejemplo de que toda realidad es relativa. Bernarda y Martirio piden que la maten porque violó la decencia—siendo soltera tuvo un hijo; el pueblo quiere matarla porque ella mató a su hijo—crimen siniestro que cometió "para ocultar su vergüenza" (1415); y Adela, viéndose reflejada potencialmente en ella, pide que la dejen escapar.

El Acto III se desarrolla por la noche; como los actos anteriores, tiene una expansión de varias horas. Comienza con la cena—cuando sólo faltan tres días para la pedida de Angustias—y culmina en la densidad de la noche, a través de una gradación contenida, casi anticlimática, de paz y silencio. Por otra parte, hay una intensificación, acumulación, de datos del mismo signo que fomentan el presagio de tragedia. Desde el dictamen de Bernarda—"Una hija que desobedece deja de ser hija para convertirse en enemiga" (1417)—, las coces del caballo, luego la visión del caballo, las supersticiones del mal agüero—la sal derramada y perlas de pedida—, el movimiento de la luz en la noche estrellada, el ladrido de los perros, la predicción de María Josefa y los motivos del calor y la sed como trasfondo acondicionador. El diálogo continúa las líneas temáticas anunciadas en los actos anteriores, llegando al clímax en la confrontación de Adela y Martirio, y luego Bernarda. "Adela.—Sabes, porque lo has visto, que me quiere a mí.... Por eso procuras que no vaya con él. No te importa que abrace a la que no quiere; a mí tampoco. Ya puede estar cien años con Angustias, pero que me abrace a mí se te hace terrible, porque tú lo quieres también, lo quieres./ Martirio (*dramática*). —¡Sí! Déjame decirlo con la cabeza fuera de los embozos. ¡Sí! Déjame que el pecho se me rompa como una granada de amargura.../ Adela. —...Pepe el Romano es mío. El me lleva a los juncos de la orilla./ Martirio.—¡No será!... Eso no pasará mientras yo tenga una gota de sangre en el cuerpo.... Tengo el corazón lleno de una fuerza tan mala, que, sin quererlo yo, a mí misma me ahoga" (1437-1438). Llamada por Martirio aparece Bernarda. Adela se le enfrenta: "¡Aquí se acabaron las voces de presidio!" (1439), y rompiéndole su bastón en dos: "Esto hago yo con la vara de la dominadora.... En mí no manda nadie más que Pepe.... Yo soy su mujer" (1439-1440).

Adela muere víctima del odio. La envidia de Martirio es odio; ya La Poncia lo había adivinado: "Esa es la peor. Es un pozo de veneno. Ve que el Romano no es para ella y hundiría el mundo si estuviera en su mano" (1431). Su violencia interior contenida pronto encuentra ocasión de expresarse. Dice que han matado a Pepe, no siendo verdad, y lo ha dicho "¡Por ella! Hubiera volcado un río de sangre sobre su cabeza" (1441), y Bernarda, a pesar de las quejas de La Poncia y Magdalena, corrobora "es mejor así" (1441). Martirio, sabiéndose causante del suicidio de Adela, y ante la realidad de la muerte, sigue todavía dominada por la envidia: "Dichosa ella mil veces que lo pudo tener" (1442). La reacción final de Bernarda es enteramente consecuente con su postura; se consuma su predicción del Acto II: "Aquí no pasa nada.... Y si pasa algún día, éstate segura que no traspasará las paredes" (1409). Es el triunfo de la máscara sobre el rostro, la imposición de la forma sobre el sentimiento. Lo pide la decencia: "¡Mi hija ha muerto! Llevadla a su cuarto y vestirla como una doncella. ¡Nadie diga nada! Ella ha muerto virgen" (1442).

Ritmo

García Lorca como gran director de teatro que era, consideraba que lo más importante en la representación de una obra dramática es conseguir que se desarrolle con arreglo a un ritmo acordado.[13] *La casa de Bernarda Alba* está ideada con un sentido de ritmo tal, que de él depende todo el efecto teatral. El ritmo está en el movimiento de los personajes en escena, en la intromisión de los sonidos de fuera, en la asociación de ideas y en la oportunidad de las anécdotas intercaladas. Hay ritmo en cómo dicen los personajes lo que dicen; en un cambio de ánimo oportuno como en el monólogo de la Criada que empieza en imprecación y acaba en planto (1354-1355), o en el rotundo "¡Alabado sea Dios!" (1358) que entona Bernarda comenzando el responso, al mismo tiempo que interrumpe e irónicamente enlaza en contrapunto las vituperaciones entre dientes a ella dirigidas. La asociación libre de ideas, tan frecuente en la obra, también requiere un ritmo; por ejemplo, Magdalena, bordando, dice: "Angustias. ¿Pongo también las iniciales de Pepe?/ Angustias (*Seca*). —No./ Magdalena (*A voces*).—Adela, ¿no vienes?" (1381). Todo es funcional y oportuno y perfectamente acordado a la acción, como la canción de los segadores en el Acto II que poetiza la escena y sirve de catarsis en un momento en que la atmósfera interior había llegado al máximo paroxismo. Literalmente parece abrirse una ventana.

Color

"La casa de Bernarda Alba" sugiere por la sonoridad vocálica—como "Alba" significa claridad, blancura—, e instintivamente la trasladamos a la atmósfera de la casa. Pero la casa es todo lo contrario de lo que el título sugiere: un "infierno" (1382), un "convento" (1394), una "casa de guerra" (1431). Adela vio "el horror" (1438) y "la muerte debajo de estos techos" (1436), donde imperaban "las voces de presidio" (1439) de Bernarda. Esta oposición proviene de una impresión pero es en realidad principio estructural escenográfico que subraya el tema.

Sólo dos colores entran en la composición de la obra: el blanco y el negro. Las paredes son blancas; los personajes visten de negro. Aunque la escena tiene el realismo de una fotografía, también se puede argüir que lo blanco que normalmente sugiere vida, es aquí lo estático, y lo negro que simboliza muerte, aquí es movimiento; como si la muerte o sus diferentes variaciones dominaran la vida. La oposición de contrarios está temáticamente expuesta en la fórmula: expresión *versus* represión. La represión es la "casa de guerra," y lo negro, y la muerte.

Bernarda Alba: personaje de tres dimensiones

Bernarda, como personaje, vive en tres dimensiones: 1) la social, que representa un tipo de mujer reconocible; 2) la psicológica, que es la contrafigura del arquetipo Madre; y 3) la simbólica, que trasciende ambas dimensiones anteriores y se convierte en una figura mítica que simboliza Destrucción; es una fuerza maléfica que destruye física o psicológicamente la vida.

La dimensión más compleja de Bernarda es como contrafigura del arquetipo Madre, la cual está determinada por su estructura psicológica. Bernarda está dominada por su "animus"[14] —la personificación masculina del inconsciente en la mujer; generalmente el animus está influido por el padre de la mujer—, y se proyecta en su personalidad. El animus se expresa en opiniones o convicciones que están por encima de toda crítica, y representa un elemento colectivo,[15] de ahí que cuando el animus está hablando a través de Bernarda emplee expresiones colectivas como "uno": "las cosas son como uno se las propone" (1420); "Cada uno sabe lo que piensa por dentro" (1423); o como "la gente" y "hay que": "¿Hay que decir las cosas dos veces?" (1419); la construcción reflexiva: "Es así como se tiene que hablar en este maldito pueblo sin río,... donde siempre se bebe agua con el miedo de que esté envenenada" (1360); y palabras como "siempre" y "nunca": "Las cosas no son nunca a gusto nuestro" (1410), que subrayan la solidez de sus convicciones que provienen de inconscientes suposiciones anteriores: "No pienso. Hay cosas que no se pueden ni se deben pensar. Yo ordeno" (1406); "No lo creo. ¡Es así!" (1408). El animus se personifica también en secretas actitudes o reflexiones destructivas que raramente se manifiestan en la mente consciente de la mujer pero, albergadas en el inconsciente, pueden causar múltiples formas de destrucción.

Bernarda después de dos matrimonios mantiene su propio apellido. Conscientemente se identifica con su padre y la línea masculina de sus antepasados; si su madre es fuerte es porque "tiene a quien parecerse. Mi abuelo fue igual" (1362). Obra de acuerdo a su ejemplo: "Así pasó en casa de mi padre y en casa de mi abuelo" (1361), y vive "bregando como un hombre" (1419). Se enorgullece de estar amparada por su herencia: "tengo... esta casa levantada por mi padre para que ni las hierbas se enteren de mi desolación" (1405), y habiendo mencionado a su padre parece que continúa su protección. Bernarda seguidamente toma su decisión: "¡Tendré que sentarles la mano!" (1406), y repite su voz interior, la de su animus: "Bernarda: acuérdate que ésta es tu obligación" (1406). El animus presta a Bernarda una dimensión de frialdad, obstinación, inaccesibilidad y menoscabo de su feminidad.

Bernarda está poseída por su animus como consecuencia de su complejo psicológico de repulsión a la madre (o complejo de madre negativo).[16] Sus hijas también tienen complejo materno, pero con otras características.[17] Básicamente el complejo de madre estimula indebidamente o inhibe el instinto femenino; causa hipertrofia o atrofia de la feminidad.

Conclusión

La impresión de realismo que producen los personajes de *La casa de Bernarda Alba* hace pensar en Unamuno. Recuerdan lo que decía Unamuno de sus personajes novelescos, que eran como personas de verdad, "con la realidad más íntima, con la que se dan ellos mismos, en puro querer ser o en puro querer no ser,"[18] porque "la realidad no la constituyen las bambalinas, ni las decoraciones, ni el traje, ni el paisaje, ni el mobiliario, ni las acotaciones, ni..."[19] Los personajes de García Lorca como los de Unamuno no eran como los personajes en boga que "no hay un momento en que se vacíen, en que desnuden su alma."[20]

La casa de Bernarda Alba es un crisol donde García Lorca reúne y funde una serie de características importantes que forman parte de la anatomía de tantos pueblos de España y hacen imposible la convivencia. La mujer es el microcosmos y García Lorca la anatematiza. En la "casa" hay como una intuición de los acontecimientos que se avecinaban en España en 1936. Es oportuno aducir aquí las palabras de García Lorca comentando el Tercer Acto de *Doña Rosita la soltera* que ocurre en 1911: "Un paso más, la guerra. Dijérase que el esencial trastorno que produce en el mundo la conflagración se presiente ya en almas y cosas."[21]

NOTAS

[1]Federico García Lorca, *Entrevista y declaraciones* en *Obras Completas* (4ª ed.; Madrid: Aguilar, 1960), p. 1716. Todas las citas son de esta edición.

[2]*Ibid.*, p. 1721.

[3]*Ibid.*, p. 1725.

[4]*Ibid.*, p. 1725.

[5]*Ibid.*, p. 1725.

[6]De la advertencia preliminar del poeta en *La casa de Bernarda Alba*. Juan Guerrero Zamora, *Historia del teatro contemporáneo*, tomo III (Barcelona: Juan Flors-Editor, 1962), p. 68, comenta la intención de García Lorca de que su obra fuera documento y copia de la realidad, diciendo "Vicente Aleixandre me contaba haber dicho el poeta durante cierta lectura de su obra: *Nada de poesía. Realismo. ¡Realismo!*... Adolfo Salazar, cuenta que Lorca... exclamaba después de cada escena: *Ni una gota de poesía. ¡Realismo! ¡Realidad!*"

[7]*Op. cit.*, p. 1760; sobre "la comedia sin título", véase p. 1759.

[8]*Ibid.*, pp. 1741-1742.

[9]Es sumamente importante tener en cuenta la edad de cada una de las hijas; revela distintos niveles de frustración. El tipo de frustración que padecen depende de la personalidad de cada una. La actitud de rebeldía que descubrimos en Adela desde su primer gesto en escena—al dar a su madre el abanico de flores rojas y verdes—no se debe sólo ni principalmente al hecho de tener veinte años, sino al de estar enamorada de Pepe el Romano ya hacía un año. Igualmente, son los efectos del amor que hacen a Martirio desafiar a su madre cuando ésta le golpea por haberle robado a Angustias la foto de Pepe.

[10]Esta obra está basada en una superstición campesina andaluza que dice que es la unión feliz que se engendra el hijo; de ahí que Yerma no tenga hijos con Juan y cuando se acerca a Victor oiga llorar a un niño (el hijo en potencia, que de haberse unido hubieran tenido). Esta idea está expuesta como tema con variaciones en el Acto I; en armonía con el proceso psicológico de Yerma sigue un ritmo lineal ascendente que culmina al final del cuadro II en síntesis poética. Yerma pregunta "¿Por qué estoy yo seca?/ Vieja 1ª.—...Los hijos llegan como el agua. ... ¿A ti te gusta tu marido?... ¿Que si lo quieres? ¿Si deseas estar con él?.../ Yerma.—No sé./ Vieja 1ª.—¿No tiemblas cuando se acerca a ti? ¿No te da así como un sueño cuando acerca sus labios? Dime./ Yerma.—No. No lo he sentido nunca./ Vieja 1ª.—¿Nunca? ¿Ni cuando has bailado?/ Yerma (*Recordando*).—Quizá... Una vez... Victor.../ Vieja 1ª.—Y con tu marido.../ Yerma.—Mi marido es otra cosa. Me lo dio mi padre y yo lo acepté.../ Vieja 1ª.—Quizá por eso no hayas parido a tiempo. Los hombres tienen que gustar, muchacha. Han de deshacernos las trenzas y darnos de beber agua en su misma boca. Así corre el mundo./ Yerma.—...Yo me entregué a mi marido por él (el hijo), y me sigo entregando para ver si llega, pero nunca por divertirme./ Vieja 1ª.—¡Y resulta que estás vacía!/ Yerma.—...¿tengo yo la culpa? ¿Es preciso buscar en el hombre al hombre nada más? Entonces, ¿qué vas a pensar cuando te deja en la cama con los ojos tristes mirando al techo y se da media vuelta y se duerme?", *op. cit.*, pp. 1198-1200.

[11]El hombre como personaje no aparece en escena pero es una presencia mental que domina a las mujeres y en torno al cual gira el drama. Su misma ausencia le presta corporeidad.

[12]Como en el Acto III las coces del caballo garañón, encerrado, contra el muro, simbolizan el sexo masculino. Es en ambos casos la voz del instinto que busca liberarse y realizarse. Hay además una afinidad en la reacción de Bernarda, dice por su madre "Dejadla que se desahogue en el patio" (1363), y por el caballo "¡Trabajadlo y que salga al corral!... dejadlo libre, no sea que nos eche abajo las paredes" (1418-1419). Ambos aparecen como una visión de blancura en lo oscuro: María Josefa (1434-1435) y el caballo (1425).

[13]*Ibid.*, p. 1713.

[14]O *inner man*. Véase Carl G. Jung, *Man and His Symbols* (Tenth printing; New York: Dell Publishing Co., Inc., 1973), pp. 198-207; y *Two Essays on Analytical Psychology* (Second edition; Princeton, N.J.: Princeton/Bollingen, 1972), pp. 188-211.

[15]En los sueños al animus no aparece personificado en una figura sino en un grupo de personas, generalmente hombres.

[16]Carl G. Jung, *Four Arquetypes* (Third printing; Princeton, N.J.: Princeton/ Bollingen, 1973), p. 33, dice sobre "The negative mother-complex": "This type started out in the world with averted face, like Lot's wife looking back on Sodom and Gomorrha. And all the while the world and life pass by her like a dream—an annoying source of illusions, disappointments, and irritations, all of which are due solely to the fact that she cannot bring herself to look straight ahead for once. Because of her merely unconscious, reactive attitude toward reality, her life actually becomes dominated by what she fought hardest against—the exclusively maternal feminine aspect."

[17]*Ibid.*, pp. 19-32.

[18]Miguel de Unamuno, *Tres novelas ejemplares y un prólogo*, en *Obras Completas*, tomo II (Madrid: Afrodisio Aguado, S.A., 1951), p. 980.

[19]*Ibid.*, p. 983.

[20]*Ibid.*, p. 985.

[21]*Op. cit.*, p. 1741. La entrevista es de 1935.

RUBEN DARIO Y ESPAÑA: LA PRIMERA EPOCA

por Allen W. Phillips
University of Texas at Austin

El propósito primordial de este trabajo* es reunir y presentar de modo ordenado algunos datos relativos a las relaciones de Rubén Darío con los escritores españoles entre los años 1892 y 1900 aproximadamente. Sabido es que, en tal lapso, el abanderado del modernismo literario visitó España y residió en Madrid en dos oportunidades. La primera, cuando en ocasión de conmemorarse el IV Centenario del Descubrimiento de América, llegó a la Península a fines del verano de 1892 integrando como secretario la delegación nicaragüense a las fiestas programadas. La segunda como corresponsal de *La Nación* de Buenos Aires y con la encomienda de observar de cerca las condiciones de la vida española tras el desastre del 98. La primera estancia en la Península fue breve. Apenas los meses de agosto a noviembre. Con la segunda visita, que no me concierne directamente aquí, Rubén inicia la larga etapa europea en su vida, llegando a Madrid el primero de enero de 1899.

Las circunstancias en que Darío realiza estos sus dos primeros viajes españoles difieren en verdad notoriamente la una de la otra. Puede decirse que ni la personalidad del visitante es la misma en ambas ocasiones, ni lo visitado mantenía inalterable su mundo material y espiritual. En su primer encuentro con España, Darío es un joven poeta nicaragüense—andaba por los veinticinco años—que sólo había publicado un libro (*Azul*) entre los destinados a ser importantes, cuya segunda edición enriquecida apareció en Guatemala en 1890, cuando ya su persona literaria comenzaba a tener algún relieve con nombradía de innovador. Seis años después, el poeta de la segunda visita ha aumentado su haber; no sólo ha promovido y contemplado el triunfo del modernismo en Buenos Aires, sino que ha añadido a su obra dos nuevos libros publicados en 1896 en la capital argentina: *Los raros* y *Prosas profanas*. Los dos causa y testimonio a la vez de la consolidación de la nueva estética.

Los críticos (Torres Ríoseco, Balseiro, Gullón, Oliver Belmás, etcétera) no han descuidado por cierto el tema de Darío en España y el de las entrañables amistades literarias y personales allí ganadas, pero, como es natural, lo han considerado principalmente desde el momento de su segundo viaje cuando se vincula casi en seguida con el brillante equipo de los nuevos escritores que renovaron las letras españoles en los primeros años del siglo XX. Al llegar a Madrid por segunda vez, e impresionado por la deplorable decadencia literaria que percibe a su alrededor escribe Darío:

> ...He buscado en el horizonte español las cimas que dejara no hace mucho tiempo, en todas las manifestaciones del alma nacional: Cánovas, muerto; Ruiz Zorrilla, muerto; Castelar, desilusionado y enfermo; Valera, ciego; Campoamor, mudo; Menéndez y Pelayo.... No está por cierto, España para literaturas, amputada, doliente, vencida...

Luego añade que se junta con antiguos camaradas, como Alejandro Sawa, y entre los nuevos amigos se refiere a todo lo más selecto de la flamante promoción literaria que despuntaba: desde Benavente, Baroja, los Machado, Valle-Inclán, y Juan Ramón Jiménez hasta otros empeñosos soldados de la vanguardia estética. En aquellos primeros años del nuevo siglo Darío colaborará desde temprano en las revistas de los jóvenes, que tanto contribuyeron entonces a la avanzada modernista (*La vida literaria*, *Vida nueva*, *Revista Nueva*, *Electra*, *Helios*, *Alma española*, *Renacimiento*, y otros). No cabe duda alguna que el poeta americano debía mucho a España: allí produjo una buena parte de su obra más significativa y se le entró muy hondo el sentimiento de la tradición hispánica. Y sin embargo, muchos críticos españoles, insensibles a los aires de renovación, le atacan de la manera más negativa por su mentado galicismo sin darse cuenta cabal de su verdadero casticismo y su amor sincero por las cosas de la "Hispania fecunda." Esa actitud de Darío, no siempre exenta hasta de una retórica y un interés patrióticos por los temas de ocasión, se patentiza en ciertos conocidos poemas de *Cantos de vida y esperanza* y en muchas páginas de prosa que ahora, después de la desilusión inicial expresada a menudo en *España contemporánea* (1901), afirman su fe en el pasado y el porvenir de la nación. Otro tanto puede decirse sobre lo que debe la poesía española a Darío, quien en gran parte orienta la sensibilidad poética de la época. Con una voz de autoridad escribió una vez Enrique Díez-Canedo que el poeta americano abrió las ventanas a los poetas españoles:

> ...Les dio a conocer los poetas extranjeros que él amaba; leyó con ellos los poetas primitivos españoles; les libertó de la rigidez de una versificación atada por inflexibles reglas; les dio la preocupación de la forma, transformando el período oratorio, que hace impresión cuando se redondea, en la expresión cortada, rica en sugestiones, valiosa por sí misma: algo de exotismo; algo de arcaísmo; algo de preciosismo. Y, con todo eso, les trajo el don de una exquisita sensibilidad para lo nuevo.... Si en los principales poetas españoles de hoy se encuentra algo que a Rubén Darío se debe, predilección por los metros que él empleara, por cierta manera de elocución, por cierto vocabulario, en todos ellos hay personalidad bastante para ser algo más que discípulos del maestro. Con oídos nuevos han escuchado la música del mundo, con ojos nuevos han contemplado la naturaleza, con nueva sensibilidad han seguido el movimiento de su espíritu, con nueva voz han cantado. Pero el maestro los puso en libertad y los soltó en el aire...

Esta es una historia muchas veces repetida; volvamos, por lo tanto, a los años anteriores, desde 1892 en adelante, con la idea de ponderar el alcance de las relaciones de Darío con España en aquel entonces y determinar qué es lo que sabían de él y de su obra los escritores peninsulares antes de la llegada del poeta a Madrid en su segundo viaje. Desde un comienzo, sin embargo, hay que decir que a mi parecer la verdadera influencia de Darío en España se acentúa en las postrimerías del XIX y en los primeros años del XX. Y ello, por su presencia en Europa y por una mayor difusión de su obra. Es entonces, a mi juicio, cuando llegó a influir tan poderosamente en algunos de los poetas más personales de España aunque no hay duda que su obra había sido conocido en años anteriores.

Darío se embarcó en el vapor *Leon XIII* que desde Panamá zarpó para Santander en julio de 1892. En su *Autobiografía*, publicada años después, recuerda las circunstancias del viaje y de su primera llegada a Madrid. Se hospedó en el Hotel de las Cuatro Naciones, situado en la calle del Arenal, y donde también ocupaba un cuarto don Marcelino Menéndez y Pelayo. Importantes son los primeros testimonios de Darío sobre España y sus nuevas amistades entre los políticos y escritores de la Corte. De modo especial se relaciona con la generación vieja que constituía todavía lo más destacado de la vida intelectual española: Castelar que le ofreció un simpático almuerzo y cuya prodigiosa oratoria tanto impresionó al joven americano, quien le guardará siempre un afecto especial; Núñez de Arce, admirado poeta que le quiso retener en España; el anciano pero ocurrente Campoamor, quien le había inspirado una décima escrita en la época chilena; Emilia Pardo Bazán, cuya casa frecuenta; y Cánovas del Castillo con quien tuvo trato íntimo. Entre los americanos residentes en Madrid se acuerda de Riva Palacio, ministro mexicano y "alma de las delegaciones hispanoamericanas" y del venerable Ricardo Palma, en cuyo hotel llega a conocer al insigne poeta José Zorrilla. Naturalmente Darío señala entre sus mejores amigos de aquella época al finísimo don Juan Valera, que le invita a las reuniones literarias en su mansión en la Cuesta de Santo Domingo y donde encuentra y trata a personas de importancia en el mundo social e intelectual de Madrid. Entre ellas a don Marcelino Menéndez y Pelayo por quien siempre guardará cariño y respeto el poeta nicaragüense. Una noche, cuando leía sus versos en el salón de Valera, éste le presentó la célebre "reliquia" que era Miguel de los Santos Alvarez, el amigo y compañero de "Pepe" Espronceda. Recuerda finalmente Darío que antes de marcharse a Nicaragua, en una velada literaria donde leyó unos versos "A Colón," poema incorporado años después a *El canto errante* (1907), alternó con un joven orador llamdo José Canalejas. También en forma retrospectiva habla Darío en aquella época en su importante texto "Dilucidaciones," publicado originalmente en *Los Lunes de El Imparcial* (febrero y marzo de 1907) y luego recogido como prólogo al mencionado libro de 1907, refiriéndose a sus buenos y benévolos amigos españoles que siempre lo trataron con tanto afecto durante su primera estancia en Madrid.

Casi no es preciso reiterar aquí que al ya entonces afamado novelista y crítico español don Juan Valera le corresponde el mérito de haber sido el primero en consagrar a Darío en España al comentar, en términos muy favorables, la primera edición de *Azul*, en dos *Cartas Americanas* publicadas originalmente en *El Imparcial* hacia finales de octubre de 1888. La fama de Darío toma vuelo por estas páginas refrendadas por la reconocida autoridad de Valera como crítico y, no se puede negar, que por lo menos en parte el espaldarazo contribuye al éxito inmediato de su libro de 1888. Es bien sabido también que los artículos de Valera—en los que se apunta por primera vez el luego socorrido galicismo mental del poeta—se incorporarán como prólogo a *Azul* a partir de la edición guatemalteca de 1890, junto con el original de De la Barra, que pasa ahora a segundo término para ser suprimido luego en las ediciones sucesivas. Así en virtud de estas admirables páginas de Valera, cuyo comentario hace obvio el amplio conocimiento que se tiene de ellas, comienza a ser conocida por modo indirecto la obra primigenia de Darío en España.

No fueron por cierto sus *Cartas* el solo testimonio que Valera brindó del aprecio declarado por el poeta venido de América. Destaca sus excelencias por lo menos en dos ocasiones posteriores. En una carta a Menéndez y Pelayo, fechada el 29 de agosto de 1892, escribe: "Rubén Darío, tal vez el mejor y más original autor que hay ahora en América, está en España. Supongo que andará viendo ciudades y aun no habrá venido a Madrid, pues o hubiera acudido a verme en mi casa o yo, que le he buscado por las fondas, hubiera ya dado con él." Un mes después, en otra carta al mismo don Marcelino (18 de septiembre de 1892) afirma algo que tiene aun mayor enjundia como estimativa literaria. Valera, al recordar su tertulia de "los sábados," menciona a los asistentes en aquella ocasión:

> ...Acudieron a él P. Alcalá Galiano, Narciso Campillo, Correa, Miguel de los Santos Alvarez, mi primo Joaquín, si no por literato por pariente; Salvador Rueda y dos *chichitos*: el Delegado del Ecuador en la Exposición, que es un majadero benigno, y Rubén Darío, de cuyo poderoso y originalísimo ingenio me convenzo más cada día. Veo en él lo primero que América da a nuestras letras, donde, además de lo que nosotros dimos, hay no poco de allá. No es como Bello, Heredia, Olmedo, etc., en quienes todo es nuestro y aun lo imitado de Francia ha pasado por aquí, sino que tiene bastante del indio sin buscarlo, sin afectarlo, y además no lo diré imitado, sino asimilado e incorporado de todo lo reciente de Francia y de otras naciones; está mejor entendido que aquí se entiende, más hondamente sentido, más diestramente reflejado y mejor y más radicalmente fundido con el ser propio y castizo de este singular semi-español, semi-indio. ¡Cómo se contrapone al otro *chichito*, cuyos versos son una decimaquinta dilución de Bécquer en líquida tontería! Y ya en Bécquer había algo de dilución de Heine. Mientras que en Rubén Darío hay, sobre el mestizo de español y de indio, el extracto, la refinada textura del *parnasiano*, del *decadente* y de todo lo novísimo de extranjis, de donde resulta, a mi ver, mucho de insólito, de nuevo, de inaudito y de raro, que agrada y no choca porque está hecho con acierto y buen gusto. Ni hay tampoco afectación, ni esfuerzo, ni prurito de remedar, porque todo en Darío es natural y espontáneo, aunque primoroso y como cincelado...

Es deplorable que otros críticos españoles no hayan tenido una actitud tan avisada y justa como la demostrada por Valera en estas palabras epistolares dirigidas a Menéndez y Pelayo. No hay duda de que su generosa amistad abrió al joven poeta muchas puertas en España, y que por su intervención llegó a conocer, en el muy poco tiempo que duró su primera estancia en Madrid, a las personalidades más destacadas del mundo literario y político del país.

Quisiera recordar aquí, en este mismo apartado, las muy cordiales relaciones que Darío tuvo siempre con Menéndez y Pelayo. En numerosas ocasiones habla con respeto y afecto de él, y en una apura adjetivos exaltando a "el prodigioso varón enciclopédico, el sabio continuamente joven, el católico, el académico, el nobilísimo Don Marcelino Menéndez y Pelayo." Precisamente en el año de 1892, por encargo de la Academia, trabajaba el polígrafo español en su célebre *Antología* de la poesía hispanoamericana, de la cual años después se ocupó Rubén en las columnas de *La Nación* (febrero-marzo de 1896). Por decreto oficial fueron excluidos de la antología los poetas vivos de América. Sin embargo, en su prólogo original de 1892 don Marcelino escribe: "Una nueva generación literaria se ha levantado en la América Central, y uno por lo menos de sus poetas ha demostrado serlo de verdad." Después, en 1911, se agrega una nota al texto en que se lee:

> ...Claro es que se alude al nicaragüense don Rubén Darío, cuya estrella poética comenzaba a levantarse en el horizonte cuando se hizo la primera edición de esta obra en 1892. De su copiosa producción, de sus innovaciones métricas y del influjo que hoy ejerce en la juventud intelectual de todos los países de lengua castellana, mucho tendrá que escribir el futuro historiador de nuestra lírica.

Entre los peninsulares que conocían bien la obra de Darío, no quiero dejar de incluir aquí una brevísima mención de Antonio Rubió y Lluch, el erudito catalán y amigo íntimo de Menéndez y Pelayo que en 1893 le escribe a Rubén en Buenos Aires, felicitándole por su nombramiento de Cónsul de Colombia y dándole a la vez su pésame por el fallecimiento de su esposa Rafaela Contreras. Además de elogiarle su obra, tanto en verso como en prosa, le pide en la misma carta el favor de enviar uno de sus cuentos, de carácter moral, para una colección de novelitas americanas que está editando una casa editorial de Barcelona.

Salvador Rueda

Hasta aquí hemos visto cómo Rubén Darío, en 1892, se relacionó con los escritores de promociones literarias anteriores, y con algunos viejos que años después, al comenzar su segunda estancia en la Península, habían muerto ya o estaban enfermos o simplemente mudos según él nos lo refiere. Al escribir su *Autobiografía* en época muy posterior, es quizá curioso notar que no mencione al único representante de la literatura joven, cuya amistad cultivó durante los pocos meses que pasó en Madrid. Se trata, claro está, de Salvador Rueda, quien ya para aquel entonces, no sólo manifestaba cierto interés por la renovación de la poesía, sino que además contribuyó indudablemente a una mayor difusión de la obra de Darío. Mucho se ha escrito sobre las relaciones mantenidas por Darío y Rueda; inclusive han sido comentados los frecuentes altibajos que caracterizaron esa amistad. Basta recordar por el momento que se conocieron en la época del primer viaje de Darío a España; que Rubén escribió su célebre "Pórtico" para el libro *En tropel* (1892), uno de los pocos poemas escritos en España que Darío incorporó luego a *Prosas profanas*. Quisiera añadir que cuando leyó la misma composición Menéndez y Pelayo, explicó al poeta cómo se llamaban esos endecasílabos no tan novedosos (¡!). Por último, importa citar aquí las palabras, a veces olvidadas, con que Rueda mismo presenta a su prologuista:

> Como sabe el público español, se halla entre nosotros y ojalá se quede para siempre el poeta que según frase de mi ilustre amigo Zorilla de Sanmartín, autor de *Tabaré,* más sobresale en la América Latina; el que del lado allá del mar ha hecho la revolución en la poesía; el divino visionario, maestro en la rima, músico triunfal del idioma, enamorado de las abstracciones y de los símbolos y quintaesenciado artista que se llama Rubén Darío. Sabiendo yo cómo su afiligranada pluma labra el verso, le he ofrecido las primeras páginas de esta obra, para que en ellas levante un pórtico que es lo único admirable que va en este libro, a fin de que admiren a tan brillante poeta los españoles. Soy yo quien sale perdiendo con esta portada, porque ¿qué lector se va a hallar a gusto en el edificio de este libro sin luz ni belleza, después de haber visto arco tan hermoso?
>
> Doy públicamente las gracias a mi amigo, el poeta autor de *Azul*, que tan egregia genealogía supone a mi pobre musa y deténgase el lector en el frontispicio y no pase de él si quiere conservar una bella ilusión.

El generoso texto de Salvador Rueda no pudo menos de llamar la atención de algunos lectores españoles, a menudo indiferentes ante las letras americanas, sobre la persona y la obra innovadora de Darío. Y cualquiera que sea la opinion que hoy se tenga de la poesía del fácil y prolífico escritor malagueño, hay que recordar que no desdeñó nunca a América ni a sus producciones artísticas, loable actitud muy parecida a la que un poco más tarde demostrara Francisco Villaespesa.

Alejandro Sawa y los comienzos del modernismo en España

A mi juicio, en época posterior al malogrado escritor y bohemio Alejandro Sawa le correspondió algún papel en la mayor difusión de la obra de Darío en España. Hubo entre ambos larga y fraternal amistad literaria que no dejó de tener sus altibajos, culminando primero, en las acrimoniosas y tristes cartas de Sawa dirigidas a Darío poco antes de su muerte (1909), en las cuales reclamaba pago por algunos artículos aparecidos en *La Nación* con la firma de aquél, y finalmente las sentidas páginas de un Darío arrepentido que servirán de prólogo a *Iluminaciones en la sombra*, obra póstuma del escritor español, publicada en 1910. Hacia 1890 se marchó Sawa a París y no regresó a España, salvo por cortas temporadas, hasta 1896. En 1893, por Gómez Carrillo se conocieron Darío y Sawa en París. Unidos por su gran afición a la vida nocturna se hicieron grandes amigos, y el español, figura ya muy conocida en el Barrio Latino, inició a Darío en sus secretos. Juntos compartían los sabores y sinsabores de la bohemia parisiense. Además Sawa contaba entre sus amigos a los más destacados escritores simbolistas, y de modo muy especial a Verlaine, a quien presentó Darío en el café D'Harcourt bajo circunstancias que narra el poeta en su *Autobiografía*.

Quien trajo directamente a Madrid las novedades simbolistas fue Alejandro Sawa. Nadie le disputa la prioridad en el culto a Verlaine manifiesto hacia finales del siglo en España. La importación del poeta francés por Alejandro Sawa es confirmada por Manuel Machado. No quiero entrar ahora en el muy intricado problema de los orígenes del modernismo en España, ni reconstruir la realidad y leyenda de Sawa, cuya fama actual en gran parte se debe al hecho de que dio en ser el principal modelo vivo para la figura del poeta ciego Max Estrella en *Luces de bohemia* de Valle-Inclán, ni hablar tampoco de las mil y una anécdotas pintorescas que ha dejado. A mi juicio, sin embargo, es muy posible que Alejandro Sawa haya contribuido de una manera decisiva al mayor conocimiento de Darío entre los escritores finiseculares en la península.

Hay un texto poco conocido de Bernardo G. de Candamo, escritor y crítico injustamente olvidado hoy, cuya variada obra fragmentaria llenaba las revistas y periódicos de los primeros años del siglo actual. Sobre estas páginas significativas me interesa llamar la atención ahora: se trata de una reseña de *El canto errante* y marginalmente en el mismo lugar se ocupa el crítico de *Parisiana*, ambos libros de 1907. Candamo habla en el texto de los orígenes del modernismo y del Rubén de esos años, agregando el siguiente párrafo:

> Nuestras audacias eran infantiles y grandes. Las melenas y las alas de los sombreros se agitaban con furia cuando hablábamos de algún viejo escritor. Palacio Valdés, D. Benito, Clarín, todos eran blanco de nuestros heroicos furores. En las mesas de los cafés quedaba malparado el nombre de tales ciudadanos ilustres. Era necesaria una terrible y formidable revolución; había que quitar de en medio a tan empingorotados personajes. Se imponía la sustitución inmediata. Todo procedimiento de violencia era bueno, porque el fin era bueno. Y Alejandro Sawa—el simpático y brillante Sawa—, fue el profeta; dijo un nombre. Este nombre sonaba bien; era un nombre casi inverosímil por raro y que supusimos seudónimo; el nombre de Rubén Darío. Y a los ritmos valientes de *La marcha triunfal*, al cantar de verso latino del *Responso a Verlaine*, y a la candenciosa música de *La sonatina* todo nuestro ser trepidó con entusiasmo. Y el Verbo se hizo carne. Y el endecasílabo se arrinconó para mucho tiempo.

El testimonio es sobremanera revelador, y ofrece precisiones insospechadas sobre el probable papel que tuvo Sawa en la introducción de Darío en la Península cuando el siglo tocaba a su fin. Es importante notar también que dos de los poemas que según Candamo entusiasmaron a los jóvenes pertenecen a la primera edición de *Prosas profanas*, que según se ha dicho circuló muy poco en España. Quisiera recordar por último unas palabras finales de Sawa, en las cuales alude precisamente a sus conocimientos tempranos de la obra de Darío en una época cuando aún no se le reconocía como al abanderado de la renovación lírica. Sawa, ya ciego y prácticamente abandonado, escribe a Darío, el 31 de mayo de 1908, una carta en que apela a su vieja amistad con el poeta. Pide que venga a verle, y termina tan desolada comunicación con esta patética exhortación:

> Ven tú y levántame, tú que vales más que todos. Yo soy algo tuyo también, yo estoy formado, quizá de la misma carne espiritual tuya, y no olvides que si en las letras españolas tú eres como un dios, yo he tenido la suerte de ser tu victorioso profeta.

Quisiera subrayar la frase en que Sawa se considera el *victorioso profeta* de Darío en la literatura española; ello tiende a confirmar en parte el juicio crítico de Candamo a que antes hice referencia.

Clarín o la actitud negativa

La crítica sobre Clarín suele destacer con razón su actitud eminentemente negativa ante el modernismo y de modo especial con respecto a la obra de Rubén Darío. Nunca dejó de zaherir a éste de modo injusto y mostró mala voluntad tanto en sus *paliques*, como en otros artículos mordaces. Y ello desde la primera referencia sarcástica a Darío que remonta a 1890 hasta finales de su vida cuando atempera levemente sus invectivas. Clarín no era, desde luego, el único entre los españoles que atacó con dureza al poeta americano y su llamado afrancesamiento; ese negativismo e incomprensión se extendía a otros prestigiosos críticos de la época como Navarro Ledesma, Valbuena, Emilio Bobadilla; pero, por otra parte, tal antagonismo no pudo menos de contribuir a una mayor divulgación de la obra y del nombre de Darío ante el público lector. Ha sido en estos últimos años que se han rescatado del olvido ciertos textos avinagrados de Clarín, en los cuales censura con dureza al poeta americano. Sin embargo, resultaría ocioso resumir aquí la larga historia de esa incomprensión del crítico español que llega a su punto más intenso hacia 1893. Con todo algunos textos resultarán ilustrativos a nuestro propósito. Por ejemplo, Clarín escribe en *La Publicidad* (octubre de 1893):

> En *La pluma* de San Salvador escribe también D. Rubén Darío. A éste ya se le conoce por acá. ¡Cómo que estuvo en Madrid en casa de la Pardo Bazán, si no recuerdo mal! Y hasta tuvo tiempo para ponerle un *Pórtico* a un libro de Rueda, que fue como ponerle en ridículo. El Sr. Darío es muy decidor, no cabe negarlo; pero es mucho más cursi que decidor; y para corromper el gusto y el idioma y el verso castellano, ni pintado. No tiene en la cabeza más que una indigestión cerebral de lecturas francesas y el prurito de imitar en español ciertos desvaríos de los poetas franceses de tercer orden que quieren hacerse inmortales persignándose con los pies, y gracias a otras dislocaciones.

Junto con su ferviente deseo de poner en solfa las nuevas tendencias modernistas, otro modo de vapulear a Darío era culparlo de haber corrompido a Salvador Rueda. Los dos textos publicados en *Madrid Cómico* (diciembre de 1892) y titulados "Vivos y Muertos. Salvador Rueda. Fragmentos de una semblanza," son explícitos en ese sentido. Véanse si no estos fragmentos del primero de ellos:

> Su obsesión *antiquintanista* sólo es comparable, por lo desaforada, a su obsesión en favor de ciertos poetas americanos, como Rubén Darío, que no son más que sinsonetes vestidos con plumaje pseudoparisién...
>
> Rubén Darío, para Rueda, es un poeta nuevo, que cincela, y esculpe y hace todos esos primores que antes se llamaban parnasianos y ahora no hay quien sepa cómo se van a llamar, pues los gremios literarios de ese género se han multiplicado al infinito.
>
> Pues bien, el tal Rubén Darío no es más que un versificador sin jugo propio, como hay ciento, que tiene el *tic* de la imitación, y además escribe, por falta de estudio o sobra de presunción, sin respeto de la gramática ni de la lógica, y nunca dice nada entre dos platos. Eso es Rubén Darío en castellano viejo.

Clarín publica en *El Globo*, hacia finales del mismo mes de diciembre, otro artículo de tono y contenido muy parecido. Entre otras cosas escribe:

> En muchas partes he leído elogios rimbombantes dedicados por Rueda a un tal D. Rubén Darío, poeta americano, capaz él solo de corromper al ejército de Jerjes, en materia literaria se entiende.... Me veo en la dolorosa necesidad de deplorar que el simpático y entusiasta poeta Salvador Rueda ande en malas compañías, como lo son, sin duda, ciertos escritores americanos, que, a vueltas de cien imitaciones de modas francesas, no son más que los antiguos *sinsonetes* disfrazados de *neomísticos* o *simbolistas ipsistas* o el diablo y su madre...

Como bien se sabe, en *La Prensa* de Buenos Aires se reprodujo ese artículo de Clarín, lo cual da origen a la conocida réplica de Darío publicada en *La Nación* (enero de 1894) con el título de "Pro domo mea," escrito importante en que se defiende eficazmente ante la embestida del cáustico Clarín. Quiero reproducir aquí solamente un par de fragmentos pertinentes:

—Clarín debe procurar conocer lo que vale de las letras americanas.... Estúdienos y así podrá apreciar justamente lo que hay de bueno entre nosotros. Y por un galicismo, o un neologismo, no condene una obra.

—Además, puede pedir datos sobre los que en América escribimos, a algunos amigos suyos, mejor informados, como Campoamor, Núñez de Arce, Valera, Menéndez y Pelayo; sobre todo Menéndez y Pelayo.

—En cuanto a mí, juntamente con el palique de Clarín recibo una carta en que se encuentra esta frase: "Mi admiración, mi amistad, mi cariño, mi lectura constante, V. la tiene." Si quiere saber Clarín quien ha escrito esas líneas, busque la cabeza más alta de España, entre las altas del mundo.

En otro *palique* aparecido en *Madrid Cómico* (18 de noviembre de 1899) Clarín desmenuza con sarcasmo un soneto de Darío, "La hoja del oro," que figurará después en "Las Anforas de Epicuro" en la segunda edición de *Prosas profanas* y que se había publicado primero como *atrio* para un libro de Alcaide de Zafra. Importa destacar que en muchas de las páginas más severas de Clarín suele haber pocas alusiones a obras concretas de Darío y, por lo tanto, es sumamente difícil verificar con exactitud qué es lo que en realidad había leído el crítico de su poesía aun no difundida mucho en España. Hasta Rubén en "Pro domo mea" dice que "Clarín no ha leído una sola obra de ese señor." Sin embargo, hay otra excepción notoria: en el aludido artículo sobre Rueda (*Madrid Cómico*, 23 de diciembre de 1893) se burla despiadadamente de otro soneto de Darío citado por su amigo español en el libro *El ritmo*. El poema en cuestión es "Máximo Soto-Hall," escrito en Guatemala en 1890, que tiene variantes y otro orden de versos. Sin embargo, las críticas de Clarín no dejaron de hacer conocer a determinados lectores españoles la personalidad del joven poeta americano, que en aquellos años justamente dejaba oír en la Argentina los primeros acordes de la marcha triunfal de la nueva literatura.

Las primeras colaboraciones de Darío en España

Dado el propósito del presente estudio, es obligatorio que me refiera aquí brevemente a las colaboraciones de Darío que aparecieron en España durante un período que abarca poco más o menos los años que van desde su primera llegada en 1892 hasta su regreso a Madrid en enero de

1899. A partir de esta última fecha comienza a publicar con regularidad en las revistas y periódicos de la época versos y prosas. En realidad, hasta donde alcanzan mis informes, Darío publica relativamente poco en las prensas españolas entre 1892 y 1898. Sin embargo, antes de 1892, aparecen en *La Ilustración-Revista Hispano-Americana* de Barcelona y *La España Moderna de Madrid* unas ocho composiciones del poeta americano. Aunque casi todo el libro parece haber sido obra de Buenos Aires, tres poemas incorporados a la primera edición de *Prosas profanas* aparecieron en España en 1892: "Sinfonía en gris mayor," "Friso" y "Pórtico." Además fueron escritos en la Península hacia la misma época "Elogio de la seguidilla," "Blasón" y "A Colón." El conocido "Fotograbado" se imprime en una edición barcelonesa de la obra de Ricardo Palma (1893); en *El Globo* se encuentra la prosa "La risa" (1892); y el volumen conmemorativo del Centenario (1893) recoge otra prosa suya titulada "Estética de los primitivos nicaragüenses." En 1895 cinco composiciones tomadas de *Azul* (prosa y verso) se insertan en *La Gran Vía*, cuyo director era Salvador Rueda.

Además de la publicación de poemas y prosas en los periódicos de la época, hay también ciertas referencias esporádicas a su persona que aparecen por ese entonces. Por ejemplo, la Pardo Bazán se refiere al poeta en términios elogiosos a propósito del Centenario; Rubió y Lluch, al comentar la *Antología* de Menéndez y Pelayo, llama a Darío "...poeta de los más geniales e inspirados de la nueva generación, destinado a dar honra a su patria y a ejercer en ella un día un trascendental influjo literario"; también Rueda, en 1893, reincide en sus alabanzas del "maestro de la métrica" y el "padre de la forma." Es altamente significativo por lo demás que en *Madrid Cómico* (19 de noviembre de 1898) se reproduzcan las "Palabras liminares" de *Prosas* y "Sinfonía en gris mayor"; acompaña a los mencionados textos un temprano e importante elogio de Darío por Benavente, que en parte dice:

> ...Rubén Darío es un poeta castizo... de su casta. Más parecido a muchos poetas franceses que a ninguno español (si se exceptúa Salvador Rueda), siente como pocos poetas americanos han sentido la poesía primitiva de aquellas tierras, que por tanto tiempo fueron la virgen América; pero expresa el sentimiento con arte exquisito, alambicado; rica instrumentación sobre canciones populares. Otras veces, sentimiento y expresión son igualmente aristocráticos, y Verlaine, Banville o Mallarmé los inspiradores. Pero Rubén Darío domina el idioma, y al dislocarlo en rimas ricas y ritmos nuevos, no es el desdibujo ignorancia, sino trazo seguro que produce el efecto buscado.

> Su último libro es, seguramente, el mejor que ha publicado, y con escándalo de puristas y castizos será tan admirado por los españoles como por los americanos, porque Rubén Darío es castizo, dentro de su tierra y de nuestro siglo.

En virtud de los datos aducidos en este trabajo, no me parece erróneo pensar que la obra de Darío se conocía en España, entre un público muy selecto, pero que no se había difundido ampliamente antes de su segundo viaje, cuando se afirmó con toda claridad su prestigio magistral. Creo que la mayor parte de las poesías escritas en Buenos Aires y luego recogidas en *Prosas profanas* no se leían mucho en la Península, y rarísimos también son los ejemplares de las primeras ediciones de *Azul* (1888, 1890). Tampoco circuló mucho en España, a mi juicio, la primera edición de *Prosas profanas*, y los poemas que la integraron comenzaron a ser más conocidos sólo a partir de 1901, año de la edición parisiense del libro, ahora notablemente enriquecido. Sin embargo, es sabido que don Juan Valera tuvo un ejemplar de la primera edición de *Prosas*, que llevaba la siguiente dedicatoria: "A mi ilustre amigo y Maestro D. Juan Valera con el afecto y admiración de siempre" (Buenos Aires, 1897). En apoyo general de nuestra tesis, había además en la España de aquel entonces cierta actitud de indiferencia ante la obra de los escritores americanos, aunque tan provinciana postura va cambiando con el nuevo siglo. Con todo, a pesar de los limitados conocimientos que tenían los españoles de sólo una pequeña porción de la obra de Darío, su verdadero triunfo en Europa es posterior. Se afirma la innegable influencia del poeta a partir de 1899 o 1900 cuando se consolida definitivamente en la Península la renovación lírica, debida en gran parte a la propia presencia de Darío en Madrid.

*Estas páginas conforman un esbozo inicial de un ensayo mucho más extenso y ambicioso sobre el mismo tema. Prescindo aquí del aparato erudito, así como de las acostumbradas notas bibliográficas para no abultar innecesariamente el continente de este ofrecimiento.

HACIA LA "NÉGRITUDE": LAS EDICIONES *VARIORUM* DE *DIENTES BLANCOS*

por Clementine C. Rabassa
Medgar Evers College of The City University of New York

Y bien, en eso estamos, Jacques, lejano amigo.
No porque te hayas ido,
no porque te llevaran, mejor dicho,
No porque te cerraran el camino,
se ha detenido nadie, nadie se ha detenido.
(Nicolás Guillén: "Elegía a Jacques Roumain")

Entre la aportación literaria de Demetrio Aguilera-Malta cuyos lazos creativos e ideológicos se asocian generalmente con el "Grupo de Guayaquil," menos estudiada ha sido su obra teatral. A lo largo del desenvolvimiento dramático del autor, desde *España leal* (1938) hasta *Infierno negro* (1967), se notan pasos seguros hacia un estilo marcadamente expresionista.[1] Pero dentro de los cánones de cualquier técnica que practique, tanto en la narrativa como en la dramaturgia, siempre resalta el tema de la explotación de los desheredados con un espíritu denunciador para acometer toda fuerza antisocial. La defensa estética que hace Aguilera-Malta de los indigentes muestra una trayectoria que trasciende los límites del Ecuador, pasando más allá de las fronteras andinas para ensanchar la visión de los oprimidos de España, de Panamá, de Cuba, de los Estados Unidos, y de Africa. Como si hubiese acompañado geográfica e históricamente la Diáspora africana, el autor se ha dedicado a exponer en varias obras la secuela trágica experimentada por los marginados de color.[2]

El tema negrista, o negritudista,[3] parece haber brotado de *Canal Zone*, novela-reportaje del escritor que causó cierta perturbación en el país centroamericano al publicarse en 1935. A pesar de la manumisión legal conseguida después de siglos en América, presenciamos el ilotismo perdurable en la vida del negro ya urbanizado ante las potestades expoliadoras, tanto panameñas como norteamericanas. *Canal Zone* exhibe el yugo del opresor que prospera mediante la trata de seres humanos utilizados como objetos de diversión en las ergástulas nocturnas. Panamá, violada, víctima policroma del hedonismo internacional, ha sido uno de los temas predilectos de los poetas latinoamericanos:

. . . .
Cochero negro. El coche negro
abre su paraguas café.
Por los tejados corre un letrero:
Metropol-Cabaret.

La niña quiere "Camel", habanos,
cerveza helada, whisky de sol.
Los marineros fuman como barcos
en la marea del danzón.

El negro músico muere de risa
y lanza gritos de luz su piel.
Una aventura cosmopolita
nace a la orilla del cocktail.[4]

Asimismo, *Canal Zone* es una radiografía de Panamá y de sus habitantes de color que entretienen a los transeúntes rondando los cabarets de la ciudad. En esta segunda novela de Aguilera-Malta se encuentra a Pedro Coorsi, panameño mulato, quien es aguijado en un episodio degradante a actuar como gracioso para distraer a unos marineros estadounidenses; pero el chombo hirsuto es poco cooperativo al principio, y los yanquis se quedan desilusionados:

> ...No les resultaba muy divertido este *chombo* serio que los quedaba mirando atentamente, correctamente. Hubieran querido verlo hacer movimientos acrobáticos, de simio. Que riera a mandíbula batiente, enseñando los dientes blanquísimos...[5]

La influencia palmaria de "dientes blanquísimos" en el título del drama *Dientes blancos* es innegable;[6] además debemos señalar la alcurnia antiquísima del negro estereotipado como instrumento de diversión.[7] También los juicios hermenéuticos han notado el "sabor oneillano" en el tema negro y el ritmo percutiente que predomina como resorte técnico de la obra.[8] Lo que no se ha analizado todavía es la afinidad significante entre este drama breve de Aguilera-Malta, la literatura del Renacimiento Negro de origen norteamericano, la poesía negrista de las Antillas hispánicas, y sobre todo, las obras de la "Négritude" del Caribe y de Africa escritas mayormente en lengua francesa. Tal exégesis comparativa es imprescindible para comprender la verdadera amplitud del espíritu universalista que caracteriza la literatura aguileriana.

La correspondencia entre Aguilera-Malta y los escritores neoafricanos[9] tiene sus raíces en el sementero histórico y artístico a comienzos de este siglo cuando el arte negro inspiraba la creación plástica de varios genios (Matisse, Braque, Picasso, etc.). A la vez que había entusiasmo por la escultura y artesanía africanas, brotó de la misma fuente étnica otro tipo de afrofilismo menos productivo que se expresaba en la atracción turística por el negro danzante, cómico, y músico de los clubs nocturnos. Foco del dispendio anodino de los trasnochadores en la América Latina era Panamá, igual que la Habana, hecha metáfora por el enconamiento de uno de los corifeos negritudistas, Aimé Césaire: "...la Havane, lyrique babouin entremetteur des splendeurs de la servitude."[10] Son estas metrópolis y otras como Nueva York y París que tendría en cuenta Jacques Roumain cuando lanzó su mensaje conminatorio:

. . . .
Surprise
quand l'orchestre dans vos boîtes
à rumbas et à blues
vous jouera tout autre chose
. . . .[11]

La imagen de la orquesta negra en el cabaret tiene su antecedencia en el Renacimiento Negro de los Estados Unidos durante los años veinte. Langston Hughes refleja la agonía del recuerdo, patrimonio indescartable de su raza, en la música del trompetero tocando sus compases de "blues":

. . . .
The Negro
With the trumpet at his lips
Has dark moons of weariness
Beneath his eyes
Where the smoldering memory
Of slave ships
Blazed to the crack of whips
About his thighs.[12]

Aunque estén hundidos los negros en música o risa, no pueden evitar la tristeza sempiterna que los persigue desde el barco negrero. Suena una nota fatalista como melodía incontenible en cualquier momento, en cualquier ambiente de alborozo:

. . . .
Singers and dancers.
Dancers and laughers.
  Laughers?
Yes, laughers ... laughers ... laughers—
Loud-mouthed laughers in the hands
  Of Fate.[13]

Esta impresión estrepitosa y paroxismal ante un porvenir ineluctable reverbera en *Dientes blancos* donde vemos un parentesco entre el músico que baila y ríe, William, y los "laughers" de Langston Hughes. Siguiendo la pauta del poeta norteamericano y los preceptos temáticos de la "Négritude," Aguilera-Malta compone un drama íntegro de brevedad singular adquiriendo la pieza la categoría de ser calificada como una "pequeña joya teatral."[14] En la acción monoescénica participa un trío de color que charla entre sí tocando saxofón (William), batería (Ernest), y piano (Peter). El pianista se siente frustrado por no poder estar con su esposa de pocas horas. William, de estirpe burlesca, según su contrato ríe estruendosamente acompañado de Ernest. Hay conflicto entre Peter y William que estriba en el desprecio del pianista por la postura transigente de su colega y provocado además por las alusiones del saxofonista en cuanto a la mujer de Peter que es "casi blanca." Se intensifica el tono proceloso cuando suben un Ebrio y una Ebria a la tarima. William baila con su instrumento alrededor de la pareja embriagada, y como de costumbre, hace muecas para solicitar aplausos, risas, y champaña. Se va enfureciendo el pianista hasta llegar al punto de acometidas verbales y físicas, las cuales consiguen, por fin, su despedida. Sin él, William y Ernest tienen que continuar. El dueño del cabaret y los presentes obligan al saxofonista a reír. Entre muecas trágicas William logra soltar sus carcajadas estridentes, sucumbiendo a las demandas del público mientras que asegura simbólicamente la perpetuación del estado envilecido de su raza.

La evolución histórica de *Dientes blancos* mediante su génesis y las versiones consecutivas verifica un camino determinado y al mismo tiempo intuitivo hacia una pieza que comparte las características de dos clases de dramaturgia negrista: la que define el drama como "Teatro de la Experiencia Negra," y la que relaciona *Dientes blancos* con el "Teatro Negro Revolucionario."[15] Esta obra era parte de otro drama más largo de tres actos de donde salió como si lo exigiera su tensión emotiva. Rompiendo las barreras de la estructura intrínseca del prototipo, se escapa esta escena corta de la composición en busca de su propia identidad y franqueo. Después de independizarse *Dientes blancos*, aparecen trozos en periódicos y revistas, y luego se edita junto con otro drama de Aguilera-Malta, *No bastan los átomos* en 1955. A esta versión que llamamos "A," sigue la versión "B" de 1959 con dos otras piezas breves del escritor en *Trilogía ecuatoriana*.[16] En la versión B se evidencia un refinamiento de resortes expresionistas que cristalizan entre sí la tesis social para satisfacer un objetivo más teleológico. El autor no crea sencillamente una obra teatral que pueda inspirar un "malestar que experimenta toda persona ante la segregación racial,"[17] sino que estimula en el lector o espectador un fuerte sentido de lo que es y debe ser la conciencia negra al despertarse después de siglos. Más que de incomodidad, nace de la experiencia dramática y etiológica una sensación de ultraje efectuada por Aguilera-Malta en tanto que cumple los requisitos de la "Négritude." En B apenas crece el diálogo; son las acotaciones parentéticas que ponen de relieve los aspectos expresionistas y negritudistas. Al levantarse el telón se nota al instante que las interpolaciones arrecian la tensión volátil entre William y Peter:

> PETER (A): ¿Serán las tres de la madrugada? (p. 105)
> (B): (*Mirando angustiado para todas partes, como buscando una salida*). ¿Serán las tres de la madrugada? (p. 38)
> WILLIAM (A): (*Con una risa martillante, que muestra sus dientes blanquísimos*). ¡Jajajá! ¡Jajajá! (p. 105)
> (B): (*Lo observa, como a un bicho raro. Después, estalla en una carcajada martillante, onomatopéyica, que muestra sus dientes blanquísimos*). ¡Jajajá! ... ¡Jajajá! (p. 38)
> PETER (A): (*Furioso*). ¿De qué te ríes? (p. 106)
> (B): (*Volviéndose furioso a* WILLIAM. *Sintiendo que encuentra, por fin, alguien contra quien descargar su cólera*). ¿Y tú? ¿De qué te te ríes? (p. 38)

Además de la tirantez personal y síquica manifiesta en las añadiduras de la versión B, se asierta en grado creciente la nueva conciencia negra de Peter en contraste con William que se desternilla en carcajadas para hacer el papel tradicional de un gracioso trágico ante su destino irrevocable. Aguilera-Malta corrige "risa" (A), cambiando la palabra por "carcajada" (B), lo cual transforma al saxofonista en bufón más caricaturesco con ribetes de locura, uno de los temas de la "Négritude," como lo es también el progreso de angustia a cólera en el pianista.[18] Peter ya no está simplemente "furioso" (A); en la versión B se presenta "volviéndose furioso... Sintiendo que encuentra, por fin, alguien contra quien descargar su cólera." Las palabras intercaladas, "por fin," hacen hincapié en la rabia suprimida de toda la raza, y preludian la violencia incontenible de Peter que va a estallar contra su amigo primero, y luego contra el arquetipo de sus opresores, el Ebrio hacendado.

La protesta del negro rebelde contra el estereotipo del Orfeo Negro que es William es sólo uno de los motivos de la "Négritude." Negando la sociedad caucásica que los esclavizó, los poetas coetáneos de Jacques Roumain expresan el anhelo por la tradición y tierra de Africa:

> Afrique j'ai gardé ta memoire Afrique
> Tu es en moi
> . . . .[19]

En oposición al Occidente estragado y traicionero, el continente ancestral rezuma una esencia regenerativa de pureza y vitalidad. La confrontación histórica y social de estos valores contradictorios produce una ironía chocante que se ejemplifica en la literatura negritudista, tanto en los poetas del Caribe como en Aguilera-Malta. En *Dientes blancos* los primeros efectos contrastantes son visuales para preparar el aunamiento blanco-negro en medio del conflicto inminente. A la tarima donde se ven los músicos negros vestidos de frac blanco sube bamboleando la mujer blanca con su amigo ebrio que lleva frac negro. Se introduce luego la yuxtaposición antitética, más compatible, entre William que baila haciendo muecas alrededor de los dos "desdibujados y caricaturescos" a causa de su embriaguez, quienes como el saxofonista llevan máscara inverosímil. La atmósfera recargada de un tono ilusorio al presentarse los personajes en papeles forzados o poco naturales empieza a conseguir la afiliación irónica entre las razas. Asimismo, vemos que el negocio del saxofonista que depende de cumplir un contrato exigiendo la risa falsa y no espontánea se asemeja al contrato implícito entre la Ebria y su compañero casado—el de satisfacer sus deseos sexuales. Por consiguiente, esto la vuelve estereotipada igual que William, funcionando los dos como instrumentos de placer y diversión. La reverberación de Jacques Roumain se oye otra vez ante la moral decadentista que se observaba en los cabarets donde las mujeres con el mismo fastidio que la Ebria lucían sus regalos y su profesión:

> . . . .
> . . . . la putainerie blasée
> de vos gigolos et salopes endiamantées
> . . . .[20]

La ironía también cae plásticamente dentro del marco de la hermandad profesional establecida entre William y la blanca cuando Aguilera-Malta se vale del verticalismo metafórico frecuente en los escritores negritudistas. La pareja borracha "sube" a la tarima donde tocan los músicos que han sido y que serán "rebajados" dentro de unos instantes. Después se ofrece una imagen circular de unión paradójica al rodearlos William que baila con su saxofón. Con la aprobación de los Ebrios que han llevado consigo su botella de champaña, el autor invoca otro símbolo y tramoya de antítesis histórico-social que se usa mucho en las obras negritudistas, el champaña.

El champaña es occidental, relacionado frecuentemente con París. Si se ha considerado esta urbe como sede de la cultura europea donde se reunieron a principios de los años treinta los jóvenes universitarios de la "Négritude," Aimé Césaire, Léopold Sédar Senghor, y Léon Damas, es también irónicamente el centro mortuorio de una civilización agotada mientras que atrae como la Meca del gozo eterno a la gente adinerada. Aquí va a pasar el Ebrio sus vacaciones con su esposa legítima, en el Manantial Inagotable de Champaña. Y son las sobras del champaña dejadas por la clientela que bebe William, quien pudiera ser el foco de la advertencia del haitiano, Frantz Leroy, al recordar el hambre al lado de la opulencia:

Ne t'en fais pas
Ne t'en fais pas si le champagne pétille
Quand tu n'as pas de pain
. . . .[21]

Si no se opone el champaña a la pobreza, resucita otra memoria de sufrimiento sugerida en la pregunta zonza del Ebrio: "¿El champaña no es bueno para los negros?" Mucho menos de ser "tonto" el hacendado como lo juzga la Ebria (B, p. 44), parece confirmar la actitud negritudista en contra de toda materia narcótica que ha ayudado (y sigue ayudando) a esclavizar al pueblo africano. La correlación común de la risa y las burbujas del champaña es el sujeto del poema de Marie-Thérèse Rouil donde se contrasta la artificialidad de la bebida con el ritmo del tantán que la llama a bailar natural y espontáneamente:

On dit que mes rires pétillent,
Pétillent comme le champagne.
Le champagne? Je ne connais pas!

Mais je danse, je danse
Au son du tam-tam!
Le tam-tam ... que je connais![22]

El vino y sus efectos evidentes en los Ebrios de *Dientes blancos* se ligan a menudo con el abandono sexual impulsado por el engañoso acicate alcohólico. En un momento cuando Peter censura a William por su conducta comprometedora, éste le responde unificando los tres símbolos centrífugos, risa-champaña-sexo:

> WILLIAM: ...¿Te imaginas esto sin la risa del negro William? Sabría mal el champaña. Las mujeres no darían el mismo placer a los hombres.... (B, p. 40)

El tema sexual y su tipología freudiana se hallan en la literatura negritudista enlazados con la memoria de la esclavitud. Si los poetas evocan la naturalidad sensual de energía salubre en Africa, recuerdan por otra parte la humillación del hombre negro y las maneras tradicionales de rebajarlo. Sea castración como castigo, látigo, o muerte, el eco de esta degradación genera un furor concomitante que sofoca al varón de ascendencia africana que se siente impotente frente a sus subyugadores blancos. Es Léon Damas quien pudiera ser portavoz de los sentimientos de Peter:

> ....
> Je me sense prêt à écumer toujours de rage
> contre ce qui m'entoure
> contre ce qui m'empêche
> à jamais d'être
> un homme[23]

La falta de fuerza varonil refleja en *Dientes blancos* el comportamiento y la condición física del Ebrio cuyas andanzas clandestinas con su amiga parecen enfatizar su masculinidad. Sin embargo, la compañera en vez de corroborar su virilidad la pone en duda, emasculándolo. Esto sucede después del arrebato agresivo de Peter cuando arroja al suelo la botella de champaña, primer símbolo sexual:

> EBRIA: ...Este negro (*señala a* PETER) no quiere nuestra champaña.
> EBRIO: (*Sin entender*). ¿No lo quiere? ¿Por qué?
> EBRIA: ¡Es un negro insolente! ¡Atrevido!
> EBRIO: (*Haciendo ademán de irse*). Bien ¡Pidamos otra botella!
> EBRIA: ¿Y qué? ¿No eres hombre? ¿No vas a hacerte justicia por ti mismo? (B, p. 44)

Se aumenta la caricatura de hombría atenuada a la vez que compenetra la historia del castigo tradicional cuando el Ebrio desorientado busca una manera de ejecutar la "justicia" recomendada al pedir como instrumento un símbolo priápico:

> EBRIA: ...¿Vas a dejar que te sigan ofendiendo?
> EBRIO: En mi hacienda, siempre les doy látigo. ¿Puedes conseguirme un látigo? Pídele al dueño del cabaret. Tal vez, él tenga un látigo. (B, p. 45)

Además de ser una referencia estereotipada,[24] ésta es una reverberación negritudista y negrista muy importante en la temática que resucita el cercano recuerdo infausto (América: esclavitud) y la remota memoria feliz (Africa: libertad). Abundan las alusiones al látigo; para unos es la reminiscencia asociada con la imposición forzada de la cultura y la religión cristianas:

> . . . .
> de nous prêcher à coups de chicote et de confiteors
> l'humilité
> la résignation
> à notre sort maudit
> . . . .[25]

Otros se acuerdan del látigo como aparato económico:

> . . . .
> sous le fouet qui se déchaîne
> sous le fouet qui fait marcher la plantation
> . . . .[26]

Para Nicolás Guillén la imagen también es una cicatriz indeleble:

> . . . .
> El sol despertó temprano
> y encontró al negro descalzo,
> desnudo el cuerpo llagado,
> sobre el campo.
>
> Látigo,
> sudor y látigo.[27]

Además de incluir al patrón del cabaret en la referencia fálica poniendo en duda la potencia viril de él como ya lo ha hecho la Ebria con su compañero ("tal vez él tenga un látigo"), Aguilera-Malta igual que los negritudistas recorre la gama de métodos punitivos incorporando el castigo máximo que ha ejecutado la turba en los Estados Unidos. En *Dientes blancos* la muchedumbre aparece como espectro del pasado (en efecto, no se ve; se oye solamente), exigiendo rítmicamente que se linche a Peter por su ofensa contra los blancos:

> MUCHEDUMBRE: (*Fuera de escena*). ¡Afuera el negro! ¡A colgarlo! ¡A colgarlo fuera! ¡A colgarlo! ¡Atrevido! ¡Fuera! (B, p. 47)

No olvidan los escritores de la "Négritude" como Césaire la amenaza realizada en "la Floride où d'un nègre s'achève la strangulation,"[28] ni Roumain que nos recuerda "ce bois où fut lynché mon frère de Géorgie..."[29] Asimismo Guillén presenta una escena macabra de aniquilamiento racial donde se combinan los resortes de extirpación como en *Dientes blancos*:

> . . . .
> Alegre está Jim Crow junto a un sarcófago.
> Lo viene Lynch a saludar.
> Entre los dos se desenreda un látigo:
> ¡Va por la muerte, por la muerte va![30]

La muerte o la potencia vital diluida por motivos económico-raciales se nota también en el tercer músico, Ernest, tatuado igualmente como sus compañeros por la supremacía europea en la época moderna. Toca la batería y acompaña a William de una manera mecánica, resultando así deshumanizado. Más claramente se destacan los recursos expresionistas en la versión B de *Dientes blancos*:

> ERNEST (A): ¿Pero qué to ocurre hoy, Peter? (p. 109)
> (B): (*Que, como siempre, ha acompañado automáticamente, con su batería, las carcajadas de* WILLIAM. *Como dejando de ser autómata, para volverse hombre*). ¿Pero qué te ocurre hoy, Peter? (p. 41)

Producto del ambiente occidental, el tamborista se ha moldeado a los requisitos robotianos de la tecnocracia caucásica que es denunciada frecuentemente por la lírica negritudista. Apenas vivo, sin la sensibilidad de sus antepasados primitivos, Ernest se aleja de sus raíces atávicas para confundirse irónicamente con la raza enemiga. Esta se proyecta en el Ebrio quien baila amorfo y vacuo al compás del ritmo hueco de la batería. Sin embargo, este mismo resorte percutiente funciona para establecer el sincretismo entre la literatura negritudista y este drama de Aguilera-Malta.

El alcance de la percusión en *Dientes blancos* es ajeno al son que envuelve al negro que "canta y se ajuma," para establecer el estereotipo afrohispánico en el poema donde

> Tamba, tamba, tamba, tamba
> ¡tamba del negro que tumba!
> ....[31]

aunque importan en sí las consecuencias de la vibración entrecortada del instrumento. Ni sirve el sonido frenético de la batería para corroborar la refutación del bongocero turístico a quien dirige Regino Pedroso su parénesis fraternal:

> Negro, hermano negro,
> enluta un poco tu bongó.[32]

Los efectos rítmicos que "acompañan" eficazmente a William operan de un modo sutil para unir al trío negro con su pasado lejano mientras que ofrecen otro eslabón irónico que junta las dos razas místicamente. El músico-bufón, William, con su "máscara" (muecas) y sus gestos pantomímicos al final del drama parece cobrar un poder mágico de categoría sacerdotal que lo acerca "a lo divino."[33] Sabido es que en el ñañiguismo y la santería todavía perdura la liturgia africana en avenimiento con la cristiana, y William durante los últimos momentos de *Dientes blancos* participa inconscientemente en un rito antiguo afín a la fertilidad y la cultivación de la tierra, o sea, en una ceremonia de significado económico. Y, ¿no es esto el propósito del músico que actúa llevando su "máscara" para sobrevivir y mantenerse? Si el baile primitivo puede aplacar o hacer a los dioses más propicios (los Ebrios, el dueño, y los demás miembros del "Partenón Blanco" en el cabaret), William recibe al fin aprobación para asegurar así su futuro empleo.

Los últimos momentos bulliciosos del drama pueden adumbrar los fundamentos negritudistas y africanos. Al marcharse Peter, está angustiado William por la destitución del pianista; trata de soltar sus carcajadas como antes, pero resultan sólo muecas grotescas y espasmódicas. Por un instante protesta:

WILLIAM: ¡No quiero champaña! ¡No quiero reír!
MUCHEDUMBRE: (*Fuera de escena. En coro. Con acompañamiento de golpes sobre las mesas*).
¡Ríe! ¡Ríe! ¡William! ¡Ríe, William! (B, p. 49)

Amenazado por el patrón del cabaret, el payaso trágico hace un "esfuerzo *sobrehumano* (subrayado nuestro), y logra satisfacer la petición de todos. Los golpes sobre las mesas son de suma importancia para llevar la pieza a su cenit irónico. Crean al lado de William un ambiente mágico-rítmico donde el poder expiatorio nos arrastra y unifica a todos—espectadores, músicos, y nosotros, el público, que estamos presenciando la representación. Además, en un entrecruzamiento de papeles con Ernest, la muchedumbre que marca el compás ha sido contagiada, y se ha transformado en tamborista frente a William, ya convertido en "dios" por su "esfuerzo sobrehumano." Además de producir el canto staccato ("¡Ríe! ¡Ríe! ¡William! ¡Ríe, William!") cierta armonía racial entre todos, desde el punto de vista de la "Négritude" tradicional la acústica tamboril y su esencia africana ha revitalizado a la gente blanca. Entumecida anteriormente en el ambiente desmoronadizo del cabaret, ahora se vivifica milagrosamente como una estatua:

. . . .
Mais soudain ... la statue devient vie
Vie et rythme!
Rythme!
Rythme du tam-tam qui rugit,
. . . .[34]

Con la ayuda africana el Occidente moribundo ha recobrado un dinamismo sustancial igual que la estatua de la poetisa senegalesa confirmando la capacidad generativa y resurrectiva de la raza negra. Adalberto Ortiz también asierta la fuerza vital que se transmite mediante el tantán:

. . . .
Sacuden sus sones bárbaros
a los blancos, a los de hoy,
invade la sangre cálida
de la raza de color,
. . . .[35]

Léopold Sédar Senghor, uno de los iniciadores de la "Négritude," ha sugerido esta animación reconstituyente del mundo europeo a través de la fecunda tradición africana.[36] No obstante, una interpretación armoniosa del desenlace de *Dientes blancos* resultaría un tanto contradictoria al caer el telón "violentamente" entre carcajadas y golpes desenfrenados. Es posible que se asome la sombra militante de Peter para ajustar el fin aparentemente alegre en el son de la batería que pudiera comunicar un mensaje bélico o revolucionario. Previsto está en la lírica de Palés Matos:

> ¡Ahí vienen los tambores!
> Ten cuidado, hombre blanco, ...[37]

Y repiten la advertencia los negritudistas como Jacques Roumain:

> ....
> il sera trop tard je vous dis
> car jusqu'aux tam-tams auront appris le langage
> de l'Internationale
> ....[38]

Y esos "dientes blancos," símbolo del negro gracioso, ¿se convirtirán en instrumentos de guerra para destruir al conquistador?

> ...En la carne blanca
> Los dientes negros—ñam-ñam.
> ....[39]

Si existe una ambigüedad en la conclusión irónica de las versiones de *Dientes blancos*, no la hay en cuanto al desarrollo del negritudismo de Aguilera-Malta. Prosiguiendo de la pieza breve al drama largo, *Infierno negro*, el autor une en un *tour de force* ecuménico la poesía del mundo negrista y negritudista bajo su égida talentosa para ampliar cabalmente los temas esquematizados en su pequeña obra maestra.

NOTAS

[1]Véase Gerardo Luzuriaga, *Del realismo al expresionismo: el teatro de Aguilera-Malta* (Madrid: Plaza Mayor, 1971), pp. 185-187.

[2]Una vista panorámica se encuentra en mi artículo, "Prolegómeno al tema del negro en la obra de Demetrio Aguilera-Malta," en *Revista de la Comunidad Latinoamericana de Escritores*, No. 15 (sep. 1974), 22-25.

[3]Existe un sinfín de voces que definen la literatura de tema negro. "Negrista" es un epíteto vago y limitado al mismo tiempo y se asocia generalmente con la poesía de las Antillas hispánicas escritas sobre todo durante la época de afrofilismo literario (1926-1940). "Negritudista" que he inventado clasifica las obras en cualquier lengua además del francés donde se utilizan los temas o se nota el espíritu del movimiento literario llamado en francés "Négritude."

[4]Jorge Carrera Andrade, "Niña de Panamá," en *Mapa de la poesía negra americana*, ed. Emilio Ballagas (Buenos Aires: Editorial Pleamar, 1946), pp. 222-223.

[5]*Canal Zone*, 2ª ed. rev. (México: Andrea, 1966), p. 95.

[6]Llega a esta conclusión Luzuriaga en *op. cit.*, pp. 111-112.

[7]Una sinopsis de este fenómeno se encuentra en el libro de Lemuel A. Johnson, *The Devil, the Gargoyle, and the Buffoon: The Negro as Metaphor in Western Literature* (Port Washington, N.Y.: Kennikat Press, 1971). También de valor es el ensayo de Martha K. Cobb, "Africa in Latin America," en *Black World*, XIII, No. 10 (agosto 1972). Para la imagen del negro en la poesía hispanoamericana consúltese la obra de Mónica Monsour, *La poesía negrista* (México: Ediciones Era, 1973). La autora niega la semejanza entre la "Négritude" y la poesía negrista aunque presenta detalladamente las mismas características que se analizan en este estudio. Véanse pp. 144-145, y el capítulo III, "Temas de la poesía negrista."

[8]Citado de Hernán Rodríguez Castelo, "Teatro ecuatoriano," en *Cuadernos Hispanoamericanos*, No. 172 (abril 1963), 105. Luzuriaga se refiere también a la influencia de O'Neill, *op. cit.*, pp. 116-117, y Emmanuel Carballo en su "Prólogo" a la edición llamada "B" en este estudio, en *Trilogía ecuatoriana; teatro breve* (México: Andrea, 1959), p. 12.

[9]Para el desarrollo literario del tema negro véase Janheinz Jahn, *Neo-African Literature: A History of Black Writing*, tr. por Oliver Coburn y Ursula Lehrburger (Nueva York: Grove Press, 1969).

[10]En *Cahier d'un retour au pays natal*, 2ª ed. (París: Présence Africaine, 1956), p. 67.

[11]"Sales Nègres," en *Bois d'Ebène*, trad. al inglés de Sidney Shapiro (Nueva York: Interworld Press, 1972), pp. 34-36.

[12]"Trumpet Player," en *Selected Poems of Langston Hughes* (Nueva York: Vintage Books, 1972), p. 114.

[13]Langston Hughes, "Laughers," en *Understanding the New Black Poetry*, ed. Stephen Henderson (Nueva York: William Morrow & Co., Inc., 1973), p. 125.

[14]Luzuriaga, *op. cit.*, p. 119.

[15]Se comentan el propósito del "Teatro Negro" y sus términos en los artículos de Mike Coleman, "An Interview with Imamu Amiri Baraka," en *Black World*, No. 6 (abril 1971), 34; y de Samuel A. Hay, "On Art, Propaganda and Revolution: Alain Locke and Black Drama," en *Black World*, No. 6 (abril 1972), 9-10.

[16]Existen ciertas confusiones bibliográficas referentes a este drama. Seguro es que se edita con *No bastan los átomos* (Quito: Casa de la Cultura Ecuatoriana, 1955), la versión A, que es diferente de la versión B publicada en 1959 en *Trilogía ecuatoriana*. De B se traduce el drama al inglés por Robert Losada, Jr. donde se equivoca al fijar la primera edición en 1959. La traducción inglesa se publica en *Odyssey Review*, III, No. 1 (marzo 1963). La versión B es también la que aparece en el *Teatro completo* de Aguilera-Malta (México: Finisterre, 1970). El autor calcula la fecha de *Dientes blancos* a principios de los años cuarenta después de escribirse *Lázaro* (1941), lo cual acerca el drama aún más al pleno vigor negritudista.

[17]Emmanuel Carballo, *op. cit.*, p. 12.

[18]Las características de la "Négritude" constan de varios temas y su manera de expresar sentimientos de angustia, humillación, locura, rebelión, crítica del Occidente, anhelo por el pasado (Africa y su tradición), etc. Para un resumen y comentario enjundioso, véase la introducción de Wilfred G. Cartey en la antología bilingüe, *Négritude: Black Poetry from Africa and the Caribbean*, edit. y trad. al inglés por Norman R. Shapiro (Nueva York: October House, Inc., 1970). También del prof. Cartey, véanse *Black Images* (Nueva York: Teachers College Press, 1970), y *Whispers from a Continent: The Literature of Contemporary Black Africa* (Nueva York: Random House, 1969).

[19]Bois d'Ebène," en Roumain, *op. cit.*, p. 16.

[20]"Sales Nègres," *ibid.*, p. 36.

[21]"Règlement de comptes," en N. Shapiro, p. 126.

[22]"Enfance," *ibid.*, p. 90.

[23]"Si souvent," en *Pigments*, ed. definitiva (París: Présence Africaine, 1962), p. 47.

[24]Luzuriaga, *op. cit.*, p. 112.

[25]"Sales Nègres," en Roumain, *op. cit.*, p. 38.

[26]"La complainte du nègre," en Damas, *op. cit.*, p. 45.

[27]Nicolás Guillén, "Sudor y látigo," en *Antología mayor* (México: Editorial Diógenes, S.A., 1972), p. 127.

[28]Césaire, *op. cit.*, p. 44.

[29]"Bois d'Ebène," en Roumain, *op.cit.*, p. 16.

[30]"Elegía a Jesús Menéndez," en Guillén, *op. cit.*, p. 240.

[31]Emilio Ballagas, "Canto negro," en Ballagas, *op. cit.*, p. 126.

[32]"Hermano negro," en Ballagas, *op. cit.*, p. 147.

[33]Fernando Ortiz, *Los bailes y el teatro de los negros en el folklore de Cuba* (Habana: Ediciones Cárdenas y Cía., 1951), p. 179.

[34]Annette M'Baye, "Sculpture," en N. Shapiro, *op. cit.*, p. 156.

[35]"Contribución," en Ballagas, *op.cit.*, p. 227.

[36]Sylvia Washington Bâ, *The Concept of Negritude in the Poetry of Léopold Sédar Senghor* (Princeton, N.J.: Princeton Univ. Press, 1973), pp. 154-156.

[37]"Tambores," en Ballagas, *op. cit.*, p. 173.

[38]"Sales Nègres," en Roumain, *op. cit.*, p. 42.

[39]Luis Palés Matos, "Ñam-ñam," en *Los poetas puertorriqueños*, edición bilingüe (inglés y español), ed. por Alfredo Matilla e Iván Silén (Bantam Books, Inc., 1972), p. 54.

"MAJESTAD NEGRA" DE LUIS PALES MATOS

por Diana Ramírez de Arellano
The City College of The City University of New York

El poema desarrolla su símbolo en veinte y nueve versos, distribuidos éstos en cuatro estrofas, de la siguiente manera: primera estrofa, seis versos; segunda estrofa, ocho versos; tercera estrofa, diez versos; cuarta estrofa, cinco versos. Salta a la vista el crecimiento estructural del poema: seis, ocho, diez versos, y luego la rápida bajada a cinco versos.[1]

Si cada estrofa por separado obedece a un punto en la evolución del tema, todas juntas forman un mundo; éste unido por varios recursos, entre ellos la rima. Los versos tienen rima imperfecta en a-a; veinte y nueve decasílabos asonantes y, el milagro de Palés, todos ellos bailan sus gracias variadas y distintas. No aburre la rima repetida; sirve de soldadura, soldadura estructural que refleja la unidad de un eje temático: la embriagada admiración frente a la reina deslumbrante de las Antillas negras; embriaguez de la danza que hipnotiza y que culmina en la tercera estrofa con un brindis: *a ti... te ofrece... te da... te dice...* Hay que observar un recurso interesantísimo: el cambio de pronombre para referirse a la majestad negra. En las primera y segunda estrofas la reina avanza hacia el testigo que nos da la visión. En esas dos estrofas de desarrollo temático y de evolución de la danza, existe una marcada separación entre el "yo" y el "ella." Hay una constante y sostenida referencia a la tercera persona singular. En la tercera estrofa hay un notable cambio. El "ella" se convierte en "tú." Ya en el punto culminante de la danza, que coincide con el punto culminante del poema, esa otra persona que es la majestad negra se coloca en ámbito de intimidad, de familiaridad; se coloca frente a frente al "yo" testigo. Es técnica de *close-up*. La personalidad de la negra llena el marco psíquico del "yo"; es su medio cielo, el perigeo, el punto más cercano en la órbita. Es el momento en que el "yo" se imanta y sale fuera de sí, entusiasmado y delirante. En la última estrofa, la cuarta, breve caída, el "yo" recobra su centro y la distancia, la majestad negra se empequeñece en el horizonte. Se capta esa separación mediante la vuelta al uso de la tercera persona singular: *ella*. Ella, separada del milagro, alejándose. Va a concluir el baile; va a caer el telón; va a terminar el misterio inconmesurable de la poesía.

Todo el poema gira en torno a una danza de amor; es el baile de la vida; la fértil, abundante animalidad de lo femenino. Todo busca su principio, su *alpha*, la inmediatez de la *a*. Hay doble *a* en la rima; hay *aes* interiores en los versos. Hay triples *aes*; la serie puede alcanzar cuadruples repercuciones en una misma palabra. La *a* avanza de *caras*, a *maracas*, a *calabazas*: dos, tres, cuatro *aes*. La palabra puede contener una *e* o una *i*, o una *u*, pero nunca la *o* que cierra y encierra con su abrazo hondo, profundo, viril. Estamos en un paraíso femenino, erótico y fecundo. Los sustantivos serán, como corresponde a la majestad femenina, femeninos; los verbos cuidadosamente elegidos o inventados, tendrán la primera terminación: *ar*. *Exempli gratia*: *bamba*, *avanza*, *resbalan*, *cuaja*, *sangra*. Estúdiense los siguientes sustantivos:

caras	Uganda	melaza	maracas	Quimbamba
zafra	mulata	melamba	Jamaica	bámbula
masa			calabazas	

De los diez y nueve sustantivos finales, trece son diferentes; diez, repetidos. Cinco finales son adjetivos: *antillana*, *desenfrenadas*, *ñáñiga*. Cinco finales subrayan la acción verbal. El adjetivo *antillana* es final de verso en tres ocasiones. Final de verso es también la palabra *bamba* que usada con la conjunción *que* sugiere la acción de bailar una conga. Obsérvese:

ritma una conga bomba *que bamba*.

Es precisamente esa palabra la que queda fuera en la última estrofa que repetirá los finales de la primera estrofa: *antillana*, *caras*, *maracas*, *bámbula*, *Quimbamba*. Su sonido seguirá presente sin embargo en las sílabas de *bám*bula, así como en las dos últimas sílabas de Quim*bamba*.

El verso que sirve de leitmotif abre el poema: *Por la encendida calle antillana*; éste abre la tercera estrofa también; y en la cuarta estrofa, hacia el final del poema vuelve a oírse como una despedida. En esa calle esplendorosa de luz y fuego se coloca el cuerpo que avanza hasta ensancharse desenfrenadamente; en masa de caña que se exprime en el trapiche de la danza; no se suda; se cuaja la melaza; es una nueva zagra en el Trópico. El mundo se sustantiva; truenan los tambores, vibran las maracas, crepitan las bombas, se quema la sangre, y en la prestidigitación la negra se nos convierte finalmente en rosa. En la instantánea la extensa geografía se nos entrega como unidad. Uganda, Haití, Cuba y Puerto Rico se aprietan en un solo plano. En el desplazamiento espacial de los lugares estamos de pronto en una calle nueva; ríos de azúcar nos circundan. Nos inundan océanos de sangre y de sudor. En medio de la luz, el eclipse de las negras caras repetidas, y la prietez central de la reina negra se subrayan. Luz y sombra, contraste; negrura que entiende la luz del fuego sugerido ampliamente en los verbos *quema*, *crepitan*; y en los adjetivos *encendida*, *fogosos*. A través de procedimientos individualizadores las cargas y descargas afectivas y emocionales compiten con la nitidez de la percepción sensorial. Se rompen los sistemas establecidos convencionalmente para entregar con facilidad las cosas. Desde el último confín de la lengua nos llega el nombre; no es "Vete a la Quimbamba" sino que viene de la Quimbamba este batir de ban-dum-ba. La anatomía de los testigos se reduce a las caras. Sólo ella tiene cuerpo, cuerpo que pasa *entre dos filas de negras caras*. El cuerpo se enfoca desde un solo punto hecho gerundio: *culipandeando*; zona que crece exageradamente en el sustantivo modificado: *inmensa grupa*, echando mano de términos que añaden proturberancia, que sugieren ancas de caballería, y que crecen aún más al añadir el adjetivo *inmensa*. La masa se multiplica en la expresión: *masa con masa*. Las caderas extraordinarias se convierten en *caderamen*. En esa segunda estrofa los versos terminan en cuatro verbos y cuatro sustantivos. Es la estrofa una unidad equilibrada entre acción y cosificación. La mujer sufre una metamorfosis; en la escala vital toca zonas francamente animales. Cuatro verbos en los últimos dos decasílabos dominan la acción erótica: exprimir, sudar, sangrar, culminar. La nitidez sensorial nos entrega una conexión percibida como acercamiento a mundos irracionales. La sustitución es impresionante. El orden se conmueve bajo la fuerte insinuación. Se va a la síntesis por vía de una técnica de engaño y desengaño; es el baile desdoblado en otros bailes. Pasamos de la danza pública a la otra danza, la privada; y como en reflejos nítidos llegamos a la otra danza, la profunda, la misteriosa, la primera danza, aquélla que precede a la fecundación del huevo. La síntesis de todas las danzas, en la escala social y biológica, con protagonistas y testigos, con víctimas y héroes, con ritmos y sangres nos la entrega Palés en esta segunda estrofa. Es otra situación la que se ventila en esa estrofa más allá de la danza pública, y aún más allá de la sugerida danza del amor. Se trata de una superposición donde los significados y las situaciones no son ni lo que aparentan ni lo que a primera vista sugieren. El camino es más difícil y sorprendente. Cuando el baile ha llegado a su punto culminante, se abre la tercera estrofa que como hemos dejado apuntado abre igual que abre el poema: *Por la encendida calle antillana*. Algo va a comenzar en la tercera estrofa; algo que arranca en el momento de la culminación rítmica. Se trata de nada menos del punto más alto de la composición poética; es la estrofa más larga del poema; es el momento en que "ella" se convierte súbitamente en "tú." Se desplaza todo lo desplazable, no es sólo el pronombre de la tercera persona singular el que sube a la segunda posición acercando en su viaje a la negra con el propósito de individualizarla. Porque si la segunda estrofa la cargaba con un sexo macrocósmico que sólo podía aguantar un mundo de símbolos animales, la tercera estrofa la liberta de esa carga inmensa, de la función de hembra-síntesis, esencia, concentración, y la convierte en flor, en rosa, aroma que viaja por la geografía negra desde Africa hasta las Antillas. Mientras por ella crepitan bombas y se desenfrenan las calendas, el "yo" le brinda con ron jamaiquino; le ofrece los regalos de Haití; y le toma a Cuba y a Puerto Rico la palabra expresiva que la jalea. No será el "¡Olé, niña!"; será el "¡Dale, mulata!" y el "¡Melao, melamba!" La lengua se hace cargo del tiempo y el espacio. Hemos dicho que se desplaza no sólo el "ella" y el "yo"; se desplaza el calificativo. El efecto y el calor, por ejemplo, producidos por el ron ingerido, se desplazan de la persona que ha bebido, al ron mismo: *fogosos rones*. Si en la tercera estrofa continúan la nitidez de la percepción auditiva de los dobles ritmos de contenido y forma, y la percepción visual, en la sangre desenfrenada, el tacto, el olfato y el sabor también irradiarán su presencia. La Dra. Margot Arce de Vázquez dirá, "Palés es un sensual de la vista, del tacto y del oído."[2] En efecto, en "Majestad negra" se saborean los rones, calabazas, melao, etc. La dulzura del melao va, en esta estrofa bajo estudio, reforzada en la palabra *melamba* que nos sugiere por un lado *mela-o*; y por el otro *me-lamba*, subjuntivo del verbo *lamber* que expresa deseo y voluntad. En Puerto Rico la conservación de la *b* etimológica después de *m* ha dado un cambio semántico en *lamber* que no quiere decir *lamer* en Puerto Rico. Véase la larga lista de derivados y compuestos que apunta el erudito Alvarez Nazario en su libro *El arcaísmo vulgar en el español de Puerto Rico*, publicado en México en 1957. Mientras en Puerto Rico, como en todas partes, un gato puede lamer un plato, sólo una persona puede alcanzar el alto grado de gusto y regusto que se expresa en *lamber*. Una persona puede o extremar ese regusto o pervertirlo en cuyo caso será un *lambío*. Es pues acertado y significativo que de todas las Antillas sea Puerto Rico el que exhorte a la Reina negra con la exclamación: *¡melao, melamba!*

Dentro de la estructuración externa del poema habría que fijarse en el estrato del ritmo. La lengua ha sido trabajada hasta entregar su máxima sonoridad, en tal forma esto es así que aunque no se entendiera el significado de las palabras, los estratos de la sonoridad y el ritmo comunicarían, como en la música, una emoción, unos mundos sensoriales que despertarían ciertas zonas psíquicas. Después de todo el cuerpo va muy atado a la psiquis; estimular a uno es, en cierto modo, estimular la otra. Tan bien unidos van estos estratos al significado y tema del poema, que ellos de por sí revelarían el sentido y hasta la evolución temática. Hemos hecho la prueba con estudiantes norteamericanos de muy escasos recursos en nuestra lengua y casi nulos en el lenguaje poético; pero una buena lectura o declamación los entusiasmaba. Era evidente que la pulsación vital del poema se captaba. La alta temperatura de los sonidos establecía en el interior de la composición una sostenida sinestesia. Sinestesias y cruces entre los sentidos abundan en "Majestad negra." Los sonidos se hacen táctiles y centelleantes. Los elementos visuales se transforman y se captan no por los ojos, sino que en muchas ocasiones llegan por otras vías. La luz, por ejemplo, más que verse, se siente como calor y fuego. El fuego luego es sudor y frenesí. El incendio en la calle imanta el cuerpo, el cuerpo provoca los sonidos, y éstos se hacen forma. Se cierra el círculo en la evolución poemática: calle encendida, cuerpo encendido, calle encendida; incendio de afuera hacia adentro, de adentro hacia afuera. La acción no parece tener lugar en la zona urbana sugerida en *calle*; el incendio erótico parece necesitar una zona más amplia y salvaje. Para las vibraciones, parecen necesitarse espacios selváticos; el delirio y frenesí no parecen apropiados para una calle de pueblo. La forma apunta con más exactitud. La *a* inunda y prolonga el sonido vibrante y explosivo de las consonantes. La *a* abierta de par en par se extiende en el espacio. Aun observamos que en la bajada central de la sílaba quinta, tras el acento interior en cuarta, no hay descanso ni obstáculos ni paradas; el eco de la *a* ancha como delirio del espacio las alcanza. Obsérvese la sílaba quinta en la primera estrofa del poema: da - ba - ba - las - go - ga. La *a* en la sílaba tras el acento final prolonga el eco como un grito: aaaaaaaaaaaaaaaaaaaaaaaaaaaa! Veinte y nueve *aes*, en veinte y nueve versos, finales. Esto, claro, añadido a las veinte y nueve *aes* del último acento en décimo, *aes* importantísimas:

1ª estrofa: llá - bám - bám - cá - rá - bám
2ª estrofa: ván - bá - cuá - lá - zá - má - sán - dán
3ª estrofa: llá - bám - gán - bám - ná - ñá - bá - mái - lá - lám
4ª estrofa: cá - rá - llá - bám - bám

Fijándose bien en la primera estrofa para ver con qué consonantes van las *aes*, observamos que la *a* muchas veces va cogida entre una explosión y una nasalización. Por cierto, las catorce *bes* todas son, en esa primera estrofa, oclusivas bilabiales sonoras; ese sonido bilabial que por su posición inicial absoluta o por su posición tras la bilabial nasal sonora, *m*, va a exigir un cierto grado de tensión articulatoria, aquí va a intensificarse. Se alteran y transforman los sonidos y se supera el uso regular de la lengua española. En este caso la fonética española también va a ser alterada para que entregue su posibilidad a la poesía. No es únicamente el vocabulario el que se transforma; ni la gramática y la sintaxis las que sufren transformaciones de toda índole; la fonética también aguanta recursos y procedimientos que no deben ser pasados por alto. No se trata meramente de onomatopeyas, sino de una transformación profunda en el sistema de los sonidos españoles. En este caso la poesía de Palés promete estudios interesantísimos. El ensanchamiento en el campo fonético por medio de la enorme utilización de la *a* media, unida tantas veces a las vibraciones laríngeas prolongadas más allá de las seis o siete centésimas de segundo antes de la explosión[3] que corresponde a la *b* oclusiva, merece un estudio aparte. La tensión muscular supera en el caso de las *bes* oclusivas en "Majestad negra" la moderación que ha de esperarse en el español, digamos, normal. La elasticidad bucal permite acumular una mayor cantidad de aire, aire que tendrá un efecto acústico durante el período de explosión de la consonante. No debe de escapar a la atención el hecho de que las vibraciones laríngeas en este caso son tan acentuadamente perceptibles antes de la explosión que hasta los extranjeros las oyen adelantadas y fuertes en forma tal que no las confunden con *p* como en el caso de una pronunciación normal; entiéndase, normal para nuestro oído hispánico. La psiquis extranjera al igual que la propia nuestra, al ser alterado el sistema que rige la oclusiva sonora bilabial, recibirá una sacudida que se transforma en descarga emotiva y en carga sensorial. Esto es así si oímos el poema bien recitado o bien leído; pero esto es así para cualquiera de lengua española que lea en silencio el poema, y, dándose cuenta, o tal vez no dándose cuenta, percibe la transformación fonética. En la primera estrofa, aparecen las vocales en esta proporción:

$$a = 33/67; e = 13/67; o = 9/67; i = 6/67; u = 6/67$$

No se puede dejar de percibir el hecho de que la *a* repetida treinta y tres veces se une a la *b* oclusiva once (un 33 por ciento) de las veces en que aparece. Esto fuerza a un papel insignificante de parte del resto del total de treinta y ocho sonidos consonantes representados en el alfabeto fonético de nuestra lengua.[4] Los sonidos consonánticos del lenguaje que se escogen para acompañar a la *a* (ésta va una vez en posición inicial absoluta), en la primera estrofa del poema, podrían formar el siguiente cuadro, que facilita a primera vista la distribución en cuanto al punto de articulación que predomina, el modo de articulación que sobresale, y la sonoridad de los sonidos escogidos, usando como base de comparación el cuadro total de las consonantes españolas que ofrece don Tomás Navarro Tomás.[5]

	Bilabiales	Dentales	Alveolares	Palatales	Velares	
	Sonoras	Sonoras	Sonoras	Sonoras	Sordas	Sonoras
Oclusivas	b (11)	d (1)			k (4)	g (1)
Nasales	m (3)	ṇ (2)	n (2)			
Fricativas				y (3)		
Laterales			l (4)			
Vibrantes			r (2)			

Es un mundo eminentemente sonoro; a la *a* se le pegará esta sonoridad que le llega desde la consonante que le precede. Es un mundo explosivo, como corresponde al tema. Hay que fijarse cómo este uso de la fonética comunica el tema y fija como un anillo las órbitas de contenido y forma. Ante el impacto de las oclusivas el alfabeto fonético principalmente fricativo se encoge; y ese mundo oclusivo que en fonética normal se reparte en seis enormes zonas (añádase otra menos importante, nos referimos a la interdental oclusiva sorda: ţ), se reduce para densificarse en cuatro; dos de ellas bastante insignificantes; una de ellas, el mundo de la *b*, dobla el número en que aparecen las otras tres (*k*, *g*, *d*) combinadas. Han desaparecido totalmente del panorama fonético las labiodentales y las interdentales, éstas ya reducidas en Puerto Rico, especialmente en la fricativa sorda. Todo ello muy significativo apunta hacia el logro de Palés Matos, su conocimiento de la lengua y la fonética, su originalidad al transformar esos sistemas para que le sirvieran para comunicar un mundo no hispánico en su totalidad sino mulato, negro y blanco. Va muchísimo más allá de la explotación de sonidos onomatopéyicos: va a la médula del asunto, a la fonética como sistema, y a las posiblidades que la maravillosa lengua nuestra está dispuesta a rendir como instrumento de arte. Ya lo dijo don Federico de Onís quien desde un principio se interesó en la poesía del entonces joven Palés "no por lo moderno o antiguo, lo negro o lo blanco,... sino porque en ellas [sus poesías] sentí la presencia de una persona poética original."[6] "Una persona poética original," dice, y no precisamente por el tema que Palés desarrolla entre 1929 y 1937, ésta, fecha de publicación del libro que le consagra, *Tuntún de pasa y grifería*, tema que, por una parte, aparece en una pequeña fracción de su obra total y, por otra, nos lleva a largos antecedentes en la literatura, antecedentes que quedan estudiados en Angel Valbuena Prat.[7] El resultado del trabajo creativo de Palés dentro del sistema fonético español se ve inmediatamente aunque pocos estudien a fondo la magia de lo que hizo Palés Matos en forma deliberada, sabia y seria.[8] El resultado que hace un impacto novedoso exalta a los lectores. Esta exaltación la aprovechan los recitadores desde el español José González Marín, para 1932, pasando por la gran cubana Eusebia Cosme, y el puertorriqueño Leopoldo Santiago Lavandero, ambos a partir de 1935, y luego Berta Singerman, la inolvidable argentina, quien ya para el año 1941 incluía en su programa a Palés, hasta los recitadores de hoy, Eulogio Peraza, cubano, Tolentino, dominicano, y el joven Marco Antonio Arroyo, puertorriqueño. Todos encontraron y siguen encontrando una mina de ritmos, de evocaciones originales, de sugestiones emotivas, de posibles mensajes humanitarios; descubren fuentes de simpatía y solidaridad,[9] de humor, de hondas vibraciones vitales que alcanzan dimensiones colectivas. Esto aseguraba de antemano un público entusiasmado. Esta poesía de Palés, suscitadora de amargas y enconadísimas polémicas precisamente por andarse en las ramas de la significación del tema negro de su poesía y no profundizar desde un principio en lo que Palés estaba haciendo para desenganchar la lengua española de su sistema, en especial de su sistema fonético, sigue doliendo a algunos puertorriqueños que si enfocan esta poesía del poeta de Guayama en forma crítica no pasan de ciertos limitados estudios del léxico y de la imagen. En parte le daría razón el profesor Gustavo Agrait quien en 1955 dijo que los versos negros de Palés "...no han dejado de hacerle un poco de mal..."[10] En verdad quien le ha hecho mal a esos versos y a su autor es la ignorancia, y ¿por qué no decirlo?, la indiferencia de la crítica seria que trabaja tantas veces sin tiempo suficiente para calar hondo. Una obra genial necesita de una crítica de primera fila, y hay tan pocos críticos de primera como poetas geniales. Si Palés Matos, dicen, era un desencantado de la civilización, exhibe un encantamiento en la expresión más honda de esa civilización que es su lengua. En ella trabaja con un entusiasmo y un amor que ella sabe devolverle y premiarle. Retorna en sus temas a lo prístino del hombre, al instinto primordial; pero es que eso mismo es lo que trata de hacer con la lengua; le devuelve a la relamida lengua literaria su primera fuerza, su potencia virgen. Para este propósito crea, dentro de los cauces esenciales y fundamentales de la lengua española, una nueva fonética de sello palesiano. Una fonética, la suya, más allá de la prostitución de que era víctima la lengua y su sistema en Puerto Rico. Nadie podría haber hecho esto sino un puertorriqueño, genial como lo fue Palés, poeta que quiso devolverle a su lengua con creces el don maravilloso, y pudo ofrecerle su máxima capacidad creadora precisamente desde el último, más remoto y más inesperado rincón. Su pureza poética que, como en Neruda, rehusó deshumanizarse, pasa y rebasa las modas del modernismo y del posmodernismo, y viene a instalarse en esa zona sin tiempo donde viven los mitos para siempre, y en donde recogen los pueblos su prístina conciencia de ser.[11] Allí espera Palés con su "Majestad negra" para entrar en el jardín paradisíaco de su Tembandumba hasta que nosotros aprendamos no a señalar meramente sino a analizar su poesía hasta encontrarle. Entonces seremos dueños de una obra genial como la suya, y de su "intimidad milagrosa y mágica" que diría Xirau.[12]

Que estas palabras sirvan para recordarle al tabasqueño, don Andrés Iduarte, mexicano universal, aquel lejano 29 de noviembre de 1951, fecha en que el Instituto Hispánico de Nueva York rindió homenaje a Luis Palés Matos. Aquella noche don Federico de Onís unió su palabra elocuente a la de José Antonio Portuondo y a la de Eugenio Florit, ambos cubanos, y éste, magnífico poeta.[13] Don Andrés Iduarte, conocedor y amante de lo antillano, supo colocar la aportación de Luis Palés Matos con su autoridad de crítico de primera magnitud en el lugar de privilegio que le pertenece. Nos entregó a Palés como un "mágico prodigioso" que es como entiende Octavio Paz la condición de ser poeta. Don Andrés ni en su persona, ni en su cátedra ni en el salón de conferencias puede ser olvidado; su palabra es creadora de independencias y raíces.

He de usar estas palabras mías para agradecerle aquella noche que nos acercó a Palés; he de decirle desde aquí que no cabe olvido entre sus alumnas, una de las cuales usa la "Majestad negra" del insigne poeta de Puerto Rico para rendirle homenaje a nombre de la mujer borinqueña desde una inolvidable calle antillana que en ella se nombra hispánicamente Reina Isabel en Ponce.

NOTAS

[1]Luis Palés Matos, *Poesías (1915-1956)* (Puerto Rico: Editorial Universitaria, Universidad de Puerto Rico, 1971), págs. 219-220.

[2]Margot Arce de Vázquez, *Impresiones* (San Juan: Ed. Yaurel, 1950); *La Torre*, VIII, Núms. 29-30, 1960, págs. 163-187; *Asomante*, XV, Núms. 32-38, 1959. La aportación crítica de la Dra. Vázquez a la poética de Palés es valiosísima.

[3]Tomás Navarro Tomás, *Pronunciación española* (Madrid: CSIC, 1967), pág. 79.

[4]*Revista de Filología Española*, Tomo II (Madrid: 1915), págs. 374-376.

[5]Navarro, *op. cit.*, pág. 82.

[6]Federico de Onís, *Luis Palés Matos*, *op. cit.*, pág. 7.

[7]Angel Valbuena Prat, "En torno a los temas negros", *Hostos* (Puerto Rico: marzo, 1929).

[8]Mariano Picón Salas, "Las Antillas y un poeta de los negros", *Revista del Pacífico* (Chile: 1938).

Luis de Arrigoitia, "Anotaciones métricas a la *Poesía* de Luis Palés Matos", *Asomante*, Núm. 4 (Puerto Rico: 1969), págs. 71-84.

Aida Cometta Manzoni, "Luis Palés Matos", *El Universal* (Caracas: 19 de junio, 1954).

[9]Wilfred Cartey, profesor jamaiquino, quien fue el primer director del ya extinto Departamento de Estudios Etnicos del City College, CUNY, ha escrito artículos y libros sobre la literatura negra en las Antillas. La aportación de Palés al entendimiento del negro se toma en consideración.

[10]Gustavo Agrait, "Luis Palés Matos: un poeta puertorriqueño" (San Juan: 1955); "Una posible explicación del ciclo negro en la poesía de Palés", *Revista del Instituto de Cultura Puertorriqueña* (San Juan, 1959), págs. 147-150.

[11]Arcadio Díaz Quiñones, "La poesía negra de Palés Matos: Reinvindicación de una cultura", *Memorias del Ateneo Puertorriqueño de Nueva York* (Nueva York: Ateneo Puertorriqueño de Nueva York, 1966), págs. 58-63.

[12]Ramón Xirau, *Mito y Poesía* (México: Universidad Nacional Autónoma de México, 1973), pág. 171.

[13]Andrés Iduarte, Eugenio Florit, José Antonio Portuondo, Federico de Onís, "Homenaje a Luis Palés Matos", *Revista Hispánica Moderna*, XVII (New York: 1951), págs. 373-376.

SOBRE ELIO VITTORINI Y JUAN RULFO: DOS VIAJES EN LA CUARTA DIMENSION

por Hugo Rodríguez-Alcalá
University of California, Riverside

Sólo un estudio extenso de *Conversazione in Sicilia* de Elio Vittorini y de *Pedro Páramo* de Juan Rulfo podría precisar cabalmente las similitudes más sugestivas que emparientan a estas dos novelas. Aquí, en pocas cuartillas, me atendré a bosquejar una comparación, a subrayar lo que a ella inspira y justifica.

Ambas obras empiezan con un viaje de un hijo urgido, en la primera, por el padre, y en la segunda, por la madre. En la italiana, el viaje se efectúa *nella quarta dimensione*,[1] en un *mondo offeso*, un mundo ofendido. Silvestre, hijo de Concepción, va a Sicilia; Juan Preciado, hijo de Doloritas, va a Comala. Como Silvestre, el personaje de Rulfo emprende el viaje en un mundo ofendido y en pareja dimensión: la *quarta dimensione*. Ambos creen ir al Paraíso y descienden al Infierno.

No nos ocupemos de cuestiones cronológicas. Determinemos lo que en el trasfondo mítico de esas obras coincide o no coincide: Juan Preciado, se ha dicho, es un Telémaco jalisciense "que inicia una contra-odisea en busca de su padre perdido."[2] El Ulises perdido es todo menos un héroe ejemplar. Silvestre, salvadas las debidas distancias, inicia a su vez una contra-odisea: va a la isla del Mediterráneo en busca de una Penélope. Esta no es, como la homérica, la fidelidad ni la paciencia.

Al personaje de Rulfo no lo mueve el amor como al de Homero: lo mueve el odio de la madre que, moribunda, exige perentoria una venganza.

En suma: los Telémacos, los Ulises y las Penélopes de Vittorini y Rulfo requieren multitud de distingos para el examen de elementos arquetípicos.

Juan Preciado termina su viaje en un pueblo de muertos: el paraíso destruido. Silvestre arriba a un pueblo de vivos, halla viva a su madre, no como Juan que halla muerto al padre que buscaba. Pero también el pueblo siciliano, como el jalisciense, es, por ser un *mondo offeso*, un pueblo de fantasmas, o, según el narrador, de espíritus.

*

El primer difunto con quien Juan Preciado dialoga, en su descenso al infierno, es su hermano Abundio. Silvestre, llamado por misteriosa voz, por una voz terrible, baja desde la casa de su madre, a un paraje lúgubremente iluminado: el cementerio. Y allí dialoga con el espectro de un soldado que es su hermano Liborio.

Al final de la obra italiana, reaparece el Ulises que gustaba de representar papel de rey, el Macbeth de Shakespeare. Silvestre, al tercer día de sus aventuras en el pueblo siciliano, va a despedirse de su madre. La encuentra en la cocina. Su madre lava los pies de un hombre muy viejo, arrodillada en el suelo. El viejo ha regresado a su isla y su esposa lo atiende, no como la Penélope esquiva a los Pretendientes, sino como la sagaz Euriclea, en antiquísimo rito de hospitalidad.[3]

*

El personaje de Vittorini, casi a los treinta años, tipógrafo linotipista en tiempos de máximo poderío del Duce, se halla, al emprender el viaje, *in preda ad astratti furori*.[4] No nos dice cuáles sean estos furores; no quiere hablar de ellos. Los periódicos están llenos de manifiestos y de crímenes que esos manifiestos provocan. Es invierno. Llueve y llueve. Silvestre tiene los zapatos rotos y el agua le penetra por las suelas. Mudo entre amigos mudos, la cabeza inclinada, siente la vida *come un sordo sogno*:

> Questo era il terribile: la quiete nella non speranza. Credere il genere umano perduto e non aver febbre di fare qualcosa in contrario, voglia di perdermi, ad esempio, con lui.[5]

Terrible pasividad en el narrador, y desesperanza. Hace quince años que ha abandonado su Sicilia. Presa de abstractos furores, no le parece nunca haber sido hombre, ni haber vivido ni haber tenido una infancia entre chumberas y azufre en las montañas de su isla.

Es entonces cuando recibe una carta de su padre Costantino. El ex ferroviario se dirige a sus hijos, especialmente a Silvestre. Ha abandonado su pueblo siciliano con una mujer. La madre de Silvestre, explica el marido infiel, no ha de sufrir necesidades. La pensión del ex ferroviario le es entregada íntegramente. Ahora los hijos deben visitarla:

> Tu, Silvestro, avevi quindici anni quando ci hai lasciate e d'allora, ciao, non ti sei fatto piú vedere. Perché l'otto dicembre, invece di mandarle la solita cartolina di auguri per l'onomastico, non prendi il treno e vai e le fai una visita?[6]

La carta viene de Venecia. Silvestre, como Juan Preciado, no se dejará convencer en seguida. Ve en el calendario que es el 6 de diciembre y que sólo faltan dos días para el cumpleaños de su madre. Debe enviar, pues, sin dilación, la sólita tarjeta anual. No piensa hacer otra cosa. Entonces escribe la tarjeta y la lleva a la estación. Como es sábado, cobra su sueldo. En la estación lee un anuncio:

> Visitate la Sicilia, cinquanta per cento di riduzione da dicembre a guigno. ¡Sólo 250 liras a Siracusa, ida y vuelta, tercera clase![7]

Esto lo decide, pues, un descuento de cincuenta por ciento vale la pena. Silvestre toma el tren para Sicilia.

Curiosa semejanza con *Pedro Páramo*. Juan Preciado oye la súplica de su madre moribunda y promete visitar a su padre:

> —No dejes de visitarlo.... No vayas a perder nada. Exígele lo nuestro. Lo que estuvo obligado a darme y nunca me dio.... El olvido en que nos tuvo, mi hijo, cóbraselo caro.
> —Así lo haré, madre.
> Pero no pensé cumplir mi promesa. Hasta pronto que comencé a llenarme de sueños, a darle vuelo a las ilusiones. Y de este modo se me fue formando un mundo alrededor de la esperanza que era aquel señor llamado Pedro Páramo, el marido de mi madre. Por eso vine a Comala.[8]

A Silvestre la lectura y relectura de la carta de su padre lo fue también llenando de sueños. En su alma, dice, *un piffero suonava... e smuoveva in me topi e topi che non erano precisamente ricordi*.

No eran recuerdos sino "ideas" oscuras. "Ideas" de mis años—nos dice—pero sólo de mis años de Sicilia. El pífano sonaba. Lo invadía una nostalgia de ver nuevamente en sí la infancia. En suma: un mundo de sueños no alrededor de una esperanza pero sí en torno a un pasado tal vez paradisíaco en su tierra de chumberas y de azufre.

Ambos personajes—no los llamemos héroes—exhiben pareja pasividad y ejercen pareja ensoñación. Y ambos al fin se deciden a emprender el viaje: Silvestre en pleno invierno, en diciembre; el otro, "en el tiempo de la canícula, cuando el aire de agosto sopla caliente."

Silvestre da con la casa de su madre en la montaña de Sicilia. Su llegada está envuelta en cierta irrealidad que nos invita a compararla con la de Juan Preciado a la misteriosa casa de Comala en que halla su primer hospedaje:

> Empujé la puerte y entré en la casa. De una habitación llegó una voz que me preguntó: '¿Quién es?' Reconocí aquella voz, después de quince años de no recordarla. Ahora que la escuchaba me parecía la misma voz de quince años antes: fuerte, clara.... Recordé a mi madre, que me hablaba de mi infancia desde otra habitación.
> —Signora Concezione—dice, simplemente, Silvestre.[9]

Extraña es la acogida que al hijo pródigo hace la señora Concepción:

> —Oh, è Silvestro— disse mia madre, e mi vinne vicino.

Quince años sin verlo y lo único que le dice al recibirlo es: —"¡Oh, es Silvestre!" para agregar tras el beso filial en la mejilla que ella devuelve:

> —Ma che diavolo ti porta de questi parti?
> ¡Qué diablos te ha traído por estos pagos![10]

*

Al regresar al escenario de su infancia, Silvestre lee el nombre del pueblo sobre un muro. En el pueblo, nos cuenta, "no se veía gente; sólo niños descalzos, con los pies ulcerados por los sabañones..."

Juan Preciado, por su parte, llega a Comala a la hora "en que los niños juegan en las calles de todos los pueblos." No así en Comala. Aquí no hay niños como en el *paese* de Sicilia. No obstante, Juan recuerda: "Y aunque no había niños jugando, ni palomas, ni tejados azules, sentí que el pueblo vivía."[11]

Curiosa coincidencia y divergencia al mismo tiempo: Silvestre ve *bambini scalzi*; Juan no ve ningún niño. Pero ambos, que buscan su niñez, hablan de niños: uno evocando su presencia triste; otro su extraña ausencia.

Juan llega a la puerta de Eduvigis Dyada, íntima amiga de su madre muerta. Eduvigis también está muerta, pero "vive." Es el espectro de una mujer que pudo haber sido la madre del viajero según éste se entera poco después.

En el caso de Juan no se trata de la casa paterna o materna, sino de la que pudo haber sido la casa de su madre. La acogida será bien extraña, más aún que en la casa siciliana: "Llegué a la casa del puente orientándome por el sonar del río. Mi mano se sacudió en el aire como si el aire la hubiera abierto. Una mujer estaba allí. Me dijo: "—Pase usted. Y entré."[12]

Más que remota, *prima facie*, parece la semejanza entre el arribo a uno y otro pueblo. Silvestre, ser viviente, habla a su madre viviente. Juan Preciado, ya muerto, evoca su llegada, estando aún vivo, a la morada de una difunta, en la cuarta dimensión de los sueños, y ve seres que no proyectan sombra en la eternidad, que es ahora, su ámbito temporal. En sus oídos suena el lírico añorar de la madre muerte: "hay allí, pasando el puerto de los Comilotes, la vista muy hermosa de una llanura verde, algo amarilla por el maíz maduro. Desde ese lugar se ve Comala, blanqueando la tierra, iluminándola durante la noche."[13]

En la cuarta dimensión del viaje, Silvestre oye a su madre decir:

> —¡Oh, es Silvestre!
> —¿Cómo has podido reconocerme— pregunta Silvestre.
> Su madre, riendo, contesta: —Me lo domando anch'io. ¡Esto también me lo pregunto yo!

Y en seguida la señora Concepción habla de cosas triviales, como en la irrealidad de un sueño. Se está asando un arenque en la cocina.

> —¿Notas lo bien que huele?— interroga Concepción.[14]

Juan Preciado, apenas recibido por el espectro de quien pudo ser su madre, pregunta:

> —¿Qué es lo que hay aquí?
> —Tiliches— reponde Eduvigis Dyada. Y agrega:
> —¿De modo que usted es hijo de ella?
> —¿De quién?— inquiere Juan.

—De Doloritas.
—Sí, ¿pero cómo lo sabe?[15]

En ambos viajes nada resulta extraordinario porque todo es extraordinario: el viaje mismo en busca de lo perdido, el género humano, la infancia, el Paraíso. Lo real y lo irreal se funden. Juan Preciado oye rumores y murmullos. "Me mataron los murmullos," informa, ya en la tumba, a la mendiga Dorotea.

Lo mataron los murmullos y los espíritus.

Silvestre también oye rumores y se mueve entre espíritus. Oigámosle hablar en el capítulo XXIV de *Conversazione*:

> A questo modo viaggiavamo per la piccola Sicilia amonticchiata; di nespoli e tegole e rumore di torrente, fuori; di spiriti, dentro, nel freddo e nel buio; e mia madre era con me una strana che pareva esser viva con me nella luce e con quegli altri nella tenebra, senza mai smarrirsi como io, un poco, mi smarrivo ogni volta entrando o uscendo.[16]

*

Comala "está sobre las brasas de la tierra, en la mera boca del infierno." Juan Preciado, próximo a su destino, pregunta el nombre del pueblo que "se ve allá abajo." Bajando "cada vez más"—son palabras de Juan—se va "hundiendo en el puro calor sin aire."[17] Al terminar su descenso, se halla el viajero en el "pueblo sin ruidos," donde oye "caer sus pisadas sobre las piedras redondas con que [están] empedradas las calles."[18] El hijo de Doloritas topa con el fantasma de una mujer envuelta en su rebozo que en seguida desaparece como si no existiera. Ya ha llegado al infierno.

En los capítulos XLI y XLII Silvestre hace su descenso. Yendo de la taberna de Colombo a la casa de su madre, contempla el paisaje nocturno. Hay luces arriba y abajo, en el pueblo y en el valle. En el cielo centellea el hielo de una estrella. De pronto cae en la cuenta de que el nombre de la calle próxima, *Belle Signore*, es demasiado nocturno para Sicilia: significa "los Espíritus."[19]

Obseso por los recuerdos de su infancia, acaso un poco ebrio por el vino de la taberna y, sobre todo, lleno de dolor por el mundo ofendido, Silvestre grita:

—Oh mondo offeso! Mondo offeso!

No esperaba respuesta—cuenta Silvestre—pero alguien, una voz subterránea como la del rey Hamlet, dice—¡Ejem! ¿De quién es esa voz?

—Che c'è?— chiamai.
—Ejem!— responde la voz.[20]

Las luces rojas que ahora brillan en lo oscuro no son de las moradas de los hombres. Las luces de los vivos parecen haberse apagado. Las que brillan en este paraje son como de linternas de ferroviarios. Luces dejadas allí. Y la terrible voz sueña otra vez: —¡Ejem!

—Ah, sono nel cimentero![21]

Sí, entre luces de muertos, Silvestre está en el cementerio. —¡Ejem!— Por fin la voz se identifica: es la de un soldado. Pero a la escasa luz de los muertos no puede verse al dueño de la voz. ¿Está de guardia el soldado? Esto quiere saber Silvestre.

—No— dice el soldado invisible —Reposo.
—¿Aquí, entre las tumbas?
—Las tumbas— contesta la voz —son bellas tumbas cómodas.
—Tal vez ha venido a pensar en sus muertos— inquiere Silvestre.
—No— dice la voz del invisible: el soldado piensa en sus vivos.

Pronto advierte Silvestre que su interlocutor es su propio hermano Liborio. Uno de los vivos en quien piensa es, precisamente, Silvestre, el *fratello Silvestro*.

Io diedi quasi un urlo. Vostro fratello Silvestro?

Ante el asombro del vivo, el fantasma dice no ser nada extraordinario tener un hermano que se llame Silvestre, *povero ragazzo*.[22]

Evidentemente, la sombra sabe solamente lo pasado. No tiene saberes del presente. De aquí que para Liborio sólo exista el Silvestre niño, de once o doce años. (En el Canto X del *Infierno*, Cavalcante y Farinata tampoco saben nada de lo actual en el mundo de los vivos.)

El fantasma de Vittorini, por igual razón, evoca un tiempo detenido.

La nota similar más destacable en Vittorini y Rulfo en lo que mira a las obras referidas consiste en la ambigüedad, en la penumbrosidad, en la índole poemática de cuanto dicen, callan o sugieren. Para el análisis de esta similitud serían necesarias muchas páginas. Lo que resulta hacedero es señalar que en las dos novelas el viaje con que se inician se efectúa en la cuarta dimensión, esto es, en la dimensión del sueño, en un mundo ofendido, con el género humano perdido, sobre las ruinas del Paraíso.

La intuición que de los tiempos tristes que vivimos nos ofrecen ambos artistas, coincide en su sentido más profundo. Su mensaje, en lo que concierne al orden moral, se puede resumir en pocas palabras: las que se cruzan Juan Preciado y Abundio Martínez, al llegar a Comala, esto es, al infierno:

> —Como dice usted que se llama el pueblo que se ve allá abajo?
> —Comala, señor.
> —¿Está seguro de que ya es Comala?
> —Seguro, señor.
> —¿Y por qué se ve esto tan triste?
> —Son los tiempos, señor.[23]

NOTAS

[1]Ver Elio Vittorini, *Conversazione in Sicilia* (Torino: Giulio Enaudi Editore, 1970), Cap. X, págs. 41-43.

[2]Carlos Fuentes, *La nueva narrativa hispanoamericana* (México: Cuadernos de Joaquín Mortiz, 1969), pág. 16. Ver también Julio Ortega, *La contemplación y la fiesta* (Caracas: Monte Avila Editores, 1969), págs. 17-20.

[3]*Conversazione in Sicilia*, cap. XLX, págs. 185-186.

[4]*Ibid.*, pág. 5.

[5]*Ibid.*

[6]*Ibid.*, pág. 8.

[7]*Ibid.*, pág. 9.

[8]Juan Rulfo, *Pedro Páramo* (México: Fondo de Cultura Económica, 11ª reimpresión, 1971), pág. 7.

[9]*Conversazione in Sicilia*, págs. 42-43.

[10]*Ibid.* pág. 44.

[11]*Pedro Páramo*, pág. 12.

[12]*Ibid.*, pág. 13.

[13]*Ibid.*, pág. 8.

[14]*Conversazione in Sicilia*, págs. 13-14.

[15]*Pedro Páramo*, págs. 13-14.

[16]*Conversazione in Sicilia*, pág. 92.

[17]*Pedro Páramo*, pág. 9.

[18]*Ibid.*, pág. 11.

[19]*Conversazione in Sicilia*, pág. 157.

[20]*Ibid.*, pág. 160.

[21]*Ibid.*

[22]*Ibid.*, pág. 161.

[23]*Pedro Páramo*, pág. 8. Sobre *Conversazione in Sicilia*, ver el libro de Sandro Briosi, *Invito alla lettura di Elio Vittorini* (Milano: U. Mursia & C., 1971), págs. 55-65. El inteligente análisis de Briosi descubre un simbolismo válido, cuya presencia no se opone a lo dicho arriba.

UNA LECTURA DE LA DISIDENCIA: *LAS MONTAÑAS DEL ORO*, DE LEOPOLDO LUGONES

por Alfredo A. Roggiano
University of Pittsburgh

Lugones ingresa en el mundo de la fama con un libro de poemas y deja que su gloria póstuma se afirme también con un libro poético. El mismo ha dicho que nada tenía de político o de profesor. Del modo cómo dirigió su conducta literaria, siempre al servicio de una voluntad de renovación y búsquedas, hemos de admitir que fue la poesía el desideratum fundamental de su vida. De ahí que cualquier valoración o juicio crítico que hagamos de su personalidad—sin duda la más completa y brillante desde la época que va de Sarmiento y Hernández hasta Borges y nuestros días—ha de ser a partir del Lugones poeta.

Las montañas del oro salió a luz en 1897, cuando el autor tenía 23 años de edad y acababa de llegar a la cosmopolita Buenos Aires, desde aquella provinciana y conservadora Córdoba que gruñía clericalmente al revoltoso estudiante de ideas anarco-socialistas. En Buenos Aires triunfaba el Modernismo con las *Prosas profanas* de Rubén Darío, quien llamó a Lugones poeta socialista, anarco, rojo y hasta fanático, con aquella afectuosa ironía de

> cuando llega a mi casa tengo cuidado de guardar bajo tres llaves mis princesas y príncipes, mis duques y duquesas, mis caballeros y pajes; pongo mis lises en lo más oculto de mi cofre, y me encasqueto lo mejor que puedo, una caperuza encarnada.[1]

El nicaragüense había oído recitar a nuestro poeta una restallante "Profesión de fe" en la fiesta socialista del 1° de mayo de 1896, poco más de una semana antes de su artículo consagratorio; profesión (la de Lugones) por la cual el periódico *La vanguardia*, del Partido Socialista, resumía, el 7 de marzo, un elogio como éste:

> Leopoldo Lugones, nuestro compañero de Córdoba, se ha presentado al mundo literario de Buenos Aires, leyendo en el Ateneo su hermosa *Profesión de fe*. En ella canta a la ciencia y a la igualdad, fulmina al dios Millón, desprecia al clero, espera de la agitación del pueblo, excita a la lucha por la idea, pinta sus dolores y predica su triunfo. Es una composición tan socialista como puede serlo una obra de arte.

Y a modo de justificación y un tanto solapado reclamo, agregaba el comentarista:

> No falta quien eche de menos en ella algo concreto, alguna alusión más directa a los desgarramientos de la lucha que caracterizan a la sociedad actual. Pero el poeta no puede ocuparse en sus producciones de alto vuelo de los acontecimientos del momento y menos de los antagonismos y divisiones de la actualidad, necesariamente transitorios, sin reducir su campo de inspiración y comprometer el valor y el éxito literario de su obra. El corazón del poeta, como el cerebro del filósofo, tienen que ser universales....[2]

La crítica habló más tarde del "socialismo romántico" y del "socialismo estético" de Lugones. Pero Darío vio claro en lo que él llamó la "carga" *isaiática* del poeta revolucionario. "La revolución social—dijo—[...] es para él un deseado advenimiento." Lugones era para el autor de *Prosas profanas* algo más: "uno de los *modernos*, es uno de la 'joven América' (p. 123)," recalcó.

> Con Jaimes Freyre y José Asunción Silva, es de los *modernos* de la lengua española, de los primeros que han iniciado la innovación métrica a la manera de los *modernos* ingleses, franceses, alemanes e italianos. (*Ibid*., p. 124)

Y si Darío apuntaba reservas, éstas no se referían tanto a las ideas de Lugones como a su "exceso de savia en esa producción," para la que le recomendaba poda y que "se desencadene" (es su palabra) de sus visibles preferencias, gustos, reminiscencias, de "sus cariños artísticos." Y remata con lo que considero la certeza orientadora para el "cachorro de hecatóntero" y para sus futuros lectores:

> Los *snobs* harán bien en no acercarse a él a hablarle elogiosamente de la literatura a la moda. Ese socia-

> lista, o mejor ese anarco, tiene el santo respeto del arte y narices que huelen el *mufle* a través de las más perfumadas alcorzas. (p. 124)
>
> . . . .
>
> Sí, ese socialista, no por muy ahincado menos bisoño, que ha borrado del diccionario de su alma la palabra patria, ha sentido de cerca la influencia del pueblo suyo, y se me antoja que su socialismo, su anarquismo, ha tenido por principio el amor a la poesía nativa desterrada y aniquilada por la invasión del mercantilismo burgués y la mixtión europea que ha dado orígen a una especie de falsa aristocracia enemiga, por no ser de origen tradicional y divino, de toda manifestación de intelecto. (p. 130)

Como es sabido, Rubén Darío se resistió a incluirlo en *Los raros*, exclusión que dio origen a reclamos de Lugones, como aquello de que no es "poeta minore"[3] y con recriminaciones a las "cortesías serviles y cobardes adulaciones," "los gorriones de la decadencia..." y "el orujo de la uva Mallarmista."[4]

Y esto ya es suficiente para situar al Lugones de fin de siglo y su libro epónimo. Porque *Las montañas del oro* es, ante todo, un libro de época, de una época que absorbe el poeta en sus esenciales jugos nutricios, los digiere y los vierte con todos sus vinagres y mieles, desciendan éstos de Baudelaire o Hugo, de Poe o Whitman, de Nietzsche o Barrés, de Richepin o "Almafuerte," como han señalado los cazadores de fuentes y de genealogías ideológicas y preceptistas. Como libro de época, recoge y compendia todos los lugares comunes del siglo XIX, como ya lo había hecho Darío en sus versos anteriores a *Azul* y en algunos de los cuentos de este libro, más dedicados a renuevos de la prosa que en la insistencia ideológica. En general, ese ideario lugoniano (como el de Darío y otros contemporáneos) era el del ideal del Progreso apoyado en la Razón y también en la Fe, como muestra de ese deísmo un tanto vago, tan grato a cierto liberalismo de la época.[5] Hijo del romanticismo por un lado, y del positivismo sociológico y científico por otro, el componedor de *Las montañas del oro* (y digo "componedor" por lo que tiene de propuesta y voluntad de representación, ante todo), queda afectado por dos o tres de las constantes que lo acompañarán, con flagrantes contradicciones, en toda su obra: 1) un exceso en la temática, que pone en choque dramático al poeta como superhombre enfrentado a la redención social del pueblo, con una convicción de sesgo aristocratizante que se definirá más tarde, como en Darío, con un rechazo del "mundo municipal y espeso"; 2) como consecuencia, una actitud que revela la motivación socio-política del hombre del momento como una necesidad del poeta como ser comprometido con su tiempo y con la humanidad; y 3) como corolario de 1) y 2), para una acción efectiva de la obra en función de comunicación y mensaje, un exceso de elocuencia (cuando no de retórica de oratoria) que da a su por demás categórica "voz contra la roca" una presentación como de plaza pública, destinada a convencer al pueblo, a las multitudes, a la masa, en solemne peroración.

Al respecto cabe recordar que el poeta, a los 22 años, ya habia explicado en el diario *La vanguardia* la naturaleza de su socialismo, por cierto más estético y ético (según supuestos modernistas) en argumentos que fueron, ante todo, un cuestionamiento a ciertas limitaciones del socialismo:

> Nuestra protesta no es pura cuestión de panadería; no es sólo un grito de hambriento. Es el clamor de protesta contra todas las esclavitudes y una apertura de horizontes para todas las esperanzas.

Se dirige al pueblo engañado y espoleado, sin fe y sin esperanza, y le ordena:

> Pueblo, sé poderoso, sé grande, sé fecundo,
> ábrete nuevos cauces en este nuevo mundo.

Es decir, que si Lugones entraba de algún modo en el Modernismo, lo hacía no tanto como comulgante, interesado en renovaciones métricas y formales (aunque no faltan éstas), sino como la excepción que confirma la regla. Su "modernismo" se cumpliría, más que nada, como disidencia, cuestionamiento de fondo a los fundamentos y estructuras de la modernidad, que ponía a Hispanoamérica en un estado de alerta e iniciaba el proceso de liberación espiritual que nos acreditara en estado de contemporaneidad y en un mismo plano con el hacer y el deber ser del resto del mundo. La primera conciencia del ser argentino que se había expuesto teóricamente con Echeverría y que había sucumbido a la avalancha del positivismo spenceriano y la sociología comtiana, tenía ahora una visión más clara y una más urgente necesidad de realización. De ahí que Lugones, procediendo con todas las armas ideológicas que había ido a forjar en un aprendizaje universal, quedaba instalado en su *aquí* y su *ahora* con la más vigorosa denuncia de palabra y de hecho. En ese sentido, el libro vale más por las bizarrías de su autor para dramatizar la actualidad y la urgencia reivindicadora que se amotina en su temario, que por su realización poética. En lo demás, que era lo esencial y mejor suyo, tenía raíces muy hondas en el siglo XIX de la tradición románticoutópica que va a colmar el sueño de los surrealistas de este siglo. Espigó en lo mejor del siglo XIX, en esa segunda mitad del siglo donde Hugo descubre el "nouveau frisson" de Baudelaire, y Baudelaire al Poe de los eventos extraordinarios, Verlaine se ahonda en su *Sagesse*, Rimbaud propone "cambiar la vida," y Lautrèamont busca una poesía colectiva; y donde no podían faltar los Gautier y Nerval, o el mismo Zola, sobre quien Lugones escribió páginas de comprensión conmovedora. Más aun, llegaba al fin de ese siglo de blasfemas y extremismos redentores, con los anatemas de Nietzsche, los folletos de propaganda demoledora del anarquismo, la exaltación individualista del desposeído y el sueño apocalíptico de las revoluciones salvadoras. De seguro había leído más y mejor a Bakunin, a Tolstoi y a Kropotkin que a Marx o a Engels, y más quería corregir un orden social (con todas sus implicaciones culturales) que cambiar un régimen económico. Cuestión de libertad, conciencia y justicia, fundamentos *sine qua non* de la condición ética del ser, su necesidad de hacerse en la conducta propia y ejemplarizante. De ahí la necesidad de un análisis—digamos—interno de *Las montañas del oro*, partiendo de los tópicos románticos.

El Romanticismo tiene, entre otros, los siguientes tópicos básicos: 1) Temática del poeta-vate, conductor de multitudes (V. Hugo) y del visionario (o más bien profético a lo Blake), con sentido del futuro (y, en consecuencia, una actitud crítica frente al pasado). 2) El poeta es el astro de su propio destino, el constructor de su *persona* humana y poética, y no un *reproductor* o imitador de modelos y otros *status quo*: rebeldía, agresión, en fin, *ruptura* con la tradición, que era el pasado inmediato del racionalismo iluminista. 3) El poeta pone su yo en el centro de su vida, y su actividad—en todo sentido—se guía por el sentimiento: *sentimentalismo*, en su doble faz de exaltación afirmativa y depresión desolada. 4) Con el Romanticismo comenzó la ruptura del mundo y del arte como unidad absoluta (totalidad) y empieza la noción de relatividad y unidad de sentido (Hölderlin, Novalis) y, como consecuencia, el culto a lo individual, que debe afirmarse en lo pasajero, lo efímero, el confrontamiento dramático entre la estabilidad y lo delicuescente: *claroscuro*, lo indeterminado, la *sehnsucht*.

El Modernismo heredó muchos de estos tópicos románticos, pero lo que lo caracteriza es la *conciencia crítica*, que lo hace renunciar al confesionalismo (a pesar del *yo soy* de Darío, que, en realidad, lo pone fuera del movimiento), el impudor psíquico, lo declamatorio y retórico del gesto, la pose de no comprendido y desesperado, que reemplaza por un sentido misional del arte como redentor de la vivencia dolorida. Toda experiencia de dolor y amargura, de desventura y fracaso, es acrisolada por los modernistas hasta arrancarle el estremecimiento esencial y único. Y esto último es lo que constituye su palabra definitiva: su voz poética integrada en lo vital por una capacidad analógica que descubre en el lenguaje y que se convierte en directriz de sus cometidos. El hombre, el poeta, es lo que dice, y no tanto cómo lo dice. Esto puede ser una desnaturalización del acto poético, pero es también una desacralización de la poesía como mera forma o sentido en sí. Es obvio que el romántico somete la poesía al mensaje, pero la libera del didactismo funcional de la época moderna, racional y práctica. Con lo cual, el romántico recobra una dimensión poética desechada por el preceptismo nivelador de los neoclásicos: la dimensión del *misterio* y de las facultades del ser que se enfrentan a él: la imaginación, la fantasía, la vivencia de una conciencia de lo inconsciente e irracional: *Le coeur a ses raisons que la raison ne connait pas*. Dentro de este filón se rescata la *melancolía* del mero recuerdo y se la inserta dentro de un orden cósmico de lo infinito y trascendente que Darío llama melodía ideal, pero que no es otra cosa que el ritmo universal de todo lo creado, tema de "Caracol," y de la nobleza del mundo y lo corpóreo, que está en "El centauro" y "El cisne." Como se ve, este aspecto del Romanticismo en el Modernismo no excluye la relación poeta-sociedad o poeta-mundo o poeta-misión, pero le da un sentido propio: el del apóstrofe, que—ya con elementos del Simbolismo—lo hace un maldito a la vez que un redentor. El poeta *incomprendido* pasa a ser el *diferente* y por tanto el demoledor de lo establecido y un constructor del nuevo régimen de aurora para la humanidad. Este poeta avisor y conductor de "la gran columna en marcha" coincide con las corrientes anarquistas y socialistas de fines del siglo XIX. Lugones repasa críticamente los tópicos de la *época moderna* (*la modernidad*) y a veces los ataca y otras los acepta. Así, con el Positivismo elogia a la razón y el cambio social, a la religión de la humanidad con sus ataques a la religión de la Iglesia, pero se retrae ante el efecto nivelador de las democracias y pregunta ¿con qué vais a llenar lo infinito?

Insistimos: *Las montañas del oro* es, en parte, el resultado de una seducción del ideario socialista, a la manera francesa (socialismo utópico de Saint Simon, Fourier, etc.) y positivista (en parte, más al modo ruso que europeo) al que había prestado su adhesión juvenil. Pero hay algo más: la lectura de Hugo, Poe, Baudelaire, Whitman, los rusos, etc. le lleva a una ubicación del poeta en el complejo social. Lugones fluctúa entre el romanticismo social y el positivismo científico, entre un ideal de aristocracia estética (a lo Poe y Baudelaire) y de democracia social (a lo Whitman), que se refleja en su actitud y lenguaje poético: tono profético, admonitor; oposiciones violentas, adjetivos cromáticos, léxico científico y filosófico, idealismo y erotismo sensual: el ángel (poeta sagrado) y la bestia (el hombre biológico). La crítica ha señalado la filiación de todo esto. De Hugo derivan sobre todo "el tono profético y las imágenes cósmicas."[6] Según Borges:

> No sólo hereda las sonoridades del maestro—que tanto daño suscitaron en imitadores medianos—, sino la facultad narrativa y una expresión directa y concreta.[7]

Lugones da la lista de sus "faros-guías": Homero, Dante, Hugo, Whitman. Pero no alude a ninguna innovación en el plano del lenguaje y del modo de crear del poeta, sino al sentido de la misión del poeta en el mundo y la vida. O sea, lo que el poeta es por lo que hace y no cómo lo hace. Función que no conduce a un formalismo de "poetry for poetry's sake," como en Bradley, en Mallarmé o los parnasianos, los prerrafaelistas o los esteticistas finiseculares, sino a una interpretación y crítica de los entes vitales que han de cambiar el mundo y al hombre, como en Baudelaire o Rimbaud, y en el siglo XX, los surrealistas; una necesidad de cambiar lo innoble y pervertido, lo inadecuado y lo falso por lo noble y lo verdadero. Por eso celebra en Whitman "un canto serenamente noble" y "cuanto es fuerza, creación, universo." Y aunque no menciona a Baudelaire, "Almafuerte" o José Asunción Silva, coincide con ellos en la conciencia crítica que los poetas de la segunda mitad del siglo XIX ejercieron frente al *establishment*. Lejos, pues, de las recreaciones versallescas, los abates, princesas, etc. de Darío, el de *Prosas profanas*, que sale de la literatura y del arte y no de la vida o del ejemplo prometeico de la rebeldía del artista. Baudelaire introduce en la literatura y el arte el principio crítico de la vida en rebelión, además de un sentido nuevo de las relaciones del lenguaje con la realidad: las correspondencias, las sinestesias. Baudelaire reemplaza lo representativo por lo excéntrico, con lo cual lo marginal, lo anormal, lo extraño pasa a ser el centro de la visión poética: con ello el poeta deja de ser una entidad cívica (pública, ligada al Estado, etc.) y se convierte en un raro delator privado, en un juez clandestino, que debe forjar su identidad y su destino en una suma de enajenaciones: las máscaras, la persona. De ahí su clarividencia, su "distinción secreta" de vidente, su "heroísmo infernal o divino," maldito y maldiciente en su tarea de salvación. De ahí también que uno de los atributos de la modernidad sea, como afirma Octavio Paz, "la sensibilidad desollada,"[8] que surge del desdén y la obsesión de lo imposible y conduce al humor, las sinestesias, la espiritualidad exaltada, el gusto por lo infinito, la melancolía, la ensoñación, la fuga del llamado "progreso," hacia una subjetividad de la belleza interior y las virtudes del alma. Todo esto se encuentra, explícito o sugerido, en

Las montañas del oro, precisamente en su "Introducción," titulada "La voz contra la roca," que abre el primero de los *tres ciclos* del libro. Destaquemos sus ideas centrales: 1) El poeta ve una gran columna en marcha: es una columna blasfema (positivismo, etc.): es la denuncia de lo establecido por la razón, la ciencia, el progreso. El poeta tiene su carne inmersa en "los cósmicos lodos de la vida" (Baudelaire), su cabeza está junto a Dios (Hugo) y es "el astro de su propio destierro" (Poe, Baudelaire, Silva, etc.). Pero su canto es "como en tren de guerra" (Whitman), el viento feo azota y abate la columna. El alma está en peligro, pero ella tiene en sí el poder de salir de las tinieblas. "Una ley misteriosa combina la trama de los destinos," y la fe en esa ley es la suprema reveladora. Hasta aquí la ideología central del poema. Luego deriva (como en Andrés Bello, etc.), según el americanismo y socialismo de fin de siglo, en una admonición democrática: América es la meta de esa nueva aurora, de un alba de fraternidad y porvenir, asiento de las realizaciones maravillosas del futuro, con que culmina la utopía de la crítica a lo moderno.

Las otras ideas o temas del poema son tópicos del siglo XIX, del Positivismo y del Romanticismo, que Lugones acepta o rechaza: igualdad, libertad, luz del saber por el cultivo de la inteligencia, anti-dogmatismo, religión, etc., que lo conduce a un encuentro del ser desnudo, con su cuerpo y su erotismo como signo de una iniciación pagana y de un ritual de amor (misa pagana) semejante al de los procesos de la ciencia, por el cual se desencarna la vida y se re-inicia en la lira, "voz contra la roca," voz poética, suprema realizadora del nuevo orden o régimen de aurora donde la armonía del hombre se integra al cosmos como ordenamiento final del mundo, ya superados los males de la tierra y las debilidades y las falencias de la condición humana.

Este parece ser el mensaje (o mejor dicho: la visión fundamental) de Lugones en este libro, el más importante de la literatura hispanoamericana del último lustro del siglo en cuanto a su contenido, como *Prosas profanas* lo fue en la forma.

NOTAS

[1]*Nosotros*, Número dedicado a Leopoldo Lugones (Mayo-Julio de 1938), p. 123.

[2]*Nosotros*, Núm. dedicado, pp. 32-33.

[3]*El Tiempo*, 22 de octubre 1896.

[4]Revista *Buenos Aires*, 15 de enero de 1899.

[5]Véase Jaime Delgado, "Cántico en centellas: La Argentina de Leopoldo Lugones", *Cuadernos hispanoamericanos* (Madrid, Núms. 224-225), p. 306.

[6]Robert Scari, "Los temas de *Las montañas del oro* de Leopoldo Lugones", *Cuadernos hispanoamericanos* (Madrid, año XXIX, Núm. 3, mayo-junio de 1970), pp. 191-204. Este y el de Anna W. Ashhurst ("El simbolismo en *Las montañas del oro*", *Revista Iberoamericana*, Vol. XXX, Núm. 57, pp. 93-104) son los dos mejores estudios sobre *Las montañas del oro*.

[7]Jorge Luis Borges, *Leopoldo Lugones* (Buenos Aires: Editorial Troquel, 1955), p. 27.

[8]O. Paz, "Presencia y presente", (*Mundo Nuevo*, Núm. 23, 1968), p. 7. Cfr. *El signo y el garabato* (México: Joaquín Mortiz, 1973), pp. 31-45. Sobre la influencia de Baudelaire en Lugones véase: María Teresa Maiorana, "Huellas de Baudelaire en *Las montañas del oro*", *Revista Iberoamericana de Literatura* (Montevideo, Núms. 2 y 3, 1960-1961), pp. 79-89.

THE HISPANIC AMERICAN HISTORICAL REVIEW*

by Stanley R. Ross
University of Texas t Austin

I cannot understand why scientists keep referring to perpetual motion as some unattainable goal. Anyone who has served as editor of a major scholarly journal will have recognized that perpetual and continuous motion exists as the managing editor performs the repetitive, cyclical duties which he naïvely had minimized in accepting what he viewed as the "singular honor" accorded him by his professional peers. There is no breathing spell as one wraps up the page proofs of a given issue. There is the manuscript to ready for the next number, the articles to be edited for the next two or three issues and the manuscripts to be evaluated for twelve or fifteen months hence. And there is the continuous correspondence with authors, book reviewers, scholarly referees, members of the editorial board, the business office of the press and the printer.

Despite its demanding nature, the managing editorship affords a remarkable opportunity for service to the profession. The editor perforce keeps in touch with a wide range of research activity in his field, not to mention contact with the scholars carrying it out and eager to share the fruits of their labors with the scholarly community. And inevitably before assuming his editorship, during the years in which he is carrying out the assignment and, I suppose, after he has completed his term, the journal editor ponders the question of what makes a professional journal successful and outstanding. I want to share my thinking to date on this important matter well aware of the hazards that anything I say may be viewed as self-serving. Conscious of that danger, I state at the outset that I am primarily concerned with general principles although many of my illustrations will relate to the *Hispanic American Historical Review* with which I am most familiar as the professional journal for my field and with which I have had the experience of serving six years as a member of the Board of Editors and now three years as Managing Editor.

The first and most obvious ingredient as demonstrated by the *HAHR* is a matter of tradition. The *HAHR*, completing its fifty-second year, has been serving Latin American historians almost continuously since its founding in 1918. There was a brief hiatus in the 1920s. It gradually assumed the role of the premier historical journal in the Latin American field in the United States. Some of the field's leading scholars—James A. Robertson, James F. King, John Tate Lanning, Charles Griffin, and Lewis Hanke, to mention just a few—have served as managing editors while virtually every outstanding researcher in the field has published in its pages and many have served as members of its Board of Editors and as Advisory Editors. Publication in its pages has status which helps to insure a steady flow of quality articles for editorial consideration.

Without the support of the profession it seeks to serve, a professional journal is doomed. As a non-profit endeavor a scholarly journal must depend on a wide range of unpaid and too frequently unrecognized services. Scholars must be called on to serve as referees of manuscripts in their areas of specialiazation, as reviewers of books, and as members of editorial boards to assist the editor through the formulation of policy guidelines. They must be prepared to keep a steady stream of scholarly contributions flowing to the hands of the editors and they must become and remain subscribers to provide at least the minimal economic basis for the journal's survival.

While the editorial staff, assisted by readers, can contribute through screening, constructive criticisms and helpful suggestions, and editorial polishing to achieve uniformity and acceptability of style if not elegance of language, in final analysis, a field's journal tends to reflect the quality and activity of the people in that field. If the active members of a given scholarly community are undertaking meaningful research on significant subjects and carrying it out successfully, their journal will show it. For the journal to be an effective and successful vehicle for a profession's achievements, the members of that profession must want—no, I'll go further and say, demand—that their editors be genuine hardnoses. However, they must be prepared to accept the consequences even when it strikes home with the rejection of a submitted manuscript. Similarly, the editors must insist on substantive, not vacuous, evaluation of essays sent to them for consideration. To encourage such objectivity, we maintain anonymity for our referees and try to stay away from those readers who, in our experience, shy away from frank, critical and analytical evaluations of the manuscripts sent to them.

The same standards must hold true for book reviewing. The quickest way to destroy the quality of a professional journal is for the book review section to become an innocuous filling of pages operating on the backslapping buddy system with never a harsh word or a critical judgment. Kindness to friends and fawning before influential senior members of the profession means that the journal will fail to fulfill its multiple mission: provide its readers with a knowledgeable and frank appraisal of the books important enough to be chosen for review; subject scholarship to the critical, but objective and courteous judgment of peers; and create a forum for intellectual exchange whereby the research product may be improved and knowledge advanced.

Since the founding of the national professional organization of Latin American historians in 1928, the *HAHR* has become the official organ of the Conference on Latin American History. This provides an intimate and effective interrelationship between the professional organization and the professional journal. The Managing Editor serves *ex-officio* as member of the General Committee of CLAH, and the CLAH membership chooses a representative to serve specifically as CLAH's voice on the Board of Editors. The arrangement facilitates communication and the mobilizing of essential cooperation, services and support by members of the profession for the journal. At the same time, it helps to insure that the journal will better serve the needs and interests of the members of the profession.

Another essential ingredient is a lasting association with a quality press. The *HAHR* has enjoyed such an association with Duke University Press since 1926. As William Spence Robertson commented two decades later, "it is scarcely an exaggeration to say that the decision by that institution to take over the bankrupt enterprise seemed to the editors a burst of sunshine after a troubled dawn."[1] It has been a pleasure to work with the Press's director, business officer, and editor, all of whom have an appreciation of the special character of a professional journal and take pride in the fact that this and other leading scholarly publications are published under Duke's imprint. An arrangement such as ours relieves the editorial office of responsibility for business correspondence, subscriptions and distribution of the journal. While today the journal tends to be self-sustaining, Duke's financial backing helped the journal to get established in its formative years and even today gives the *HAHR* assurance of financial stability. Duke's Library has established an exchange system which enables foreign institutions to receive the *HAHR* in exchange for that institutions publications.

While those working with the Managing Editor have been an important element in the quality of the resulting publication, this has never been more important than at the present time. Confronted by the necessity of insuring the timely and effective publication of issues of the *HAHR* despite the Editor's responsibilities as a university administrator, we made arrangements with the approval of the Board of Editors for a much more extensive editorial staff than has customarily been the case. I have been particularly fortunate to have available to me the committed and talented assistance of Associate Editors Richard Graham and James Lockhart, of Visiting Associate Frank Safford and, most recently, of Book Review Editor Richard Sinkin. A very dedicated editorial secretary and a graduate assistant complete the *HAHR* staff.

Without this assistance, it would have been very difficult, if not impossible, for me to have fulfilled my commitment to the journal and the profession. As most of you are aware, the Managing Editor serves a five-year term at the end of which time a new editor and new location for the editorial offices are designated. The term allotted is long enough for an individual to have an opportunity to contribute to the character and direction of the review and to assure some continuity of presentation and policy. However, it does involve some sacrifices as one's time and energy is diverted from his own scholarly endeavors. The defined term delimits the commitment in undertaking this responsibility and opportunity, but avoids an editor having to make a career out of the editorship. It also makes possible periodically a fresh impulse and approach to the character and direction of the journal making possible needed revitalization or reorientation to better serve the changing needs of the field.

I would like to conclude this section of my remarks with a few brief comments related to the journal's articles and book reviews. Regarding articles, there are a number of guidelines which help to make a professional journal more effective as well as serve to improve its quality. First is expeditious handling of material received. The current editorial staff tries to respond within thirty days if a submitted manuscript is to be rejected on the basis of staff review, while we try to provide some kind of response within two months if outside readers are employed. We use outside referee's whenever we feel a manuscript has publication possibilities with or without revisions or when it appears that the process will prove helpful to the author.

Whenever a manuscript is rejected, we try to offer suggestions either about the article itself or for alternative outlets for its publication. Whenever outside readers are employed, the author receives their comments, unidentified as to source, regardless of the editorial decision on the manuscript in question. We feel that in this way we are helping the individual scholar as well as serving the longer-range interests of the journal and the profession. To expedite the process of outside evaluation we call the readers we have selected, provide each of them simultaneously with a xerox copy of the manuscript to be evaluated and set a mutually agreeable deadline for the submission of an evaluative report.

By expeditious handling of submissions and by continuously raising the standards of articles selected for publication, we have endeavored to keep our backlog within reasonable dimensions. Our goal has been to have available sufficient quality material to fill the successive numbers of the review without the handicap of excessive delays in the appearance of scholarly work. We now are in a position to assure that the manuscript submitted in satisfactory form not requiring extensive revision or editorial work will appear within twelve to fifteen months. Under our editorial prerogatives, we have made some exceptions to the usual first-come first-published pattern. A particularly outstanding and significant contribution will be published out of order and at the earliest possible time. We also have tried to group articles around a particular theme, period or region in order to have issues which have some sort of unity and cohesiveness.

Articles in a journal like *HAHR* need balance or blend. By this I mean that, under ideal circumstances, there should be a suitable mixture of contributions by the leading, established scholars and the efforts of younger investigators just getting their start in the profession. The pages should be open to all approaches and points of view, so long as the scholarship is serious and objective. We have tried to provide a forum both for the traditional types of historical writing as well as for the more social science style research of more recent times. We have opened the pages of the journal to statistical material, charts and graphs whenever these provide effective means of communicating research results or analysis. We have maintained an interest in articles based on original archival research, while including as well "think pieces" prepared from a solid base and likely to point the way for new research or stimulate intellectual discussion.

Similarly, book reviews and notices should serve the research-teaching needs of members of the profession. Reviews must be as timely as possible. The problem of being informed of the appearance throughout the hemisphere of volumes deserving review notice is an imposing one for which no completely satisfactory solution has been found. It is important as a service to readers to provide not only bibliographical information, but also volume cost. It is the responsibility of the editors to maintain an updated file of reviewers including annotations on past experience with their reviewing. This involves not only identification of specialization, meeting of deadlines and likelihood that a given individual will maintain the integrity of the review process—a matter I referred to earlier.

In 1949, reviewing the thirty-year-old *HAHR*, Lesley Byrd Simpson criticized the fact that "book reviewing [has] fallen into disrepute among us despite the fact that a primary function of a professional journal... is to serve as a forum for criticism and discussion."[2] He blamed the overemphasis on original research as leading to a neglect of critical analysis. "Research and review are the two poles of scholarship," he wrote. A second reason "for the general ineffectiveness of our reviews," according to Simpson, "is the great reticence, diffidence, courtesy, or timidity of our reviewers."[3] Thirdly, he noted the reviewing of a very much larger number of books than their merit warrants with inadequate wordage allocations resulting in the reviewer limiting himself to harmless generalities. Managing Editor John Tate Lanning, in his report to the Board of Editors in 1941, concurred: "Because of the enormous bulk of materials now appearing—two-thirds of which are discarded to begin with—and inevitable dependence upon descriptive notices for unimportant works, and at times distorted reviews of important ones, the whole purpose of reviews is threatened with perversion..."[4]

The *HAHR* began its existence initially under what seemed to be favorable auspices. While there was discussion of such an enterprise at a California meeting in 1915 attended by foreign guests including the distinguished Spanish historian Rafael Altamira, the idea really took form at an inter-American gathering in Buenos Aires. William Spence Robertson and Charles Edward Chapman proposed consideration of the establishment of a journal at the meeting of the American Historical Association the following year. Chapman noted that "the *Christian Science Monitor* has been regarded by some of our leading experts as the best working tool in existence on Hispanic America. With all due respect to that excellent Boston publication, it would seem that history men should have an organ more akin to their profession."[5] So it was proposed that "said review should be devoted to the history (political, economic, social and diplomatic as well as narrative) and institutions of Spain, Portugal and the Latin-American States; that it follow the general style and arrangement of the *American Historical Review*, but with more space allocated to bibliography; that articles in Spanish and Portuguese be printed as well as those in English; and that the articles published be mainly those of such a character that they cannot find ready acceptance in the regional periodicals which already exist...."[6]

Professor Chapman wrote seventy-two letters, a number representing nearly all the members of the historical profession believed to have an interest in Latin America. That figure stands in striking contrast to the more than a thousand Latin Americanists currently members of the Conference on Latin American History. Dr. Chapman received sixty-two responses, an impressive return by any standard: 46 for the establishment of a journal, six opposed, and eight non-committal. Several of those objecting were concerned that "there were not enough men or sufficient equipment in this country to provide first-class articles."[7] However, most of the respondents had no doubt that the journal would be successful.

After appropriate discussion and considerable dissension over the journal-to-be's name, the decision was made to go ahead with *Hispanic American Historical Review* chosen over *Latin American Historical Review* by a six to one vote with two abstentions of the organizing committee. A scant endowment of $3,675 was raised, with more than half coming from a Castilian-born California resident, Mr. J. C. Cebrián. Despite this shaky financial situation, the first number appeared bearing the date of February 1918. On the first page appeared a letter from President Woodrow Wilson approving the new undertaking and expressing the view that it should lead "to very important results both for scholarship and for the increase of cordial feeling throughout the Americas."[8] The editor of the *American Historical Review* contributed an essay bestowing his blessings and the *Catholic Historical Review* rejoiced in the pending appearance of the first number of the *HAHR*.

However, the limited financial resources, the subscription list of small proportions (compared to today's total of more than 2500 individual and institutional subscriptions), rising printing costs, and the absence of any professional group ready and willing to assume responsibility for the infant publication resulted in suspension of publication with the final number of the fifth volume in November 1922.

Life began again under Duke's sponsorship in 1926. The new publisher's prospectus informed potential readers of the hope that "the attention paid by the journal to the history and traditions of the Latin-American countries would promote a better understanding among the nations of the world." An editorial announcement stated that the policy of the periodical would be continued as hitherto, but that the bibliographical section would be considered equal in importance to the part devoted to articles and that the gap in the published list of books and articles caused by the suspension of publication would gradually be filled in. Avowing that the periodical was devoted to no "ism" and that it was not the organ of "any special section or group," its editors expressed the hope that it would become increasingly a vehicle which would aid in bringing into focus "the intellectual forces of all the Americas."[9]

In 1948 a group of historians took stock of the first thirty years of the *HAHR*. Lesley Byrd Simpson criticized what he considered myopia in terms of time, region and subject matter emphasis. He had found what he regarded as an overemphasis on the 19th Century (44%), a disproportionate emphasis on Mexico (24%, omitting the 22% represented by articles of general application), and a distortion represented by 28% devoted to diplomatic history. While having reservations about the usefulness of booklists in a journal, Simpson appreciated the emphasis (180 articles totaling 3,146 pages) during the first quarter century because of absence of any other bibliographical guide in the field until the appearance of the *Handbook of Latin American Studies* in 1935. He prefaced his critical commentary with the observation that "a professional journal of the maturity of this one should provide us with a fair sample of the activities and dominant interests of such scholars."[10]

The late Howard F. Cline, describing himself as an "unrepentant traditionalist," rushed to the journal's defense: "Despite its minor ills, the *Hispanic* is still leader in its field. Its conduct and standards have brought it justified national esteem and increasing international respect." Rejecting Simpson's arithmetical approach, he praised the pioneer scholars associated with the *HAHR*. "We should not dismiss too casually the sturdy tradition which they quietly developed nor underestimate their achievements. It is significant indeed that from the fragments prior to 1918, they created in the United States a respectable field of scholarship, provided the tools to work it, and made it autonomous... they freed the field from its once dominant senior partners—the Hispanicists on the one hand, American historians on the other."[11]

Charles W. Hackett noted that in the first quarter century of the *HAHR*, five scholars contributed 39 articles (12% of total), seven other contributors authored 28 articles (11%), while eighteen scholars contributed three articles each for a total of 54 (17%). Thus thirty individuals had accounted for 121 articles or forty percent of the total. The complete list of contributors reads like a "Who's Who" of Latin Americanists for that generation.[12] Clearly the articles published reflected their interests, preferring—as Cline observed—to dig a few channels deep, "to create internal unity in the field,... to recruit followers, and strengthen a tradition sufficiently distinct to assure recognition of the separate province and to maintain its autonomy in an indifferent and hostile academic universe."[13]

In 1948 Cline thought that the goals having been achieved some shift in strategy might be possible and appropriate. I undertook a categorized compilation of the 295 articles (omitting archival, bibliographical, historiographical and commentary pieces) which have appeared in the

HAHR between 1949 and 1970. Periodwise the 19th Century still leads with 40% followed by the colonial era (20%), 20th Century (17%), and the 18th Century (11%). Noteworthy is the increase of articles pertaining to the most recent period. Topically the leaders have been: diplomatic (27%), political (25%), social (13%), economic (12%), and intellectual (5%). Modest advances have been recorded in political, social and economic fields with a significant percentage advance, although the actual number remains small, in the intellectual area. The regional distribution shows Mexico way out in front (27%) followed by Brazil (10%), Argentina (8%), and Chile (5%) with another 15% devoted to general Latin American or general South American essays.[14] While I would like to assume that the emphasis on Mexico is due to the historical interest and importance of that country as well as to the quality of articles submitted on that nation, it must be conceded that Mexican predominance is also a reflection of Mexico's contiguity to us and the availability of materials for research.

Presuming that the successive Managing Editors have endeavored to choose the best available articles, any significant statistical appraisal would include the distribution by time period, geographical area and subject matter emphasis of articles submitted as well as of those actually published. Such data is unavailable except for the past three years. The period is too brief to draw significant conclusions, but increases appear in the successive years for the 20th Century and the colonial period and for economic, political and intellectual articles on a topical basis. Mexico and Brazil continue to dominate on the basis of regional focus.[15] Work is underway to prepare a new guide to the *HAHR* to serve as a complement to the two earlier compilations by covering the twenty-year period from 1955 through 1975.

The gradual evolution of the journal is visible and noteworthy. However, the *HAHR* has not always received rave notices. Soviet historian I. R. Lavretskii undertook a survey of the journal from 1956 through 1958 as a service to Russian readers. The spirit of his critique was evident from the start when he explained Duke University's interest by pointing out that "this University, as is well-known, is financed by the millionaire Duke family..." Taking individual authors to task, Lavretskii charges that their doctrinal position "does not allow them to reveal the real causes of the phenomena or events under analysis.... See how in the pages of the *HAHR* some historians change black into white!"[16]

Charging that cited authors "not withstanding their mask of objectivity, attempt to justify the activities of the ruling circles of the United States and the American monopolies with respect to Latin American countries," Lavretskii states that "the reactionary tendency of the journal is clearly detected in the kind of articles it publishes dealing with the contemporary history of Mexico..." and concludes that "a survey of *HAHR* materials indicates that the official Latin Americanists of the United States falsify and distort the historical truth in order to benefit imperialism."[17] I understand that those American scholars who were *not* singled out for criticism by the Soviet historian requested that the then Managing Editor afford them an opportunity to reply!

As we look ahead to the final quarter of this century, I am optimistic about the prospects of a quality journal responding effectively to the needs and interests of the profession. The growth of the profession has meant both an ample readership and a source of substantial numbers of research articles. The increase has and will continue to make possible a high level of selectivity. It seems to be that to have effective scholarship responsive to the needs of our time will require the use of the tools and work of social scientists—in anthropology, political science, economics, sociology and geography—as political, economic and social analysis within an historical framework increase in importance. I would anticipate more comparative studies both within the Latin American framework and between historical developments in that region and those of other parts of the world.[18] And there will always be room for breadth of analysis and depth of insight. When an essay with these qualities is received, it brings a gleam to the eye and a stirring of joy for the editor of any professional journal.

NOTES

*A version of this paper was presented as a dinner address at the Fourth Meeting of Mexican-U.S. Historians held at Santa Monica, California, in October, 1973.

[1]William Spence Robertson, "*The Hispanic American Historical Review*," in Ruth Lapham Butler, comp., *Guide to the Hispanic American Historical Review, 1918-1945* (Durham, North Carolina, Duke University Press, 1950), pp. vii-xvi. Reprinted in Howard F. Cline, ed. and comp., *Latin American History: Essays on Its Study and Teaching, 1898-1965*, 2 vols. (Austin, Texas: University of Texas Press, 1967), I, 118-125. The specific citation is to be found on p. 122.

[2]Lesley Byrd Simpson, "Thirty Years of the *Hispanic American Historical Review*," *HAHR*, 29:2 (May 1949), 188-204. Reprinted in Cline, *op. cit.*, I, 126-134. The specific citation is to be found on p. 132.

[3]*Ibid.*, p. 133.

[4]*Ibid.*, p. 132.

[5]Charles E. Chapman, "The Founding of the *Review*," *HAHR*, 1:1 (February 1918), 8-20. Reprinted in Cline, *op. cit.*, I, 112-118. The specific citation is to be found on p. 112.

[6]*Ibid.*, p. 113.

[7]*Ibid.*, p. 114.

[8]Robertson, *loc. cit.*, p. 121.

[9]Editorial Note," *HAHR*, 6:1 (February 1926), 3-4. See also, Robertson, *loc. cit.*, p. 122.

[10]Simpson, *loc. cit.*, p. 126.

[11]Howard F. Cline, "Reflections on Traditionalism in the Historiography of Hispanic America," *HAHR*, 29:2 (May 1949), 205-212. Reprinted in Cline, *op. cit.*, I, 135-138. The specific citation is to be found on p. 135.

[12]Charles W. Hackett, "Discussion of Lesley Byrd Simpson, 'Thirty Years of the *Hispanic American Historical Review*'," *HAHR*, 29:2 (May 1949), 213-221. Reprinted in Cline, *op. cit.*, I, 139-141.

[13]Cline, *loc. cit.*, p. 136.

[14]I am indebted to my assistant, Mrs. Carol Wood Garcés, who prepared the statistical compilation of the articles in the *HAHR*, 1949-1970.

[15]See "From the Editor's Desk," *HAHR*, 51:4 (November 1971), 714-715 and 52:4 (November 1972), 726-727.

[16]I. R. Lavretskii, "A Survey of the *Hispanic American Historical Review, 1956-1958*," *HAHR*, 40:3 (August 1960), 340-360. Reprinted in Cline, *op. cit.*, I, 144-156. The specific citations are to be found on pp. 144, 146 and 154.

[17]*Ibid.*, pp. 147, 149 and 156.

[18]At the 1968 luncheon meeting of the *CLAH*, Professor Charles C. Griffin spoke on "Latin American History in the United States, a Retrospective View." On that occasion he suggested that "comparative studies forcing consideration of Latin American aspects of universal problems will prevent isolation of Latin Americanists from fellow historians here and abroad." "Professional Notes," *HAHR*, 49:2 (May 1969), p. 405.

JOTABECHE Y SARMIENTO: CONTRASTES LITERARIOS

por Russell O. Salmon
Indiana University

Al examinar el período subsiguiente a la independencia de Hispanoamérica frecuentemente usamos la generación de 1842 en Chile como uno de los mejores ejemplos de renacimiento cultural en término de conciencialización nacional. El ambiente cultural de Chile que principió a florecer en los comienzos de los años cuarenta, dio a dos escritores el estímulo para darnos la primera gran perspectiva literaria de las nuevas naciones americanas; dos visiones que irían a ser cruciales en el desarrollo literario de los dos países. Los escritores son Domingo Faustino Sarmiento, argentino, y José Joaquín Vallejo, de Copiapó, Chile (quien escribió bajo el seudónimo de Jotabeche).[1] Las piezas literarias maestras de estos dos hombres se basan casi completamente en la realidad de sus patrias respectivas.

A causa de una serie de polémicas que tuvieron lugar en los periódicos de Santiago y Valparaíso durante el año de 1842, esa fecha se ha convertido en punto focal para designar la generación que dio una forma singular a la sociedad chilena.[2] En ese mismo año se fundó la primera asociación literaria y al ser presentada en sociedad, el 3 de mayo, José Victoriano Lastarria dio una conferencia que se constituyó en una declaración de independencia cultural chilena.[3] El 14 de julio de 1842, se fundó la primera verdadera publicación periódica literaria, *El Semanario*. En el mismo año se celebró la primera contienda poética del Chile moderno. Hubo muchas más ramificaciones de crecimiento cultural nacional, político, económico y de naturaleza educativa. Sin embargo, las ideas, la formación de nuevas instituciones y el fervor literario no fueron espontáneos, sino que fueron resultado de la síntesis de muchas fuerzas. Las ideas de la Ilustración habían sido tempranamente adoptadas por hombres tales como Camilo Henríquez y Manuel de Salas. Además, la austeridad dictatorial de Diego Portales trajo estabilidad política y desarrollo económico, el cual recibió un ímpetu tremendo por el descubrimiento de mineral de plata en Chañarcillo, en 1832. Una atmósfera de reconciliación con la elección ordenada del presidente Bulnes en 1841 trajo paz y esperanza para el progreso. La feliz terminación de la guerra contra la Confederación Peruano-Boliviana dio a la nación un sentido de individualidad histórica.[4] Los jóvenes podían viajar y aguzar sus sensibilidades en una atmósfera de promesa, reconstrucción y regeneración.

Los intelectuales foráneos fueron extremadamente influyentes en el fomento del desarrollo de la Generación de 1842. Aventajado entre los demás estaba Andrés Bello, quien con su brillantez, infundió en estos jóvenes un sentido de creatividad basado en la historia y en la tradición. Bello probablemente comprendió mejor que nadie lo que el movimiento romántico significaba para Chile, porque en Inglaterra él había sido amigo íntimo de James Mill, Jeremías Bentham y otros pensadores avanzados. Aunque Bello creía en la libertad del romanticismo, no pudo tolerar sus exageraciones y parece que su espíritu se amalgamó bien con el conservatismo moderado de la sociedad chilena. Es significativo también, que Ricardo A. Latcham considerara al liberal español, José Joaquín de Mora igualmente importante, si no más que Andrés Bello, en la formación intelectual de los chilenos.[5]

En directa oposición con el espíritu reposado de Andrés Bello estaba la emoción voluble de los émigrés románticos argentinos, los más notables de los cuales fueron Vicente Fidel López y Domingo Faustino Sarmiento. López, por ejemplo, instigó la segunda de las polémicas de 1842 con su artículo "Clasicismo y romanticismo," en la *Revista de Valparaíso* en mayo. El dinámico Sarmiento se opuso a Bello en todas las formas: estuvo en favor de la educación popular y de las escuelas normales, defendió el liberalismo, y desde luego, encendió la primera polémica con su artículo "Ejercicios populares de la lengua castellana," el cual apareció en *El Mercurio de Valparaíso*, el 27 de abril. Manifiestamente Chile proporcionaba estabilidad: Orden > Comercio > Dinero > Más orden. Este tipo de estabilidad, sin embargo, permitió la fermentación tanto intelectual como socio-política e instigadores como Francisco Bilbao y Santiago Arcos combatieron para desarraigar la supuesta base feudalista de la sociedad chilena, a fin de desligarse de la tradición colonial española.

La primera polémica, comenzada por Sarmiento el 27 de abril, tiene que ver con el idioma castellano—la propiedad del castellano americano. La tesis de Sarmiento es que la tradición lingüística es oral y no basada en la escritura; Bello (el autor de la primera gramática hispano-americana) contestó que la literatura española debía ser estudiada a fondo e imitada. Declaró que palabras castellanas adecuadas estaban siendo evitadas en América, por ignorancia, debilitando la rica herencia que la lengua proporcionaba. Esta era la base de la polémica filológica entre Sarmiento y Bello (cuyos planteamientos fueron pronto continuados por José M. Núñez).[6]

La segunda polémica se basó en el sentido del romanticismo y el contraste entre neoclasicismo (clasicismo) y romanticismo. El caso de la validez de un ideal romántico fue tomado por Vicente Fidel López y Domingo Faustino Sarmiento mientras que Antonio García Reyes, Salvador Fuentes y José Joaquín Vallejo defendieron el racionalismo mesurado de los neoclásicos.

La base estética de estas polémicas puede verse mejor en las dos figuras literarias de Domingo Faustino Sarmiento y José Joaquín Vallejo, porque ellos son los primeros en responder artísticamente al llamado de José Victoriano Lastarria para la creación de una literatura nacional, el 3 de mayo de 1842:

> Seguid estos preceptos, que son los del progreso i los únicos que pueden encaminaros a la meta de nuestras aspiraciones. No hai sobre la tierra pueblos que tengan como los americanos una necesidad mas imperiosa de ser orijinales en la literatura, porque todas sus modificaciones les son peculiares i nada tienen de comun con las que constituyen la orijinalidad del Viejo Mundo. La naturaleza americana, tan prominente en sus formas, tan variada, tan nueva en sus hermosos atavios, permanece virjen; todavía no ha sido interrogada; aguarda que el jénio de sus hijos explote los veneros inagotables de belleza con que le brinda. ¡Qué de recursos ofrecen a vuestra dedicacion las necesidades i sociales morales de nuestros pueblos, sus preocupaciones, sus costumbres i sus sentimientos! Su ilustracion tan solo os presenta materiales tan abundosos que bastarian a ocupar la vida de una jeneracion entera; ahora nuestra relijion, Señores, contiene en cada pájina de sus libros sagrados un tesoro capaz de llenar vuestra ambicion. Principiad, pues, a sacar de tan pingües riquezas, a llenar vuestra mision de utilidad i de progreso; escribid para el pueblo, ilustradlo, combatiendo sus vicios i fomentando sus virtudes, recordándole sus hechos heróicos, acostumbrándole a venerar su relijion i sus instituciones; así estrechareis los vínculos que lo ligan, le hareis amar a su patria i lo acostumbrareis a mirar, siempre unida, su libertad i su existencia social. Este

> es el único camino que debeis seguir para consumar la grande obra de hacer nuestra literatura nacional, útil i progresiva.[7]

Si tomamos como ejemplo el cuadro de costumbres, una de las formas más populares, podemos ver la importancia de las ideas en contraste de estos dos escritores.[8] Como individuos ellos eran polos opuestos en educación, política, y estilo de vida. Aunque en sus obras Sarmiento y Vallejo estaban decididos a retratar sus naciones respectivas y a sus compatriotas, es en su papel de escritores y en sus visiones de América donde notamos la mayor divergencia entre ellos. Sarmiento sentía fascinación por el pueblo y por la habilidad de los individuos de esta matriz común de la sociedad, para levantarse hacia el liderazgo nacional. Estaba interesado en las grandes fuerzas que dan ímpetu a la vida y usó cuadros para ilustrar este proceso. En efecto, él era parte de este proceso y debemos considerarlo como escritor-actor. Era el romántico eterno a través de quien comprendemos la realidad.

Jotabeche, por otra parte, es el observador cuidadoso cuya mirada estaba alerta para percibir la tradición colonial del norte chico y para captar la emoción del cambio en Chile al igual que el sentido de la belleza de este país. Aunque Jotabeche ha sido llamado el Larra americano carecía del sarcasmo didáctico de su maestro español.[9] Esto, sin embargo, no se aparta de la importancia de su naturalidad de expresión y de su romanticismo inconsciente, que tanto lo caracteriza como el primer costumbrista de Chile. De gran interés, sin embargo, frecuentemente percibimos en su obra una actitud condescendiente hacia el pueblo, como por ejemplo en este pasaje:

> En la mayor parte de los pueblos de provincia la vista de una cara nueva es una fiesta que hace furor, alborota á las gentes lo mismo que á la aristocracia de Santiago, la aparición, en sus salones, de algún conde ó marqués verdadero ó apócrifo. Nuestro provinciano, pues, recordando lo que pasa en su pueblo con las caras nuevas, marcha con la aprehensión de que la suya es también muy notable en las calles de la capital y de que, cuantos la encuentran, querrán tener el honor de conocerla y el gusto de saber de dónde ha llegado. Por eso al enfrentaros es fija la vista como para averiguar lo que pensáis de su persona; por eso, á fin de pareceros bien, va tan encolado y con todo el aire que estudiosamente se da el que se acomoda para que le retraten; por eso, queriendo conquistar simpatías, le veréis saludar y gastar los cumplidos de *pase*

> *ud.—gracias—no se incomode Ud.*—con los que van y vienen, sin que le hagan maldito el caso y sin darle muchas veces otra contestación que la de *vaya Ud. á un demonio*.
>
> Eso sí, con los rotos no capitula jamás. Siempre anda disputándoles la vereda, arrojándoles al medio de la calle y apostrofándoles de *canallas y ladrones*: hasta que en una de esas se complotan tres ó cuatro; le cargan, le sumen la boya; le dicen *chillanejo bruto ó colchagüino bestia*, y se queda nuestro amigo con una segunda lección de mundo, para no olvidarla mientras ande rodando tierras.
>
> (*Obras*, p. 239)

Jotabeche se sentía más cómodo en la sosegada tradición de Copiapó y sus cuadros de *cangalleros*, *rotos* y soldados de la frontera son completos en sí mismos; es el escritor-observador.

A fin de ser más específicos en este estudio contrastivo, permítasenos examinar brevemente los cuadros de Sarmiento y Jotabeche. Ambos escritores, el argentino y el chileno, tienen dos tipos de cuadros: la pintura de la persona y la descripción del medio. En términos pictóricos los personajes de la obra de Sarmiento son altamente gráficos, al mismo tiempo que sintéticos, esto es, a pesar de ciertas alusiones personales, estos cuadros son una síntesis de tipos, y a veces aun heroicos en calidad. Sus descripciones de Argentina son igualmente sintéticas:

> La inmensa estension de pais que está en sus estremos, es enteramente despoblada, i rios navegables posee que no ha surcado aun el frajil barquichuelo. El mal que aqueja a la República Arjentina es la estension: el desierto la rodea por todas partes i se le insinúa en las entrañas; la soledad, el despoblado sin una habitacion humana, son, por lo jeneral, los límites incuestionables entre unas y otras provincias. Allí la inmensidad por todas partes: inmensa la llanura, inmensos los bosques, inmensos los rios, el horizonte siempre incierto, siempre confundiéndose con la tierra, entre celajes i vapores ténues, que no dejan, en la lejana perspectiva, señalar el punto en que el mundo acaba i principia el cielo. Al sud i al norte acéchanla los salvajes, que aguardan las noches de luna para caer, cual enjambres de hienas, sobre los ganados que pacen en los campos, i sobre las indefensas poblaciones.[10]

Sarmiento no conocía la Argentina personalmente, excepto su propia provincia de San Juan (en realidad él atravesó la pampa una vez durante su juventud). Escribió *Facundo* en Chile y sus cuadros están escritos en el estilo de los grandes paisajistas románticos, trazando gruesas pinceladas con detalles impremeditados para dar realismo. El detalle realista no es tan importante como la visión del conjunto y el tema dominante. Estos cuadros verbales se acumulan hacia un fin; pueden ser pintorescos, como los cuadros de los tipos de la pampa, tales como el *rastreador*, el *baqueano*, el *gaucho malo* y el *cantor*; pueden ser altamente dramáticos, como la presentación de Facundo Quiroga con el *tigre cebado*, o su muerte en Barranca Yaco;[11] pueden ser sentimentales, como el retrato de su madre en *Recuerdos de provincia*;[12] o pueden ser dramático como en la antes citada descripción de la Argentina en las páginas introductorias de *Facundo*. Cualquiera que sea el efecto, Sarmiento usa estos cuadros para ilustrar y darle vida a su tema: la tensión dinámica de fuerzas opuestas en el proceso de creación de la realidad argentina. Como escritor, educador y político Sarmiento fue siempre el mismo individuo, y su obra literaria siempre fue estética, didáctica y política al mismo tiempo. Pocos de sus trabajos escapan de esta triple lealtad a la cual dedicó toda su vida. Aun para sus obras más estéticas y afectivas hay generalmente una motivación política. Este, en efecto, es uno de los aspectos más singulares del romanticismo argentino en general.

En contraste directo con el estilo de Sarmiento, Jotabeche no tiene un tema dominante. El mensaje es el bosquejo mismo. En sus cuadros gráficos de los tipos chilenos adopta el lenguaje y el vigor del minero:

> El que no entiende de minas y viene á Copiapó, viene á no entenderse ni á entender á nadie. Recorrerá las calles, entrará en los buitrones é ingenios, visitará los jardines de la chimba, pero al cabo no ha de saber qué destino dar á su lengua. Los hombres mayores prefieren á todo, hablar del mineral fulano que se halla *virgen*, del otro que se ha camorriado, de la *faena* que les cuesta muchos pesos, de las *aspas*, de los pícaros *cangalleros* y de los *mayordomos de labor*, que roban más que todos. Los jóvenes, aun cuando hablan de amor, dicen más bien *he hecho un alcance* que *hubo tal cosa*; á la vieja regañona la llaman *arsénico*, á la niña bonita *rosicler*; de la desdeñosa aseguran que es un *metal frío* que necesita *calcinación* ó *magistral*; de la que no lo es confiesan ser *barra pura*, plata *á la vista*, *ley de 6,000 marcos*, muy *metalera*, un *llampo riquísimo*. Y aun las mismas señoritas gustan de describir las raras piedras que componen su colección, que es el *álbum* de las copiapinas. En cada trozo

> de metal tienen el recuerdo de algún amigo; y en todos ellos, las producciones del genio que inspira á Chañarcillo, San Antonio, Bandurrias, Pampa-Larga y á otros infinitos poetas, cuyos versos son preferibles á todos los himnos, cantos y endechas del Parnaso. ¡Cuánto me gusta esta literatura de Copiapó!
> (*Obras*, p. 76)

Nos da cuadros claros del *cangallero* (o ladrón de metales preciosos), del provinciano de todas partes de Chile, y del *roto* urbano.[13] Indudablemente, Jotabeche es el primer escritor chileno que capta los matices del personaje chileno. Socarronamente se refiere a Santiago como la Meca para todos los chilenos:

> Los jóvenes de provincia, que no han sido educados en los colegios de la capital, anhelan á visitar ese recinto afortunado, donde una residencia de pocos meses les ha de enseñar más que todos los cursos, que han seguido en su pueblo; donde las luces de la civilización, semejantes al fluído resplandeciente del mediodía, todo lo invaden, todo lo trasminan, todo lo inundan y á todo dan animación de inagotable vida. No sé si me engañe; pero creo haber descubierto en muchos de mis amigos provincianos que se preparaban a á dar, por primera vez, una vueltecita por Santiago, cierta placentera confianza, no de satisfacer su simple curiosidad, sino de aprender algo útil, de adquirir conocimientos que instintivamente echaban de menos y de despejar un tanto el espíritu de esa bruma inexplicable en que le vemos envuelto los que le hemos cultivado poco. Ellos han visto que este corto paseo, este ligero *baño de Santiago* ha obrado prodigios en otros: que han vuelto trayéndose, a la vez, graciosas maneras y no poco desarrollo intelectual, los mismos que antes no podían desenredarse de su timidez y encogimiento habituales; timidez y encogimiento que, sea dicho de paso, si una fatalidad ha sancionado ya como caracteristicos del provinciano, casi nunca prueban un mal irremediable, casi siempre no son sino un grosero capullo dentro del cual se hallan los gérmenes de muy preciosos talentos. (Sirva esto de consuelo á quien le plazca, y vamos adelante.)
> (*Obras*, p. 234)

Declara que el provinciano chileno es tan variado como el clima. Describe el orgullo indómito y noble caracaterístico del Talquino, la angélica resignación del Maulino, la humildad rústica del inquilino de Colchagua, la afabilidad y falta de ceremoniosidad del Coquimbano en comparación con la tiesa formalidad del Copiapino.[14] Pocos escritores de América anteriores a Jotabeche mostraron su habilidad literaria o su interés por ver tan de cerca los tipos regionales dentro de las fronteras de su nación. Sin embargo, lo que él realmente glorifica a través de sus cuadros de costumbres es el encanto y la belleza de las provincias mismas, las cuales representan para él el verdadero Chile, los puertos bulliciosos, un sosegado cañón encajonado, el recio esplendor del despoblado norte, el jolgorio de un campamento de mineral de plata, o aun una flor del desierto. Jotabeche conocía a Chile y sus cuadros son meticulosos en el efecto visual, pinceladas de bosquejos pintorescos que nos entregan un álbum del Chile de los años cuarenta. Estos están en contraste con los vastos, comprensivos y dramáticos lienzos de Sarmiento. En los cuadros de Jotabeche no hay proceso, ni conflicto. Mas bien son fijos, resultando en un estereotipo estático de la tierra y particularmente de las personas. Y Jotabeche fue extremadamente influyente como precursor de los escritores de ficción en prosa de Chile. Su visión condescendiente del *roto*, por ejemplo, era a fin de fijar un modelo para muchas generaciones de escritores en prosa chilenos.[15] El *roto* con su pintoresca y recursiva socarronería y descaro alternará con el fatalista pero intrépido soldado de los campos de batalla del siglo diecinueve.[16]

La conclusión no es tanto para señalar las direcciones de la ficción en prosa chilena sino para ejemplificar la obra de estos dos autores a la luz de la Generación de 1842 y el amplio espectro de las latitudes intelectuales y literarias que aquellos tiempos proporcionaban en Chile.

Es significativo que Sarmiento estuviera en Chile en 1845 cuando concibió *Facundo*, una obra tan original y tan americana. E igualmente significativa es la obra costumbrista de Jotabeche, quien ha captado tan bien la esencia de *lo chileno*. Los dos son muy similares y al mismo tiempo muy diferentes y nos entregan ejemplos de la abierta y dinámica cualidad de la sociedad chilena de mediados del siglo diecinueve, la cual era el catalizador necesario para tal literatura de renovación. Sus obras nos conceden elementos contrastivos a través de los cuales podemos lograr una penetración retrospectiva dentro de la cultura.

NOTAS

[1]Jotabeche, el nombre literario de Vallejo, evidentemente se deriva de las letras españolas jota, be y che. Se cree que adoptó las iniciales de Juan Bautista Chenan, un argentino muy popular en aquella época en Copiapó, conocido por sus bromas, atrevimiento y su descaro social. Así lo dice Sarmiento en un artículo titulado "Zamora de Adalid a Jotabeche," *El Progareso*, Santiago, 4 de enero de 1843. Y el mismo Jotabeche hace referencia a Juan Bautista en "Carta de Jotabeche," y a Bautista en otra "Carta de Jotabeche," *Obras de don José Joaquín Vallejo* (Jotabeche), precedida de un estudio crítico y biográfico de don Alberto Edwards (Santiago: Biblioteca de Escritores de Chile, Vol. VI, Imprenta Barcelona, 1911), pp. 15 ff. y pp. 193 ff.

[2]Hay muchos estudios sobre el movimiento literario de 1842 en Chile. Los mejores son: Julio Durán Cerda, *El movimiento literario de 1842*, 2 vols. (Santiago: Editorial Universitaria, 1957). Esta es una antología de todos los textos esenciales. Luis de Filippo, *La gran contienda del romanticismo. Chilenos y argentinos disputan en Chile* (Santa Fe, Argentina: Castellvi, 1957). Este es un buen bosquejo del fondo histórico y político. José Victorino Lastarria, *Recuerdos literarios* (Santiago: Librería de M. Servat, 1885). Libro esencial sobre el período por una de las figuras centrales. Ricardo A. Latcham, "Las ideas del movimiento literario de 1842," *Atenea*, 68:203 (mayo 1942), pp. 149-192; también en *Antología; Crónica de varia lección* (Santiago: Zig-Zag, 1965), pp. 258-281. Indispensable para entender este período de la historia literaria en Chile. Norberto Pinilla, *La controversia filológica de 1842* (Santiago, 1945). En este libro el autor dio al público los textos de la primera polémica. Norberto Pinilla, *La generación chilena de 1842* (Santiago: Editorial de la Universidad de Chile, 1943). Estudio sumamente útil. Norberto Pinilla, *La polémica del romanticismo en 1842. V. F. López, D. F. Sarmiento, S. Sanfuentes* (Buenos Aires: Editorial Americalee, 1943). Compilación de los artículos y ensayos más destacantes. Norberto Pinilla, Manuel Rojas y Tomás Lago, *1842. Panorama y significación del movimiento literario; José Joaquín Vallejo; Sobre el romanticismo* (Santiago: Ediciones de la Universidad de Chile, 1942). Libro útil de tres ensayos. Francisco Santana, "El movimiento literario de 1842," *Atenea*, 54:162 (diciembre 1938), pp. 433-458. Domingo Faustino Sarmiento, "Chile," *Obras completas*, Vol. III (Buenos Aires: Editorial Luz del Día, 1949), pp. 193-212. Esta viñeta, por una de las figuras centrales del período, es excelente para el sabor de aquellos estimulantes años de fervor juvenil. Raúl Silva Castro, *Panorama literario de Chile* (Santiago: Editorial Universitaria, 1961), pp. 515-526. Especialmente útil para los detalles anteriores que influían el movimiento de 1842. Arturo Torres-Ríoseco, *Breve historia de la literatura chilena* (México: Ediciones de Andrea, 1956), pp. 31-35. Miguel Angel Vega, "Visión panorámica del movimiento literario del 42," *Atenea*, 68: 203 (mayo 1942), pp. 233-239.

[3]Lastarria, "Discurso e incorporación a la sociedad literaria," *op. cit.*, pp. 96-115.

[4]La estatua al roto chileno en la Plaza Yungay en Santiago conmemora la parte desempeñada por el soldado raso en la derrota de Andrés de Santa Cruz, el caudillo boliviano que instigó la Confederación contra Chile en Yungay en 1839. "Se debe recordar que, en estos años comenzaba nuestro pueblo a entusiasmarse con las tonificantes embriagueces de las victorias militares que obtenía nuestro ejér-

cito en la segunda campaña contra la Confederación Perú-Boliviana, circunstancias felices que debía levantar el orgullo nacional y ejercer en el espíritu una gran influencia; es una razón histórica que impulsó el despertar literario de 1842." Santana, *op. cit.*, p. 435.

[5]Ricardo A. Latcham, *Antología*, *op. cit.*, pp. 258-259.

[6]Véase los textos en Durán Cerda, *op. cit.*, pp. 225-307.

[7]Lastarria, *op. cit.*, pp. 114-115.

[8]Para el vínculo entre el costumbrismo de España y el de Chile, y especialmente la obra de Jotabeche, véase el "Prólogo" de Juan Uribe Echevarría en Pedro Ruiz Aldea, *Tipos y costumbres de Chile* (Santiago: Zig-Zag, 1947), y Cornelius Crowley, "Costumbrism in Chilean Literary Prose of the Nineteenth Century," (Disertación doctoral inédita, Universidad de California, Berkeley, 1944). La obra de Crowley es el mejor estudio del costumbrismo chileno del siglo 19.

[9]"As to the development of the *costumbrista* movement in Spain, and in Chile, it may be said that Larra's influence as a satirist was not lasting in the American republic, where satire barely made an appearance." Crowley, *op. cit.*, p. 206.

[10]Domingo Faustino Sarmiento, *Facundo* (Prólogo y notas del profesor Alberto Palcos; Reedición ampliada de la edición crítica y documentada que publicó la Universidad Nacional de la Plata; Buenos Aires: Ediciones Culturales Argentinas, 1961), pp. 25-26.

[11]*Ibid.*, pp. 79-81, pp. 205-226.

[12]Sarmiento, "La historia de mi madre," "El hogar paterno," *Obras completas*, *op. cit.*, pp. 126-150.

[13]Véase, por ejemplo, "Los cangalleros" (pp. 261-266), "Mineral de Chañarcillo" (pp. 65-68), "La mina de los Candelaros" (pp. 69-74), "El derretero de la veta de los Tres Portezuelos" (pp. 75-82), "El provinciano en Santiago" (pp. 233-242), "El provinciano renegado" (pp. 249-254), *Obras*.

[14]Véase "Invocación. El provinciano" (pp. 219-226), *Obras*.

[15]Con Jotabeche empieza en la prosa chilena esta tendencia hacia el realismo costumbrista y el tipo estático que representa la actitud frente al personaje tanto como a la geografía. Se destaca esta tendencia en las obras de Alberto Blest Gana (véase nuestro estudio "Alberto Blest Gana como retratista del roto," *Cahiers du Monde Hispanique et Luso-Brésilien* [*Caravelle*], 20 [1973], pp. 135-148), Mariano Latorre y sus seguidores en el movimiento mundonovista, y Joaquín Edwards Bello.

[16]Véase esta comparación en "El provinciano en Santiago" (pp. 233-242) y "El último jefe español en Arauco" (pp. 275-284), *Obras*.

JUAN RULFO

por Luis Alberto Sánchez
Universidad de San Marcos

En 1955 aún no había surgido lo que se suele denominar "nueva narrativa latinoamericana." Ese año se publicó en México una novela, más bien corta que larga, escueta, sencilla, profunda, maciza y popular que conmovió paulatina, pero firmemente, los medios literarios y rebotó en logros tan depurados como *Cien años de soledad*. Se titulaba *Pedro Páramo*; su autor era Juan Rulfo, apenas conocido a través de unos cuentos extrañamente sintéticos insertos en la revista *Pan* que dos jóvenes cuentistas, Juan José Arreola y Antonio Alatorre, editaban en la pintoresca y alegre ciudad de Guadalajara; algunos de ellos reunidos en el tomo *El llano en llamas* (1953), nombre desagradablemente cacofónico.

¿Quién era Juan Rulfo, aparte de lo dicho?

Los escritores jóvenes, aquéllos que oscilaban entre los treinta y los cuarenta le conocían bastante o habían oído hablar de él, mas no por sus éxitos literarios, todavía en agraz, sino por su incurable bohemia, su ironía mordaz y ese aire lánguido de olvidado de Dios, con que pasaba las noches, más que los días, en ambientes literarios y en cafés y tabernas nocturnas.

Era más bien achaparrado, es decir, pequeño y de escaso volumen físico. Hablaba al desgaire, como temiendo que inspirase a cada palabra, y luego dejándolas desflecar en el aire, sin ánimo ni propósito de recogerlas. Los que le conocían de cerca sabían que, desde niño, tenía roto el cuello de la voluntad. Los Rulfo habían sido una familia de pro durante los tiempos de don Porfirio. Manejaron buena casa, coche, cocina a la francesa y lucieron vajilla de plata de Guanajuato, plural y suntuosa. Habían sido de los que bailaron gozosos al soñador compás de "Sobre las olas," el famoso vals de Juventino Rosas, equivalente a "La Adelita" de la posterior etapa de Pancho Villa y a "La cucaracha" de espada y nana de la Revolución.

Pero, llegó el monstruo, "la Bola," como la llamaban los Luis Cervantes y los Pito Pérez, y se lo llevó todo consigo. Entre los escombros del Porfiriato quedó la fortuna de los Rulfo. Juan nació al año siguiente de la Constitución de Querétaro cuando ya no quedaba nada del viejo bienestar hogareño. Unos parientes de provincia se lo llevaron para criarlo en paz y provecho. A cambio de risas, buenos eran consejos. Ya que no catrines de la capital, había que codearse con charros de pantalón de cuero, espolones chirriantes y pistolón a vista y mano del marchante, y ponerse al habla con los *pelados*. Había que vivir.

Pero, en México, el sosiego andaba tan caro como la seguridad y las subsistencias, aunque mucho menos que las vidas. Cuando, después de los trágicos fallecimientos de don Venustiano Carranza y de Pancho Villa, todcs a punta de bala, que es como debieran morir no sólo los soldados sino también (en este caso) los generales, parecía todo resuelto, y se hablaba de elecciones presidenciales honestas, y se perfilaba la silueta romántica de José Vasconcelos como candidato potencial de los más nuevos, y se alzaba la misteriosa y oficialista de Plutarco Elías Calles, como la de masones, neoligarcos y masones, se quebró el cristal y volvió a saltar la surgente. Había llegado la hora de la rebelión de los "cristeros."

Los "cristeros" lo eran y no lo eran. De cualquier suerte estaban contra los radicales del gobierno. Pretendían que la revolución se amansara y que Cristo no fuese totalmente destituido de sus templos, ni de las escuelas ni desterrado a perpetuidad de sus aulas y del corazón de tanto feligrés arrepentido de las violencias pasadas. El general Obregón, legatario forzoso de sus siempre difuntos antecesores y conmilitones, volvió a cargar de cañones y ametralladoras su tren blindado, apeló a los dispersos "coares" de la antigua y temida caballería de la División del Norte, y se reanudó la guerra, esta vez en peores condiciones que antes, porque los adversarios se conocían, habían comido en la misma mesa, habían compartido vivaques, saqueos y mujeres, y eran como si se hubiesen lanzado hermanos contra hermanos, que suelen ser los más feroces enemigos cuando se convierten en tales.

El niño Juan Rulfo tenía nueve años. Una edad que permite no olvidar. Y sentir. Sentir hasta los tuétanos las pérdidas más que las ganancias, los éxodos más que los arribos, la pena más que la privación. Sus parientes y su pueblo, todo Jalisco recibió la parte más dura de la guerra de los cristeros. Se olvidaron las jactancias melódicas de los tapatíos. Junto al niño se agrietaban rostros cobrizos, de piedra maleable, no ya las caras blancas y bigotudas de los parientes criollos. Juan Rulfo perdió de nuevo el hogar, pero no la memoria ni la paciencia. Vivió entre indios, escapándose siempre, como los angustiados habitantes de aquel

Pueblo inocente, cuya novela ha escrito José Rubén Romero. La prisa del criollo se había trocado en calma indígena. Las fantasías de los charros en las leyendas de los toltecas, mistecas, aztecas, chichimecas, o cómo se llamen los autóctonos jalicienses. Aprendió a ser desconfiado, silencioso, observador y a saber que hay un demonio embotellado que suele calmar penas y abreviar agonías. A los trece o catorce años cuando llegó a la Ciudad de México a continuar sus estudios, había aprendido tanto de la vida que la empezaba a mirar como cosa ajena, desde una orilla sin paralelo con ningún otro observatorio.

De toda esa dolorosa experiencia acumulada, nacieron los escuetos relatos acogidos por la revista *Pan*, a fines de la década de los 30 y principios de la del 40. Así se fue gestando célula a célula, palabra por palabra, el invisible, pero presente personaje de su novela, Pedro Páramo, fantasmagórico, astuto y sentencioso, como un "Martín Fierro" del Anáhuac; sin vigüela ni romanticismo: en una prosa seca como un disparo.

Claro está que, como siempre, al tratarse de una obra literaria, es ritual referirse a otros autores y otras obras para rodear del debido ambiente erudito y crítico la versión del producto analizado. Es natural. Podríamos, empero, prescindir aquí, en este caso, no sólo de las consabidas menciones de Mariano Azuela y José Rubén Romero y Martín Luis Guzmán, sino también de la de Agustín Yáñez, más tentadora por más cercano a Rulfo, pero sin ningún parentesco con su prosa. La de Rulfo nacía de una ametralladora, la de Yáñez, de un corrido. Tierra y episodio lejos de emparentar, alejan cuando cada cual los siente con sus propios medios. Es lo que ocurre en este caso.

El llano en llamas (15 relatos) tuvo una acogida crítica y una difusión publicitaria insospechada. El estilo de aquellos cuentos era el de unos *sketches*, casi como guiones cinematográficos, pero lo decían todo con poco y sugerían en cada frase más de lo que pudiera referir en un párrafo. Los temas eran populares, sencillos, y a menudo violentos. Las expresiones veloces e intensas. Todo aparecía como entredicho, apenas balbuceado, y anotado. El lector, obligado implícitamente a colaborar, imaginaba lo que el autor había querido decir. Pero, con haber sido el libro un éxito sólo comparable al de *El águila y la serpiente* de Martín Luis Guzmán y el *Confabulario* de Juan José Arreola (este ocasional compañero de aventura literaria de Rulfo), todo ese estado de éxito quedó borrado con *Pedro Páramo*, que salió dos años después.

Tengo la sensación de que esta novela es como la versión escrita de una pintura de Solana, de un mural de Orozco. Tiene su fuerza, su tremendo sintetismo, su estudiada simplicidad, su autenticidad vernácula. Así como los muralistas mexicanos, aunque parezcan eco del expresionismo europeo, tratan de reducir a colores planos los relieves naturales, así Rulfo reduce a un lenguaje popular, pero no vulgar, las ocurrencias sentimentales del agro y de la revolución. Leyéndolo de nuevo, ahora, a muchos años de distancia, y releyendo al mismo tiempo a García Márquez, no me cabe duda de que, influjo o coincidencia, *Pedro Páramo* es como un apasionante antecedente de *Cien años de soledad*. Claro que García Márquez, además de haberse oído a sí mismo, a su espíritu, había leído a Faulkner y a Sartre, pero creo que también había leído a Juan Rulfo y a Miguel Angel Asturias, lo que vigoriza el carácter raigalmente americano de *La hojarasca*, *La mala hora*, etc., del colombiano. Encuentro en *Pedro Páramo* el pregusto de *Cien años de soledad*. Aire de misterio, contornos vagos, insinuaciones misteriosas, familiaridad con la muerte, tipos inesperados, una atmósfera de magia, todo lo que saca a un lector de su mundo y lo coloca en los linderos al que no podría penetrar, aunque quisiera, sin la conducción de ese nuevo Virgilio que es el narrador onírico y neorrealista de nuestros días.

En *Pedro Páramo*, Rulfo utiliza una técnica de muy difícil clarificación. Ciertamente ha leído a los novelistas norteamericanos, más que a los europeos. La prosa de Hemingway y de Steinbeck está ahí presente, mucho más que la de Faulkner o cualquier otro autor. Pero, está presente también la actitud general del mexicano, ese desflecado estilo que se encuentra en el segundo Guzmán más que en el permanente Azuela, y que, aunque parezca absurdo, se relaciona más con la prosa surrealista de Owen y Novo que con la clásica de Reyes y Torres Bodet.

Rulfo inicia así su narración:

> Vine a Comala porque me dijeron que acá vivía mi padre, un tal Pedro Páramo. Mi madre me lo dijo. Y yo le prometí que vendría a verlo en cuanto ella muriera. Le apreté sus manos en señal de que lo haría, pues ella estaba por morirse, y yo en un plan de prometerlo todo. "No dejes de ir a visitarlo—me recomendó—. Se llama de este modo y de este otro. Estoy segura de que le dará gusto conocerte." Entonces no pude hacer otra cosa sino decirle que así lo haría, y de tanto decírselo, se lo seguí diciendo aun después que a mis manos les costó trabajo zafarse de sus manos muertas.

En este primer párrafo se destacan casi todas las características del estilo augural de Juan Rulfo. Brilla como un celaje su opaca y bien lograda simplicidad, desprovista de abalorios, directa, transparente y popular. No es sólo el lenguaje característico del hombre de cultura menos que mediana, el hombre del pueblo, sino que se destaca ahí el observador minucioso de esas cosas triviales que, sin embargo, son las que dan rango a la expresión humana, y, además, un fatalismo devorador.

Este último rasgo, la resignación o fatalismo, constituye el aspecto indio de la personalidad de Rulfo y de sus protagonistas. En eso se diferencian los de García Márquez, que si bien se resignan, lo hacen dejando escapar un bostezo, señal de forzado acatamiento, no de un acatamiento natural a lo inevitable. En eso también se diferencia la prosa de Rulfo de la de Sábato, que se violenta, aunque acabe resignándose, frente al destino. Rulfo es de otra orilla. La presencia oriental del indio, bien sea en su sangre, bien sea en su contorno infantil, impregna sus relatos de una paciencia destructiva, y, al propio tiempo, tonificante.

El hijo de Pedro Páramo llega a Coyula y no encuentra ya a su padre en persona, sino en leyenda. Pedro Páramo había muerto muchos años atrás, pero sus parvas hazañas pueblerinas, de amor y de hombría, subsistían latiendo como si el personaje viviese. El personaje mira atentamente en su derredor. Cuando tropieza con un retrato antiguo, lo describe en sus más sencillos y penetrantes detalles: "era un retrato viejo, carcomido en los bordes, pero fue el único que conocí de ella." Doña Eduviges, otro nombre que se parece (o viceversa) a los de *Cien años de soledad*, a quien el personaje visita ya tiene noticias suyas y le ha preparado alojamiento; lo sabe por una comunicación que de algún extraño y no descrito modo le ha hecho llegar de antemano la ya fallecida madre del hijo de Pedro Páramo. Todo se desarrolla así, con llaneza y misterio, en una especie de luz especial, torrentosa, matadora de relieves.

Otro protagonista de la narración se llama Abundio, otra doña Inés Villapando, otra Damiana Cisneros; se cuentan proezas de Miguel Páramo, rijoso y secreto como Pedro. Todo lo que acontece durante la visita a Coyula es extraordinariamente normal.

Hay una escena en que se presenta a unos hombres dormidos. Las dudas de quienes los miran son concretas. No aciertan a discernir si aquellos hombres están muertos, dormidos o nada más que borrachos. Estaban borrachos. Mas, la duda se expresa en tal forma que manifiesta la poca distancia que media entre el sueño, la embriaguez y la muerte. Cualquiera de estos matices de la pasividad o la inercia da lo mismo. Morir, como en toda novela mexicana, consiste en un paso del vivir hacia delante. Se muere porque se vive, como una consecuencia natural y previviente. Es lo que asombró a D. H. Lawrence, en *La serpiente emplumada*, y a Aldous Huxley en algunas de las observaciones de su libro sobre México. Es lo que exacerba a Octavio Paz en *El laberinto de la soledad*. Sólo que para Rulfo las perplejidades se convierten en meras comprobaciones al paso, ni siquiera largamente trabajadas.

He dicho mal: trabajadas, sí. No se alcanza la desnudez del estilo de Rulfo sino después de haber vestido muy ricamente y haber adquirido la maestría de prescindir del traje y embellecer la muda verdad de la anatomía humana.

La muerte es un ambiente, más que un personaje que actúa incesantemente a través de la novela. Al rehacer la vida de Pedro Páramo, se llega también a rehacer su muerte. La describe con la misma sobriedad, con la misma resignada sobriedad su creador y biógrafo Juan Rulfo:

> Pedro Páramo respondió: "Voy para allá. Ya voy." Se apoyó en los brazos de Damiana Cisneros e hizo intento de caminar. Después de unos cuantos pasos, cayó, replicando por dentro, pero sin decir una sola palabra. Dio un golpe seco contra la tierra y se fue desmoronando como si fuera un montón de piedras.

En un largo comentario sobre Rulfo, Carlos Blanco Aguinaga[1] señala el contenido subjetivo del realismo de Rulfo. Para ello se envuelve en un concepto de Kierkegaard: "La verdad es lo subjetivo: la realidad es un estado de alma." Cierto. Rulfo no retrata, esquematiza. Sus elementos salen de la realidad, pero son elementos que él escoge para formar el cuadro que su sensibilidad concibió en conjunto, como un vasto panorama. Para componer su mural, utiliza mil detalles imperceptibles; su sinfonía se forma sustancialmente de silencios, de pausas, de abreviaciones como una clave de TSH. Caemos, nuevamente, y como siempre, en las "realidades inventadas" o "creadas" (según los gustos) tal como se ha descrito la realidad en García Márquez, Vargas Llosa y Sábato. Toda época se expresa al revés de cómo vive. Las de guerra, en églogas; las de paz, en epopeyas. Este tiempo de poderosos medios de comunicación, se expresa en una literatura cabalística hasta en su buscada simplicidad. Su ruido desemboca en ensayos que exaltan el equilibrio, y poemas adoradores del silencio. El mundo de Juan Rulfo, proveniente de la guerra civil más cruenta de toda la historia americana, sin apartarse de su pathos encuentra fórmulas de sosegado morir para interpretar la vida. Sus actores son hombres de todos los días, y, por tanto, su idioma el de cada día, como el Pan nuestro y el Dolor de todos.

Desde el punto de vista técnico, Rulfo ha aplicado en los 15 cuentos de su primer libro y en su novela, los más variados recursos. Desde el monólogo interior hasta la simultaneidad de planos (en que se aplicarán Cortázar y Vargas Llosa); desde el anacronismo (aprendido en Huxley y aplicado por García Márquez y Sábato); hasta el cosalismo puntillista y estático, que suprime el movimiento (como en Proust y más tarde en Serrante y Lezama). Rulfo ha usado sin predilección y con eficacia vivencial recetas, intuiciones y experiencias. Su prosa como la de Dos Passos y Hemingway apunta directamente a su objetivo, pero, como Proust, se desvía voluptuosamente para darse el gusto de recomponer el rumbo y acertar de lleno en el blanco. Rulfo ha rescatado los valores permanentes del habla del pueblo. Sin inútiles soecias se expresa como un hombre común. Es por eso un escritor nada común.[2]

NOTAS

[1]Carlos Blanco Aguinaga, *Realidad y estilo de Juan Rulfo*, en varios: *Nueva novela latinoamericana* (Buenos Aires: Paidós, S.A.), p. 85 y ss. El estudio está reproducido de *Revista de Letras de México*, Núm. 1, Sep. 1955.

[2]OBRAS DE JUAN RULFO: *El llano en llamas* (15 cuentos) (México: Letras de México, 1953); *Pedro Páramo* (novela) (México: Letras de México, 1955).

THE BRAZILIAN WOMAN POET IN THE TWENTIETH CENTURY: CECÍLIA MEIRELES

por Raymond Sayers
Queens College of The City University of New York

Cecília Meireles is the greatest woman poet in Portuguese and one of the greatest of all contemporary writers in the language. The literature of Portugal and Brazil is a rich one, especially in lyric poetry; yet, she represents a rare phenomenon in that literature, for there are not many women writers, even of poetry, and fewer still whose work is of any real significance. In Portugal and Brazil in the past women had little opportunity for education or for participation in public life. During this present century the position of women has improved and now there are many who play an important part in the intellectual life of the Luso-Brazilian world. As far as the arts are concerned this progress is largely to be linked in Brazil with the movement of *modernismo*, which for fifty years has had an influence that no previous movement or school ever exercised.[1] When its presence became felt in the period of the first World War, and especially in February, 1922, as a result of a series of concerts, exhibits and lectures that took place in S. Paulo and together received the name of Modern Art Week (*Semana de Arte Moderna*), there was no question that women were to participate in it. Through *modernismo* two fine women painters, Anita Malfatti and Tarsila do Amaral, and a great modern pianist, Guiomar Novaes, became well known in artistic circles in S. Paulo. The *modernismo* of the Northeast produced a woman novelist, journalist and playwright, Rachel de Queiroz, who has for years wielded a powerful influence on Brazilian fiction and in the field of Brazilian ideas, and in the 1930's there appeared in Rio de Janeiro a woman who for two decades was to be considered the country's leading woman critic and one of its great literary historians, Lúcia Miguel-Pereira. Since then, the number of women in all artistic and intellectual fields has increased, and there are now several who are among the most interesting and original writers of fiction, such as Lygia Fagundes Telles, Clarice Lispector and Nélida Piñón. Since the beginning of the modernist movement many excellent poets like Adalgisa Nery and Henriqueta Lisboa have achieved national fame. However, there is no question that Cecília Meireles overshadows all others.

Modernismo was a many-sided movement. It was revolutionary in that it welcomed the influence of contemporary European artistic and literary schools such as cubism, futurism, dadaism and surrealism and regarded with sympathetic curiosity the Russian revolution and ideas of Freud; as a matter of fact some of the early leaders of the movement studied in Europe and knew Braque, Picasso, Eluard, Apollinaire and other vanguard artists and poets. Though *modernismo* was international in this respect, it also represented a recrudescence of Brazilian nationalism and an insistence or a new emphasis on values that the *modernistas* regarded as particularly Brazilian, among them the Portuguese spoken in Brazil and the contribution to Brazilian culture of the two non-European races that form a large element of the population, the Indian and the African. From the point of view of literature it meant a reaction against the poetry of the reigning Parnassians and symbolists, and against the baroque, highly decorated prose of Rui Barbosa and Coelho Neto, respectively Brazil's most famous orator and novelist of the early part of the century.

Cecília Meireles admired and was admired by the men and women who gave *modernismo* its strength, but she did not give herself wholly to it. She certainly did not reject the Brazilian and Portuguese literary tradition. She was a member of a group called the *espiritualistas*, and she contributed frequently to their most important magazine, *Festa*, which appeared first in 1928 and was revived in 1934-35. She was a symbolist all her life and she had a strong admiration for the great nineteenth century Negro symbolist João Cruz e Sousa, one of whose poems she illustrated for a number of *Festa*.[2] Hers, however, is the symbolism of *modernismo*. Cruz e Sousa and the other symbolists who were her literary masters employed traditional verse forms. They worshiped Verlaine and accepted his doctrine of the primacy of music in poetry; their language was the vocabulary of the *symbolistes*, rich in archaic words and ecclesiastical terms, their style was heavy with adjectives chosen for their sonorous quality, and their imagery was correspondingly exotic and auditive or suggestive of musical values. Cecília Meireles in general, and especially after her earlier volumes, was simple and direct, and her language and images might almost be called austere. Although she wrote some rhymed verse, even in her last poems the rhyme—frequently assonance—is unobtrusive, unlike that of her symbolist masters. There is constant music, subtle and beautiful, but there is no tendency toward playing with words or sounds for their own sake, nor does she indulge in the exaggerated use of repetition of various kinds, of which the earlier symbolists were fond. The rhythms of the symbolists were often used to produce hypnotic effects or induce a kind of dream state in the reader; Cecília Meireles made no effort in that direction. The voluptuousness that one sees in the verse of her predecessors was absent from her work although she wrote many poems of strong sensuous appeal. Her statement is direct and her metaphor, which is at first a decorative conceit in many poems, becomes purely functional in those that she included in the collected edition of 1958. Yet, though her language is direct and therefore in line with that of the other *modernistas*, it is never the clever or smart expression favored in the sophisticated poets of S. Paulo of the 1920's.

It is not, of course, a defect to be local or regional in one's poetry; the *modernistas*, in their stress on things Brazilian showed that the peculiarity of a certain moment or the individuality of a place, their unique quality, as it were, could form the essence of a fine poem which might be as universal as it was local, as timeless as it was timely. Manuel Bandeira has many such poems of life in Rio and Recife, and the poems of Drummond de Andrade inspired by the regional characteristics of people of his state of Minas Gerais are among his best. Yet a large part of their appeal is that of nostalgia or *saudade*; they deal with people or events that are lost irretrievably except to memory. Cecília Meireles almost never attempts to localize or particularize in the way that some of her contemporaries did. It is true that, as in "Poems Written in India" (*Poemas Escritos na India*, 1961), she fixes her eyes at times on objects and people, but her poetry is the poetry of the abstraction of the moment, which has meaning only as it disappears, for she was preoccupied basically with the fleetingness of life and life's achievements, in other words, with fleeting time itself. Human beings, their relationships, loves, wars, solidarity and solitude, their buildings, their arts, their words, all symbolized this essential quality of life; its inability to survive for more than a brief span of time, increased slightly by the faint power of human memory:

> I sing because the moment exists
> and my life is complete
> . . . . .
> and I know one day I shall be mute
> . . .that is all.
>
> *Viagem*, 103[3]

Or, as she says again in "Song" (*Cancão*):

> Put no trust in time or eternity,
> for clouds are pulling at my garments
> and winds dragging me against my will!
> Hurry, love, for tomorrow I die,
> tomorrow I die and shall not see you.
> *Retrato Natural*, 388.

Even when a poem bears a title that seems descriptive and regional, as "Colonial City" (*Cidade Colonial*), its theme is not an evocation of the past; the author tells us, rather, that she is

> seeking time and eternity's
> farewell.
> *Dispersos*, 686.

If there is any escape from time, it is through assimilation into things that are timeless: the sea, the sky, the infinity of space, and that least earthbound of the arts, music. The symbols that she prefers are those that are freest of the human limitations of space or time: the wind, the stars, the air, a bird in flight, an acrobat on his trapeze, a swimmer losing himself in the distance or an aviator disappearing into the sky. When she writes of a great work of art like the Taj Mahal, which she saw on her trip through India in 1953, it represents for her a symbol of more than human achievement and as such is exempt from the laws of human creation. It becomes essence rather than form and imperceptible to the human senses:

> All heavenly, all untouchable,
> fleeing from the glance and the hands.
> *Poemas Escritos na India*, 732.

Escape results in absorption by the forces of nature:

> Why need I think about anything
> when everything rests upon my soul?
> wind, flowers, waters, stars,
> the music of night and dawns?
> *Vaga Música*, 190.

In her poetry she seldom seems to have found that other kind of escape that comes through loss of the self in human love and thus leads to deeper knowledge of the self and to self-realization; such a relation would have been too personal and human. There is little sense in this poetry of the satisfaction produced by such intimacy. Rather there is a perpetual quest for an alembicated love, a love which would be capable of being achieved on an abstract plane, and there is always a feeling that the search will lead only to solitude—which she finally says she desires. In the poem "Farewell" (*Despedida*) she brings together her two themes of infinity and solitude:

> My path has neither boundaries nor landscapes....
> I travel alone with my heart....
> I want solitude....
>
> *Vaga Música*, 224.

If she wants solitude, it is because she realizes that love of another will mean renewed acceptance of her mortal condition. She wants to be free of human love and contact so that she may enjoy the emptiness of silence, the night of the abyss, a "seamless" soul, as she says. If she is to love another, she must first be depersonalized, freed of all that imprisons her, so that she may reach the essence, the abstraction, of love; she wants

> To be only your shadow, your shadow,
> to see and dream in your shadow
> the existence of reborn love.
>
> *Solombra*, 784.

In the same volume, the last published during her lifetime, she says:

> To be speaking to you and see neither world nor people,
> nor even to see you—but to see the moment in its eternity.
>
> *Solombra*, 785.

If we exclude the book "Ballads of the Conspiracy," which is discussed below, we may say that in the collected verse published in 1967 there is only one poem about a person, "Elegia, 1933-1937," Cecília Meireles' elegy for her grandmother, who had reared her. Even when persons are named in the poems, and no matter how much she may have loved them, they appear only in their essential qualities as human abstractions. Nor is Nature, either, represented by individual things or objects. She writes about the archetypal rose, the bird that is any bird, or the chameleon that is nothing more than a bright flash on the sunny wall. Her nature poems do not lack a feeling for the beauty of color or the perfume of flowers, and many convey vivid sense impressions, but unlike the nature poems of other poets, their purpose is not to exhibit the pleasurable reactions of an individual to these impressions of beauty. Instead, there is always a sense of abstraction and anonymity. In one of her finest nature poems, "The Garden" (*O Jardim*), the garden with its colors, fragrance and peace is a frame for a reflection on the meaning of interruption of a peace that seems eternal while a human form appears and disappears:

When a human face peers in,
birds and butterflies flee,
and opening flower and dead leaf
wait, alike transfixed,
until it fades away
along the shady walk.
Mar Absoluto, 337.

By her elimination of the superfluous, which is everything that may be called human, the poet engages in a quest for an abstract love or state of being that approaches mysticism. In her attempt to shed the trappings of her physical being and to elude the power of time and space, she moves into a cosmic relation with the elemental forces of nature as earlier mystics lost themselves in God. However, her release does not come through contemplation of a statue of a saint or a crucifix, nor does it manifest itself in physical sensation as it does in other mystics. For that matter, the sexual frustration evident in St. Theresa or the other Spanish mystics, which arose out of their ideal celibacy and their desire for a mystical union with a personal God, had no connection with her own situation. She was twice married and had three daughters. To the end of her life, when she was suffering from a fatal cancer, she was attended with great affection by them and her second husband, Heitor Grillo. Her God is impersonal, unresponsive and incapable of understanding her, a blind force that recalls strangely Hardy's

Automaton
Unconscious of our pains.
"Nature's Questioning."

She says that she is condemned to travel alone until she loses herself completely in this undefined God:

until I lose myself completely
in the indeterminate God.
Vaga Música, 190.

Throughout her life she studied Indian and other oriental literatures and she was always fascinated by India, where she traveled in 1953 and wrote the *Poemas Escritos na India*. She also translated Rabindranath Tagore and admired and wrote an elegy of Gandhi. No doubt her mysticism was influenced by her oriental studies more than by her Iberian heritage.

The first volume of Cecília Meireles' poems included in her collected poetry is "Voyage" (*Viagem*, 1939), which had won the prize of the Brazilian Academy of Letters in 1938. In a review of the volume, Mário de Andrade, the great apostle of *modernismo*, praised her as being the only Brazilian capable of achieving Valery's ideal of pure poetry or, to use his expression, of capturing the moment of liberated sensitivity in which the subject appears to be completely subjectless.[4] He recognized that she had an extraordinary freedom of poetic movement, which he believed was due to her having managed to detach herself completely from the world around her. This criticism seems to be unusually perceptive. Mário de Andrade was able to see that she escaped through her symbols into a meta-world with which there is no communication through the medium of discursive language. If he had lived to read "Sunshadow" (*Solombra*, 1963), which was published less than a year before her death, he would have welcomed it as a volume that is all "pure poetry," a volume in which the poet seems finally to have been able to free herself completely from all links to place and time, to the here and now. The achievement is commemorated in the first poem, in which she says:

> One can never see your face; it is detached
> from everything: it is not the world of these human feasts,
> where words are dry shells, that roar
>
> life, life, life—and are but ashes.
> And but far away. And only
> memory, undefined and unconsoled.
>
> *Solombra*, 783.

"The Ballads of the Conspiracy" (*Romanceiro da Inconfidência*, 1953) stand apart in the line of her poetic development. They are narratives rather than lyrics and together they recount the history of the Conspiracy of Minas Gerais, which took its name from the Brazilian province that during the eighteenth century furnished great wealth for the Portuguese court. This Conspiracy, organized toward the end of the century, involved many of the most prominent intellectuals of the province. It was directed against the Portuguese ascendancy and the strict laws that the Portuguese had passed to insure for themselves the complete monopoly of the gold and other mineral wealth of Minas. During the second half of the century gold production declined and the region began to decay, but the demands of the Portuguese kings continued; meanwhile, the European Enlightenment had caused an intellectual ferment even in Portugal and its colonies in spite of the strict censorship laws in force throughout the empire, for both Portuguese and Brazilian youths studied in France and carried the liberal ideas of the Enlightenment back with them to their native lands. These ideas led to the Conspiracy, but in 1789, before any uprising could take place, it was discovered and the leaders were imprisoned. One fine poet committed suicide, one military leader was executed, and other intellectuals were exiled. Although, because they are narratives or objective descriptions, the eighty-five ballads and ten other intercalated poems of the *Romanceiro* are unlike the rest of the poet's work, they do demonstrate her remarkable sense of music and her command of the language, which in this book was the flavor of the language of folk poetry. The point of view, by some strange magic, suggests that of the eighteenth century filtered through a sympathetic twentieth-century consciousness.

Except for this collection, a few other ballads dealing with Brazilian history and some poems that may be called occasional verse, the poetry in the collected works or *Obra Poética*, which was published in a first edition in 1958 and in a second enlarged edition in 1967, forms a corpus that is highly unified; yet it is a body of work written over a period of more than twenty-five years. There is change, of course, but the poet is always moving in one direction; that is toward freeing herself from the bonds of subject matter and toward greater abstraction and liberty. The movement is progressive and unbroken. It is always noble, pure poetry, poetry that reflects a noble, pure life.

Cecília Meireles was a beautiful, kind, intelligent person. Born in Rio in 1901 and the victim of a prolonged struggle with cancer in 1964, she belonged very much to the world of the twentieth-century woman. Although she was a poet, she always gave herself as completely as possible to her other career, early childhood education. She wrote children's books and devoted much time to the development of children's libraries. She herself founded and directed one in Rio de Janeiro. She traveled and lectured in foreign countries and wrote constantly for newspapers and magazines. Her daughter, Maria Fernanda, is one of Brazil's greatest actresses. Cecília Meireles had a happy life with her family, and her great love for her second husband is expressed in her "Song of True Love" (*Cantar de Vero Amar*), an unusual poem that she wrote in January, 1964, when she was aware that she was not going to live much longer. She was a person of rich friendships, and she was the close friend of other great women artists, including Gabriela Mistral and Maria Helena Vieira da Silva, the Portuguese painter who lived many years in Brazil. She received many honors during her life; if she had not been a woman, she would surely have been granted "immortality" by election to one of the forty places in the Brazilian Academy of Letters.

In addition to the volumes mentioned in this essay, the poet published several others. Her first, "Ghosts" (*Espectros*), came out in 1919, when she was eighteen. Together with two other early books, "Nevermore" (*Nunca Mais*), and "Ballads for the King" (*Baladas para El-Rei*), which appeared in 1923, it was omitted from *Obra Poética*, the collected edition of her poems published during her lifetime in 1958 and from the first posthumous collection published in 1967. The second two volumes appear in the latest collected edition, but *Espectros* has not been included. Some other volumes that go into the composition of her *Obra Poética* and that have not so far been mentioned are "Vague Music" (*Vaga Música*, 1942), "Life Portrait" (*Retrato Natural*, 1949), "Love in Leonereta" (*Amor em Leonereta*, 1951), "Twelve Nocturnes from Holland and the Aeronaut" (*Doze Noturnos da Holanda e o Aeronauta*, 1952), "Songs" (*Canções*, 1956), "Pyrargyrite" (*Metal Rosicler*, 1960), and "Ballad History of Rio de Janeiro" (*Crônica Trovada da Cidade de Sam Sebastiam do Rio de Janeiro*, 1965). In 1968 her "Italian Poems" (*Poemas Italianos*) was published in S. Paulo in a bi-lingual edition. She translated widely. Some of her translations are "Poetry of Israel (*Poesia de Israel*, 1962), later reprinted in an anthology of modern Hebrew literature, *Antologia da Literatura Moderna*, 1969, Lorca's *Bodas de Sangre*, 1960 and *Yerma*, 1963, Virginia Woolf's *Orlando*, 1948, and other works that have not been published, including *Saint Joan* and *Peer Gynt*. She also brought out books for children and collections of newspaper articles. There are three collections of her poems. The first, *Obra Poética*, which is mentioned above, was published in 1958 in Rio by Aguilar. The second, also entitled *Obra Poética* and also mentioned above, is an enlarged edition and appeared in 1967. It contains critical material by Darcy Damasceno and others. The third collection is *Poesias Completas*, published in Rio in 1973 by Civilização Brasileira with the collaboration of the Instituto Nacional do Livro. It is in nine volumes. It is appropriate that about ten years after Cecília Meireles' death the Brazilian government has seen fit to sponsor this new, presumably complete edition of the poetry of Brazil's greatest woman writer.

NOTES

[1]See the article entitled *Modernismo* [*Brazil*] in *Encyclopedia of Latin America*, ed. Helen Delpar, New York, McGraw-Hill, 1974.

[2]Neusa Pinard Caccese, "*Festa*": *Contribuição para o Estudo do Modernismo*, S. Paulo, Univ. de S. Paulo, Instituto de Estudos Brasileiros, 1971, p. 177.

[3]The original texts of the poems quoted in translation are to be found in the poet's collected verse, *Obra Poética*, ed. Afrânio Coutinho, Rio, Aguilar, second edition, 1967.

[4]*O Empalhador de Passarinho*, S. Paulo, Martins, n.d., p. 141.

THE MEXICAN REVOLUTION: THE VIEW FROM SPAIN

by Peter J. Schoenbach
Curtis Institute of Music

A little studied aspect of the Mexican Revolution concerns the opinions of Spanish intellectuals of the time. These were difficult years in Spanish history that were to culminate in the Civil War. The writers of the Mother Country looked on the events in Mexico with interest, even passion, but a study of their reactions will reveal a total lack of agreement among them. In this study we shall examine the points of view of four important figures in Spanish letters: Vicente Blasco Ibáñez, Ramón del Valle-Inclán, Luis Araquistain and Luis Enrique Erro. Each one offers a different aspect of the experience of the Spaniard in Mexico. The only characteristic which they had in common was a fascination with the Revolution. Blasco and Valle-Inclán were writers of fiction, but they as well as Araquistain were activists in Spanish politics. It was natural that they felt themselves attracted by the cataclysm that restructured Mexican society.

Erro's situation is different. He was born in Mexico of Spanish parents. He retained his Spanish citizenship and expresses better than anyone the ambiguity of the question, "Who is Mexican?" Author of only one novel, *Los pies descalzos*, he was a distinguished professional astronomer. The tone of his novel is autobiographical and reveals the most complete understanding of the Hispanic relationship of the authors that we shall study.[1]

There were cultural and historic ties between Spain and Latin America. During the Nineteenth and Twentieth Centuries many Spaniards immigrated to the New World and constituted a very influential part of the society. Although those who chose the land of Montezuma were Mexican citizens after Independence, they were assimilated in name only; the Spaniards kept themselves separated from the Mexicans.

They considered themselves superior to the "Creoles" (those born in the New World) as the "Peninsulars" (the name given to the Spanish born) did during the Colonial era. They were white, European and although often not more than humble artisans, aspired to climb the social ladder. The Spaniards came to constitute the middle class, in such unpopular professions as pawnbroker, small business man, army officer, industrialist and landowner. It was against the Spanish Club, as the private club of the *gachupines*, that the people—the "underdogs"—directed their ire.

Spain was deeply interested in the Mexican Revolution. Its intellectuals were involved in very serious political problems of their own. A period of parliamentary government, with violence and a war in Africa, culminated in the dictatorship of General Primo de Rivera in 1923. Some thinkers saw in Mexico an example of how the revolution was to occur in Spain while others were of the opinion that the bloody fight in their former colony was a warning of what would result from any radical social change. The examination of these reactions is useful for students of Spanish thought as well as for Latin Americanists. It presents the theme of Latin American culture vis-à-vis Spain which earlier had fascinated such great Spaniards as Juan Valera, Marcelino Menéndez Pelayo and Miguel de Unamuno. The authors we are studying belong to the next generation.

We shall focus on four major themes: 1) the dictatorship of Porfirio Díaz; 2) the Indian and the land; 3) the Spaniards and other foreigners; 4) the Church. Of the works, two are novels and the other non-fiction. *Tirano Banderas* of Ramón del Valle-Inclán has been studied largely as a work of art. The mark of Mexico is clear both in the novel and on the life of the author although ostensibly Valle places his work in the fictitious "Santa Fe de Tierra Firme."[2] The other novel, *Los pies descalzos*, is stylistically conservative and owes its interest to its contents. It is a kind of human comedy in the style of Galdós that ties together the two halves of the Hispanic world while recounting the epic of a family. Erro's double citizenship gives him the same kind of objectivity which aided Pérez Galdós, who as a native of the Canary Islands could better see the "moral map" of Spain than those tied to a regional point of view. The essays of Blasco Ibáñez in *El militarismo mejicano* are a series of journalistic articles published in the United States and hurriedly written. Although a radical in Spain, Blasco turns out to be a reactionary in the alien contest of the Mexican Revolution.[3] Araquistain's book also lacks aesthetic value but is a well-written and documented (albeit biased) treatise. He supports the Revolution without reservation, as could be expected of a doctrinaire Socialist, but reveals a considerable understanding of the complex and thorny Mexican scene.[4]

Although *Tirano Banderas* takes place in a fictitious country which is a composite of Latin America, it will be seen that it is based on that hemisphere's national reality that Valle knew best, that of Mexico. He arrived there for the first time in 1892 and through the changing image of the country in his works one can glimpse the literary and political evolution of the writer. At the beginning he was attracted to its exotic and romantic aspects. Short stories such as "Bajo los trópicos" and "La Niña Chole" and *Sonata de Estío* of his novelistic production exemplify this attitude. William Fichter in his prologue to the youthful journalistic publications of Valle discusses the "Oscar" affair. The recently arrived Spanish writer had demanded the name of the author of a letter which attacked "la basura que esa Madre (Patria) nos arroja," masking his identity under the "nom de plume" of "Oscar."[5] The editor almost had to defend himself in a duel against Valle for refusing to divulge the xenophobe's real name. So we can see that the Valle-Inclán of that time was an arrogant and argumentative "conquistador." Susana Speratti Piñero underlines the fact that the letter provides the kernel of what Valle would employ years later to characterize his compatriots. "Esto puede parecer de interés puramente anecdótico, pero si se lee con atención la carta que despertó la indignación de Valle se verá cómo los cargos formulados en ella contra los españoles radicados en México son los esenciales mismos que Valle-Inclán sostendrá luego en *Tirano Banderas*."[6]

When he returned to Mexico years later (in 1921) it was already in the revolutionary period. Because of his declarations in favor of Obregón's government, he received the reception of a national hero. It is then that he mentioned for the first time the project of a book "en el que figuran algunos motivos mexicanos." To see to what degree Valle identifies himself with the cause, let us see what he said in a letter to Alfonso Reyes:[7]

> Pero advierto que me aparto del ánimo que me movía para escribirle. Ya usted adivina que es la revolución de México. Si he de ser franco le diré que esperaba ese intento de los latifundistas. No pueden hacerse las revoluciones a medias. Los gachupines poseen el setenta por cien de la propiedad territorial. Son el extracto de la barbarie ibera. La tierra en manos de esos extranjeros es la más nociva forma de poseer. Peor mil veces de las manos muertas. Nuestro México para acabar con las revoluciones tiene que racionalizar la propiedad de la tierra, y al encomendero. Las

> noticias de los periódicos son harto confusas pero a través de este caos presiento el triunfo del Gobierno Federal. El General Obregón está llamado a grandes cosas en América. Su valor, su ánimo sereno, su conocimiento del tablero militar, su intuitiva estrategia, y su buena estrella de predestinado, le aseguran el triunfo. A más que la revolución de México, es la revolución latente en toda la América Latina. La revolución por la independencia, que no puede reducirse a un cambio de vicerreyes sino a la superación cultural india, a la plenitud de sus derechos, y a la expulsión de judíos y moriscos gachupines. Mejor, claro está, sería el degüellan.

It is significant that Valle does not identify himself with the foreigners at all; he who had defended the "gachupín" interests at the beginning of his career. Not only does this show his change in attitude but dispells once and for all the generalization that Valle was a purely aesthetic writer, without interest in politics.

Let us analyze the four elements (mentioned above as common to all the works) as they appear in *Tirano Banderas* with the certainty that we can, in this way, gain an insight into Valle-Inclán's position toward Mexico.

There are many parallels between Porfirio Díaz and Santos Banderas, the central figure in the novel. "Order and Progress," the Positivist slogan, was a key expression used by both; they are also military men who like to be called "Generalísimo." They surround themselves with "científicos," but when one becomes too prominent, he is exiled (as occurred with Díaz and Limantour). They are legalistic and make much of respecting the constitution. Although they have Indian blood, they have no faith in the capabilities of their people.

The spokesman in the novel for the Spanish colony is Don Celes. He believes that the Indian is not fit to own land and that the Revolution will bring chaos to the order represented by Santos Banderas. Sánchez Ocaña, on the other hand, the Liberal leader, in his address at the Harris Circus blames Catholicism and corruption for the woes of the country. His goal is the return to Pre-Colombian communism.

The chief of the rebels, Don Roque Cepeda, is based on Francisco Madero, the ill-fated leader of the movement that overthrew Porfirio Díaz. He makes a religious crusade out of his cause. As Valle-Inclán said to Alfonso Reyes, "Frente al tirano presento y trazo la figura del apóstol, con más de Savanarola que de Francisco Madero, aun cuando algo tiene de este santo iluminado" and asks, "¿Dónde ver una vida de El Bendito Don Pancho?"[8]

How does Valle portray the Indian? Zacarías is the only one to be spared a caricature in the manner of Goya. "Es simbólicamente un nativo el que escapa de la galería de atroces caricaturas. Es el indio Zacarías, ante cuya figura trágica y conmovedora el satírico se detiene, suspendiendo su actitud subjetiva, describiendo al personaje con amor y respeto." He is the victim of an unjust system, mistreated by the gachupines (personified by Pereda, the pawnbroker) and the government. He is superstitious, ignorant and fond of gambling. It is evident that Valle sympathizes with Zacarías more than anyone, making him react when "es atropellado en lo que tiene de más sagrado y de más caro: su familia, sus derechos humanos."[9]

To sum up, there is much of revolutionary Mexico in *Tirano*. "El México revolucionario que derrota a Porfirio Díaz puede verse en el caudillaje, en las banderas políticas, en la redención del indio que trabaja los latifundios y las minas, bajo el látigo del capataz, en las ideas del orador revolucionario, don Roque Cepeda sobre la esclavitud de la encomienda. Sin embargo, es una mezcla. Tirano Banderas no corresponde exactamente a aquel dictador."[10]

The freeing of the Indian and land reform are the fundamental points of the revolutionaries' program. These agents for change are opposed to the dictator and the foreign interests. Zacarías manages to avenge himself for the death of his son, but it is the act of a man acting alone. The Indians, in general, are not leaders in the Revolution. Those who head the movement, Madero, as well as his fictional counterpart Roque Cepeda, are white.

As far as the gachupines are concerned, Valle had changed a lot since the "Carta de Oscar." He concentrates on the figures of Don Celestino Galindo, spokesman for the "Colonia" and the Barón de Benincarles, ambassador of Spain, as well as the pawnbroker, Pereda. They are the dregs of the Mother Country, showing the antipathy that the author feels towards his compatriots. Pereda deceives Zacarías' wife and is responsible for the death of their son. Galindo favors that group that will guarantee Spanish property and capital. The ambassador, a pervert and degenerate, is blackmailed into cooperating with Banderas.

Valle-Inclán not only condemns the Spanish but all foreigners, especially the "gringos." The figure of Mister Contum is a caricature of the prototypical North American, with execrable Spanish and the instincts of a bird of prey. The foreigners supported Santos Banderas because "la revolución representa la ruina de los estancieros españoles"[11] and at the same time the threat of imperialist intervention serves as a pretext to accuse the opposition of being unpatriotic.

With regard to the Church, the very name "Santos Banderas"

bridges the dichotomy between the military and religion. This is reflected in his appearance, both of his physiognomy and his dress. He is described with a "corbatín de clérigo," and "el levitón de clérigo con pañuelo de dómine." He seemed like "un pájaro sagrado"[12] and he was "del estirado dómine—que también es militar."[13] As the liberal spokesman in the novel, Sánchez Ocaña sees the cause of the dictatorship in the lack of law and excess of Catholicism, and according to him there is in the caudillo "un producto aberrado, pero representativo, de los elementos básicos de la formación americana: teología y milicia."[14]

Although criticism of the Church is not extensive in *Tirano Banderas*, a glance at the prologue that Valle wrote for the diatribe, *El problema religioso en México* by Ramón Sender, reveals the politically committed writer we have seen him to be in this study. As he said, "Si hay problema político que interesa intensamente al público español, es precisamente el de los actuales acontecimientos en México. Se trata de un país de habla española, constantemente agitado por cuestiones cuya importancia es equivocadamente conocida en España."[15]

Vicente Blasco Ibáñez, starting from another political position, comes to entirely different conclusions. A romantic liberal of the idealistic Nineteenth-Century type, Blasco suffered much for his ideas in his native Spain. When his visit to Mexico in 1920 resulted in the articles published in the United States press (and afterwards in the volume *El militarismo mejicano*), he already had an international reputation as a novelist. One can imagine the blow to Mexican prestige when the publication of his opinions revealed a total rejection of the Revolution. There were several *ad hominem* attacks accusing him of having sold out. How can one explain how the author of a history of the World War which sympathizes with the Allies, the novelist with the social conscience of the Valencian novels could write such a book?

In the first place, the model which he followed was the French Revolution, emphasizing the freedom of the individual.[16] The statist character of the Mexican phenomenon repelled him. As a Spaniard and a European, he projected solutions to the problems of Spain on America. Thus we can understand his racism and his tendency to equate European immigration with progress. With this in mind it is not surprising that he was blind to the excesses committed by his compatriots or that, basing himself on the Spanish case, he believed that the army represented the most reactionary elements. Later he would oppose the dictatorship of General Primo de Rivera. A General like Lázaro Cárdenas was unlikely in the Spanish context. Blasco saw himself as a missionary in a country of savages, spokesman for white civilians in the land of the swarthy military men.

As can be expected he was not entirely opposed to the dictatorship of Porfirio Díaz. Although the Revolution is characterized by a strong wave of xenophobia, during the "Porfirian" peace the foreigner was respected. Blasco did not admire Díaz for having missed the opportunity to provide universal education when he had the power to do so. But on the material level, it would only be fair to recognize that the Mexican nation has not had one other leader who could be compared to him. He praises the dictator for having attracted many foreign investments and attributes the distrust of the "extranjeros" to Indian influence. Even Juárez had this defect. He ignores the fact that Díaz himself was a mestizo.[17]

Although it is true that Mexico progressed, the fruits did not get an equal distribution. In truth, the rich got richer and the poor became poorer. Blasco much prefers the order and progress to the chaos that followed. He ignores the question of social justice while attributing the failure of Mexico to become a civilized country to the Indians. They are the principal obstacle to the progress of Mexico. He wants "un México verdaderamente moderno, dirigido por hombres civiles y cultos de los que han viajado y tienen mentalidad de blanco."[18] This racism shocks the modern reader, but at the same time enables us to understand his limitations as an interpreter of Mexican society. Although ostensibly antimilitary, he cannot contain his enthusiasm when he speaks of General Obregón: "Es blanco, puramente blanco, sin que se adivine en él una sola gota de sangre indígena. Es un español que podría pasearse por Madrid sin que nadie sospechase su procedencia del hemisferio americano."[19]

The solution according to Blasco is European immigration. Argentina is the second nation of the Americas in part because, "todos son blancos (no lo olviden)."[20] The best guarantee of progress is public order and foreign investment, in effect, the *status quo ante bellum*. What most horrifies him is the effort to exclude foreigners. He cannot believe that he overheard some Mexican legislators say, "No necesitamos extranjeros. Sólo vienen a explotarnos."[21] The progressive countries of the time were "La Argentina, el Brasil, Chile, el Uruguay, etc. que gastan sumas importantes en propaganda para atraer al extranjero. Saben que el explotado en último término es éste, pues deja en el país sus capitales o su trabajo y casi siempre su sangre."[22] Blasco credits what few improvements exist in Mexico to foreigners and cannot understand why the first to suffer in the uprising are the Spaniards and other immigrants. He does not recognize to what extent the country was the property of non-Mexican interests. Furthermore, frequently the Spanish occupied socially unpopular and highly visible positions such as that of pawnbroker or landowner. It is ironic that although he claims not to understand the resentment toward foreigners, Blasco recommends the imposition of a civilian government by means of a boycott carried out by "los señores de Wall Street." He wants them to withhold their money from the Revolutionary government.

For the reader who admires the social concern of the Blasco Ibáñez of *La barraca* and his opposition to the dictatorship of Primo de Rivera, *El militarismo mejicano* proves that he did not succeed in understanding Mexico and its problems. This does not detract from his contribution to literature, nor from his bravery in the fight for human rights in Spain. Nevertheless, it is clear that he was not able to apply his ability as an objective and committed intellectual to the difficult Mexican situation.

Luis Araquistain, journalist and diplomat, came to know Mexico well. In his book, *La revolución mejicana*, he considers "el porfirismo" as "un gigantesco salto atrás en la historia política de México."[23] The oligarchic despotism of Díaz establishes a system based on the labor of the "pueblo" and the patience of the Indians. He managed to maintain himself in power so long a time by using the politics of "pan o palo." His regime fell like the Aztec and Spanish Empires before it, because "los cimientos estaban hechos de la más inicua injusticia."[24] Araquistain will not accept the claims of Díaz' regime of progress in mining and industry without pointing out that at the same time there had not been a change in the average salary since 1792. Nevertheless, the price of grain had tripled. Agriculture was in decline and farm products had to be imported. The Church and the oligarchy were able to get back the goods and land they had lost during "la Reforma." Although Porfirio Díaz was honest, he was surrounded by corruption among his advisers, "los científicos."

For the writer, the history of Mexico is a constant struggle for land and the continued oppression of the Indian. Even when the Spanish arrived, the Aztecs had a society in which "los plebeyos no tenían derecho a la propiedad territorial."[25] The country's political backwardness was due to the existence of this group, not inferior to themselves, but kept that way by the caste system. With the conquest there was an exchange of lords. *Las leyes de indias* had the intention of distributing the land to the Indians, but with other results in practice. Unfortunately, the "repartimiento" gave way to the "encomienda," in part because the first Spaniards, almost all of them soldiers, rented the land to the new immigrants from back home, the "encomenderos." "Con el tiempo acabaron por apropiarse de las tierras y por reducir los indios a un estado de servidumbre legal. Al cabo de tres siglos de colonización española, la organización social de Méjico era muy semejante a la que existía en tiempos de Montezuma II."[26]

Araquistain finds that Independence from Spain was the result of the dissatisfaction of the Indians with their lot, although this is not entirely true. The Nineteenth-Century uprising placed Iturbide on the throne of Mexico as Emperor. The Conservatives, alarmed by the success of the Liberals in Spain in 1820, supported the revolt to take over the *peninsulares'* valuable holdings. It is true that Hidalgo and Morelos believed in the precepts of the French Revolution and wished to return the land to the Indians. However, they were executed and the Conservatives were the ones who gained independence from Spain.

Only during the brief regime of Gómez Farías and "la Reforma" of Juárez is there an effort to restructure the distribution of the land. Even the *Ley Lerdo*, by which the Church was to dispose of all property not used for religious purposes, misfired. All ended up in the hands of the oligarchy since the Indians were not in any position to buy, with the result that the Church simply converted land into money without losing anything. In the Díaz years, a third of the national territory belonged to 17 companies which bought lands without clear title. The result was that those without land approached ninety-nine per cent of the population.

Of the leaders of the Revolution, the first, Madero, used the slogan, "Tierra y libertad," but probably "los dolores milenarios de los indios no llegaban a su sensibilidad."[27] But his example of honesty and his progressive program launched the Revolution. Carranza was also a landowner, from the northern state of Coahuila, who was opposed to the unpopular government of Victoriano Huerta. With the help of Obregón, he found himself forced into a more radical position because of the popular base of his support. According to Araquistain, the Constitution of 1917 issued by the Congress of Querétaro was too revolutionary for the taste of the northerner. "El poder era grato, y acaso fuera posible desnaturalizar desde el poder, la constitución que le habían hecho ingerir como amarga píldora que ni siquiera dorada."[28]

Emiliano Zapata was the earliest of the revolutionaries to stress the importance of giving land to the Indians. His "Plan de Ayala" provided the embryo of the 1915 law and part of the Constitution of 1917. He did not wait until a federal law was made of his program. He carried it out in Morelos by means of the Agrarian Commission and a cooperative bank.

Alvaro Obregón consolidated the Revolution, using his military power to smash rebellions such as that of de la Huerta. Blasco Ibáñez to the contrary, it was necessary to have a professional from the armed forces in charge at this juncture.

Plutarco Calles, the last president to be presented in the book has faith in the Indians' potential. For him there are two sides to rural reform: the organization of the land and the technical training of modern agricultural methods. In his view, "La propiedad de la tierra debe ser individual, y cooperativos el trabajo y la compra y venta de instrumentos y productos." Furthermore, he sees the need to transform men by means of the rural schools. So that, "la enseñanza y la elevación del 'standard' económico harán un hombre nuevo del indio."[29]

With reference to foreigners, the Spanish in Araquistain's view are the greatest enemies of the Revolution. They had oppressed the Mexican worker and Indian "peon" for centuries. The Creole, descendent of the Spanish, looked with disfavor on immigration from the Mother Country. Araquistain alludes to *Tirano Banderas* as an example of this attitude. "Los gachupines representaban cuanto había de más odioso para los mexicanos: eran el recuerdo vivo del pasado colonial; eran los monopolizadores de pequeño comercio con beneficios mayores que el ciento por ciento; eran los prestamistas a usura fabulosa. En su admirable *Tirano Banderas* Valle-Inclán pinta con mano maestra lo que eran los gachupines y el México de Porfirio Díaz, y si su paleta maravillosa prodiga la nota de color, sus trazos no exageran, sin embargo, el contorno de aquella realidad bárbara."[30]

It is not surprising that the first victims of the violence were the same oppressors that had so exploited the Mexicans before. Araquistain gives the figures to show to what extent this foreign control was true. In 1926, 231 haciendas were expropriated from Spanish owners (totaling 869,966 hectares) while 104 Americans lost their properties of 189,910 hectares.[31] When the Spanish were forced out of agriculture, they did not succeed in taking over heavy industry. The law requiring a 51% majority of nationals on the Board of Directors and among the employees of these enterprises blocked foreign domination (at least at this time). The end of Spanish domination of the Mexican economy promised to benefit both Mexico and Spain. The latter would finally put an end to centuries of the loss of human capital; the best people might now stay and help at home. It would also probably help Mexican-Spanish relations. In fact this turned out to be an accurate prediction for the period of the Spanish Republic, as Mexico proved to be a vital ally before, during and after the Civil War.

As far as the other foreigners in Mexico were concerned, Araquistain interviews President Calles and agrees that the first step should be to help the peasant improve his economic situation; then people can come from abroad, "Seguros de que su trabajo no ha de verse depreciado por la competencia de una población empobrecida."[32]

The Americans in Mexico receive a very modern treatment in "La Conspiración Petrolera." In the light of current events this chapter has a thesis which does not seem too unlikely. According to the author, the United States, recognizing that resources are running out, intends to control the petroleum of its neighbors. Article 27 of the Constitution of 1917 by which the subsoil belongs to the nation, comes from a tradition established by the Spanish kings. Only as late as 1884, during the Díaz regime, was another practice developed. "El porfirismo no sólo enajenaba al capital extranjero la riqueza de la nación, sino también sus derechos seculares."[33] The pressure of the United States on the Mexican government was extraordinary. Diplomatic recognition of the Obregón regime depended on a "Treaty of Friendship and Commerce" according to which Article 27 was not valid. Fortunately Secretary of State Charles Evans Hughes made an agreement by which number 27 was accepted non-retroactively and the United States received restitution for the losses of its citizens since 1910. Everyone, however, was ruled by Mexican law. Since the Constitution permitted the confiscation of unworked oil holdings, production increased by five times by 1921. The Americans tried to avoid paying taxes, establishing an independent canton near Tampico. The federal government defeated the bandits employed as mercenaries by the American companies.

The author treats the theme of the foreigners living in Mexico. Focusing on the Spanish, he explains why they are the target for so much hatred. The northern neighbors dominate the oil industry. But the Revolution was going to change all.

As can be expected, Araquistain is very critical of the Church. He traces the process of the clergy's accumulating of wealth from colonial times. Despite the efforts of the Crown, at the time of Independence the Church was the largest landowner. "La Reforma" forced the sale of many of its properties, but under Díaz, as we have seen, there was a great step backwards.

There is a description of the confrontation between President Obregón and the Church. Araquistain, pulling no punches, states that many of the priests examined for the purpose of serving in the army against Pancho Villa were suffering from venereal diseases. In the interview with President Calles, he explains the conflict with the *cristeros*, those who saw themselves as defenders of the faith. There even was a strike of the priests (beginning on July 31, 1926) which lasted three years. Although the religious authorities refused to submit to civil law, the social reforms of the Revolution undermined their resistence even in the most backward regions of the country. In the chapter, "La rebelión del clero,"[34] there is a brief history of the clergy, stressing the hierarchy against which all criticism is directed. As the author tells us, the Constitution of 1917 solves the problems in the following manner: it eliminates religious primary schools, wipes out religious orders, guarantees freedom of religion, prohibits political criticism by the clergy, grants nationalization of the land and the churches themselves, and definitively separates Church and State. Araquistain believes that the achievement of these goals of the Revolution reflected in the Constitution will represent the end of the religious problem in Mexico. Time has proven him right, although modern studies indicate a resurgence of the Church in both spiritual and temporal life in Mexico today.

The last author to be considered is the only one born in America. Luis Enrique Erro offers a different point of view because, unlike the others, he was both Spanish and Mexican. As a certified member of the "colonia" Erro can never be entirely Mexican; he is still too tied to the Peninsula. To a large extent an autobiographical work, *Los pies descalzos* clearly reflects the author's opinions.

The characters give a series of partial views of Mexican society of the Porfirian epoch. For example, when Juana (later she takes the name of Luz), arrives at the Capital, she suffers from the prejudice against the Indian which characterizes the regime. The peonage under the dictatorship reached the depths when the police prohibited the "descalzos" from appearing on the street. They did not fit in with Díaz' concept of Mexico City as a second Paris. Villaverde, the Andalusian engineer, presents the rationale of the "científico" who believes in all the generalizations of Positivism. For him all centers around the question of the inevitability of progress, which in turn would lead to "ríos de oro." With the character Samano, Erro presents the Mexican who, using extra legal means, steals the land from the Indians. He aspires to join high society, marrying his daughters with Spaniards. The landlord, Salustiano López, for whom the others work, is typical of his class. He supports the regime and it looks the other way when he seizes land. With the Church one must be more subtle, but the result is the same. It is this alliance with the ranchers and the clergy that made Díaz successful. Chávez is the revolutionary who analyzes the elements of the opposition: the "anti-reeleccionistas" and those who want a social revolution. All these characters, who are known to the protagonist, Fermín

Azkue, give a good idea of Erro's attitudes with regard to the Díaz regime.

The Indian in the novel can be seen in the figure of Luz. She was not a peon originally, but came from a family of landowners. Genoveva Azkue understood the Indian girl's pride and identified with her. She knew as a good "catalana," daughter of workers, that Luz' passivity was only on the surface. Although capable of the greatest fidelity (especially to Paco, the Azkue's son, for whom she was nursemaid), she carried within the spark of rebellion that leaders like Zapata knew how to ignite.

To treat the theme of the land, Erro presents Fermín as the foreman on an hacienda. Although the laws of the Crown and the Church were intended to protect the Indians, in practice they are not effective. The Indians want land for its intrinsic value, but especially for its symbolic significance. Land represents personal independence; therefore, the attraction of land reform. The death of Luz (Juana) reveals the relation of her name to this key concept of the novel. She dies clutching some Mexican soil and as Andrés Iduarte indicates, "Todo lo explica y corona la dedicatoria de *Los pies descalzos*: 'A la memoria de Emiliano Zapata, una luz encendida en la oscuridad de nuestra historia.'"[35]

Since the Azkue family consists of Spanish immigrants, this aspect occupies an important place in the work. The gachupines had a better background and more agressiveness than the Indians. Many were not troubled by questions of ethics. Thus, one can understand the xenophobic nature of the Revolution. Ironically, it is Spain, the least industrialized country in Europe, which intends to inspire the capitalistic development of Mexico. However, even in Spain, there are some regions that are more likely to be able to play this role; Catalonia, for instance. As Fermín's Catalonian wife explains to him, the exploiters are Castilians both in Spain and Mexico. A Basque, he came from the other principal region of industrious people. Their son, however, represents a step backward. He is a snob who attributes Spain's backwardness cynically to the lack of a "colonia española." It is to his generation that Carlos Fuentes is directing his criticism.

The Church, thanks to the "Real Patronato de Indias," consisted of a peninsular hierarchy since 1508. Consequently, it is to be expected that they were opposed to Independence. The novel shows the hypocrisy of the clergy without condemning religion. Luz is forbidden to enter the churches of the Capital. The poor children are given bronze medals for good behavior, "pues no hay nada más útil a la sociedad que estimular la buena conducta, puntualidad y obediencia del asalariado."[36] The Indians protect the churches in the destroyed towns not out of faith but "porque se le figura que así conserva sus papeles y sus derechos escritos para poseer tierras."[37] Also, syncretism is discussed, indicating how superficial the Indians' Catholicism is.

But, Erro does respect true believers. This can be seen in the relationship between Father Lascas and Fermín. Their friendship went back to the trip over from Spain to Mexico and culminates in the moving scene of Azkue's last confession. The author is not an enemy of religion, but of the Church as an institution of exploitation.

Of the four writers, Luis Enrique Erro gives the most balanced view of the Mexican Revolution. He is the most objective, showing the difference of opinion according to the social class of the characters he presents. Genoveva Azkue, as the daughter of revolutionaries in her native Catalonia and a friend of Luz, understands the relation between the Spanish and Mexican Revolutions. *Los pies descalzos* is the epic of a family, not a social novel in which the events take center stage (as with the novels of Martín Luis Guzmán, for example). Thanks to his sensitivity and Mexican and Spanish origins, Erro ties the knot of Hispanic understanding.

Ramón del Valle-Inclán reflects the ambience for which the Mexico of Porfirio Díaz was the model in *Tirano Banderas*, using a "visión esperpéntica." He synthesized an artificial Latin American language to present, not a solution to the social problems, but to reveal the injustice and suffering that he found in pre-revolutionary Mexico.

Vicente Blasco Ibáñez is the only one of the four writers to oppose the Revolution. He believed that all military regimes, be they German, Spanish or even that of General Obregón, were bad. He distrusted all collectivism, even in Mexico where it enjoyed a long tradition with roots in the pre-Colombian past. Above all, he was totally blind on the subject of race, believing that the Indian was intrinsically incapable of progressing.

Luis Araquistain favors the Revolution and his opinions were very influential on the Left of the Hispanic world. Although doctrinaire, he analyzes the horrors of "porfirism" and dedicates a large part of his book to a study of the "colonia" and the Church. There are many statistics indicating what the new society had already accomplished and, although biased, *La revolución mejicana* is useful as the testimony of an important Socialist.[38]

In conclusion, there was no agreement between the Spanish intellectuals about the Mexican Revolution. Blasco Ibáñez rejects it while Valle and Erro are favorable in their novels (but with doubts about the future). Araquistain sees it as a victory of Socialism.

NOTES

[1]Luis Enrique Erro, *Los pies descalzos* (México: Compañía General de Ediciones, 1951).

[2]Ramón del Valle-Inclán, *Tirano Banderas* (Madrid: Espasa-Calpe, 1961).

[3]Vicente Blasco Ibáñez, *El militarismo mejicano:* estudios publicados en los principales periódicos de los Estados Unidos (Valencia: Prometeo, 1920).

[4]Luis Araquistain, *La revolución mejicana, sus orígenes, sus hombres, su obra* (Madrid: Renacimiento, 1929).

[5]Valle-Inclán, *Publicaciones periodísticas*, p. 31.

[6]E. S. Speratti Piñero, "Publicaciones", *Bulletin Hispanique*, p. 401.

[7]Una cita de don Ramón del Valle-Inclán en México," *Repertorio Americano*, Nov. 28, 1921, de un artículo publicado por Roberto Barrios en *El universal*, Sept. 19, 1921.

[8]Speratti P., *La elaboración artística en T.B*, p. 147.

[9]Speratti, p. 39.

[10]Benito Jacome Varela, "América vista por Valle-Inclán," *Correo Literario*, 1953, IV, no. 73.

[11]Ramón del Valle-Inclán, *Tirano Banderas* (Madrid: Espasa-Calpe, 1961), p. 20.

[12]Valle-Inclán, pp. 14, 120, 39, 22.

[12]Speratti, *La elaboración artística*, p. 127.

[14]Jorge Mañach, "Valle-Inclán y la elegía de América," *Revista Hispánica Moderna*, 1936, 11, no. 4, p. 304.

[15]Ramón Sender, *El problema religioso en Méjico. Católicos y cristeros*, Prólogo de Ramón del Valle-Inclán, Madrid, 1928, p. 14.

[16]José Balseiro, *Cuatro individualistas*, p. 6.

[17]Blasco Ibáñez, *El militarismo mejicano*, p. 150.

[18]Blasco, p. 34.

[19]Blasco, p. 86.

[20]Blasco, p. 231.

[21]Blasco, p. 222.

[22]*Ibid.*

[23]Luis Araquistain, *La revolución mejicana, sus orígenes, sus hombres, su obra* (Madrid: Renacimiento, 1929), p. 61.

[24]Araquistain, p. 75.

[25]Araquistain, pp. 42-44.

[26]Araquistain, pp. 46 and 51.

[27]Araquistain, p. 83.

[28]Araquistain, pp. 91-92.

[29]Araquistain, pp. 58, 57.

[30]Araquistain, p. 310.

[31]Araquistain, p. 311.

[32]Araquistain, p. 158.

[33]Araquistain, p. 288.

[34]Araquistain, p. 263.

[35]Andrés Iduarte, "Los pies descalzos: Gran novela mexicoespañola", *Vida Universitaria*, IV, 1954, núm. 171.

[36]Luis Enrique Erro, *Los pies descalzos*, pp. 311-312.

[37]Erro, pp. 215-16.

[38]Araquistain and his brother-in-law Alvarez del Vayo were advisors to the Socialist leader Largo Caballero. He was a journalist of note and served as Ambassador to France, appointed in the summer of 1936.

RICARDO PALMA Y LOS TRADICIONISTAS MEXICANOS

por Conchita Hassell Winn
Southern Methodist University

Las semejanzas históricas de su experiencia colonial provocaron a Ricardo Palma, el risueño tradicionista peruano (1833-1919) a reflexionar que "México y el Perú son gemelos en todo lo que se relaciona con los tiempos del coloniaje. El mismo fanatismo, la misma argolla de siervo, las mismas preocupaciones e idénticas costumbres sociales. ¡Qué venero más rico para la tradición!"

Aunque el tradicionista nunca estuvo en México conocía su historia a fondo. Más de ochenta referencias a México en sus obras completas atestiguan que seguía los pasos literarios de los escritores, historiadores y periodistas mexicanos con comprensión y entusiasmo.

Este estudio propone dar a conocer algo de la evolución en México del género llamado tradición, los nombres de algunos de los que cultivaron el género y, a la vez, los vínculos que mantuvo Palma con ciertos tradicionistas mexicanos.

Aunque muchos libros proclaman que Palma originó el género de la tradición, estudios detenidos sobre este punto aclaran que su papel es el de padre espiritual y artista cabal del género, pero que antes que él ya otros habían experimentado con el relato histórico breve.[1] Debe reconocerse, sin embargo, que la cristalización del corto relato histórico, el que llegase a estilizarse y designarse como tradición, se debe directamente a Palma.

Conviene establecer los rasgos definidores de una tradición típica. Es breve, de tres a siete páginas, y basada en un incidente urbano e histórico, generalmente colonial. Escrita en prosa y subdividida de tal manera que la segunda sección documenta de dónde el autor sacó su inspiración. Hay gran latitud de temas, mas el enfoque es local y no patriótico. La personalidad y destreza literaria de cada autor son la sal y pimienta para la receta de esta ligera forma histórica y literaria. En el caso de Palma la gracia y buen humor le distinguen de tantísimos otros que quisieron imitarlo. Comúnmente las tradiciones se publicaban primero en la prensa. De ese modo la cuna periodística, que mejor daba cabida a artículos cortos, ayudó a perfilar la forma concisa y breve de la tradición típica. Luego, si se reunían en libro, no llevaban orden cronológico.

La primera tradición y el apogeo del género

Es de origen mexicana la tradición que en la América hispana, en español, antes parece haber sido escrita. Fue "La calle de don Juan Manuel" (1835), obra de José Justo Gómez de la Cortina, mexicano de cuna, educado en España. Se publicó en la *Revista Mexicana*. Obsérvese que aún no se le aplica la denominación de tradición.

La citada obra se presenta en tres secciones con separación de la materia literaria e histórica y cuenta uno de varios crímenes cometidos por don Juan Manuel. En 1856 el *Diccionario universal de historia y geografía* trató el tema en el segundo apéndice y muchos fueron los autores mexicanos que regresaron a esta materia en años posteriores.

La tradición fue extensamente cultivada en México a partir de los años setenta del siglo pasado. En el siglo actual autores como González Obregón y Valle Arizpe continuaron la vida del género.

Circulan las tradiciones de Palma en México

Gracias a una biografía de Palma por su contemporáneo mexicano, el poeta, biógrafo y crítico, Francisco Sosa (1848-1925), es posible fijar que las tradiciones de Palma eran conocidas, reproducidas por él y muchos otros y que se leían en la capital y estados de México ya para el año de 1872. Es muy posible que circularan antes. En 1872 Palma en Lima recogió la primera cosecha de sus tradiciones que habían circulado sueltas en la prensa desde 1859, y publicó su primera serie de *Tradiciones peruanas* en libro.

> El nombre de Ricardo Palma no es desconocido en nuestro país. Hace unos veinte años que en los periódicos de esta capital y en los estados se vienen reproduciendo sus bellas poesías y sus inimitables *Tradiciones peruanas*. Recuerdo bien que allá por el año de 1872 cuando por iniciativa mía se estableció la edición dominical del *Federalista*, en forma de cuadernos,

> uno de los atractivos que ofrecía aquel semanario era la inserción frecuente de las regocijadas reproducciones del distinguido hispanista limeño. Con vivo interés aguardaba yo la llegada de los correos de Sud-América, empuñando las tijeras que Sr. Bablot quería se hiciese el menor uso posible y buscaba una nueva "Tradición" para alagar, reimprimiéndola, a los lectores bien numerosos por cierto, en aquel semanario. Y no pasaban muchos días sin que a la vez los mejores periódicos de los Estados diesen cabida a aquellas amenísimas narraciones, sin decir, por supuesto, que del *Federalista* las copiaban.
>
> Pasaron los años; el periódico del Sr. Bablot dejó de publicarse, y otros se encargaron de continuar aquella tarea, con gran contentamiento de los admiradores de Ricardo Palma, que lo son cuantos han saboreado alguna vez sus fáciles, entretenidos e intencionados escritos.[2]

De 1871 a 1874 Sosa mismo publicó cuatro relatos que por sus títulos sugieron afiliación a las tradiciones y en 1877 publicó *Doce leyendas de...* en la cual reunía a todas esas y añadió más.[3] Estos relatos tratan del amor y de lo sobrenatural e histórico pero su desarrollo no coincide con las tradiciones de Palma por ser largas y muy románticas en tono.

Influye el mexicanismo de Altamirano

Imprescindible influencia en estos años fue la de Ignacio M. Altamirano (1834-1893), fuerza movediza en política, periodismo y literatura. Animaba a los otros autores mexicanos a interpretar, no modelos extranjeros, sino el alma mexicana, como fuente propia para la literatura del país.

Siguiendo su consejo un crecido número de escritores, muchos de ellos influidos por *El Renacimiento*, revista que él fundó en 1869, estudiaban folklore, episodios históricos y biografías de personajes nacionales. Al crecer la popularidad de la narrativa en prosa las tradiciones consolidaron independencia como género aparte. En labor paralela, no pocos poetas solían elaborar leyendas históricas en verso.

Aun Altamirano contribuyó leyendas históricas para la prensa. Sus *Paisajes y leyendas. Tradiciones y costumbres de México* (1884) recoge unas cuantas. Pero su enfoque es diferente al de Palma. Este gozaba de la elaboración literaria de incidentes históricos por su propia curiosidad. Altamirano se proponía a hacer conocer la vida mexicana a través de relatos locales.

Correspondencia de Palma con escritores mexicanos

Palma fue un epistolar infatigable. Entre las personas en México con quienes se carteaba se cuentan Sosa, Riva Palacio, Juan de Dios Peza, Guillermo Prieto, R. Manterola, Victoriano Agüeros, González Obregón, Valle Arizpe, Pedro Santacilia y Manuel Mestre Ghigliazza.[4] Llegaría a conocer a algunos personalmente.

Al aceptar el nombramiento como Director de la Biblioteca Nacional del Perú en 1884 la inclinación de Palma a la lectura de literaturas extranjeras sería en adelante tanto oficial como personal. Carteándose con amigos literarios en las Américas y en Europa luchaba por restaurar la grandeza de dicha biblioteca destruida por los soldados chilenos durante la Guerra del Pacífico (1879-1884).

Cuando supo en 1885 que Pedro Castera había escrito tradiciones basadas en las minas de México pidió a Vicente Riva Palacio (1832-1896), escritor, militar y diplomático, que le ayudase a encontrarlas. La respuesta, en la afirmativa, indicaba sin embargo, posibles problemas por haber estado Castera en un hospital de dementes.

Parece no haberle sido fácil encontrar la obra pedida, pues tres meses solicitó la ayuda de D. Victoriano Agüeros, editor de los 78 volúmenes de Biblioteca de autores mexicanos. Hasta hoy no sabemos si las muy buscadas tradiciones cayeron por fin en sus manos pero interesa el que Palma supo de ellas por la prensa y que tenía genuino interés en examinarlas por ignorar quien imitase su labor en México.

La introducción que escribió Ignacio Altamirano para la segunda edición de esas tradiciones no especifica los varios periódicos literarios en que primero se publicaron pero hace hincapié en que atacaban, por reproducir escenas de la vida minera, un filón enteramente nuevo en la literatura nacional.

Como Altamirano deja sin fijar la forma de estos relatos históricos tanto como la exactitud de su contenido histórico sólo se puede conjeturar cuál sería la influencia de Palma en Castera, si la hubo. Pero, dada su íntima participación en el periodismo, contribuyendo a revistas literarias y como Director de *La República* en 1881, período cuando las reproducciones de las *Tradiciones peruanas* eran frecuentes, parece lógico el pensar que Castera conocía las tradiciones de Palma y su afán por utilizar la historia local como fondo de las mismas.

Castera sanó de su locura. Fue autor de una novela sentimental *Carmen* (1882), *Las minas y los mineros* (1881) y *Los maduros* (1882), además de militar, minero en Querétaro, Guanajuato y Taxco y periodista. Fue también Diputado al Congreso de la Unión.

Palma ocupó a Riva Palacio de nuevo en carta fechada el 7 de septiembre de 1885.

> ¿Tiene usted facilidad para conseguirme un libro— el libro rojo, verde o azul—en fin, es de un color que no sé a punto fijo cuál sea, del cual me habló hace pocos días el ministro de España con gran elogio, aunque sin recordar el nombre del autor? Es un libro mexicano que trata de tradiciones y leyendas aztecas.[5]

El libro rojo (1870) resultó ser obra del mismo Riva Palacio, en colaboración con Manuel Paynó, Juan A. Mateos y Rafael Martínez de la Torre. Consistía en narraciones histórico-literarias sobre crímenes famosos ocurridos desde 1520 en México. Varias de las más recientes eran de interés político.

Estos relatos sangrientos (se explica ahora el título) son de unas diez páginas cada uno. Llevan subdivisión y fechas, diálogo y desarrollo literario. No se especifica siempre la fuente de donde se sacó la materia y falta el elemento jocoso de las tradiciones relatadas por Palma pero en su énfasis histórico estos cuentos coinciden con el género de las tradiciones. Que los autores no intentaron seguir el modelo de Palma lo sugiere el título, la insistencia en el tema de los crímenes y su orden cronológico.

No pasaba mes sin que Palma y Riva Palacio se escribieran. Sus cartas ofrecen valiosísima fuente para el estudio de sus actitudes, acontecimientos biográficos, la Academia peruana de la lengua, y reacciones sobre las últimas publicaciones de cada uno.

Las *Tradiciones y leyendas* (1884) escritas en verso por Riva Palacio y Juan de Dios Peza agradaron a Palma. Incluía muy conocidas leyendas, algunas orientadas a calles particulares de la capital. Notando que la leyenda "Consultar con la almohada" era también conocida en el Perú, Palma comenta que él mismo había borroneado una versión titulándola "Lo que pesa el oro en Oropesa," siendo un Obispo de Cuzco el protagonista.

Los paralelos que comenta Palma entre ciertos relatos narrados en México y el Perú incluyen los siguientes:

> Volviendo a su tomo de "Tradiciones y leyendas mexicanas" diré... que Lima y México se parecen como dos gotas de agua en punto de consejas populares. Nuestro Zelenque es el don Juan de ustedes. "La mujer herrada" es leyenda también en mi tierra, la "Cita en la catedral"—preciosamente versificada—

> nos es familiar. El barquichuelo de la "Mulata de Córdoba" es el mismo en que se embarcó nuestra Inés la voladora para burlarse de un inquisidor.

Al hacer Palma su segundo viaje a España para las fiestas honrando el aniversario del descubrimiento en 1892 Palma, Riva Palacio y Sosa asistieron a deliberaciones de la Real Academia Española y a numerosas reuniones sociales. Riva Palacio servía en Madrid para esa fecha como Ministro Plenipotenciario de México.

En opinión de Palma la ya citada biografía de Francisco Sosa era la más completa. Aparece en la edición Carlos Prince de las *Tradiciones peruanas*. Sosa subraya la gran simpatía que sentía Palma por México y por los autores mexicanos y que "en la Biblioteca Nacional de su patria ha logrado reunir gran número de obras publicadas en México, y no omite esfuerzo para enriquecer esa colección." Es de notarse que en esa edición el capítulo "La conspiración de capitanes" lleva dedicatoria a Riva Palacio.

Un historiador indefatigable, autor también de panfletos sobre gramática, ortografía, biografía y gobierno, José María de Marroquí (1824-1889) deja además *La llorona. Cuento histórico mexicano* (1887). Su obra maestra, sin embargo, fue *La ciudad de México. El origen de muchas de sus calles y plazas y de varios establecimientos*. Publicada póstumamente en 1900 es testimonio elocuente a sus minuciosos estudios históricos en bibliotecas y en las calles mismas. Aparecen informes en orden alfabético, sobre las calles, los paseos, las plazas, los callejones, iglesias y edificios notables. Aunque este libro es de intención anticuaria y no literaria, referencias a conocidas tradiciones dan lugar a que la obra sea de interés, así mismo, para el estudiante de literatura.

El simpático volumen de ochenta páginas por un profesor de historia, Angel R. de Arrellano, *Leyendas y tradiciones relativas a las calles de México* (1894) enumera siete categorías empleadas para darles nombre a las calles de la capital y establece como la séptima "Leyendas y tradiciones más o menos acreditadas las cuales os daré a conocer, exceptuando algunas cuya tradición carezca de todo fundamento..."

Los diecinueve capítulos que siguen se caracterizan por su franco gusto en el relato. Pocas veces se observa la subdivisión típica pero hay cuidado en la documentación tanto de época como de local y variedad de temas. Explica, por ejemplo, que la Calle de la joya se llamó así por el descubrimiento de una pulsera clavada con daga a la puerta de una casa. Un esposo celoso se la había quitado del brazo a su mujer, quien contrita, imploraba perdón por sus delitos. El esposo, cuenta la tradición, la mató, clavó la pulsera en la puerta y desapareció para siempre. Los románticos aseguran que éste terminó sus días en un monasterio, víctima de gran remordimiento. Otro capítulo, "La calle de los parados" explica que la Calle de la quemada se designó así en recuerdo del sacrificio hecho por la bella, doña Leonor, quien se quemó la cara intentando por tal desfiguración aplacar para siempre los celos de su novio. Nos consuela el saber que don Martín tuvo la decencia de venerarla por este sacrificio. Interpretando su acto como un mensaje divino, no tardó más. Se casó con la chica. "La calle de don Juan Manuel" aparece en versión alterada en este simpático volumen.

Las *Leyendas históricas mexicanas* (1899) de Heriberto Frías (1879-1925) enfocan primordialmente en temas de los indios amarindos. Esto le distingue de los demás tradicionistas, quienes acostumbraban elaborar en fondos urbanos y en la época colonial.

En estos relatos, que son de unas siete páginas, el paisaje rústico es elocuentemente descrito. Predominan los temas del amor, la generosidad, el sacrificio, la avaricia de los conquistadores, la venganza y el honor. En la mayoría de las leyendas hay poca separación del elemento histórico. Entre los "Cuentos históricos" figuran seis relatos basados en el período de la ocupación española.

Luis González Obregón. Cronista de la ciudad de México

Luis González Obregón (1865-1938) fue uno de los cronistas más dedicados del Distrito Federal. Heredero y continuador de la tesis de Altamirano, de que el tema más propio para un escritor mexicano era México mismo, abandonó, de joven, su carrera legal, dedicándose al estudio de temas nacionales: leyendas, folklore, costumbres, historia, biografía y estudios literarios, especialmente aquéllos que tocaban sobre el período colonial. Pasó muchos años en estudios en el Museo Nacional y en varias capacidades de responsabilidad en la Biblioteca Nacional. Comenzó su obra literaria en el siglo XIX y continuó escribiendo hasta los años treinta del nuevo siglo.

La vida y obra de González Obregón coincidió con un momento en que el pasado de esa gran ciudad despertó fascinación y serios estudios históricos de parte de novelistas, cuentistas, dramaturgos y poetas. Con éxito singular popularizó la historia local adornándola con detalles artísticos sin adulterar los hechos históricos.

Contribuidor frecuente a la prensa de la capital escribía una serie semanal sobre la historia colonial de la ciudad de México para *El Nacional. Epoca colonial. México viejo: Noticias históricas, tradiciones, leyendas y costumbres del período de 1521 a 1821* (1891) reúne artículos de esta serie que apareció durante el año anterior. Tomando como punto de partida la vida pintoresca de la ciudad el autor se permite amplia latitud de asunto. Fue tan acertado este volumen que se vendió la primera edición en una semana. Una segunda serie, *Epoca colonial. México viejo* (1895), también compiló artículos antes publicados en la prensa.

Palma, habiendo felicitado al autor por el éxito de su obra, volvió al tema de la similaridad entre la historia colonial de México y del Perú. En octubre de 1900 le escribió de nuevo amonestándole que la casa publicadora de la nueva edición de *México viejo*, en que se combinaron las dos series, no le había mandado la copia prometida. Pronto, añadió, le llegaría un obsequio, sus *Tradiciones y artículos históricos. Cachivaches*.

Parece que González Obregón cuidó de que su próxima obra *México viejo y anecdótico* (1909) llegase a manos del famoso peruano pues Palma se mostró alegre de recibir una copia firmada y observó que "La mujer herrada" llevaba tema idéntico a una tradición suya, "Los pasquines del bachiller Paralarga." Comenta sobre varias otras selecciones añadiendo que se había leído el volumen entero en "un par de noches." Predomina el énfasis histórico. Sólo unos siete capítulos merecen ser llamados tradiciones.

Aun después de jubilarse como Director de la Biblioteca Nacional el patriarca de las tradiciones seguía su correspondencia con González Obregón. El octogenario (tenía 84 años), comenta su último libro *Vetusteces* (1917), le expresa gratitud por la dedicatoria del "Chapín del terciopelo verde" que acababa de llegarle, prometiendo leer esas Tradiciones históricas de México esa misma noche.

De todas sus obras, *Las calles de México, leyendas y sucedidos* (1922) llegó a ser una de las más populares de González Obregón. Como de costumbre reunió en ella artículos antes publicados en periódicos como *México* y *El Universo Ilustrado*. Aparecen tradiciones sobre las calles, casas célebres e incidentes locales. Los títulos siguientes han de sugerir la riqueza de la temática: "El puente de Alvarado," "La calle de don Juan Manuel," "La mulata de Córdoba," "La monja Alférez," "Los polvos del virrey," y "La llorona." En cada uno hay separación formal de lo narrativo y de lo histórico que le da su base.

La popularidad de *Las calles de México* produjo un resultado inesperado. El Ayuntamiento de la Capital votó que se cambiasen los nombres de ciertas calles en la sección que constaba la antigua Tenochtitlán, a su nomenclatura antigua. Se votó también el cambiar el nombre de la calle en que vivía González Obregón mandándose que en el futuro llevase su nombre. Comentando sobre la ceremonia de dedicatoria, el 17 de junio de 1923, Artemio Valle Arizpe, colonialista del siglo XX, señala cuán grande fue este honor siendo que "es el único mexicano a quien por sus altos merecimientos se le ha tributado un homenaje en vida. Y honrando así a su historiador, se ha honrado la ciudad."

Ya anvanzado el siglo veinte González Obregón publicó *Croniquillas de la Nueva España* (1936) en la cual se halla una dedicatoria a Valle Arizpe, quien en *Del tiempo pasado* (1932) había tratado algunas de las idénticas tradiciones. El volumen no consistía enteramente en tradiciones pero hay enfoque en el período colonial.

A González Obregón se le recuerda como uno de los más hábiles y dedicados cronistas de México. Es evidente el paralelo entre su desarrollo literario de incidentes locales e históricos en esa capital y las *Tradiciones peruanas* de Ricardo Palma, tanto que Luis Leal en su *Breve historia del cuento mexicano* declara "González Obregón es el creador en México, del relato tradicionista, género inventado por Ricardo Palma."

Otros tradicionistas del siglo XX, antes de la revolución

No todos los tradicionistas mexicanos elaboraban acontecimientos de la capital. Valentín Frías y Frías, queretano de nacimiento, dedicó su vida a estudios de historia, agricultura, etnografía, folklore y bibliografía local. En 1916 fue nombrado Académico supernumerario de la Academia de la Historia. Sus *Leyendas y tradiciones queretanas* (1900) contienen materia publicada en *El Tiempo Ilustrado de México*, de 1896 a 1898.

No obstante la palabra titular, tradiciones, no todas estas selecciones son ejemplos del género. Nótese que algunos autores solían emplear la palabra en su connotación de costumbres tradicionales. Otros para designar cuento folklórico. Esta práctica, que es más evidente en el siglo XX, complica el identificar ejemplos genuinos de tradiciones literarias cuando se sacan títulos de bibliografías.

De los cien artículos en este volumen unos catorce podrían llamarse tradiciones literarias. Elaboran temas religiosos, el origen de un culto religioso del siglo XVIII, las confesiones de un alma en pena, un milagro al abrirse una nueva iglesia y el odio del pueblo por cierto obispo. Otros capítulos aluden a bandidos, la muerte de un pordiosero rico, casos jurídicos sobre puntos de honor, la muerte del Emperador Maximiliano y la tradición de Arias.

En la primera década del siglo un inglés se valió del tema de las tradiciones mexicanas. Thomas A. Janvier, autor ya de *Stories of Old New Spain* (1891), hizo nuevo voto al valor y encanto de la tradición con *Legends of the City of Mexico* (1910), volumen de diecinueve leyendas, muchas favoritas, tratadas también por González Obregón y por Angel R. Arrellano. Dibujos y siete fotografías de lugares como la Casa de la cruz verde, la entrada de la casa de don Juan Manuel y de otros notables edificios prontos a desaparecer, prestan autoridad e interés visual a este volumen que por otra parte hace conocer al público de habla inglesa temas históricos repetidos en distintos géneros de la literatura mexicana. Janvier supo desarrollar cada tradición individualmente con cariño y destreza literaria.

En 1903 Palma recibió carta de Pedro Santacilia, cubano expatriado que luego fue secretario y yerno de Benito Juárez. Comentando el estado de letras en América, Santacilia dijo que aunque en México pagan los libros más caros que en ninguna parte del mundo y se encontraban fácilmente obras europeas en las librerías de la capital, sin embargo, las obras americanas tardaban años en conocerse en los otros países. Faltaban agentes literarios y libreros que se ocupasen de facilitar el intercambio de libros en las Américas.

Palma, animadamente, envió obras suyas a la capital mexicana pero tuvo mala suerte. En carta al Dr. D. Manuel Mestre Ghigliazza en Tabasco, comentó el caso:

> ...no enviaré a México libros para venta en comisión. Ha cuatro años un amigo me hizo idénticos indicios a la que ud. formula y envié un cajón conteniendo ejemplares de mis diversas obras a una librería que mi amigo don Pedro Santacilia estimaba como casa honorable. Hasta la fecha no he podido conseguir que la tal honorable librería me pague una peseta... he resuelto no volver a incurrir en el candoroso pecado. Tampoco debo abusar del afecto de Victoriano Agüeros, dándole una comisión de suyo enojosa. Bien se están mis libros en las librerías de mi tierra. Los pocos del extranjero que tienen curiosidad por un libro lo piden a Lima por intermedio de algún comerciante o corresponsal.[6]

La Revolución no apaga el interés en la tradición

Habían llegado los años traumáticos de la revolución mexicana, momento complejo que dominó la literatura nacional. Pero, *sotto voce*, como un contrapunto durante e inmediatamente después de la revolución mexicana, "el colonialismo" hizo huella, particularmente en la novela y en el relato breve.

Artemio Valle Arizpe, uno de los principales colonialistas acertó: "Vivíamos los años tremendos, desastrozos de la revolución. Como no era posible conseguir la tranquilidad con los ojos puestos en el hoy, le dí la espalda al presente y me instalé en los siglos de la colonia." Igual que los tradicionistas del siglo XIX, buscaban asuntos de la historia colonial, dejando así aparte, temas de la guerra, o de la reforma agraria, política o social, todas preocupaciones realistas y acaparadoras de la vida que les rodeaba.

Fernández del Castillo, autor de libros predominantemente históricos, deja en *Apuntes para la historia de San Angel* (1913) un pequeño volumen amplificado con ilustraciones y de interés sobretodo local, en que hay dos trozos que atestiguan su don como tradicionista. Usó estilo objetivo, fue cuidadosamente específico en calificar la materia como leyenda o historia y manejó bien la narrativa. "Un drama espeluznante" relata de horrorosos crímenes de dos avaros hermanos, los cuales acumularon un caudal impresionante por medio de la explotación de los negros y "La casa blanca y el alma en pena," un incidente colonial, de amor, venganza y visiones representando un alma en pena.

En las páginas introductorias de *Narraciones históricas mexicanas* (1915) Ignacio E. Lozano reafirma que el deber de cada mexicano era el saturarse en conocimiento de su raza y de su historia y que se ha valido "de tradiciones y leyendas recogidas aquí y allá o sacadas de los códices indios, anécdotas encontradas en las borrosas columnas de periódicos antiguos, recuerdos propios de cuentos contados al calor del hogar por viejos amigos, todo eso que nadie estima y que nosotros encontramos precioso ha venido a formar este pequeño monumento consagrado a la patria."

En orden aproximadamente cronológico, se inicia con unos capítulos sobre temas indígenas pero, entre la materia colonial varios capítulos son claramente tradiciones. "El tornito de Regina" que habla de un triángulo amoroso, trágico, lleva subdivisión, desarrollo literario y documentación. "El callejón del padre Lecuona" acerca de una misteriosa confesión hecha por un moribundo, es también tradición. Igual lo es "La cureña humana." Estas tradiciones se hallan entre poesía, historia y fotografías de distinguidos líderes mexicanos.

Entre los colonialistas han de mencionarse también los nombres de Antonio Médiz Bolio, Ermilo Abreu Gómez, Andrés Henestrosa, Francisco Monterde, Gravioto, Toussaint y Genero Estrada, Jorge de Godoy, Manuel Horta, Jiménez Rueda y el ya mencionado Artemio Valle Arizpe, los tres últimos en el terreno del cuento.

Artemio Valle Arizpe (1884-1961), uno de los colonialistas más dedicados, fue autor de más de sesenta libros, novelas y estudios de carácter literario e histórico. Combinó muchas manifestaciones estilísticas del modernismo con la temática predilecta de los tradicionistas. Abogado, sirvió a su gobierno como Diputado al Congreso de la Unión y como Secretario de la Legación Mexicana en España, Bélgica y los Países Bajos.

La influencia de González Obregón es de notarse en Valle Arizpe. Ambos compartieron un vivo interés en la historia virreinal. Al morir el primero Valle Arizpe fue nombrado en su lugar como Cronista de la ciudad de México (1943) y en 1952 el nombre de la calle en que vivió fue cambiado en su honor.

La influencia de Palma en Valle Arizpe la documenta éste como posterior. "Después conocí las *Tradiciones peruanas* de don Ricardo Palma, maestro en el género y más se fortaleció mi idea" (de elaborar incidentes históricos).

Los temas empleados por Valle Arizpe coinciden con aquellos que atraían a Palma. Ambos tradicionistas trataron el tema de dos nobles que en sus coches se encontraron en una calle estrecha sin que ni uno ni el otro quisiera ceder el paso. La versión de Palma lleva título de "Un litigio original," la de Valle Arizpe "Orgullosa porfía" se halla en *Libro de estampas* (1934). *Del tiempo pasado* (1932), contiene "El alacrán de Fray Anselmo" que se asemeja a la famosísima tradición "El alacrán de Fray Gómez" de Palma.

La subdivisión de la materia en secciones es generalmente inconsistente en Valle Arizpe quien rara vez es tan específico como Palma en cuanto a la fuente de su relato. Por otra parte es más sobrio, más atento a la recitación del incidente y menos amistoso con el lector. Los aficionados a Palma echarán de menos los comentarios irascibles y el rico vocabulario ensalsado con proverbios y ejemplos del habla criolla. Palma, aunque muy sabio, nunca se preciaba de erudito. Sabía mantener el toque popular. Valle Arizpe, más aristocrático, ha sido acusado de excesivo uso de vocabulario arcaizante y de propensión al exceso del lujo verbal. Rehuía del léxico popular de su día.

Hay mucho de interés sin embargo para el estudiante de la lengua en la prosa de este tradicionista más contemporáneo. Ambos usaron con buen efecto la ironía y el vocabulario arcaico pero la sintáctica de Valle Arizpe es más rebuscada. Sus descripciones, recargadas de detalle, contrastan con la economía de estilo de Palma.

Debe señalarse, además, que Palma votó por especializarse principalmente en ser tradicionista. Su única novela se perdió en el incendio de su casa en la Guerra del Pacífico. Valle Arizpe cultivó con gran éxito la novela histórica de la colonia tanto como el relato breve.

Como falleció a la edad de 86, en 1919, le fue posible a Palma el conocer sólo unas pocas de las obras de Valle Arizpe. No hay mención del mexicano en las *Tradiciones peruanas*, aunque se cartearon.

El cultivo de la tradición no muere con Palma. Sigue usándose en México la palabra titular, a veces en sentido folklórico, como en las *Tradiciones y leyendas mexicanas* (1937) de Rubén M. Campos, otras con énfasis en la historia, vistas en *Historia y tradiciones de Monterrey* (1943) por José Saldana, y aún en otros, en forma poética como *Tradiciones y leyendas de Puebla y otros poemas* (1944) por Eduardo Gómez Haro.

Explotando el acento local y buscándole a las tradiciones un público nunca adivinado por los tradicionistas del siglo XIX, José Manuel López Victoria declara en la "Presentación" de *Leyendas de Acapulco. Tradición porteña* (1944) que reproduce artículos que primero vieron la luz bajo título de "Tradición porteña" en la prensa de la capital y de Guerrero a fin de que los turistas, igual que los lugareños, tengan a Acapulco en gran estima.

Por último, porque ya se ve que la narrativa breve para recordar incidentes de antaño sigue siendo popular en México, citamos *Leyendas y tradiciones yucatecas* (1951) de Gabriel Antonio Meléndez, depósito de tradiciones escritas en esta región en éste y el siglo pasado. El primer volumen reúne la obra de veintisiete. El segundo preserva ejemplos de otros diecisiete.

Esta cosecha de tradiciones editadas por Meléndez, además de permitir ligero conocimiento de muchos tradicionistas adicionales, sirve para recordarnos que la tradición es básicamente un género con énfasis en lo local.

CONCLUSION

No es de dudar que la tradición ha gozado en México de marcada popularidad desde su temprano momento de inicio en 1835 con "La calle de don Juan Manuel." La reproducción de ciertas tradiciones de Palma en la prensa de la capital en 1872 y tal vez antes, parece haber dado motivo a que se tratasen así mismo incidentes del pasado local en periódicos y en las revistas. El espíritu de mexicanismo propuesto por Altamirano ayudó a crear un ambiente propio para este género local e histórico. La forma atrajo intérpretes dedicados y habilísimos en la capital, pero no es de olvidar que, lejos de ella, también hubo quien celebrara incidentes históricos de centros mineros, de Yucatán, Querétaro, Monterrey u otros pueblos. Páginas polvorientas de años atrás aún esperan que los estudiosos saquen del olvido aquéllas publicadas. Pero no es fácil.

El Profesor Luis Leal en su *Bibliografía del cuento mexicano* (1958) nota que todavía quedan muchas sin catalogar en revistas y periódicos.

Esta labor se dificulta debido a la escasez de las innumerables revistas publicadas en México, algunas de vida efímera. Incorpora, sin embargo, muchos títulos de cuentos sacados de la prensa mexicana. Algunos se designan como tradiciones o leyendas históricas. Otras lo serán sin anunciarlo. Reiteramos que son distintas en énfasis y que importa el distinguir entre las tradiciones de tipo literario y las de énfasis folklórico.

Se ha documentado que por la semejanza de su experiencia colonial ciertas tradiciones vivieron en las literaturas de más de un país. El cuento histórico en México llegó a estilizarse tanto en forma como en temática, desarrollando claro parentesco con la tradición de Palma.

Algunos de los escritores quienes cultivaron el género en México imitaron directamente la forma y temática de las *Tradiciones peruanas* de Palma. Otros sólo el espíritu, en su afán por narrar incidentes de antaño. Ciertos tradicionistas como Riva Palacio, González Obregón y más tarde Valle Arizpe coleccionaron sus tradiciones en libros y series alcanzando fama internacional por su sentido artístico. Ninguno, sin embargo, le aventajó a Palma, como tradicionista.

Hoy día la fisonomía de los centros del virreinato ha cambiado. Los rascacielos del siglo de la bomba atómica y de los viajes a la luna amenazan los recuerdos físicos y temáticos de tiempos atrás y sólo en poquísimas ciudades prevalece la conciencia de preservar los monumentos coloniales que tan gran papel representaron en la historia del hemisferio. Cobra crecido mérito, pues, la importantísima labor de los tradicionistas quienes rehusaron borrar de la literatura nacional los hechos de los trescientos años de coloniaje, durante el cual México brilló como centro del virreinato de la Nueva España. Con gracia y documentada certeza nos permiten saber "quiénes fuimos." Faltando esto, ¿quién puede llegar a conocer su propia identidad nacional?

NOTAS

[1]Conchita Hassell Winn, "The Historical Tale in Hispanic Literature," Diss. Columbia University 1953, 241 pp.

[2]Francisco Sosa, *Escritores y poetas sud-americanos* (México: Oficina Tip. de la Secretaría de Fomento, 1890), p. 1.

[3]Luis Leal, *Bibliografía del cuento mexicano* (México: Ediciones de Andrea, 1958), p. 140.

[4]Rafael Heliodoro Valle, "Correspondencia de Palma con mexicanos ilustres," *Nación*, (18 de dic. de 1955, 19 de feb. de 1956).

[5]Ricardo Palma, *Epistolario* (Lima: Edit. Cultura Antártica, S.A., 1949), I, p. 110.

[6]Sociedad "Amigos de Palma", *Ricardo Palma 1833-1919* (Lima: Sociedad Amigos de Palma, 1934), p. 280.

LA FILOSOFIA COMO CONCIENCIA HISTORICA EN LATINOAMERICA

por Leopoldo Zea
Colegio de México y Universidad Nacional Autónoma de México

A Andrés Iduarte

Bajo el rublo, Historia de las Ideas en Latinoamérica, se ha venido trabajando, desde hace ya varios años, en centros de cultura latinoamericana preocupados por desentrañar el sentido del pasado de un pensamiento al que no se atrevía a dar el nombre de filosofía. Un pensamiento que se encontró arraigado a una realidad cuyos hombres pugnaban, una u otra vez por cambiar. Un pensamiento que, en la urgencia por resolver la multitud de problemas con que sus hombres tenían que enfrentarse, tomaba del exterior modelos que resultaban ser, casi siempre, malas copias, imitaciones groseras del pensamiento filosófico que se presentaba así mismo con los caracteres de la universalidad. Pero fue, precisamente, la conciencia de esta distorción, de este ser malas copias, la que hizo patente la existencia de un pensamiento, o filosofía, que tenía sus propias características, las cuales originaban la distorción de los modelos que se pretendía imitar.

Junto con esta conciencia, se dará la de su ineludible originalidad, a partir de una no menos concreta y original realidad; con ello se fue, también, haciendo consciente el sentido de esta historia. El sentido de la historia de unas ideas que se encontraban envueltas en ropajes importados, pero debajo de los cuales se podía encontrar su personalidad. De este sentido, como de la preocupación por desentrañar nuestra relación con el mundo que vanamente tratábamos de imitar, hablará José Gaos. Gaos no sólo estimuló en México la labor sobre la historia de nuestras ideas en México y, como natural consecuencia la de Latinoamérica, sino también señaló la necesidad de hacer expreso el sentido que animaba a una historia que, pese a todo, resultaba original, esto es, propia de esta nuestra realidad.

Toda esta historia, decía Gaos, se reduciría a simple curiosidad, si no estuviese animada por una preocupación, acaso no consciente en varios de sus realizadores: la de encontrar el sentido que animaba su misma preocupación, así como el da la historia que se estaba haciendo consciente, tarea a lo que llamó filosofía de la historia de Latinoamérica. Y fue su realización, ya como una labor consciente, la que propuso a quienes estábamos bregando por realizar esa historia de nuestras ideas. Gaos mostró también los atisbos que se expresaban de esa filosofía de la historia que los historiadores de las ideas en Latinamérica estaban haciendo consciente sin habérselo aun propuesto. A este señalamiento se sumará el de los críticos de la misma, críticos que venían de otras escuelas de la filosofía y la sociología y que la señalaban, como un defecto que debería eliminarse en nombre de la supuesta objetividad de la que llaman historia intelectual de Latinoamérica. Objetividad que era puesta en crisis por las pretensiones de una filosofía que buscaba en el pasado, no ya la información científica, sino el asidero para la acción en el presente de algo que se quería realizar en un futuro inmediato. Búsqueda de cambios por quienes en Latinoamérica habían tomado conciencia de la existencia de situaciones de dependencia total que deberían ser canceladas. Filosofía que sacrificaba la teoría, en nombre de la praxis que debería seguir a la toma de conciencia de una realidad que reclamaba su cambio.

Por ello es que aceptando la incitación del maestro José Gaos, y empecinados frente a la crítica sobre la legitimidad de esta preocupación filosófica, se ha venido elaborando ya esa filosofía de la historia de nuestra América. Un esquema de la misma expondré aquí, aunque en forma breve. Había que partir de una filosofía de la historia, la que al hacer el mundo que ahora se encuentra en crisis, se consideró era ya la expresión total del pasado y el fin de toda posible historia; una vez que la dialéctica que la había hecho posible se transformaba en una extraordinaria síntesis. La síntesis que parecía encarnar el hombre moderno, el hombre que había alcanzado la realización de la libertad. La filosofía de la historia de Hegel expresa, no sólo en sus lecciones sobre el tema, sino en toda su filosofía. La filosofía que mostraba cómo por fin el hombre dejaba de ser Esclavo, instrumento, del hombre para transformarse en señor único de la naturaleza. Fin de la historia. Pero un fin que resultará no serlo para otros hombres que, con diversas justificaciones, fueron mantenidos en la esclavitud que se debía haber terminado. Nuestra filosofía de la historia, como conciencia del sentido de la misma, expresa la continuación de una historia que se decía haber sido cancelada; la continuación de una dialéctica que sigue reclamando su síntesis, la que haga imposible nuevas formas de dependencia. Es de esta conciencia que hablaremos, aunque sea brevemente, aquí.

II

En octubre de 1806, en Jena, Jorge Guillermo Federico Hegel se encontraba dando término a la *Fenomenología del Espíritu*, que sería publicado en 1807. Mientras escribía esta obra, se escuchaban los cañones, fusilería, ruidos de sables, cascos de corceles y gritos de combatientes. Fuera del estudio del filósofo se estaba escribiendo lo que parecía ser la última página de la historia de la Humanidad. Jena caería y, con Jena, se desmoronaba la relación Amo/Esclavo que Hegel relataba en lo que sería su más famosa obra. El hombre parecía estar dando la última batalla por su liberación. Por la libertad del Espíritu. El Espíritu que tomaba conciencia de sí mismo y se realizaba como libertad.

El símbolo de este momento histórico, que parecía ser el último, lo encontraba encarnado Hegel en Napoleón. Con Napoleón se derrumbaban los últimos vestigios de la esclavitud. Una larga historia, la historia de la Humanidad, alcanzaba su fin. Era el fin de la Historia. El Esclavo daba la última batalla contra el Amo. Trabajando para él había tomado conciencia de ser el verdadero Amo, el verdadero señor de la naturaleza a la que iba dominando para ponerla a su servicio. El Esclavo era el Amo y el Señor por el trabajo. El trabajo y no la guerra, como instrumento de dominio y prestigio, daban al hombre el verdadero sentido de su existencia. El Esclavo, transformado en burgués por su habilidad para dominar al mundo natural, rompía con la dualidad vertical de dependencia y establecía una relación horizontal de igualdad. Todos los hombres son iguales, venían declarando los filósofos, desde Descartes a Rousseau. No habría más Amos y Esclavos. Era el Esclavo el que ahora creaba un nuevo orden apoyado en la capacidad del hombre para vencer al mundo y a sí mismo como naturaleza. Se alcanzaba la máxima expresión del Espíritu como libertad. Todos los hombres son libres, y son libres por ser iguales. Todos los hombres son iguales y lo son por ser libres. Igualdad y libertad formaban el marco de realización de la Humanidad en esta nueva etapa en la que la historia era superada.

El Esclavo se transformaba en el burgués libre, al tomar conciencia de su calidad para dominar a la naturaleza. La toma de conciencia de esta capacidad le hacía también tomar conciencia de que él, como hombre, no tenía porque ser instrumento de otro hombre. No tenía, como había venido sucediendo, que trabajar para otro hombre. Lo que él había venido haciendo para otro hombre como Esclavo, podría hacerlo para sí mismo como hombre libre. El viejo Amo, incapaz de trabajar para sí mismo, resultaba ser el subordinado. Toda su existencia dependía de la capacidad del Esclavo para satisfacer sus necesidades, aun las más mínimas. En el momento en que el Esclavo se negase a satisfacer necesidades, que no eran las suyas, en el momento en que sin temer al enfrentamiento que podría ser mortal, se decidiese a sólo trabajar para sí mismo, en ese momento el viejo reino del Amo se derrumbaría. Así había sucedido. Hegel contaba la larga historia que había antecedido al momento en que el Esclavo autoliberándose, creaba el nuevo orden. El orden acuñado en los lemas de la Revolución francesa de 1789: libertad, igualdad y fraternidad. No más Amos, sólo hombres libres, señores de la naturaleza. La única esclava tendría que ser la naturaleza. La naturaleza al servicio del hombre capaz de hacer que lo sirviese, de dominarla para sí mismo. El hombre que con su trabajo, dominaba la naturaleza y se dominaba a sí mismo en lo que tiene de tal, sería la nueva medida de una sociedad que no podría ya apoyarse en la capacidad de unos hombres para dominar a otros, en el hombre lobo del hombre que había descubierto y descrito Hobbes. El hombre ya se podía reconocer a sí mismo reconociendo otro hombre. Los otros podrían, a su vez, reconocerse como hombres reconociéndose en él como tales. Los cañonazos de Jena señalaban el fin de la historia Amo/Esclavo, haciendo del último, el donador de sentido de la nueva sociedad. La sociedad basada en el trabajo libre; el trabajo del hombre que de esta forma se iba liberando de servidumbres naturales y sociales. No más sociedades de prestigio, sino de trabajo. El trabajo, como lo propio del hombre, raíz de su libertad y humanidad, marcaba el horizonte del nuevo mundo.

El Esclavo, antes de convertirse en burgués, y trabajando para su Amo, había ido adquiriendo habilidades con los que había acabado por superar a las de los señores, sólo hábiles para la guerra. El viejo servidor no sólo se las había ingeniado para dominar a la naturaleza, explotando sus frutos, sino también para hacer de ella un nuevo y más eficaz Esclavo. Un nuevo Esclavo que ayudaba al hombre a realizar con mayor éxito su propia explotación. El río corre libremente, por sus cauces naturales, sin meta, sin sentido alguno. Pero el hombre puede, sin negar a la naturaleza como tal, encauzar este río, llevarlo por los cauces que lo transformen en fuerza a su servicio. Conociendo la ley de la gravedad de los cuerpos, podrá hacer que esta misma gravedad permita a tales cuerpos gravitar sobre ella misma. Así la naturaleza va ofreciendo al hombre, no sólo sus frutos, sino también la fuerza para dominarla con mayor eficacia. El arte de este dominio será la técnica. Y su expresión en la nueva sociedad, la tecnología. El hombre, el que ayer fuera Esclavo, posee la capacidad para extraer los frutos de la naturaleza, y la técnica para su más eficaz extracción. Poderosas fuerzas, nunca imaginadas, se van ofreciendo al hombre, haciendo de él el auténtico señor de la naturaleza y del mismo Universo.

Todos los hombres son iguales, se afirma, salvo que el antiguo Esclavo posee ahora diversos instrumentos que su habilidad le ha permitido crear para una mejor explotación de la naturaleza. Se ha transformado en artífice, en técnico. Dueño de una técnica, cada vez más perfecta. La técnica que le permite dominar a la naturaleza; pero que también le permitirá dominar a quienes no la posean, a quienes no tengan otra cosa que su trabajo. El trabajador, como este antiguo Esclavo, ahora burgués, es tan libre como él. Es su semejante. Puede y, naturalmente, debe vender la única mercancía que posee en ese orden de libertad: su trabajo. Un trabajo que poco puede sin los medios de producción que le permitan mayores frutos. Y estos medios los posee el habilidoso ex-Esclavo. El trabajador puede, libremente, ofrecer su trabajo, y el burgués o patrón comprarlo o no también libremente. Pero una libertad mortal para el primero si su oferta no es aceptada. Es el "Viva la libertad de los coches de sitio." Todos los hombres son libres; pero muchos hombres necesitan enajenar, libremente, esta libertad para poder vivir. Dentro de la libertad que el Esclavo ha alcanzado se presentará otro horizonte de desigualdades, de diferencias, de subordinaciones y dependencias de las cuales hablará el máximo heredero de Hegel, Carlos Marx. La historia no ha muerto, la historia sigue aún su forzada marcha en busca de la auténtica libertad del hombre.

III

El antiguo Esclavo, decíamos, ha cancelado la esclavitud en la historia. El hombre ya no domina al hombre. Verticalmente, la relación patrón/proletario será vista como una relación de libre dependencia. El proletario es libre, no está obligado a trabajar; no está obligado a vender su trabajo. Puede no hacerlo, pero habría otros muchos que lo hagan, la oferta será siempre abundante. El Esclavo no, el Esclavo no tenía esta libertad; estaba obligado a trabajar para su Amo, si no quería sufrir desde azotes hasta muerte. El proletario puede, si no trabaja, morir de hambre, pero será esta muerte expresión de su voluntad.

Y a esta relación vertical de nueva dominación dentro de la libertad, se va a agregar la que impondrá el Mundo que, de acuerdo con Hegel, ha encarnado el Espíritu como libertad. Lo que Europa, o el Mundo Occidental, va a imponer al resto del mundo. Y aquí entra nuestra América y, con América, Asia y Africa, los pueblos que forman el llamado Tercer

Mundo en nuestros días. El antigua Esclavo, sin negar el espíritu como libertad del que se siente encarnación, establecerá una nueva forma de subordinación, de dependencia. Ya Hegel en sus *Lecciones sobre la Historia Universal*, publicadas varios años después, pone fuera del ámbito del espíritu como libertad a la antigua Asia, que por antigua, por haber sido una de las primeras expresiones del espíritu en su busca de la libertad, es ya anacrónica, en la que el espíritu se muestra aun en su expresión más natural y primitiva. La América de la que sólo se puede hacer profecía porque el espíritu aún no es, y no se puede hablar de lo que aún no existe.

¿Cómo será posible una nueva forma de dependencia en un mundo en el que el hombre parecía haber realizado plenamente la libertad poniendo fin a la historia de la relación Amo/Esclavo? El Esclavo de ayer no puede ahora liberarse subordinando a otros hombres. Esto parece haber terminado. No puede volver a empezar. El Esclavo no puede tener Esclavos. No puede dominar a sus semejantes, sólo a la naturaleza que ha de servirle. El antiguo Esclavo, buscando su propia felicidad y la de sus semejantes, ha puesto todo su empeño en dominar y poner a su servicio a la naturaleza que le rodea, en arrancarle sus riquezas, en hacer suyas las poderosas fuerzas de ésta. En busca de nuevas riquezas y armado de técnicas de dominio cada vez más eficaces, el antigua Esclavo se lanza a la conquista de otras tierras. A la conquista de riquezas inexplotadas que pueden hacer la felicidad de la humanidad. Metales preciosos, flora y fauna de territorios allende de Europa son sometidos a la explotación del liberado hombre. Pero junto con estos metales, flora y fauna, dentro de esta última, se encontrarán los "naturales" de las tierras que también sufrirán su expansión, su impacto.

"Naturales" que tienen alguna semejanza con el hombre, pero sin ser como él. Quizá poseen el espíritu, propio del hombre, pero en todo caso dentro de una naturaleza en la que este espíritu no parece poder alcanzar el desarrollo que alcanzó en el europeo. Naturaleza más rebelde al dominio del espíritu. Naturaleza que se expresará somáticamente: diverso color de piel, ángulo facial, color de ojos, etcétera. Cuerpos rudos y por ello torpes en las tareas del espíritu o del ingenio de que hablaba Descartes. "Todos los hombres son iguales por la razón o el ingenio," decía el filósofo francés. Salvo que en estos hombres fuera de Europa, esa razón o ingenio, parecía encontrar dificultades para expresarse. Una señal era el atraso en que esos pueblos vivían. Atraso en relación con la técnica de que venían ya haciendo gala los europeos u occidentales. Poco o nada tenía que ver la vieja y anacrónica cultura oriental con la civilización de que hacía gala Europa. Nada, por supuesto, las primitivas culturas africanas. De la superioridad de la cultura europea u occidental hablaba la misma expansión, alcanzada casi sin resistencia de los pueblos, sobre territorios en que se encontraban extraordinarias riquezas aún sin explotar y que podrían hacer la felicidad del hombre. Se sigue afirmando la igualdad de todos los hombres. Lo que se niega es que estos entes, con los cuales se encuentran los exploradores y conquistadores occidentales sean plenamente hombres. Ya en el siglo XVI en la polémica Las Casas-Sepúlveda se tratará de ventilar el problema que plantea el encuentro con tales entes. ¿Son hombres? ¿O son simplemente bestias, parte de la flora y fauna que ha de ser dominada? En todo caso, si algo tienen de hombres, este algo tendrá que ser sacado a luz por el hombre por excelencia a quien ha de ser encomendada tal tarea. No se trata ya de la relación Amo/Esclavo, sino de encomendero y encomendado. Nueva dependencia, pero aparentemente en otro plano rodeado del altruismo supuestamente humanitario del ex-Esclavo. El nuevo subordinado, por sí mismo, por su propio bien, si es que quiere ser plenamente hombre como sus piadosos encomenderos, deberá aceptar su dominio.

IV

Más fría, sin embargo, será la postura de los nuevos señores de la naturaleza. Los señores que propician la expansión que caracterizó a la llamada Europa occidental a partir del siglo XVII. Los autores de la historia cuya filosofía ha de expresar Hegel. Los hombres que han tomado conciencia de la libertad y la han realizado revolucionariamente. Todos los hombres son iguales. Más allá del ámbito de esta supuestamente auténtica humanidad no existe sino la naturaleza. La naturaleza que ha de servir al hombre. Parte de esta naturaleza, anticipábamos, lo son los indígenas o naturales de las tierras que han de ser dominadas. En la palabra "naturales," dice Arnold Toynbee, estaba dándose la justificación para una nueva forma de esclavitud. Ya no la esclavitud impuesta por un Amo buscador de prestigio, sino del ex-Esclavo que todo lo transformaba en utilidad, que todo lo capitaliza. Los naturales eran sólo fuerza de trabajo natural, como lo son las corrientes de los ríos. El ingenioso y antiguo Esclavo podría y debería utilizar esa fuerza, como utiliza otras expresiones de la naturaleza para la felicidad y libertad del hombre que en él representa. Son parte de la fauna al servicio del hombre, o bien parte de la fauna que, por su hostilidad puede ser destruida, como se destruye al animal feroz o ponzoñoso. Naturales para explotar o naturales para aniquilar. Así se aniquila a los naturales de las llanuras del Oeste de los Estados Unidos, o de Pampa en el Cono Sur, igualmente las llanuras de los territorios australes. Y en donde no se hizo esto, simplemente se convirtió a los naturales en fuerza de trabajo para sacar a flote múltiples riquezas naturales, y así satisfacer las necesidades alimenticias del señor por excelencia.

Se vuelve a presentar la relación Amo/Esclavo, que se suponía había sido superada por los hombres que habían hecho la Revolución iniciada en Francia. Salvo que ésta no es ya una relación entre hombres, sino entre hombres y cosas, entre hombre y naturaleza. La naturaleza al servicio del hombre; subhombres o no hombres, al servicio del hombre por excelencia. La historia, como decía Hegel, había alcanzado su fin. Los naturales en todo caso, si algo tenían de hombres, tendrían que demostrarlo ante el tribunal de la Humanidad donadora de la misma. La futura humanidad que tendría que vencer obstáculos aún más duros que los vencidos por el antiguo Esclavo.

En 1806 Hegel creía que la historia llegaba a su fin. Por los mismos años los naturales de América reclamaban para sí mismos las libertades, los derechos con los que sus antiguos Esclavos estaban afirmando su libertad. La nueva etapa de la historia se había iniciado. En 1776, en los Estados Unidos se daba el primer acto de emancipación frente a la nueva forma de subordinación. Los estadounidenses, aún antes que los europeos, exigían les fuese reconocida su calidad de hombres y establecían sus derechos como tales, entre ellos el de la libertad como hombres y como pueblo. Sin embargo, esta nación, como las europeas, no negará, a su vez, a reconocer en otros hombres, allende sus fronteras, su calidad de hombres. La libertad, como la historia para su logro, terminaba con su realización dentro de su propio pueblo.

Sin embargo, siguiendo su ejemplo, otros hombres, los naturales al sur de la misma América, reclamaban los derechos que el supuesto hombre por excelencia exigía para sí. Romperían como los europeos y estadounidenses viejas formas de esclavitud y dominación. Exigirían para sí mismos la realización de los valores que el Esclavo liberado había alcanzado en una larga historia. Pero en este reclamo tropezaría con el propio ex-Esclavo. El liberto no estaba dispuesto a reconocer otras formas de libertad que no fueran las propias. Algo tenían estos hombres, al sur de los Estados Unidos, que ponía en duda su calidad de tales. Algo había en estos supuestos hombres que hacía imposible aceptar que eran sus semejantes. Expresiones somáticas, raciales, mostraban su inferioridad. Los Estados Unidos estaban barriendo con los naturales que impedían su incorporación al ámbito de la libertad y el progreso. En el Cono Sur latinoamericano se realizara algo semejante a nombre de la libertad y la civilización. Indígenas y mestizos impedían la incorporación de esta parte de América al ámbito del espíritu encarnado en Europa y los Estados Unidos. Borrar estos impedimentos implicaría incorporarse a ese ámbito. En el altiplano sería imposible borrar tal obstáculo, por su volumen, por lo que sólo quedaba el camino de su aceptación buscando transformarlo como se transformaría una naturaleza difícil y abigarrada. Nuestro criollismo en Latinoamérica partirá de esta supuesta inferioridad y aceptaría el dominio de los nuevos señores que habían surgido en el Mundo Occidental al vencer viejas formas de esclavitud. Criollismo que imponía dependencia interna y aceptaba la externa. Señor de una y sirviente de la otra.

Nuestro siglo XIX es la historia de los esfuerzos que realizó este criollismo por formar parte del ámbito de realización del espíritu del que habla Hegel. Esfuerzos que resultarán inútiles por la resistencia de la propia realidad. Realidad sobre la cual tratarán de montar un orden que descansase sobre los mismos principios sobre los que descansará el predominio de los nuevos señores del llamado Mundo occidental. Los principios que había elaborado el ex-Esclavo para justificar su predominio sin negar, al mismo tiempo, la supuesta liberación del hombre. Su imitador en Latinoamérica alzará las mismas banderas, pero también las mismas justificaciones para mantener su predominio. Pero aceptando, al mismo tiempo, el predominio del hombre que consideran como el modelo a realizar. Aceptando su dominación, no ya como el antiguo Esclavo aceptaba la del Amo, sino como una necesidad natural.

El liberalismo latinoamericano, una vez triunfante sobre el colonialismo ibero, tomará del positivismo los instrumentos de justificación para una nueva forma de predominio sobre los hasta ayer más explotados miembros de la colonia. Predominio justificado, como el establecido por el nuevo imperialismo occidental, con razones supuestamente científicas, en relación con el orden considerado propio de la naturaleza. Los antiguos encomendados seguían siendo entes inferiores cuya salvación, o redención, dependería, si ésta fuera posible, de hombres por naturaleza superiores, de los herederos de los antiguos colonizadores, ahora al servicio de nuevas formas de colonización. "Seamos los Estados Unidos de América del Sur," dice alguno de los próceres de este liberalismo que encuentra en el positivismo la justificación de nuevas formas de dominación. Dominio o destrucción del indígena; dominio o desalojo del mismo criollo educado por la colonia; fin a la mezcla de razas que es vista como una degradación. Pero, y al mismo tiempo, para supuestamente alcanzar a los grandes modelos del mundo moderno, para ser otro Estados Unidos, otra Francia o Inglaterra, vivir bajo la dependencia de éstas. Dependencia dentro de la dependencia.

Será en los albores del siglo XX que los latinoamericanos empiecen a tomar conciencia de la inutilidad de sus esfuerzos para ser otros que ellos mismos. La de negarse a sí mismos tratando de ser distintos. Pero también de la inutilidad de ser parte de un sistema en otra forma que no sea la de instrumento ante la oposición de los creadores de este sistema. Conciencia que induce a una vuelta sobre sí mismo, a una vuelta sobre la propia historia buscando su sentido. Revaloración de lo que en vano se quiso negar para poder formar parte de un sistema cerrado a cualquier otro hombre que limitase las posibilidades del progreso infinito de sus creadores. Revaloración del indígena, del propio pasado, del mestizaje. Una pléyade de pensadores, entre los que se destaca José Martí, José Enrique Rodó, José Vasconcelos, Manuel González Prada y otros regresarán a donde el liberalismo positivista del siglo XIX había tratado de interrumpir la historia, pensando, como sus modelos, que la misma había terminado.

V

La historia, en efecto, no ha terminado. El hombre no ha realizado la libertad en toda su plenitud. Sólo unos grupos de hombres presumen haber alcanzado la libertad, pero alzando esta posibilidad sobre el detrimento de la de otros. No importan las formas con las que se quieran justificar la nueva dominación y dependencia, el hecho es, de acuerdo con la filosofía que habla del fin de la historia, la relación de dependencia que aún guarda esta supuesta libertad, su espíritu, con la naturaleza de que se decía haber liberado. No se ha cerrado la historia. Esta apenas empieza. Como diría Carlos Marx, la forma burguesa de sociedad, la del Esclavo que se había liberado de los viejos señores de la guerra, sólo cerraría "la prehistoria de la sociedad humana." Se trata de una forma antagónica de sociedad. Sociedad de lucha, no de solidaridad. Apoyada todavía en presupuestos tomados de la misma naturaleza. Las supuestas leyes naturales siguen siendo las leyes propias de una humanidad que no ha superado las mismas. El espíritu se mantiene aún dentro del estado natural. El espíritu no toma aún plena conciencia de sí mismo, manteniéndose aún como naturaleza. La naturaleza no ha sido aún superada, el hombre no es aún señor de la misma. El hombre aún tiene que luchar por la propia existencia. Tiene que competir para vivir o sobrevivir. Aún hay Amos y Esclavos. Un Amo suplanta a otro y un Esclavo tomaba el lugar del antiguo Esclavo. El hombre sigue siendo el lobo del hombre. Unos hombres son tiburones, otros sardinas. En la sociedad creada por el liberado Esclavo de que hablaba Hegel sigue sosteniendo el derecho de los más fuertes sobre los que no lo son. Carlos Darwin mostraba en su obra cómo las leyes que regían a la naturaleza, se reflejaban en las leyes que este mismo hombre sostiene en la sociedad que ha creado.

El mundo es aún de los más fuertes, de los más hábiles, de los más capaces, de los mejores, naturalmente. Todos los hombres son iguales, pero algunos son más o menos capaces para subsistir, para mantenerse vivos en la lucha por la existencia que se hace expresa en toda la naturaleza. "Darwin—dice Engels—no sabía qué amarga sátira escribía sobre los hombres y, en especial sobre sus compatriotas, cuando señaló que la libre concurrencia, la lucha por la vida, que los economistas celebran como situación histórica superada, es la condición normal del reino animal." La historia no había terminado, más aún, no había empezado. Esto es, la historia hecha por el hombre al servicio del hombre. Lo pasado era, pura y simplemente la prehistoria. El espíritu que había animado al cavernícola seguía y sigue animando al hombre de nuestros días. Habían cambiado los instrumentos de dominación, pero no la dominación misma. El Amo de ayer, el más hábil para la guerra, había sido substituido por el Amo de ahora, el más hábil para la técnica. El primero posee las armas de exterminio, el segundo, junto con aquéllas, las armas para hacer de la naturaleza su instrumento, pero incluyendo en esta naturaleza a los hombres que no poseen este instrumental. Así mientras el hombre siga siendo visto como instrumento para otros hombres, la dialéctica de la lucha no alcanzará su síntesis. La síntesis que cambiase el orden de la dominación y la dependencia, en un orden de solidaridad. El paso hacia el orden basado en la solidaridad de los hombres, el paso hacia el socialismo, diría también Engels, "significaría que la lucha por la existencia propia ha cesado." "A partir de ahí—agrega—, los hombres podrán hacer su historia con plena conciencia." "Se trata del salto que la humanidad efectúa desde el reino de la necesidad al reino de la libertad."

Tal es lo que tiene que ser alcanzado para que el Espíritu de que hablaba Hegel, esto es, del hombre en toda su extensión, se realice como libertad. No ya la libertad de unos en detrimento de la de otros. No ya la libertad en cuyo nombre se quiere seguir dominando a otros hombres, ni tampoco la libertad en cuyo nombre se arrasan pueblos y se aniquila a otros hombres. Sino la libertad que hace posible la colaboración de unos hombres con otros para el logro de metas que han de serles comunes; esto es, para realizar una historia que ha de ser de todos, esto es, del hombre sin más. No ya la historia de unos hombres por dominar a otros, ni la de estos otros por impedir tal dominio o para liberarse de él. Esta es la historia que se ha venido haciendo consciente en la filosofía, de que hablamos. La filosofía propia de esta nuestra América. La filosofía como toma de conciencia de las posibilidades de una *praxis* que ha de servir, no para nuevas formas de dominación, sino de liberación. Filosofía de liberación *versus* filosofía de dominación. Filosofía, también, que haga de la naturaleza un instrumento del hombre, pero no del hombre instrumento de otros hombres.

Esta filosofía, buscando al hombre en su realidad, se ha encontrado con otros hombres y otras realidades. Hombres en situación semejante a la de los de nuestros pueblos. Hombres, pugnando como los nuestros, por alcanzar formas de sociedad que no sean las de la dominación y dependencia. Hombres con los cuales los nuestros van sintiéndose solidarios. Solidaridad como punto de partida de una más amplia solidaridad que haga imposible nuevas formas de dependencia. Dentro de esta filosofía se vienen ya expresando hombres de diversas latitudes del llamado Tercer Mundo, del mundo que nuestra América es ineludible parte. Toma de conciencia de una realidad que trasciende, no sólo nuestras fronteras nacionales, sino también continentales. Solidaridad en la dependencia que puede transformarse en solidaridad en la libertad. Tal es, en estas pocas palabras, el sentido de nuestra filosofía, de la filosofía latinoamericana como conciencia de una historia que aspira a ser, pura y simplemente, la historia del hombre en todas sus expresiones. La Historia como hazaña de la libertad, como diría el hegeliano Benedetto Croce, no ya la historia como hazaña de los fuertes sobre los débiles, la de las cavernas o la selva, que esto sigue siendo prehistoria; sino la del hombre como tal. No ya la historia del hombre como parte de la naturaleza animal, sino del hombre como parte del espíritu, de lo que hace del hombre un hombre y no un animal más por destacada que sea su inteligencia.

INDICE

TABULA GRATULATORIA

(No se repiten aquí los nombres de los colaboradores de este volumen. Agradecemos la adhesión especial del College of Arts and Sciences of Western Illinois University, Dr. Walter Olson, Dean,—J. A., R. G. y R. O. S.)

Demetrio Aguilera-Malta, Comunidad de Escritores Hispanoamericanos, México, D.F.

María Teresa Babín, The Graduate Center of The City University of New York

Guillermo Brown, Queensborough Community College of The City University of New York

Anselmo Carretero, Ingeniero Industrial, México, D. F.

Daniel Cosío Villegas, El Colegio de México

Clementina Díaz y de Ovando, Universidad Nacional Autónoma de México

Susana Redondo de Feldman, Columbia University, New York

Eugenio Florit, Barnard College, Columbia University, New York

Rosario María Gutiérrez Eskildsen, Secretaría de Educación Pública, México, D. F.

Enrique A. Laguerre, Universidad de Puerto Rico, Río Piedras

James E. McKinney, Western Illinois University

Robert G. Mead, Jr., University of Connecticut, Storrs

César Ortiz-Tinoco, Office of Public Information, United Nations, New York

Philip H. Phenix, Teachers College, Columbia University, New York

Hanne Gabriele Reck, Universidad de Puerto Rico, Río Piedras

James Willis Robb, George Washington University, Washington, D.C.

Antonio Sacoto, The City College of The City University of New York

Arturo Uslar Pietri, Caracas, Venezuela